Der Filmstar

Stephen Lowry/Helmut Korte

Der Filmstar

Brigitte Bardot, James Dean, Götz George,
Heinz Rühmann, Romy Schneider, Hanna Schygulla
und neuere Stars

mit 133 Abbildungen

Verlag J. B. Metzler
Stuttgart · Weimar

Die Deutsche Bibliothek – CIP-Einheitsaufnahme

Der Filmstar : Brigitte Bardot, James Dean, Götz George, Heinz Rühmann,
Romy Schneider, Hanna Schygulla und neuere Stars / Stephen Lowry/Helmut Korte. –
Stuttgart ; Weimar : Metzler, 2000
ISBN 3-476-01748-6

Gedruckt auf chlorfrei gebleichtem, säurefreiem und alterungsbeständigem Papier

ISBN 3-476-01748-6

www.metzlerverlag.de
info@metzlerverlag.de

Einbandgestaltung: Willy Löffelhardt unter Verwendung einer Abbildung der Stiftung
Deutsche Kinemathek/Berlin
Satz: Grafik-Design Fischer, Weimar
Druck und Bindung: Franz Spiegel Buch GmbH, Ulm
Printed in Germany
September/2000
Verlag J. B. Metzler Stuttgart · Weimar

Inhalt

Vorbemerkung

Die vorliegende Studie ist *ein* wesentliches Ergebnis eines von der Deutschen Forschungsgemeinschaft (DFG) geförderten mehrjährigen Forschungsprojekts. Ziel war es, in Kooperation mit dem Partnerprojekt »Fernsehstars« (Prof. Dr. Werner Faulstich, Dr. Ricarda Strobel, Universität Lüneburg) das komplexe Phänomen ›Star‹ hier am Beispiel des Filmstars unter ökonomischen, sozialen, ästhetischen und psychologischen Gesichtspunkten zu untersuchen – sowohl als Beitrag zur Geschichte und Theorie des Filmstars als auch zu einer Sozialgeschichte des Kinos. Neben der Einbeziehung der Thematik in die eigenen Seminare und Vorlesungen wurden die Zwischenergebnisse in Zeitschriften, Sammelbänden und Institutsbroschüren kontinuierlich publiziert und mehrfach auf Fachtagungen und Kongressen zur Diskussion gestellt (vgl. Korte/Strake-Behrendt 1990, 1992; Korte/Lowry 1994, 1995a–b; Lowry 1994, 1995, 1997a–d, 1998, 1999). Erste übergreifende Befunde beider Projekte wurden zudem in dem gemeinsam durchgeführten, interdisziplinär besetzten und medienübergreifenden Star-Symposium an der Universität Lüneburg (Dezember 1995) vorgelegt und im Kontext der weiteren Tagungsbeiträge veröffentlicht (vgl. Faulstich/ Korte 1997).

Ausgangspunkt der Untersuchung war zunächst die systematische Auswertung der hierzu vorliegenden und auf den ersten Blick recht umfangreichen Literatur – von den mit Star-Anekdoten angereicherten Bildbänden über die zahlreichen feuilletonistischen Darstellungen einzelner Stars bis hin zu den vergleichsweise wenigen und verstärkt in den letzten Jahren erschienenen wissenschaftlichen Publikationen zum Star als allgemeinem Kulturphänomen oder dem besonderen Fall des Filmstars. Dabei waren zwei zeitlich parallel betriebene und inhaltlich direkt aufeinander bezogene Arbeitsschwerpunkte bestimmend: Die Differenzierung des theoretischen Bezugsrahmens und die Präzisierung der Fragestellung sowie die Konzeption, Auswahl und schrittweise Durchführung der Fallstudien. Zwei entscheidende Einschränkungen kamen hier zum Tragen: Zum einen wurde die Projektthematik auf Empfehlung der DFG auf die Rezeption von (internationalen) Filmstars in der Bundesrepublik Deutschland konzentriert und zum anderen setzten bereits die zur Verfügung stehenden Mittel der Ausweitung der Fallbeispiele enge Grenzen.

Vor diesem Hintergrund wurde eine erste Vorauswahl für die exemplarischen Fallstudien getroffen und diese im Zuge der fortschreitenden Theorieaufarbeitung unter systematischen Gesichtspunkten sukzessive weiter reduziert. So ergab sich eine Star-Auswahl, die sowohl allgemeine Merkmale des Startums aufweist - Erfolg, Massenwirksamkeit, ausgeprägtes Image, gesellschaftliche Relevanz - als auch variable, spezifische Aspekte des Stars wie Konstanz oder Wandel im Image, Kurz- oder Langzeitstar, allgemeine bzw. gruppen-, generations- oder geschlechtsspezifische Wirkung, nationale oder internationale Bedeutung, Zeitspezifik, Verkörperung bestimmter Werte etc.

Begonnen wurde mit den Fallstudien zu zwei in ihrer Star-Charakteristik extrem entgegengesetzten Stars, die zugleich als Testfall für das zugrundegelegte Untersuchungsraster dienten: *Heinz Rühmann* als Langzeitstar mit national begrenzter, generationsübergreifender Bedeutung und einer relativ hohen Konstanz im Image und *Brigitte Bardot* als weiblicher Filmstar mit internationaler, aber zeitlich deutlich begrenzter Wirkung. Davon ausgehend wurden zunächst zwei weitere international bedeutsame Starfälle untersucht, *Romy Schneider* als Filmstar mit einer relativ lang anhaltenden Karriere und markanten Brüchen im Image sowie *James Dean*, der mit nur drei Filmen Starqualität erreichte, die nach seinem frühen Tod in der ausgeprägten Fangemeinde weiterlebte und sich sogar noch spezifisch ausweitete.

Aufgrund der fortschreitenden (projektinternen) Theoriebildung sowie der Ergebnisse des o.g. interdisziplinären Star-Symposiums konnten die Untersuchungskategorien in Kooperation mit dem Partnerprojekt weiter differenziert werden. Außerdem war es erforderlich, die bereits vorliegenden Fallstudien spezifisch zu überarbeiten und - um die Bandbreite systematisch erfassen zu können - die Star-Auswahl gezielt um zwei weitere Startypen zu ergänzen: Stars mit national auf den deutschen Sprachraum begrenzter Bedeutung und einem medienübergreifenden Aktionsradius - ausgewählt wurde *Götz George* - sowie deutsche ›Schauspieler‹-Stars der 70er und 80er Jahre mit internationaler Anerkennung. Exemplarisch dafür wurden eine Fallanalyse zu *Hanna Schygulla* aufgenommen und diese Einzeluntersuchungen durch ein zusammenfassendes, überblicksorientiertes Schlußkapitel über die zur Zeit aktuellen Tendenzen ergänzt. Hier geht es vor allem darum, die zunehmende Interdependenz von Film und Fernsehen bzw. anderen populären Medien in Starkarrieren seit den 70er Jahren, die neuen wirtschaftlichen und institutionellen Bedingungen des Films und des Filmstars, die daraus folgenden Möglichkeiten der Imagebildung - ›Schauspieler-Stars‹, nationale und internationale Karrieren, Imagewandel und Rollenvarianz, Genre- und Medienwechsel sowie neue Trends im Publikumsgeschmack und ›Zeitgeist‹ - miterfassen zu können.

Dank vor allem an die Deutsche Forschungsgemeinschaft, ohne deren Förderung das Projekt in dieser Intensität nicht hätte durchgeführt werden können.

Prof. Dr. Helmut Korte, Projektleiter

Literatur

Korte, Helmut/Strake-Behrendt, Gabriele (1990) *Der Filmstar. Forschungsstand, kommentierte Bibliographie, Starliste*. Braunschweig: Hochschule für Bildende Künste (HBK-Materialien 3/90).

- / - (1992) »Der Filmstar als Gegenstand medienwissenschaftlicher Forschung - Viele Bäume, aber kein Wald«, *TheaterZeitSchrift*, Heft 31/32, S. 168–176.

Korte, Helmut/Lowry, Stephen (1994) »Heinz Rühmann - ein Star der deutschen Filmgeschichte«, *Medien und Erziehung*, Heft 6, S. 348–355.

Lowry, Stephen (1994) »Heinz Rühmann und die Feuerzangenbowle«, *Bertelsmann Briefe*, Heft 132 (Dezember 1994), S. 29–31.

Korte, Helmut/Lowry, Stephen (1995a) *Heinz Rühmann - ein deutscher Filmstar* (Materialienband), Braunschweig: Hochschule für Bildende Künste (IMF-Schriftenreihe).

- / - (1995b) *Brigitte Bardot - Materialien und Analysen*, zweite überarbeitete Auflage 1997. Braunschweig: Hochschule für Bildende Künste (IMF-Schriftenreihe).

Lowry, Stephen (1995) »Filmstars. Theoretische Fragen für die Imageanalyse«, *7. Film- und Fernsehwissenschaftliches Kolloquium*. Hrsg. Von Britta Hartmann und Eggo Müller. Berlin: Gesellschaft für Theorie und Geschichte audiovisueller Kommunikation, S. 170–178.

- (1997a) »Der kleine Mann als Star. Zum Image von Heinz Rühmann«, *Idole des deutschen Films*. Hrsg. von Thomas Koebner. München: Edition Text & Kritik, S. 265–278.

- (1997b) »Text, Image, Performance - Star Acting and the Cinematic Construction of Meaning«, *Text und Ton im Film*. Hrsg. von Paul Goetsch und Dietrich Scheunemann. Tübingen: Narr, S. 285–295.

- (1997c) »Star Images - Questions for Semiotic Analysis«, *Semiotics of the Media: State of the Art, Projects, and Perspectives*. Hrsg. von Winfried Nöth. Berlin/New York: Mouton de Gruyter, S. 307–320.

- (1997d) »Stars und Images. Theoretische Perspektiven auf Filmstars«, *Montage/AV*, 6/2, S. 10–35.

Faulstich, Werner/Korte, Helmut (Hrsg.) (1997) *Der Star. Geschichte, Rezeption, Bedeutung*. München: Fink.

Lowry, Stephen (1998) »Brigitte Bardot - The Star Image of a Sex Symbol«, *Lähikuva*, 4, S. 44–55.

- (1999) »Brigitte Bardot - Körperbilder und Sexualität«, *Der Körper im Bild. Schauspielen - Darstellen - Erscheinen*. Hrsg. von Heinz-B. Heller, Karl Prümm und Birgit Peulings. Marburg: Schüren, S. 121–136.

Danksagung

An den umfangreichen Recherchen und der konkreten Materialaufbereitung waren neben den beiden Autoren mehrere Personen beteiligt, denen an dieser Stelle für Ihr Engagement zu danken ist – so vor allem den langjährigen akademischen Tutoren Tolga Kirschbaum und Ralph Beuthan sowie den mit Teilaufgaben betreuten freien Mitarbeitern Ursula von Keitz, Susanne Weingarten und Thomas Wißmann. Die Mitarbeiterinnen und Mitarbeiter des Bundesarchivs-Filmarchivs, der Stiftung Deutsche Kinemathek, des DIF und der Landesbildstelle Berlin waren sehr hilfsbereit bei der Materialrecherche. Johanna Kunze und Katrin Kuhn haben freundlicherweise Exemplare ihrer unveröffentlichten Magisterarbeiten zur Verfügung gestellt.

Das Braunschweiger Team – insbesondere Eyke Isensee und Erika Kosch – hat auf vielfältige Weise bei der Arbeit geholfen. Ute Hechtfischer hat dieses Buch mit Sorgfalt, Verständnis und Geduld lektoriert und zum Abschluß begleitet.

Verschiedene Tagungen gaben Gelegenheiten, Ideen auszuprobieren und aus der Diskussion zu lernen. Dank dafür geht an die Organisator/innen und Teilnehmer/innen der Konferenzen in Potsdam, Kassel, Mainz, Freiburg, Punkaharju, Marburg, Zürich, London und West Palm Beach. Neben den Lehrveranstaltungen in Braunschweig boten auch Gastvorlesungen eine Möglichkeit zum Gedankenaustausch; für die Einladungen danken wir Hans Otto Hügel und Johannes von Moltke, dem Institut für Literaturwissenschaft der Universität Kiel, Irmbert Schenk und dem Kommunalkino Bremen, dem Graduiertenkolleg »Authentizität als Darstellungsform« (Hildesheim) und dem Forum Multimedia, FH-Wolfenbüttel/ Calbecht.

Viele Freunde und Kollegen haben mit Kritik, Kommentaren, Anregungen und Aufmunterung ausgeholfen. Besonderen Dank an Britta Hartmann, Johannes von Moltke, Hans Jürgen Wulff und Uwe Day.

Helmut Korte/Stephen Lowry

1. Das Phänomen Filmstar

Medienstars haben das Erscheinungsbild dieses Jahrhunderts wesentlich mitgeprägt. Sie greifen tief in unser Leben ein, sind Mode-Trendsetter und Meinungsmacher, Idole und Schönheitsideale, Leitbilder und Objekte der Wünsche und Träume. Jeder kennt sie, die Rollen, die sie spielen, die intimen Details ihres Privatlebens, ihre Art, sich zu kleiden, sich zu bewegen und zu reden, ihre Triumphe und Niederlagen, ihre Ansichten und Charakterzüge. Auch kann man sich unproblematisch darüber verständigen, wer ein Star ist und wer nicht, selbst dann, wenn ihre jeweiligen Merkmale stark divergieren. Weltweite Medienereignisse – etwa der Tod von Prinzessin Diana oder die länger zurückliegenden Todesfälle von Rudolf Valentino und James Dean – verdeutlichen, wieweit Medienpersönlichkeiten in der Massenkultur, im Alltag und sogar im emotionalen Leben der Menschen präsent sind.

Der Filmstar ist zwar nur eine der medialen Ausformungen des Stars, die allerdings den für das Starphänomen im 20. Jahrhundert prototypischen Charakter und in vieler Hinsicht den Begriff des Stars überhaupt geprägt hat. Obwohl Filmstars ihre herausgehobene populärkulturelle Bedeutung längst mit anderen Stars und Medienprominenten – Fernsehstars, Musikstars, medienübergreifenden Stars wie Madonna, Sportstars und sonstigen *celebrities* – teilen müssen, gehören sie immer noch zu den bekanntesten Personen. So zeigen soziologischen Studien, daß bis zu 99% der amerikanischen Bevölkerung bestimmte Filmstars kennt (vgl. Fowles 1992, 7). In Deutschland ist die Situation ähnlich: Götz George erreicht einen Popularitätsgrad von 96%, und viele jüngere Stars sind bei einer guten Mehrheit der Bevölkerung bekannt (vgl. *TV Movie*, 7/1996, 25f.). Mit dem Untergang des klassischen Studiosystems und der Dominanzverschiebung vom Film zum Fernsehen als dem zentralen Unterhaltungsmedium in den fünfziger Jahren schien es zunächst, daß die große Zeit des Stars vorbei war. Jedoch haben die neueren Entwicklungen seit den achtziger Jahren den Filmstars wieder eine außerordentliche Bedeutung für die Filmindustrie, für den Erfolg einzelner Filme und in der Öffentlichkeit überhaupt gebracht. Sie gehören heute (wieder) zu den wichtigsten Marketingmechanismen für Filme und sind neben anderen Faktoren für den enormen Kostenanstieg bei Hollywood-Blockbustern mit verantwortlich. Ähnlich konnte sich auch im neuen deutschen Unterhaltungsfilm der neunziger

Jahre eine neue Generation von Stars etablieren, die einen wesentlichen Anteil an dem relativ großen kommerziellen Erfolg dieser Filme hat.

Für die Figurendarstellung und Filmwirkung ist nicht nur die schauspielerische Leistung der jeweiligen Stars maßgeblich. Auch das filmübergreifende Image eines Stars bringt Bedeutungen und Erwartungen mit sich, die das Verständnis und das emotionale Erlebnis eines Films entscheidend beeinflussen. Darüber hinaus können Stars tiefergehende Wirkungen durch verschiedene Formen der ›Identifikation‹ oder Empathie haben, als Vorbilder dienen und gesellschaftliche Werte und Vorstellungen verkörpern.

1.1 Stars als Forschungsgegenstand

Trotz dieser Bedeutung von Stars und trotz einer Fülle von qualitativ allerdings recht unterschiedlicher Literatur zum Thema sind das Starphänomen und seine Funktionsweise noch unzureichend erforscht. Zwar gibt es verschiedene Erklärungsmodelle und etliche Einzelstudien, aber eine synthetisierende, konsistente Theorie des Stars ist bislang nicht erkennbar. Auch wenn die wissenschaftlich fundierte Auseinandersetzung damit erst relativ spät einsetzte, ist dieser Umstand weniger der internationalen Filmwissenschaft als Versäumnis anzulasten als vielmehr im Starphänomen selbst begründet (vgl. Korte/Strake-Behrendt 1990; 1992; Faulstich/Strobel 1989).

Obwohl jeder intuitiv eine Vorstellung davon hat, was ein Star ist, erweist es sich als problematisch, eine allgemeingültige Definition aufzustellen oder erst recht eindeutige Zuordnungskriterien zu bestimmen, die am konkreten Fall überprüfbar sind und zugleich starübergreifend Bestand haben. Versucht man beispielsweise die jeweiligen Merkmale und Eigenschaften der Stars zu erfassen, um dadurch zu erklären, was eine Person zum Star macht, gerät man sehr schnell in Widersprüche. Für jeden Einzelfall scheint ein Gegenbeispiel zu existieren. Die Variationen des Starphänomens sind fast unendlich und zeigen in ihren individuellen Merkmalen oft mehr Unterschiede als Gemeinsamkeiten. So läßt sich beispielsweise zwischen Charlie Chaplin und Clark Gable, Theda Bara und Mary Pickford, Marilyn Monroe und Doris Day, Arnold Schwarzenegger und Woody Allen, Demi Moore und Whoopi Goldberg kaum eine Übereinstimmung finden, die das Wesen des Startums definieren könnte. Nicht einmal vermeintlich allgemeingültige Kategorien wie Schönheit, Talent, Jugend, schauspielerische Begabung, Sex-Appeal etc. greifen wirklich; sie sind eher »Kann«- als »Muß«-Kriterien (vgl. Levy 1990; Fowles 1992, 63ff.). Entsprechend werden sie in den vorliegenden wissenschaftlichen Studien sehr widersprüchlich bewertet (vgl. Korte/Strake-Behrendt 1990, 18f.). Will man universelle Qualitäten von Stars definieren, gelangt man schnell zu hochgradig abstrakten Kategorien, die die möglichen Aussagen fast beliebig werden lassen, oder man greift zu schwammigen Begriffen wie »Ausstrahlung«, »Präsenz«, »Charisma«, »Star-Qualität« und »Persönlichkeit«, die zwar auf wichtige Momente des Starphänomens hinweisen, aber in der wissenschaftlichen Bestimmung eher Probleme schaffen als Lösungen ermöglichen. Nicht nur die populären Fanpublikationen arbeiten mit diesen Begriffen, ohne ihnen eine feste Bedeutung zu geben; sie kursieren auch in vielen der essayistischen und wissenschaftlichen Arbeiten über Stars.

Letztlich läßt sich als gemeinsames Merkmal nicht viel mehr feststellen, als daß ein Star eine auf unterschiedliche Weise besonders exponierte und bedeutsame »Persönlichkeit« darstellt, die die Basis der »Starpräsenz« oder »Star-Qualität« bildet. Übereinstimmend werden in der Literatur »Erfolg«, »Kontinuität im Image« und »Wirkung« (»Idolwirkung«, »Identifikation«) als wesentliche Komponenten benannt (vgl. Korte/Strake-Behrendt 1992, 14–18). Damit sind zwar zentrale Aspekte des Startums erfaßt, die aber sehr unterschiedliche Dimensionen des Phänomens betreffen. Je nachdem, aus welcher Perspektive man sich ihm nähert, verändert sich das Bild: Den Star kann man als einen Teil des Films betrachten, als ein intertextuell und intermedial erzeugtes Image, als einen Gegenstand von Klatschgeschichten in der Regenbogenpresse wie im direkten Austausch der Fans (vgl. Faller 1987; Fiske 1987, 117–126; Reeves 1988; Mikos 1991), als ein Element des kulturellen Wissens, als ein Produkt der Filmindustrie und ein Bestandteil ihrer Marketingstrategien, als ein soziologisches Phänomen, als einen Auslöser psychischer Prozesse wie Identifikation und Projektion, als eine Heldenfigur, ein Idol oder ein kulturelles Stereotyp und vieles andere mehr. Nicht nur zeigt das Starphänomen individuelle Unterschiede je nach Star, Publikum und Funktionszusammenhang, auch historisch wandelt es sich in Wechselwirkung mit der Filmindustrie, dem Publikumsgeschmack oder dem ›Zeitgeist‹.

Traditionelle Annäherungen an das Starphänomen münden daher häufig in Startypologien (z. B. Patalas 1963; Welsch 1978; Heinzlmeier/Schulz/Witte 1980; Heinzlmeier/Schulz/Witte 1982), die jedoch in der Regel an der Vielfalt der Stars, der Willkür der angewandten Kategorien, der Komplexität der Bezüge zwischen Stars und oft auch an einer fehlenden Historisierung scheitern. Auch die Versuche, Filmstars inhaltlich zu definieren, sind meist wenig befriedigend. Die Masse der eher populären Literatur über einzelne Stars gelangt selten über Klatschgeschichten und Anekdoten hinaus und besteht bestenfalls aus Porträts und Biographien, ohne einen theoretischen Zugriff auf das Starphänomen selbst zu eröffnen. Seriöse und begrifflich differenzierte Einzelstudien wie etwa die von Levy (1988), Maland (1989) und Vincendeau (1985; 1992; 1993) sind immer noch die Ausnahme. Da die autoren- und textzentrierte Filmgeschichtsschreibung bislang das schwer zu lokalisierende Starphänomen zumeist ausgeblendet hat, konzentrierte sich die entsprechende wissenschaftliche Auseinandersetzung zunächst auf soziologische oder kulturkritische Arbeiten (besonders Schickel 1971; 1985; 1985; Alberoni 1972; Morin 1984; King 1985; 1986; 1987; Boorstin 1987; Ludes 1989). Gerade aber diese Versuche, Stars psychologisch oder soziologisch zu erklären, weisen die o.g. Probleme auf und sind häufig durch unscharfe Begriffe wie »Mythos« (Morin 1984) oder einem unterstellten, nicht näher geklärten Reflexionsverhältnis zwischen Stars und Gesellschaft gekennzeichnet (Patalas 1963; Walker 1970; Heinzlmeier/Schulz/Witte 1980; Heinzlmeier/Schulz/Witte 1982). Erst mit den Arbeiten von Richard Dyer gab es einen umfassenden und theoretisch begründeten Versuch, die verschiedenen Aspekte des Stars analytisch zu differenzieren und zugleich synthetisch in Beziehung zueinander zu setzen (Dyer 1978; 1979; 1982; 1986). Methodisch wegweisend ist auch sein Ansatz, Stars sowohl *strukturell* (als hochverdichtete, mehrdeutige Zeichen und Images) als auch *funktional* (für die Narration, Bedeutung und Ästhetik des Films, für die Filmindustrie, für Zuschauer, Fans und Publika sowie für die Gesellschaft insgesamt) zu analysieren.

Generell ist für die neunziger Jahre eine merkliche Zunahme an Arbeiten zum Starphänomen festzustellen. Das hängt zum einen mit dem breit diskutierten Neuansatz der ›New Film History‹ zusammen, einer Filmgeschichtsschreibung, die ihre Aufmerksamkeit auf die institutionelle und wirtschaftliche Geschichte des Kinos lenkt und sich deshalb auch für Faktoren wie Stars und Starsysteme interessiert. In diesem Umfeld entstanden beispielsweise wichtige Arbeiten zur Frühphase des Filmstars (Bowser 1990, 103–119; DeCordova 1991; Staiger 1991) sowie zur Produktion von Hollywoodstars (Kehr 1979; Kindem 1982; Klaprat 1985). Auch die faktographische Geschichtsschreibung hat neue Materialien bereitgestellt und eine breitere, solide Basis für historische Untersuchungen geschaffen. In Deutschland ist dies vor allem ein Verdienst von *Cine-Graph*, wobei aber auch viele Einzelstudien – von Magisterarbeiten bis hin zu den Publikationen der Museen oder der »Stiftung Deutsche Kinemathek« – wichtige Grundlagenrecherchen betrieben haben. Außerdem wurde Dyers Ansatz in verschiedenen Untersuchungen zu Starimages aufgegriffen und weiterverfolgt, vor allem im Zusammenhang mit Studien zu »Gender«, Generation, Rasse und Nation. Neben den in den Sammelbänden von Butler (1991) und Gledhill (1991) gebündelten Arbeiten gibt es Untersuchungen zu einzelnen Stars, die von exemplarischem Wert sind (vgl. Cohan 1993; Faller 1987; Holmlund 1993; Maland 1989; Moltke/Wulff 1997; Studlar 1996; Vincendeau 1985; 1992; 1993; Weingarten 1997). Weitere Impulse bekamen Starstudien im Zusammenhang mit neuen Arbeiten zum Schauspiel (z.B. Affron 1977; O'Brien 1983; Naremore 1988; Zucker 1990; Wexman 1993; *Cinema Journal* 20,1, 1980; *Wide Angle* 6,4, 1985; *Montage/AV* 6/2/1997; 7/1/1998) sowie aus Untersuchungen zur Rezeption, zum Zuschauerverhalten und zur Fankultur, die insbesondere durch die Cultural Studies vorangetrieben wurden (Lewis 1992; Mikos 1994; Stacey 1991; 1994a; 1994b; 1997; Thumim 1992; Wulff 1990).

Da das Phänomen selbst mehrdimensional und extrem heterogen ist, kann es eine einheitliche Theorie des Filmstars kaum geben. Um dieser Komplexität gerecht werden zu können, sind vielmehr die unterschiedlichen Aspekte und möglichen Perspektiven einzeln zu analysieren und erst in weiteren Schritten in einen systematischen Zusammenhang zu bringen, wobei die gegenseitige Beeinflussung und Bedingtheit der verschiedenen Momente, die konstituierende Überschneidung von ästhetischen, ökonomischen, kulturellen und pragmatischen Aspekten zu berücksichtigen ist. Eine grobe Gliederung ergibt zunächst vier zentrale Dimensionen des Starphänomens: Der Star als *Image*, als *Wirtschafts- und Produktionsfaktor*, der Star in der *Rezeption und Wirkung* sowie im Kontext seiner *soziokulturellen Bedeutung*. Hierbei erhält der Begriff »Image« nicht nur als semiotisches oder ästhetisches Konstrukt des Stars, sondern auch als Artikulationspunkt der weiteren Dimensionen die Funktion eines Schlüsselbegriffs. Denn die Produktionsbedingungen und -faktoren beeinflussen nicht nur die Gestaltung des Images, sondern ebenso – in der Rückwirkung des Images auf die Filme – den Erfolg und damit den Wert des Stars. Das Image repräsentiert die Schnittmenge zwischen der realen Person, der Schauspieler/in und dem Publikum. Rezeption und Wirkung eines Stars sind also durch das Image vermittelt und wirken auf dieses zurück. Darüber hinaus ist die Bedeutung des Stars auch ein Ergebnis der Interaktion zwischen dem Image und den kulturellen Diskursen der Zeit. Aufgrund dieser vielfältigen Überschneidungen ist der Imagebegriff zentral für konkrete Fallstudien wie für eine daraus folgende Theoriebildung (vgl. Faulstich/Korte/Lowry/ Strobel 1997). Voraussetzung dafür ist eine Präzisierung des Imagebegriffs, einerseits um die naheliegende Verwechslung zwischen der realen Person und dem medial repräsentierten Starimage auch terminologisch zu vermeiden, andererseits um die verschiedenen Ebenen des Starphänomens analysieren zu können.

1.2 ›Starimage‹

Stars sind zwar in der Regel wirkliche Personen, in dieser Eigenschaft aber sind sie Teil der Öffentlichkeit – Garncarz (1989) spricht von »öffentlichen Kunstfiguren« – und normalerweise ausschließlich durch ihre öffentlich verbreiteten Images erfahrbar. Daß es sich jeweils um reale Personen handelt, ist wiederum für die Akzeptanz von zentraler Bedeutung. Denn ein Großteil des Publikumsinteresses konzentriert sich auf die Frage, wie Stars ›wirklich‹ sind. Dementsprechend bedienen beispielsweise die Fanpublikationen vorwiegend das Bedürfnis, die ›Wahrheit‹ über den Star als Privatperson zu erfahren. Dieses Moment des Startums funktioniert aber nur, wenn auch die Differenz zwischen dem öffentlichen Image und der dahinter vermuteten realen Person – also eine gewisse Rätselhaftigkeit des Stars – erhalten bleibt. Die wirkliche Person bleibt gewissermaßen ein imaginäres Konstrukt; das Publikum interagiert letztlich immer nur mit Images, nicht mit Personen. Daher können künstliche Figuren wie Zeichentrickfiguren und die »virtuellen Stars« im Internet und in Computerspielen teilweise die Funktion eines Stars übernehmen (vgl. Belton 1994, 90–92; Rettberg 1999).

Das Startum ist nicht eine Qualität der Person allein, sondern hat ein Eigenleben und kann sich z. B. auch nach dem Tod des Schauspielers oder der Schauspielerin weiterentwickeln und neue Wege nehmen. Auch ästhetisch löst sich das Image von der Person ab. Die Zeichenhaftigkeit des Images kann bei einem bekannten Star sichtbar werden – man denke etwa an die allseits bekannten Bilder von Marilyn Monroe oder Marlene Dietrich (vgl. Thiele 1997, 142f.). Im allgemeinen wird das Image durch Filme – mitunter auch durch andere Texte und Medien wie Fanberichte, Fotos und Fernsehauftritte – aufgebaut. Ein Starimage existiert und entwickelt sich meist über eine längere Zeit. So bekommen frühere Filme nachträglich eine andere Bedeutung, und der Star gewinnt gegebenenfalls an Popularität. Auch der Tod kann seinem Startum eine neue Bedeutung geben, wie dies etwa bei Marilyn Monroe, Elvis Presley oder James Dean der Fall war (vgl. Fiske 1993; Moltke 1997). So läßt sich zusammenfassend festhalten, daß die Bedeutung und die Aktualität eines Stars historisch bedingt sind: Ein Star kann im Lauf der Zeit völlig an Bedeutung verlieren, sein Image verändern oder für verschiedene Teile des Publikums in verschiedenen Kontexten sehr unterschiedliche Bedeutungen haben (vgl. Dyer 1986, 141–194).

Ein Filmstar ist ein Schauspieler oder eine Schauspielerin, aber zugleich ist er oder sie auch viel mehr. Denn das Startum manifestiert sich gerade in der Differenz zwischen der wirklichen Person und einer besonderen, ›übermenschlichen‹ Qualität, die dem Star zugeordnet wird und die sich z. B. in der Rede von der »Göttlichkeit« (Divisme) oder vom »Mythos« des Stars niederschlägt (vgl. Walker 1970; Heinzlmeier/Schulz/Witte 1980; Morin 1984). Natürlich liefert die reale Person durch ihr Talent, ihre erlernten Fähigkeiten, ihr Aussehen, ihre Präsenz oder Ausstrahlung, ihr Auftreten und ihre Lebensweise die unverzichtbare Grundlage für das ›übermenschliche‹ Starimage. Und ein Filmstar – im Gegensatz zur Medienpersönlichkeit oder »Celebrity« (vgl. Monaco 1978; Langer 1981; Boorstin 1987) – muß normalerweise eine bestimmte Leistung als Darsteller erbringen, wobei ›künstlerische‹ Kriterien für diese Leistung weniger wichtig sein können als das Vermögen, kulturelle Stereotypen zu verkörpern. Für das Publikum sind Stars als Images – nicht als die ihnen letztlich unbekannten Personen – relevant, auch wenn sie als Verkörperungen einer Art persönlicher Identität oder eines bestimmten Persönlichkeitstypus verstanden werden.

Einen wissenschaftlichen Zugang eröffnet der Begriff ›Image‹ im Rahmen der Semiotik. Folgt man Dyer, ist das Starimage ein Komplex von Zeichen sowie mit den Zeichenträgern verbundenen denotativen und konnotativen Bedeutungen (Dyer 1979; 1986). Bestandteile des Images sind alle öffentlich zugänglichen Zeichen und Aussagen über den Star als Person und als Filmfigur. Das Zeichenagglomerat ›Star‹ setzt sich aus Elementen zusammen, die durch verschiedene Medien (Film, Presse, Werbung etc.) vermittelt werden. Diese Elemente gehören unterschiedlichen semiotischen Systemen an – Ikonographie, schauspielerische Konvention, narrative Muster, verbale und nonverbale Kommunikation etc. – und repräsentieren sehr unterschiedliche Aspekte des Stars wie Privatleben, Filmrollen, Lifestyle, Persönlichkeit, Ansichten, Verhaltensweisen etc.

Es gibt verschiedene Versuche, das Zeichenagglomerat, das ein Star darstellt, zu zerlegen und seine Facetten zu benennen (vgl. Korte/Strake-Behrendt 1990, 17f.). Obwohl die Einteilungen und Terminologien sehr unterschiedlich sind, wird im Prinzip zwischen realer Person und Starimage und innerhalb des Images zwischen Filmrollen oder Leinwandimage und dem Privatimage unterschieden. Was dabei mit ›realer Person‹ gemeint ist, bleibt oft unklar. Der Star, mit dem die Zuschauer und Fans interagieren, ist – wie gezeigt – immer ein Konstrukt, das auf den in den Medien verbreiteten Informationen und Zeichen aufbaut. Insofern kann man bei der Untersuchung von Stars Fragen nach der wirklichen Person tendenziell vernachlässigen bzw. das Konstrukt ›wirkliche Person‹ als Teil der Imagebildung betrachten. Wichtig ist aber auf jeden Fall, das *innerfilmische Image* (»Rolle«, »Leinwandimage«) vom *außerfilmischen Image* (verschiedentlich auch mit »Person«, »Persönlichkeit«, »Erscheinung«, »öffentliche Person«, »Privatexistenz« u.ä. bezeichnet) zu unterscheiden, auch wenn beide Aspekte des Images in ständiger Wechselwirkung stehen.

Das innerfilmische Image entsteht aus der spezifischen Realisierung der Filmrollen und umfaßt sowohl diese selbst als auch den generellen Eindruck, den wir von der Schauspieler/in haben. Das außerfilmische Image ist durch das öffentlich bekannte Privatleben des Stars geprägt, das vor allem durch Medien wie Presse, Werbung, Fernsehen etc. vermittelt wird. Innerhalb jedes Teilbereichs gibt es eine Fülle verschiedener Sorten von Informationen, die wir nutzen, um ein Starimage zu konstruieren – beispielsweise Typ oder Rollenfach, Funktion der Figur in der Handlung, Sprech- und Spielweise, äußere Erscheinung der Schauspieler/in, ihr Auftreten sowie die Parameter der filmischen Darstellungsweise. Innerhalb jeder dieser Kategorien bekommen wir in Form von unzähligen konkreten Details (Zeichen) und komplexen Aussagen Informationen über den Star und die Rolle. Für das außerfilmische Image stehen alle Informationen zur Verfügung, die wir über verschiedene Medien erhalten. Dabei kann es um die Schauspieler/in gehen, meistens aber steht der Star als ›Mensch‹ und ›Privatperson‹ im Vordergrund. Zeichen, die auf seine Herkunft, seine Lebensgeschichte, seine politischen und moralischen Einstellungen und vor allem auf sein Familienleben und seinen Lebensstil deuten, sind wesentliche Faktoren der Imagebildung.

Der filmische und der außerfilmische Teilbereich des Images können im Verhältnis zueinander unterschiedlich gewichtet sein. Bei manchen Stars sind die Filmrollen entscheidend, bei anderen überwiegen Klatschgeschichten über das Privatleben. Inner- und außerfilmische Images können überdies unterschiedlich zusammenpassen: sich decken, sich widersprechen oder partiell miteinander übereinstimmen, »zueinander versetzt sein« (Dyer 1979, 142–149; vgl. Ellis 1982, 102f.; Lowry 1997). Tendenziell gibt es eine ausgeprägte Kontinuität zwischen dem inner- und dem außerfilmischen Image, vor allem im klassischen Star- und Studiosystem, in dem Stars und ihre Images planvoll aufgebaut und stilisiert wurden (vgl. Faulstich/Korte/Lowry/Strobel 1997). Vielfach allerdings waren die offiziellen Lebensgeschichten und Bilder des Privatlebens der Stars ein rein künstliches Produkt der Studios. Auch wenn authentische biographische Fakten die Basis des Images bildeten, wurden sie für die Öffentlichkeit so aufbereitet, daß sie ein bestimmtes, durchgängiges, in sich konsistentes Image propagierten, das darüber hinaus zu den Filmrollen paßte (vgl. Harris 1991). Allerdings gab es Möglichkeiten, das Image zu verändern oder zu erweitern und sogar widersprüchliche Elemente in einem Image zu verbinden (vgl. Dyer 1979, 142–149; Klaprat 1985; Mayne 1993, 123–141). Auch war die Gleichsetzung von Star und Rolle nie vollständig, und das Publikum konnte bereits in der frühen Phase des Starsystems problemlos mit Diskrepanzen im Image umgehen, wie Janet Staiger (1997) am Fall Theda Bara gezeigt hat.

Die relative Gewichtung zwischen inner- und außerfilmischen Imageanteilen ändert sich in verschiedenen historischen Phasen, Ländern und Medien. So gilt die ausgeprägte Kontinuität zwischen Leinwandimage und Privatimage vor allem für die klassische Zeit der Hollywoodstudios, während in neueren Filmen die Kontinuität des Images oft durch eine Betonung der schauspielerischen Qualität – also der Wandlungsfähigkeit und gerade der Diskontinuität zwischen Rollen – ersetzt wird, wie beispielsweise bei den ›Schauspielerstars‹ Dustin Hoffman, Meryl Streep, Sissy Spacek und Robert De Niro. Ein wesentlicher Grund dafür liegt in den stark veränderten institutionellen und wirtschaftlichen Bedingungen der Filmindustrie seit der Auflösung des klassischen Studiosystems. Darüber hinaus gibt es (noch wenig erforschte) medienspezifische Unterschiede zwischen Filmstars und Fernsehstars, etwa eine stärkere Ineinssetzung von ›Person‹ und ›Figur‹ bei den TV-Serienstars und vor allem bei Moderatoren und Showmastern, die als ›sie selbst‹, sozusagen als ›öffentliche Privatperson‹ auftreten (zum Verhältnis von Person und Figur im Fernsehen vgl. Keppler 1995; Wulff 1996, 1997; Strobel/Faulstich 1998). Die intermediale Präsenz von Stars war schon am Anfang des Kinos beim Wechsel von Theaterschauspielern zum Film wichtig. Sie wurde nach dem Untergang des Studiosystems zur Regel, als die Filmindustrie ihre Stars nicht mehr vorrangig selbst aufbaute, sondern sie zunehmend aus anderen Sparten und Medien wie dem Theater, dem Fernsehen, Musik und Sport rekrutierte.

Inhaltlich kann man das inner- oder außerfilmische Image in verschiedene Teilgebiete aufteilen, die ›Eigenschaften‹, ›Attribute‹ und ›Lebenszusammenhänge‹ des Stars beinhalten. Solche Teilbereiche repräsentieren bestimmte Aspekte der Vorstellung von einem Star als fiktionaler Person und enthalten die Informationen, Eindrücke, Wahrnehmungen und Bilder, die das Publikum den Medien entnehmen kann. Dazu gehören z. B. die Lebensweise des Stars, seine besonderen Verhaltensweisen, seine äußere Erscheinung, sein Familien- und Liebesleben, seine Wertvorstellungen usw. Jeder dieser Bereiche setzt sich aus unzähligen Einzelinformationen und Bildern zusammen, die so etwas wie Charakterzüge, Persönlichkeitseigenschaften und persönliche Details des Stars repräsentieren (vgl. die Diskussion der persönlichen Ausstrahlung von Heinz Rühmann in Kap. 2.1).

Die Bandbreite der möglichen Elemente eines Images ist also extrem groß. Während im konkreten Einzelfall solche ›Stareigenschaften‹ sehr wichtig sind – denn auf diese reagiert das Publikum –, sind sie als Instrumente einer allgemeinen, abstrakten Analyse des Starphänomens weniger geeignet. Wie oben erwähnt, lassen sich nur sehr bedingt Kategorien entwickeln, die präzise und trennscharf genug sind, um die relevanten Eigenschaften eines konkreten Stars zu erfassen, und die zugleich nicht so eng gefaßt und spezifisch sind, daß sie auch für andere Stars gültig wären. Sowohl die Persönlichkeitsmerkmale als auch die filmischen und schauspielerischen Zeichen sind nicht klar definierbar, sondern durch feine Abstufungen und graduelle Unterschiede bestimmt (vgl. Dyer 1979, 152). Wie alle Zeichen haben sie in sich keine feste Bedeutung, sondern erhalten diese erst in der Kombination im Text, im Kontext, im Akt der Rezeption. Formalisierte Kategorien greifen hier nicht. Daher sind auf Ermittlung der Stareigenschaften und Images gerichtete, quantitative Inhaltsanalysen oder empirische Befragungen hier nur bedingt erfolgversprechend. Die ergiebigsten empirischen Arbeiten versuchen daher nicht, ein Starimage quantitativ festzulegen, sondern wie Jackie Staceys Untersuchung (1994b) den unterschiedlichen populären Gebrauch der Starimages qualitativ zu erfragen. Auch eine Klassifikation von Stars nach inhaltlichen Merkmalen des Images ist in der Regel wenig erhellend, zumal hierbei die ›Stareigenschaften‹ auf feste, eindeutige Attribute und Merkmale reduziert werden, statt sie als »strukturierte Polysemie« (Dyer 1979, 72), als »Brennpunkt hochkomplexer Bezugssysteme und allgemeingesellschaftlicher Verhältnisse und Prozesse« zu verstehen (Faulstich 1990/91, 50). Um die Bestandteile eines Images in ihrer Konkretheit, in ihrer Einbindung in die historischen, diskursiven und kulturellen Kontexte sowie im Zusammenhang mit ihren möglicherweise unterschiedlichen Bedeutungen für verschiedene Publika zu erfassen, muß die Analyse des Starimages eine relativ offene interpretative Prozedur bleiben, auch wenn man selbstverständlich versuchen soll, sie durch differenzierte Filmanalysen und die Auswertung historischer Quellen weitmöglich zu objektiveren.

Ein anderes Verfahren der Imageanalyse verfolgt das Ziel, die Bestandteile des Starimages zurückzuverfolgen, um herauszufinden, inwiefern sie auf Grundelementen des Films bzw. der außerfilmischen Medien basieren. Das Problem besteht auch hier darin, daß man sich einer fast unübersehbaren Fülle von möglicherweise signifikanten Einzelheiten gegenübersieht. Etwas Ordnung gewinnt man, indem man die Medien identifiziert, die für die Imagebildung relevant sind. Für jedes Medium wird es dann möglich sein, Teilbereiche der Signifikation zu isolieren: Text und Bild bei der Presse oder alle formalen und stilistischen Parameter des Films wie Bildkomposition, *mise-en-scène*, Kameraführung, Beleuchtung, schauspielerische Darstellungsweise, Ton, Musik, Montage, narrative Strukturen etc. Jeder dieser Bereiche funktioniert als ein Subsystem mit eigenen Konventionen, z.T. mit weiteren Unterteilungen, beim Schauspieler z.B. Kinesik (Mimik, Gestik), Sprechweise, Physiognomie und Körperbau, Schminke etc. (vgl. Esslin 1989). In jedem dieser Bereiche gibt es unendlich viele mögliche Zeichen. Für das Starimage sind insbesondere konnotative Bedeutungen wichtig, die sich aber ebenfalls kaum formalisieren lassen, sondern sich aus dem jeweiligen Kontext und den Assoziationen des Rezipienten ergeben. Die Zeichensysteme, auf die das Starimage aufbaut, stellen offene, praktisch unendliche Strukturen dar (vgl. Eco 1972).

Für die konkrete Analyse eines Starimages haben diese Überlegungen Folgen, sind aber zugleich etwas weniger problematisch, als es zunächst scheint. Denn im konkreten Fall ergeben sich aus dem Zusammenspiel der jeweiligen Merkmale meist deutliche Dominanten im Image. Die verschiedenen Elemente unterstützen sich gegenseitig, um eine relativ einheitliche Wirkung zu erzeugen und ein geschlossenes, um einige zentrale Eigenschaften und Charakterzüge organisiertes Bild von dem Star als Person zu bilden. Wenn man von dem in der Öffentlichkeit vorherrschenden Gesamtimage ausgeht, lassen sich die zentralen Aspekte der filmischen und sonstigen medialen Imagebildung meist unproblematisch differenzieren. Denn nicht alle Details sind gleichermaßen relevant für das Image. Auch muß der Zusammenhang zwischen den Zeichen des Images und der Rezeption untersucht werden. Der oben skizzierte Zugang zur Imageanalyse ermöglicht es, das Image als Konstrukt und Prozeß statt als ›Identität‹ oder ›Eigenschaft‹ der Person zu verstehen. So wird es eher möglich, das Zusammenspiel der einzelnen Momente zu analysieren und auch die Brüche und Veränderungen im Image einzuordnen.

Dabei ist der Umstand zu berücksichtigen, daß Images selten in sich homogen und fast immer um Widersprüche und Spannungsfelder organisiert sind. So muß ein Star, wenn er fürs Publikum interessant und wirksam sein soll, gleichzeitig ›menschlich‹ und ›göttlich‹, normal und außergewöhnlich, typisch und einzigartig sein. Der Star muß nahe genug am Publikum sein, um seine Gefühle und Befindlichkeiten zu verkörpern, diese jedoch auch in einer besonders exponierten, konzentrierten und exaltierten Form präsentieren. Das Publikum will sich selbst im Star wiedererkennen, zum Star aber zugleich als Ideal, Vorbild oder Idol aufsehen können. Auf diese notwendigen Widersprüche zwischen Typik und Individualität im Starimage ist verschiedentlich hingewiesen worden (vgl. Dyer 1979, 111; Ellis 1982, 93; Reeves 1988, 150). Um seine Funktion für die Filmindustrie und auch das Publikum zu erfüllen, muß der Star das Publikum ansprechen, d. h. auch als herausragendes, besonderes Individuum erscheinen. Andererseits, muß er auch – soll er ein breites Publikum ansprechen und seine Interessen bzw. gesellschaftlich relevante Fragen verkörpern – durchaus typisch sein. Auf ähnliche Art muß das Image konstant bleiben, um die ›Persönlichkeit‹ und ›Präsenz‹ des Stars zu etablieren, die Wiedererkennung zu garantieren und eine längerfristige Interaktion mit ihm zu ermöglichen, aber zugleich genug Variationen und sogar überraschende oder rätselhafte Momente bieten, um das Interesse längerfristig zu erhalten.

1.3 Produktion und Vertrieb von Starimages

Die Entstehung des Starphänomens und Starsystems ist sehr eng mit der Entwicklung der Filmindustrie verbunden, insbesondere – aber keineswegs ausschließlich – in Hollywood. Schon lange vor dem Film waren berühmte Virtuosen, Theaterschauspieler und Operndiven herausgehobene Repräsentanten einer bürgerlichen Öffentlichkeit, und die Übergänge zum Filmstar waren fließend: Aus manchen Theaterstars wurden Filmstars, und in der Art der Präsentation auf der Bühne und den sekundären Medien gab es eine deutliche Kontinuität (vgl. Hickethier 1997). Bereits ab etwa 1910 waren Stars ein wichtiger Faktor für den Kinoerfolg. Die Namen der Schauspieler/innen wurden gezielt zur Vermarktung der Filme eingesetzt, indem beispielsweise Poster und Bildkarten an die Kinos verteilt wurden. Etwas später – etwa ab 1914 – begann die Kultivierung der eigentlichen Starimages, bei denen das für die Öffentlichkeit aufbereitete Privatleben der Stars die Leinwandrollen unterstützte (vgl. DeCordova 1991). Insbesondere im Rahmen des etwa gleichzeitig entstehenden amerikanischen Studiosystems wurden die darin liegenden Möglichkeiten der Produktdifferenzierung und Nachfragsteuerung zu einem zentralen Vermarktungsinstrument ausgebaut (vgl. Root 1989, 180), wobei der ausgeprägten Kontinuität zwischen außer- und innerfilmischen Images sowie zwischen den einzelnen Rollen eine wachsende Bedeutung zukam. Starbesetzungen sollten quasi-automatisch einen erfolgreichen Film garantieren. Die Studios hatten demzufolge ein großes Interesse daran, ein stabiles Starimage zu gestalten und zwischen dem Image und den einzelnen Filmrollen eine möglichst große Kongruenz zu erzeugen (vgl. King 1986). Dies hatte erhebliche Auswirkungen, die bis in die Details der Konstruktion eines Starimages reichen konnten. So bekamen Schauspieler/innen beispielsweise genaue Anweisungen, die ihnen vorschrieben, was sie zu tun und zu lassen hatten – nicht nur auf der Leinwand, sondern auch im Privatleben. Das öffentliche Image des Stars wurde vom »publicity department« des Studios sorgfältig entwickelt und überwacht. In den zwanziger und dreißiger Jahren nutzten die Studios ihre starke Position, um sich auch juristisch im Standardvertrag ihre Kontrolle über das Starimage zu sichern. Schauspieler/innen durften nur mit Einverständnis des Studios in der Öffentlichkeit auftreten und das Studio erhielt das Recht, Namen und Abbild des Stars nach Gutdünken in der Werbung und in der PR-Arbeit für Filme oder auch andere, branchenfremde Produkte zu benutzen (vgl. Allen/Gomery 1985, 175f.). Auch die Interaktion zwischen Publikum und Star wurde vom Studio gesteuert. Zu Zeiten des ausgeprägten Starkultes hatte eine PR-Abteilung monatlich etwa 15 000 bis 45 000 Fanbriefe zu bearbeiten. Zuschauerreaktionen in Form von Fanpost, Fragebögen, Kassenergebnissen und Aussagen der Kinobesitzer wurden bei der Planung und Entwicklung der Starimages berücksichtigt und bestimmten u. a. den Wert, den ein Star für das Studio besaß. Wenn ein Image festgelegt war, wurde es zu einem wesentlichen Faktor der Gestaltung weiterer Filme. Drehbücher wurden gezielt als sogenannte Starvehikel geschrieben. Sie bestimmten die ›Eigenschaften‹ des Stars, die Gestaltung des Protagonisten und die Muster der Erzählung (siehe hierzu ausführlicher Kap. 8.1). Am Beispiel von Bette Davis hat Klaprat (1985) gezeigt, wie Wirtschafts- und Firmengeschichte in die Analyse eines Starimages eingebracht werden können und Aufschluß über die Funktionsweise des klassischen Studio- und Starsystems geben.

Wirtschaftliche Faktoren erklären auch die Entstehung einer neuen Art von Filmstars, die im Lauf der sechziger Jahre nach dem Ende des Studiosystems und mit den Veränderungen im Publikumsgeschmack aufkam. Viele der besonders erfolgreichen Filme wurden von zuvor unbekannten Darsteller/innen getragen. Die Produktionsfirmen investierten nicht mehr in den langsamen, planvollen Aufbau neuer Stars, zumal bekannte Namen keineswegs mehr einen Erfolg an den Kinokassen garantierten (vgl. Walker 1970, 358–370; Morin 1984, 187ff.). Außerdem waren die Schauspieler/innen jetzt nicht mehr weitgehend fremdbestimmtes Objekt der jeweiligen Produktionsfirma. Wirtschaftlich unabhängiger geworden, waren sie gleichzeitig für ihren Erfolg und ihr Image selbst verantwortlich. Die bis dahin dominierende enge Verbindung von Image und Rolle löste sich tendenziell auf. Einzelne Rollen und die schauspielerische Leistung traten stärker in den Vordergrund. So läßt sich die Übereinstimmung bzw. Nichtübereinstimmung zwischen dem Filmimage, dem außerfilmischen Starimage und der Person als eine Folge der sich wandelnden Struktur der Filmwirtschaft interpretieren (vgl. King 1986, 186ff.; 1987, 152ff.). Grad und Umfang der planvollen Kreation eines Starimages durch die Produktionsfirmen haben sich zwar deutlich verändert und sind heute je nach Produktionssystem und -kontext unterschiedlich, die generelle Marktorientierung und viele andere Mechanismen der Imagegestaltung des klassischen Systems aber sind weiterhin prägend.

1.4 Rezeption und Wirkung

Die Etablierung des Starsystems und der gezielte Aufbau der Images – also die Produktion des Stars – können das Phänomen insgesamt und insbesondere den einzelnen Star noch nicht hinreichend erklären. Denn die Bemühungen der Filmindustrie waren nicht immer erfolgreich, wie manche kostspielige, starbestückte »Flops« und die zahlreichen ›instant stars‹ belegen (Walker 1970, 368), die oft auch ohne aufwendige Promotion durch die Filmfirmen aufgrund bereits eines einzigen Films diese Qualität erreichten. Hier stößt man auf die letztlich entscheidende Rolle des Publikums. Alle Mühen der Studios sind umsonst, wenn der geplante Star vom Publikum nicht angenommen wird. Erst in der Rezeption werden die potentiellen Bedeutungen des Starimages realisiert. Erst das Publikum macht jemanden wirklich zum Star, weshalb der Erfolg als eine allgemeine, definierende Kategorie des Stars gelten kann (vgl. Korte/Strake-Behrendt 1992, 173f.).

So muß auch die ›textuelle‹ Seite des Startums durch die Rolle des Publikums relativiert werden. Ein Starimage besteht eben nicht nur aus den Informationen, Bildern und Texten der Medien, sondern ist vielmehr Produkt der Verarbeitung dieser Zeichen und Aussagen. Das, was eine Schauspieler/in letztlich zum Star macht, konzentriert sich in dem schwer faßbaren Faktor der ›Star-Qualität‹, die häufig mit Begriffen wie ›Charisma‹ oder ›Aura‹ in Verbindung gebracht wird und aus der *Interaktion* zwischen Rezipienten und dem semiotischen Material erwächst. Erst in der Rezeption entsteht die Vorstellung eines Stars, sein spezifisches Image. In diesem Prozeß spielen Faktoren eine Rolle, die nicht direkt im Image als Medienprodukt oder Zeichen enthalten sind. Auf der einen Seite sind es *subjektive Faktoren* der Rezeption – von den individuellen Situationen und psychischen Verfassungen der Rezipienten bis hin zu sozialpsychologischen Tendenzen oder grundlegenden psychischen Mechanismen wie Identifikation, Projektion oder kognitive Fähigkeiten. Auf der anderen Seite ist die Rezeption immer durch den *kulturellen Kontext* geprägt, da die in der Gesellschaft, der speziellen Subkultur oder Fangemeinschaft vorhandenen Werte, Ideologien, Diskurse und kulturellen Codes den Horizont des Verstehens und der emotionalen Beteiligung am Starimage bilden. Ohne diesen Kontext – in seiner spezifischen Auswirkung und Zusammensetzung für Rezipienten und Fangruppen – hätte das Starimage keine Bedeutung oder Relevanz für das Publikum. Da das Image in seiner jeweiligen Ausprägung also Produkt der interpretatorischen Arbeit der Rezipienten ist, gibt es genau genommen nicht ein einzelnes Image, sondern immer mehrfache Varianten, je nach Verständnis und Nutzung durch die Rezipienten. Ein Star bedeutet nicht dasselbe für seine Fans wie für neutrale oder ablehnende Personen. Die Bedeutung ist zudem von Zeitströmungen abhängig, und ein Star kann diese Funktion für spezifische Fangruppen oder Subkulturen haben, die erheblich von der Wahrnehmung durch das allgemeine Publikum abweicht.

In der Phantasie der Rezipienten wird das Image eines Stars zur Vorstellung eines (fiktionalen) Menschen – Fowles (1992, 66) spricht von der »inferred personality« eines Stars –, der mit speziellen Eigenschaften ausgestattet und in seinen Bedeutungen und emotionalen Wirkungen für Fans oder Zuschauer signifikant ist. Die medienvermittelten Zeichen, die die Grundlage des Starimages bilden, sind grundsätzlich mehrdeutig und haben nach Dyer (1979, 72) den Charakter einer »strukturierten Polysemie«. In der Aneignung eines Starimages werden sie mit spezifischen Bedeutungen aufgeladen, die in ihnen enthaltenen Elemente selektiv realisiert und die verschiedenen Informationen, Texte und Zeichen miteinander verknüpft. Daß Starimages wie reale Menschen wahrgenommen werden – wenngleich ihre Fiktionalität häufig mehr oder minder bewußt bleibt –, ist die Basis für das emotionale Wirkungspotential sowie für die Interaktion der Fans und Zuschauer mit den Stars (vgl. zur Diskussion um die »parasoziale Interaktion« mit Figuren, Stars und Fernsehpersonae Horton/Wohl 1976; Hippel 1992; Vorderer 1996).

Das Image besitzt integrale soziale und historische Dimensionen, denn es läßt sich nur im Kontext der gesellschaftlichen Definitionen von Individuum, Persönlichkeit, Geschlechterrolle, Liebe und Sexualität, Arbeit und Freizeit, moralischen und politischen Werten, Ideologien etc. verstehen. Daraus ergibt sich auch die Bedeutung für das Publikum, das mit dem Image des Stars relevante Fragen durchspielen und es als eine symbolische Artikulierung der ideologischen Problembereiche nutzen kann (vgl. Dyer 1986, 8).

Zur Analyse der vielfältigen Interaktionsmöglichkeiten zwischen Star und Publikum wird häufig auf den Begriff der Identifikation rekurriert, der meistens aber – in der Fachdiskussion ebenso wie in der Umgangssprache – als inflationär gebrauchter Sammelbegriff für sehr unterschiedliche Verarbeitungsformen fungiert: Neben rein kognitiven Prozessen, verschiedensten emotionalen Reaktionen, Spiel und Phantasie, eben auch für die komplexe tiefenpsychologische Dimension der Identifikation. Insofern erscheint es sinnvoll, zunächst zwischen zwei differierenden Arten der Wirkung zu unterscheiden. Einerseits nutzen die Rezipienten Starimages bewußt oder halb-bewußt in ihrer Phantasie, zur Deutung und Verarbeitung der Filme sowie ihrer Lebenswelt. Stars dienen hier zur Identitätsdefinition und als Teil von kulturellen Verständigungs- und Kommunikationsprozessen. Andererseits gibt es auch eher unbewußte – ideologische oder psychische – Wirkungen, die von den gesellschaftlichen Mustern ausgehen, für die die Stars jeweils stehen. Generell finden sich in der Literatur die unterschiedlichsten Versuche, die zentralen Wahrnehmungs- und Verarbeitungsformen zu bestimmen und zu differenzieren. So konzentrierte sich beispielsweise die auf der Psychoanalyse basierende Filmtheorie der siebziger und achtziger Jahre auf die Frage der Identifikation mit dem Kamerablick bzw. mit dem filmischen Apparat, ohne detailliert auf die »sekundäre Identifikation« (Metz 1982, 42–57) mit Stars oder Figuren einzugehen. Dennoch ließen sich mit Hilfe der Psychoanalyse, insbesondere durch die genaue Definition der unbewußten und vorbewußten Prozesse von Introjektion und Identifikation (vgl. Freud 1942ff.) bestimmte Formen des Umgangs mit Stars erklären. Ebenso können psychoanalytische Modelle für die Differenzierung der von den Cultural Studies aufgegriffenen und weitergeführten Fragen nach der Bildung von sozialen (auf dem Gebrauch kultureller Texte basierender) Identitäten hilfreich sein. Bedeutsam sind dabei die Betonung der Ambivalenz und Widersprüchlichkeit, die Erklärung partieller Identifikationen mit einzelnen Eigenschaften von Personen oder Images sowie die Einbeziehung der emotionalen Ökonomie solcher Prozesse.

Einige neue Ansätze betonen dagegen die bewußten Reaktionen auf Stars und Figuren, um eine andere Ebene der Interaktion zu erklären. Aus einer kognitiven Richtung kommend, versucht beispielsweise Murray Smith (1994; 1995), verschiedene Formen der Interaktion von Zuschauer/innen mit fiktionalen Figuren zu modellieren, wobei er den überstrapazierten Identifikationsbegriff durch eine präzisere Differenzierung verschiedener Prozesse ersetzt und sowohl kognitive als auch emotionale und »moralische« Prozesse thematisiert. Es wäre sicherlich lohnend zu überlegen, inwieweit dieses Modell – über die Anwendung auf fiktionale Figuren und Narration hinaus – eine Begrifflichkeit bietet, die für die Untersuchung von Stars oder zumindest für deren innerfilmische Imagekomponenten gewinnbringend ist. In ihrer Untersuchung der Interaktion zwischen Zuschauern und Figuren am Beispiel von FATAL ATTRACTION bewertet Chris Holmlund (1997, 36ff.) verschiedene Erklärungsansätze – humanistische, strukturalistische, rezeptionsästhetische, psychoanalytische und an den Cultural Studies orientierte – in Hinblick auf ihre impliziten und expliziten Konzeptionen von Filmfiguren und Zuschauern. Die Grenzen und Möglichkeiten, die sie aufzeigt, gelten in ähnlicher Weise für eine Anwendung dieser Theorien auf die vielleicht noch amorpheren und fragmentarischeren, fiktionalen »Star-Persönlichkeiten«.

Auch die von den Cultural Studies geprägte Richtung bietet hierfür eine Reihe interessanter Ansatzpunkte. Dyers Konzeptionen aufgreifend, werden diese beispielsweise um Zuschauermodelle ergänzt. So hatte Andrew Tudor schon relativ früh versucht, den Begriff der Identifikation zu präzisieren, indem er vier Formen unterscheidet, die verschieden starke Auswirkungen auf die Zuschauer haben: »self-identification«, »projection«, »emotional affinity«, »imitation« (Tudor 1974, 80ff.). Jackie Stacey führt die Differenzierung in ihrer ethnographisch ausgerichteten Studie über die Erinnerungen, die britische Zuschauerinnen an Hollywoodstars haben, weiter. Sie versteht Identifikation vor allem als Prozesse der Interaktion mit Starimages, die auf unterschiedliche Art in der Definition der eigenen Identität relevant sind. Sie unterscheidet folgende Identifikationsformen: »devotion«, »adoration«, »worship«, »transcendence«, »aspiration and inspiration«, die direkt mit dem Filmerlebnis zusammenhängen, sowie die auch außerhalb des Kinos praktisch wirksamen Formen »pretending«, »resembling«, »imitating« und »copying« (Stacey 1994b, 126–175). Auch Hans Jürgen Wulff weist auf die grundlegende Unterscheidung zwischen Starimages als kulturellem Wissensbestand (der z. B. in der Filmrezeption oder in der Deutung des Lebens angewandt wird) und als einem Element von Praxis hin, wobei die Bedeutung des Images im letzteren Fall sehr stark von der jeweiligen Bezugsgruppe abhängt (pers. Mitteilung). Dabei können diese Momente sehr stark gekoppelt sein, denn in der Fankultur gehört das Sammeln von Wissen über den Star, die Entwicklung des eigenen Spezialistentums, zu den grundlegenden Aktivitäten (vgl. Fiske 1992, 42f.). Solche von den Cultural Studies beeinflußten Studien haben den Vorteil, daß sie die populäre Fankultur nicht nur als etwas von den Medien und Produzenten Gesteuertes betrachten, das durch die Lieferung von Merchandisingprodukten, Sammlerobjekten und Presseerzeugnissen hergestellt wird, sondern diese auch als Teil einer eigenständigen Aktivität der Fans verstehen, die eigene Bedeutungen, Gratifikationen, Fähigkeiten, Erlebnisse und eine eigene Gruppen-identität entwickeln (vgl. Lewis 1992; Mikos 1994).

Der Star-Kult kann sich im Extremfall zu pathologischen Auffälligkeitsformen steigern und eine Intensität bis hin zur Realitätsverleugnung erreichen, etwa in der Behauptung, daß Elvis lebe, wobei diese Annahme im Wissenssystem des Fans durchaus konsequent sein kann (vgl. Fiske 1993). Dennoch bilden die verschiedenen Aktivitäten von Fans nur den einen Pol des Spektrums von Rezeptionsweisen und verdeutlichen eher durchgängige Momente der Bedeutungskonstruktion und der Kontextabhängigkeit der Starrezeption.

1.5 Kultureller Kontext

Die bisher aus methodischen Gründen einzeln betrachteten konstituierenden Momente des Starphänomens - Image, Ökonomie und Wirkung - stehen in einer komplexen Wechselwirkung miteinander. Die Mehrdeutigkeit des Starimages ermöglicht generell eine selektive Rezeption, die - zusammen mit den historischen Kontexten und Zeitströmungen - sehr unterschiedliche Bedeutungen produziert. So läßt sich die Funktion etwa von Brigitte Bardot als Sexsymbol und Skandalobjekt der fünfziger Jahre unmittelbar auf das kulturelle Klima dieser Zeit zurückführen und ist demzufolge ab 1965 mit der neuen sexuellen Freizügigkeit nicht mehr relevant. Bei James Dean findet man dagegen eine bis heute anhaltende Idolwirkung bei Jugendlichen, wobei die konkreten Bedeutungen, die mit ihm assoziiert werden, einem ständigen Wandlungsprozeß unterliegen (vgl. Wulff 1990). Die Starimages bilden hierbei allenfalls einen mehr oder weniger konturierten Interpretationsrahmen für historisch-kulturell bedingte Bedeutungszuweisungen bis hin zu hochgradig individualisierten Aneignungsformen.

Ein Starimage entsteht also in und aus einer bestimmten historisch-gesellschaftlichen Situation, die in vielfacher Weise auf dieses einwirkt. Ebenso ist die Rezeption durch das zeitgenössische oder spätere Publikum, den jeweiligen (möglicherweise grundlegend veränderten) Zeitgeist, durch die gerade aktuellen Modetrends und dominanten kulturellen Strömungen bedingt. Die Bedeutung eines Stars ist keine einmalig festgelegte Qualität, sondern variiert in Zusammenhang mit den unterschiedlichen Interpretationskontexten und historischen Veränderungen im Lauf der Zeit, wobei Publikumspräferenzen, Marktmechanismen wie Genre- oder Serienproduktion sowohl die Konstruktion als auch die Rezeptionsausrichtung beeinflussen. Auch der sich historisch wandelnde Verstehenshorizont, sowohl positiv – als Ressource an Bedeutungen – wie auch negativ – als Grenze des Denkbaren oder als ideologische Einschränkung der Mehrdeutigkeit – ist durch kulturelle Diskurse geprägt.

Insofern bietet sich ein diskurs- und kulturtheoretisches Vorgehen an, um die verschiedenen Aspekte des Starphänomens zusammenzuführen, ohne ihre tatsächliche Vielfalt auf einen nur abstrakten, vereinfachten Begriff zu reduzieren. Ein solcher Ansatz ermöglicht es, Rezeption als einen aktiven, produktiven Prozeß seitens der Konsumenten zu verstehen, ohne einem Subjektivismus oder Pluralismus das Wort zu reden. Darüber hinaus wird das Starimage als Text relativiert und historisiert, denn seine Bedeutung wird erst durch eine erweiterte Intertextualität bestimmt: Weder die Filme noch die sekundären Texte über den Star bestimmen seine Bedeutung allein. Vielmehr sind diese in größere Zusammenhänge eingebettet. Die Intertextualität des Images erstreckt sich bis hin zu allgemeinen kulturellen Intertexten, zum »social text« der historischen Diskurse einer Gesellschaft (Brenkman 1979). Eine kritische Interpretation ist also auf die Vermittlung der scheinbar getrennten Bereiche Text – Kontext – Rezipient durch die kulturellen Diskurse gerichtet, in denen sich der Erwartungshorizont des jeweiligen Publikums manifestiert.

Eine andere, in der Stoßrichtung aber ähnliche Untersuchungsperspektive des Zusammenhangs von Stars und ihren historisch-kulturellen Bedeutungen ergibt sich, wenn man sie als Symptome ihrer Zeit begreift. Ein simpler Rückschluß von einem Star auf den Zeitgeist oder die Mentalität einer Gesellschaft ist allerdings kaum haltbar. Dafür spielen, wie erläutert, zu viele verschiedene Faktoren in die Produktion und Wirkung von Starimages hinein. Beachtet man aber diese Komplexität und berücksichtigt die jeweils prägenden (wirtschaftlichen, publizistischen) Faktoren der Imagebildung für jeden Einzelfall, so ist es möglich, Starimages als wichtige Indikatoren für kulturelle Impulse einer historischen Situation zu nutzen. Gerade wenn man das Image nicht nur aus einem Film erschließt, sondern auch das außerfilmische Image hinzuzieht, werden die Bezüge zwischen dem Star und wesentlichen Diskursen der Zeit sichtbar. Stars haben häufig die Funktion, als Kristallisationspunkte für die populärkulturelle Diskussion und die kollektive oder individuelle Ausformung aktueller kultureller Fragen zu dienen.

1.6 Zusammenfassung. Art und Funktion der Fallstudien

Es sollte deutlich geworden sein, daß der Versuch einer rein typologischen, primär inhaltlich begründeten, überzeitlich gültigen und medienübergreifenden Definition von Starcharakteristiken aufgrund der Komplexität und Vielfältigkeit des Starphänomens zum Scheitern führen muß. Zwar kann über die Leitkategorien Erfolg, Kontinuität des Images und Wirkung ein Großteil der Starausprägungen erfaßt werden, aber nur durch Einbeziehung der einander überlagernden psychologischen, soziologischen, ökonomischen, ästhetischen Faktoren und ihrer sorgfältigen Gewichtung für jeden Einzelfall. Aber auch dann bleibt immer noch ein variabler, auf den konkreten Star bezogener, ›Erklärungsrest‹, zumal sich in vielen Fällen das Phänomen selbst nur über die spezifischen Publika erklären läßt. Daher ist ein Untersuchungsmodell erforderlich, das – ausgehend von einer systematischen Gesamtanalyse – Stars von ihrer Struktur sowie ihrer Funktion für die jeweiligen Publika in bestimmten historischen Phasen her definiert. Insofern ist zunächst der theoretische Bezugsrahmen (also die wichtigsten Erkenntnisse aus der bisherigen Auseinandersetzung mit dem Starphänomen) kurz zu rekapitulieren, bevor die darauf aufbauende Studie sowie Art und Funktion der ausgewählten Fallanalysen genauer vorgestellt werden. Die Ergebnisse lassen sich in folgenden, inhaltlich (zwangsläufig) einander überlagernden, ›Kernaussagen‹ zusammenfassen:

- Stars sind nur aus dem Zusammenwirken von semiotischen, ästhetischen, medialen, wirtschaftlichen, historischen und gesellschaftlich-kulturellen Faktoren zu verstehen.
- Ein Star ist ein medial vermitteltes Image einer Person mit einer bestimmten, ausgeprägten Persönlichkeit, die durch Eigenschaften und Attribute konstruiert wird.
- Bei Filmstars besteht das Image aus innerfilmischen und außerfilmischen Bestandteilen, die unterschiedlich gewichtet und in ihrer relativen Übereinstimmung oder Widersprüchlichkeit unterschiedlich gelagert sein können. Die spezifische Interaktion und Ausformung der inner- und außerfilmischen Elemente prägen das Starimage.
- Das innerfilmische Image wird durch narrative Rollen, filmische Präsentation, Schauspielstil, äußere Erscheinung und persönliche Ausstrahlung bestimmt. Die Dimension des Schauspiels, die Darstellung fiktionaler Rollen unterscheiden den Filmstar von anderen Medienpersönlichkeiten und Celebrities.
- Das außerfilmische Image ist vor allem durch Wissen um die Person und das Privatleben des Stars bestimmt, wobei die spezifischen Details und die relevanten Aspekte – Klatschgeschichten, politische Meinungen, Familienleben usw. – extrem variabel sind, je nach Image, Bedeutung und Zielpublikum des Stars.
- Das konstruierte Starimage ist Produkt der Filmindustrie und des publizistischen Umfeldes. Stars erfüllen Funktionen der Vermarktung, Produkterkennung und Publikumsbindung. Imagegestaltung, Selbst- und Fremdbestimmung der Stars, Auswahl der Rollen, Konstanz und Variation im Image und Wirkungsradius hängen in besonderem Maße von der jeweiligen wirtschaftlichen und institutionellen Organisation der Filmindustrie und den daraus resultierenden Arbeitsbedingungen der Stars ab.
- ›Kontinuität‹ ist synchron (zwischen inner- und außerfilmischen Anteilen) und diachron (über Zeit) ein zentraler Aspekt von Starimages, sowohl für die Entstehung eines konsistenten, publikumswirksamen Images als auch in Hinblick auf Aktualität und die zeitgemäße Qualität bzw. Historizität eines Stars. Wandel, Wechsel und Bruch im Image sowie ›Typecasting‹, Fehlbesetzung oder Rollen-

erweiterung sind nur vor dem Horizont der Imagekontinuität zu beurteilen. Das Image übernimmt dabei eine Doppelfunktion: einerseits als ein wichtiger Vermarktungsfaktor für die Filmindustrie und andererseits für das Publikum als wesentliches Orientierungsmoment zur Einfühlungs- und Erwartungssteuerung des Films als narratives System.

- Die Eigenschaften, Merkmale und ›Persönlichkeiten‹ der Stars sind individuell extrem unterschiedlich, müssen aber jeweils in ihrem Zeitkontext für ein bestimmtes Publikum relevant sein. Als Personalisierungen von Werten, Individualität, Sensibilität und Verhaltensweisen sind sie für die Gesellschaft bzw. für Subkulturen und Gruppen bedeutsam, da sie der Verständigung, Integration und Orientierung dienen. Ihre Images verbinden oft widersprüchliche, kontroverse, aktuelle Aspekte. Sie sind sowohl durch Ähnlichkeit und Nähe mit dem Publikum als auch durch Überhöhung und Idealisierung, sowohl durch Individualisierung als auch Typisierung gekennzeichnet.
- Erst das Publikum macht den Star. Erfolg ist ein konstituierendes Kriterium für Stars. Die Bedeutung des Stars wird erst in der Rezeption realisiert und individuell aktualisiert. Ein Star kann für verschiedene Publika unterschiedliche, sogar entgegengesetzte Bedeutungen haben. In Wechselwirkung mit veränderten Produktionsbedingungen und dem Wandel der Publikumsstruktur ist für die letzten Jahrzehnte eine zunehmende Ausdifferenzierung von Stars und Startypen für unterschiedliche Publika feststellbar.
- Starimages sind offene Texte, deren Bedeutung in besonderem Maße vom jeweiligen kulturellen, historischen und gesellschaftlichen Kontext abhängig, also einem zeitlichen Wandel unterzogen ist. Sie sind Indikatoren sowohl für die vorherrschenden historisch-kulturellen Strömungen (›Zeitgeist‹) ihrer Entstehungssituation als auch für die Rezeptionsveränderungen in den folgenden Phasen. Die Analyse der Starimages muß sich daher als praktische Kulturanalyse verstehen.

Aufgrund bestimmter Vorgaben (Stars, die in der deutschen Rezeption nach 1945 eine Rolle spielten – siehe Vorbemerkung), aber auch aus Gründen wissenschaftlicher Arbeitsökonomie mußte die Anzahl der konkret zu untersuchenden Stars auf einige wenige exemplarische Fälle beschränkt werden. Dabei erwies sich das Starimage als Fokus der verschiedenen, einander überlagernden und zum Teil widersprüchlichen – filmischen und medialen, wirtschaftlichen, rezeptionsbezogenen sowie soziokulturellen – Einflußfaktoren nach mehreren testweisen Zuordnungen in der Tat als zentrales Kriterium für die Auswahl der Fallstudien. Davon ausgehend war es möglich, tragfähige Kategorien für die systematische Analyse des Starphänomens sowohl in Hinsicht auf ihre innerfilmischen Images (›Leinwandimages‹), also Rolle, Schauspielstil, Bildgestaltung, narrative Funktion, äußere Erscheinung, ›Leinwandpräsenz‹ als auch ihre außerfilmischen Images – ›Person‹, ›Privatimage‹, ›öffentliche Person‹ – zu entwickeln. In Differenzierung der Rahmenkategorie Starimage konnten darüber hinaus die Momente Konstanz und Kontinuität versus Wandel oder Bruch im Image als weitere Kriterien für die konkrete Bestimmung der zu untersuchenden Starfälle identifiziert werden.

In einem mehrschichtigen Auswahlverfahren kristallisierte sich schließlich eine Gruppe von sechs Stars heraus, die mit ihren jeweils spezifischen Merkmalen die wesentlichen Ausformungen des Gesamtphänomens exemplarisch repräsentieren:

- *Heinz Rühmann* als Langzeitstar mit national begrenzter, generationsübergreifender Bedeutung und einer relativ hohen Konstanz im Image (›ein typisch deutscher Star für die ganze Familie‹).
- *Brigitte Bardot* als internationaler Filmstar mit zeitlich begrenzter Aktivität: ›Kind-Weib‹ und Sexsymbol, voyeuristisches Objekt für das männliche Publikum, aber zugleich auch Trendsetter, Idol und Rollenmodel für Mädchen und junge Frauen der fünfziger und sechziger Jahre. Zudem war hier eine deutliche Interdependenz von filmischem und außerfilmischem (›privatem‹) Image gegeben.
- *Romy Schneider* als Fall einer relativ lang anhaltenden Starkarriere mit markanten Brüchen im Image – vom nationalspezifischen ›Zeitbild‹ als Projektionsfläche der Nachkriegsjahre (SISSI) bis hin zur vielseitigen Charakterdarstellerin in ihren französischen Filmen. Wesentlich war auch hier die Interdependenz von filmischem und außerfilmischem (›privatem‹) Image.
- *James Dean* als internationaler Star mit einer eng begrenzten Aktivität (drei Filme!) und einer ausgeprägten Fangemeinde: Wandel vom Idol der jungen Generation der fünfziger Jahre zu einer diffusen kulturellen Ikone heute (Rezeptionsgeschichte und Fankult).
- *Götz George*, der als Fernsehserienstar diese Qualität erreichte, die er als Filmstar weiter forcieren konnte, mit national auf den deutschen Sprachraum begrenzter Bedeutung und einer auffallend ausgeprägten Imagevarianz als Schauspieler.
- *Hanna Schygulla* als deutscher ›Schauspieler‹-Star der siebziger und achtziger Jahre mit internationaler Anerkennung.

Ein resümierendes Schlußkapitel mit Kurzanalysen zu mehreren in Reichweite und Charakteristika sehr unterschiedlichen aktuellen Stars wie *Nicolas Cage* und *Julia Roberts*, *Til Schweiger* und *Katja Riemann* ergänzt die Darstellung um die neueren Tendenzen im Starkino der achziger und neunziger Jahre und ordnet diese in die historische, kulturelle und wirtschaftliche Entwicklung des Starsystems ein.

In allen Fällen treffen die Kriterien Erfolg, Imagekontinuität bzw. Imageveränderung und publikumsbezogene Wirkung in je eigener, spezifischer Weise zu. Die Auswahl steht also für jeweils charakteristische Ausprägungen und Variationen von Starimages in schauspielerischer Präsenz, Ausstrahlung, Imageentwicklung, Rollenfach, Zielgruppe, der unterschiedlichen Funktion von inner- und außerfilmischen Einflüssen etc. und repräsentiert zugleich das Spektrum von Verarbeitungsformen für die Verbindung von Starimage, Typenbildung und Zeittypik. Im Mittelpunkt der einzelnen Fallstudien stehen dementsprechend die Identifizierung des dominanten Images bzw. seiner Varianten durch Analysen der jeweiligen Filme und des betreffenden Sekundärmaterials, die Untersuchung der dafür ausschlaggebenden Faktoren, die Differenzierung der inhärenten Rezeptionsangebote sowie die Ermittlung der jeweiligen Starbedeutung für unterschiedliche Publika, kulturelle und historisch-gesellschaftliche Situationen.

Anders als bei vielen der vorliegenden Einzelstudien sind also die Filme, in denen sich der Star visuell und auditiv materialisiert, ein wesentlicher Untersuchungsgegenstand. Die Analyse hat die Aufgabe, das Starimage in der filmischen Realisierung durch schauspielerische und filmische Parameter erfahrbar zu machen. Entsprechend ist sie zunächst auf die Ermittlung der typischen Merkmale des Darstellungsstils, der Bedeutung von Plot und filmischer Präsentation, der Interaktion mit den anderen Akteuren ebenso wie mit dem Publikum gerichtet, um die ›Leinwandpräsenz‹ des Stars im Verhältnis zu den außerfilmischen Imagefaktoren bestimmen und den spezifischen Beitrag beider Einflußbereiche für das Gesamtimage präzisieren zu können.

Das Starimage wird darüber hinaus auf seine Rezeption durch Zuschauer/innen, Fans und Publikum – ›Identifikation‹, ›Idolwirkung‹, ›parasoziale Interaktion‹ – untersucht, um begründete Hypothesen über die zeitgenössische Rezeption der jeweiligen Stars zu gewinnen, die Starcharakteristika zu historisieren sowie Konstanz und Wandel mit dem Konzept der ›kulturellen Diskurse‹ in bezug auf gesellschaftliche und kulturelle Bedeutung zu bestimmen. Die Analyse des Images – unter Heranziehung entsprechender Rezeptionsdokumente wie Filmkritiken, Fanpublikationen und der ›Boulevardpresse‹ – ermöglicht konkrete Aussagen zur Rezeption und Wirkung des einzelnen Stars und verallgemeinernd zum Starphänomen generell. In der Wechselwirkung zwischen allgemeinen Fragestellungen und exemplarischen Einzeluntersuchungen soll damit ein Beitrag zur besseren Erklärung eines vielschichtigen Phänomens geleistet werden, das für die massenmediale Kultur des 20. Jahrhunderts essentielle Bedeutung hat.

Zitierte Literatur

Affron, Charles (1977) *Star Acting: Gish, Garbo, Davis*. New York: E. P. Dutton.

Alberoni, Francesco (1972) »The Powerless ›Elite‹: Theory and Sociological Research on the Phenomenon of the Stars«. In: *Sociology of Mass Communications*. Hrsg. von Denis McQuail. Harmondsworth: Penguin, S. 75–98.

Allen, Robert C./Gomery, Douglas (1985) *Film History. Theory and Practice*. New York u. a.: McGraw-Hill.

Belton, John (1994) *American Cinema/American Culture*. New York: McGraw-Hill.

Boorstin, Daniel J. (1987) *Das Image. Der amerikanische Traum*. Reinbek: Rowohlt.

Bowser, Eileen (1990) *The Transformation of Cinema 1907–1915*. Berkeley/Los Angeles/London: University of California Press.

Brenkman, John (1979) »Deconstruction and the Social Text«, *Social Text*, 1 (Winter 1979), S. 186–188.

Butler, Jeremy G. (Hrsg.) (1991). *Star Texts: Image and Performance in Film and Television*. Detroit: Wayne State University Press.

Cohan, Steven (1993) »Masquerading As the American Male in the Fifties: *Picnic*, William Holden and the Spectacle of Masculinity in Hollywood Film«. In: *Male Trouble*. Hrsg. von

Constance Penley und Sharon Willis. Minneapolis/London: University of Minnesota Press, S. 203–232.
DeCordova, Richard (1991) »The Emergence of the Star System in America«. In: *Stardom. Industry of Desire.* Hrsg. von Christine Gledhill. London/New York: Routledge, S. 17–29.
Dyer, Richard (1978) »Resistance through Charisma: Rita Hayworth and Gilda«. In: *Women in film noir.* Hrsg. von E. Ann Kaplan. London: BFI, S. 91–99.
– (1979) *Stars.* London: BFI.
– (1982) »A Star is Born and the Construction of Authenticity«. In: *Star Signs. Papers from a Weekend Workshop.* Hrsg. von Christine Gledhill. London: BFI Education, S. 13–22.
– (1986) *Heavenly Bodies. Film Stars and Society.* Houndsmills/London: MacMillan.
Eco, Umberto (1972) *Einführung in die Semiotik.* München: Fink.
Ellis, John (1982) »Stars as a cinematic phenomenon«. In: *Visible Fictions: Cinema/ Television/Video.* Hrsg. von John Ellis. London u. a.: Routledge & Kegan Paul.
Esslin, Martin (1989) *Die Zeichen des Dramas. Theater, Film, Fernsehen.* Reinbek: Rowohlt.
Faller, Greg S. (1987) *The Function of Star-Image and Performance in the Hollywood Musical: Sonja Henie, Esther Williams, and Eleanor Powell.* Diss. Northwestern University.
Faulstich, Werner (1990/91) »Stars: Idole, Werbeträger, Helden. Sozialer Wandel durch Medien«. In: *Funkkolleg Medien und Kommunikation. Konstruktionen von Wirklichkeit.* Weinheim/Basel: Beltz, S. 39–88.
– / Korte, Helmut (Hrsg.) (1997) *Der Star. Geschichte – Rezeption – Bedeutung.* München: Fink.
– / Korte, Helmut/Lowry, Stephen/Strobel, Ricarda (1997) »›Kontinuität‹ – Zur Imagefundierung des Film- und Fernsehstars«. In: Faulstich/Korte 1997, S. 11–28.
– / Strobel, Ricarda (1989) »Das Phänomen ›Star‹ – ein bibliographischer Überblick zum Stand der Forschung«. In: *Seller, Stars und Serien. Medien im Produktverbund.* Hrsg. von Christian W. Thomsen und Werner Faulstich. Heidelberg: Carl Winter Universitätsverlag, S. 7–19.
Fiske, John (1987) *Television Culture.* London/New York: Methuen.
– (1992) »The Cultural Economy of Fandom«. In: *The Adoring Audience. Fan Culture and Popular Media.* Hrsg. von Lisa A. Lewis. London/New York: Routledge, S. 30–49.
– (1993) »Elvis: Body of Knowledge. Offizielle und populäre Formen des Wissens um Elvis Presley«, *Montage/AV*, 2/1/1993, S. 19–51.
Fowles, Jib (1992) *Starstruck. Celebrity Performers and the American Public.* Washington, D. C./London: Smithsonian Institution Press.
Freud, Sigm. (1942ff.) *Gesammelte Werke.* London/Frankfurt am Main: Imago Publishing Co./Fischer.
Garncarz, Joseph (1989) »Die Schauspielerin wird Star. Ingrid Bergman – eine öffentliche Kunstfigur«. In: *Die Schauspielerin. Zur Kulturgeschichte der weiblichen Bühnenkunst.* Hrsg. von Renate Möhrmann. Frankfurt am Main: Insel, S. 321–344.
Gledhill, Christine (Hrsg.) (1991). *Stardom. Industry of Desire.* London/New York: Routledge.
Harris, Thomas (1991) »The Building of Popular Images: Grace Kelly and Marilyn Monroe«. In: Gledhill 1991, S. 40–44.
Heinzlmeier, Adolf/Schulz, Berndt/Witte, Karsten (1980) *Glanz und Mythos der Stars der 40er und 50er Jahre.* Frankfurt am Main: Fischer.
– / – / – (1982) *Die Stars seit 1960.* Frankfurt am Main: Fischer.
Hickethier, Knut (1997) »Vom Theaterstar zum Filmstar. Merkmale des Starwesens um die Wende vom 19. zum 20. Jahrhundert«. In: Faulstich/Korte 1997, S. 29–47.
Hippel, Klemens (1992) »Parasoziale Interaktion. Bericht und Bibliographie«, *Montage/AV*, 1/1/1992, S. 135–150.
Holmlund, Chris (1993) »Masculinity as Multiple Masquerade: The ›mature‹ Stallone and the Stallone Clone«. In: *Screening the Male: exploring masculinities in Hollywood cinema.* Hrsg. von Steven Cohan und Ina Rae Hark. London/New York: Routledge, S. 213–229.

- (1997) »Leidenschaftliche Lesarten. Die Rezeption von Filmfiguren als ›Fatal Attraction‹«, *Montage/AV*, 6/2/1997, S. 36–63.

Horton, Donald/Wohl, R. Richard (1976) »Mass Communication and Para-Social Interaction: Observations on Intimacy at a Distance«. In: *Drama in Life: The Uses of Communication in Society.* Hrsg. von James E. Combs und Michael W. Mansfield. New York: Hastings House, S. 212–228.

Kehr, David (1979) »A Star is Made«, *Film Comment*, 15, 1 (Jan.-Feb. 1979), S. 7–12.

Keppler, Angela (1995) »Person und Figur. Identifikationsangebote in Fernseh-serien«, *Montage/AV*, 4/2/1995, S. 85–99.

Kindem, Gorham (1982) »Hollywood's Movie Star System: A Historical Overview«. In: *The American Movie Industry. The Business of Motion Pictures.* Hrsg. von Gorham Kindem. Carbondale/Edwardsville: Southern Illinois University Press, S. 79–93.

King, Barry (1985) »Articulating Stardom«, *Screen*, 26, 5 (Sept.-Oct. 1985), S. 27–50.

- (1986) »Stardom as an Occupation«. In: *The Hollywood Film Industry.* Hrsg. von Paul Kerr. London/New York: Routledge & Kegan Paul, S. 154–184.
- (1987) »The Star and the Commodity: Notes Towards a Performance Theory of Stardom«, *Cultural Studies*, 1, 2 (May 1987), S. 145–161.

Klaprat, Cathy (1985) »The Star as Market Strategy: Bette Davis in Another Light«. In: *The American Film Industry.* Hrsg. von Tino Balio. Madison: University of Wisconsin Press, S. 351–376.

Korte, Helmut/Strake-Behrendt, Gabriele (1990) *Der Filmstar. Forschungsstand, kommentierte Bibliographie, Starliste.* Braunschweig: Hochschule für Bildende Künste.

- / – (1992) »Viele Bäume, aber kein Wald. Der Filmstar als Gegenstand medienwissenschaftlicher Forschung«, *TheaterZeitSchrift*, Heft 31/32, S. 168–176.

Langer, John (1981) »Television's ›personality system‹«, *Media, Culture and Society*, 3, 4, S. 351–365.

Levy, Emanuel (1988) *John Wayne: Prophet of the American Way of Life.* Metuchen, N.J./London: Scarecrow.

- (1990) »Social attributes of American movie stars«, *Media, Culture and Society*, 12, 2 (April 1990), S. 247–267.

Lewis, Lisa A. (Hrsg.) (1992). *The Adoring Audience. Fan Culture and Popular Media.* London/New York: Routledge.

Lowry, Stephen (1997) »Text, Image, Performance – Star Acting and the Cinematic Construction of Meaning«. In: *Text und Ton im Film.* Hrsg. von Paul Goetsch und Dietrich Scheunemann. Tübingen: Narr, S. 285–295.

Ludes, Peter (1989) »Stars in soziologischer Perspektive«. In: *Seller, Stars und Serien. Medien im Produktverbund.* Hrsg. von Christian W. Thomsen und Werner Faulstich. Heidelberg: Carl Winter Universitätsverlag, S. 20–34.

Maland, Charles J. (1989) *Chaplin and American Culture. The Evolution of a Star Image.* Princeton: Princeton University Press.

Mayne, Judith (1993) *Cinema and Spectatorship.* London/New York: Rout-ledge.

Metz, Christian (1982) *The Imaginary Signifier. Psychoanalysis and the Cinema.* Bloomington: Indiana UP.

Mikos, Lothar (1991) »Idole und Stars«, *Medium*, 21, 3 (Okt.–Dez. 1991), S. 72–74.

- (1994) »Zur Konstitution von Fankulturen. Anmerkungen zum ethnophatischen Aspekt populärer Kultur«. In: *6. Film- und Fernsehwissenschaftliches Kolloquium.* Hrsg. von Jörg Frieß, Stephen Lowry und Hans Jürgen Wulff. Berlin: Gesellschaft für Geschichte & Theorie audiovisueller Kommunikation, S. 38–44.

Moltke, Johannes von (1997) »Statt eines Editorials: ›... your legend never will‹: posthume Starimages«, *Montage/AV*, 6/2/1997, S. 3–9.

- / Wulff, Hans-J. (1997) »Trümmer-Diva. Hildegard Knef«. In: *Idole des deutschen Films.* Hrsg. von Thomas Koebner. München: Edition Text + Kritik, S. 304–316.

Monaco, James (Hrsg.) (1978). *Celebrity: The Media as Image Makers.* New York: Delta.

Morin, Edgar (1984) *Les stars.* o. O.: Galilée.

Naremore, James (1988) *Acting in the Cinema*. Berkeley/Los Angeles/London: University of California Press.
O'Brien, Mary Ellen (1983) *Film Acting. The Techniques and History of Acting for the Camera*. New York: Arco Publishing.
Patalas, Enno (1963) *Sozialgeschichte der Stars*. Hamburg: Marion von Schröder Verlag.
Reeves, Jimmie L. (1988) »Television Stardom: A Ritual of Social Typification and Individualization«. In: *Media, Myths, and Narratives. Television and the Press*. Hrsg. von James W. Carey. Newbury Park u. a.: Sage, S. 146–160.
Rettberg, Lars (1999) »Zu schön um wahr zu sein! Die digitale Diva Lara Croft«, *Montage/AV*, 8/2/1999, S. 89–110.
Root, Cathy (1989) »Star System«. In: *International Encyclopedia of Communications*. Hrsg. von Erik Barnouw et al. New York/Oxford: Oxford UP, S. 180–183.
Schickel, Richard (1971) »Stars and Celebrities«, *Commentary*, 52, 2 (August 1971), S. 61–65.
– (1985) »Celebrity«, *Film Comment*, 21, 1 (Jan.-Feb. 1985), S. 11–19.
Smith, Murray (1994) »Altered States: Character and Emotional Response in the Cinema«, *Cinema Journal*, 33, 4 (Summer 1994), S. 34–56.
– (1995) *Engaging Characters: Fiction, Emotion, and the Cinema*. Oxford: Clarendon Press.
Stacey, Jackie (1991) »Feminine Fascinations. Forms of Identification in Star-Audience Relations«. In: Gledhill 1991, S. 141–163.
– (1994a) »Hollywood memories«, *Screen*, 35, 4 (Winter 1994), S. 317–335.
– (1994b) *Star Gazing: Hollywood cinema and female spectatorship*. London/ New York: Routledge.
– (1997) »Historische Rezeption von Hollywoodstars beim weiblichen Publikum«. In: Faulstich/Korte 1997, S. 60–77.
Staiger, Janet (1991) »Seeing Stars«. In: Gledhill 1991, S. 3–16.
– (1997) »Das Starsystem und der klassische Hollywoodfilm«. In: Faulstich/Korte 1997, S. 48–59.
Strobel, Ricarda/Faulstich, Werner (1998) *Die deutschen Fernsehstars*. 4 Bände. Göttingen: Vandenhoeck & Ruprecht.
Studlar, Gaylyn (1996) *This Mad Masquerade: Stardom and Masculinity in the Jazz Age*. New York: Columbia University Press.
Thiele, Jens (1997) »Künstlerisch-mediale Zeichen der Starinszenierung«. In: Faulstich/Korte 1997, S. 136–145.
Thumim, Janet (1992) *Celluloid Sisters: Women and Popular Cinema*. Basingstoke/London: MacMillan.
Tudor, Andrew (1974) *Image and Influence. Studies in the Sociology of Film*. London: George Allen & Unwin.
Vincendeau, Ginette (1985) »Community, Nostalgia and the Spectacle of Masculinity«, *Screen*, 26, 6 (Nov.-Dec. 1985), S. 18–38.
– (1992) »The old and the new: Brigitte Bardot in 1950s France«, *Paragraph*, 15, S. 73–96.
– (1993) »Gérard Depardieu: The axiom of contemporary French cinema«, *Screen*, 34, 4 (Winter 1993), S. 343–361.
Vorderer, Peter (Hrsg.) (1996). *Fernsehen als »Beziehungskiste«: parasoziale Beziehungen und Interaktionen mit TV-Personen*. Opladen: Westdeutscher Verlag.
Walker, Alexander (1970) *Stardom: The Hollywood Phenomenon*. London: Michael Joseph.
Weingarten, Susanne (1997) »›Body of Evidence‹. Der Körper von Demi Moore«, *Montage/AV*, 6/2/1997, S. 113–131.
Welsch, Janice R. (1978) *Film Archetypes: Sisters, Mistresses, Mothers and Daughters*. New York: Arno Press.
Wexman, Virginia Wright (1993) *Creating the Couple: Love, Marriage, and Hollywood Performance*. Princeton, N. J.: Princeton University Press.
Wulff, Hans J. (1990) »Deanophilie: Bemerkungen zu einem Idol im Wandel der Zeiten«, *Kinoschriften*, 2, S. 7–31.
– (1996) »Charaktersynthese und Paraperson: Das Rollenverhältnis der gespielten Fiktion«.

In: *Fernsehen als Beziehungskiste. Parasoziale Interaktionen und Beziehungen mit Medienfiguren.* Hrsg. von Peter Vorderer unter Mitarb. v. Holger Schmitz. Opladen: Westdeutscher Verlag, S. 29–48.
- (1997) »Attribution, Consistance, Charactère: Problèmes de perception des personnages de cinéma«, *Iris*, 24.

Zucker, Carole (Hrsg.) (1990). *Making Visible the Invisible: an anthology of original essays on film acting.* Metuchen, N.J./London: Scarecrow.

2. Heinz Rühmann - Der kleine Mann

2.1 Der deutsche Star

Heinz Rühmann, der archetypische ›kleine Mann‹ des deutschen Films, war von Anfang der dreißiger bis in die sechziger Jahre hinein - also für eine ungewöhnlich lange Zeit und über drei Gesellschaftssysteme hinweg - einer der bekanntesten und beliebtesten deutschen Schauspieler. Dennoch scheint er zunächst gar kein Star im engeren Sinne zu sein; zu sehr beruht sein Image auf den leisen Tönen und der Nähe zur Alltagswelt des Publikums. Aber das Spektakuläre oder auch Skandalträchtige ist nur eine Seite und keineswegs *die* konstituierende Vorbedingung des Starphänomens (s. Kap. 1). Auch die Ähnlichkeit mit den Zuschauern, vor allem eine sympathische, ›menschliche‹ Ausstrahlung kann ›Star-Qualität‹ begründen, und diese Wirkung hat Rühmann in seinen beliebten Rollen als ›kleiner Mann‹ wie kein anderer deutscher Star hervorgerufen. Während seiner insgesamt gut fünfzigjährigen aktiven Film- und Fernsehkarriere als Schauspieler hat Rühmanns Image bei auffallend konstanten Grundzügen seiner Figuren und häufig ähnlichen Rollen durchaus auch eine gewisse Bandbreite aufzuweisen. In den dreißiger und vierziger Jahren wurde er mit seinen vielfach von jugendlichem Übermut geprägten, optimistisch-lebenslustigen Komödien zum populärsten deutschen Schauspieler. Bereits in dieser Zeit deutete sich allerdings mit der menschlichen Anteilnahme und den kleinen Schwächen einiger seiner Charaktere weitere Eigenschaften an, die insbesondere seine Nachkriegsfilme prägen sollten.

Intuitiv hat man zunächst ein recht klares Bild von Heinz Rühmann, vor allem aufgrund von Filmen wie QUAX, DER BRUCHPILOT (1941), DIE FEUERZANGENBOWLE (1944), den Filmkomödien der fünfziger Jahre wie KEINE ANGST VOR GROSSEN TIEREN (1953), BRIEFTRÄGER MÜLLER (1953) oder auch CHARLEYS TANTE (1956), den »Pater-Brown«-Filmen (1960/1962/1968) und Literaturverfilmungen wie DER HAUPTMANN VON KÖPENICK (1956) oder DER BRAVE SOLDAT SCHWEJK (1960). Ob in ausgelassenen Lustspielen, turbulenten Salonkomödien oder tragikomischen Stücken, immer erscheint er als der pfiffig-verschmitzte, manchmal etwas freche, aber durchgängig sympathische ›Lausbub‹, ›Draufgänger‹ oder aber als der unscheinbare ›kleine Mann‹, der mit Witz und Anteilnahme den Widrigkeiten des Lebens entgegentritt. Menschliche Unzulänglichkeiten oder Marotten betonen die Alltäglichkeit der Figuren und bringen sie uns nahe, zeitweilige Arroganz wie bei ›Quax‹ oder dem ›Briefträger Müller‹ wird letztlich von einer grundlegenden Bescheidenheit und Warmherzigkeit besiegt. Und vermutlich war es gerade Rühmanns spezifische Verkörperung der kleinbürgerlichen Mentalität und Werte, die ihn zum wichtigsten deutschen Star von der Weimarer Periode bis weit in die Nachkriegszeit hinein machte, der zugleich aber im Ausland kaum wahrgenommen wurde.

Trotz der Unterschiedlichkeit der von ihm verkörperten sozialen Charaktere ist er mit der schnarrend-singenden, ›hingeworfenen‹ Sprechweise, der für ihn typischen Mimik und Gestik sowie seiner spezifischen Ausstrahlung immer als Rühmann zu erkennen. Innerhalb der relativen Kontinuität des Images lassen sich mehrere zum Teil überlappende Entwicklungsphasen feststellen, die aus Änderungen der Rollen (zunehmend ernste Figuren seit etwa 1956), aus Rühmanns Lebensalter und aus dem veränderten sozio-kulturellen Kontext zu erklären sind.

Phasen der Imageentwicklung:
›Guter Freund‹, ›kleiner Mann‹, ›Charakterdarsteller‹

Wie in den zwanziger Jahren noch weithin üblich, begann Heinz Rühmann (geb. 1902) seine Karriere auf der Bühne und nicht vor der Kamera. Nach dem Besuch der Schauspielschule in München erhielt er ab 1920 zunächst kleinere Engagements in verschiedenen Theatern, in denen er zwar häufig durch ›chargieren‹ das Publikum zum Lachen brachte, aber seltener damit die Zustimmung der Kritiker und der Regisseure gewann. Erst gegen Ende der zwanziger Jahre konnte er allmählich in Rollen wie *Der Mustergatte* und *Charleys Tante* Erfolge für sich verbuchen. Sein Durchbruch im Film kam 1930, als er neben Willy Fritsch und Oskar Karlweis einen der DREI VON DER TANKSTELLE (Wilhelm Thiele) spielte: Während der Weltwirtschaftskrise kehren drei Freunde aus dem Urlaub zurück und müssen feststellen, daß sie bankrott sind. Doch diese Situation wird mit jugendlichem Elan, fröhlichem Optimismus, Gesang und Tanz gemeistert. Sie tauschen einfach ihr Auto gegen eine Tankstelle und verlieben sich nacheinander in ihre beste Kundin (Lilian Harvey), wobei nicht der ›gute Freund‹ Rühmann, sondern natürlich der romantische Liebhaber Fritsch das Rennen macht. Die ›schmissige‹ Tonfilmoperette verfügte über alle publikumswirksamen Zutaten einer Depressionskomödie und wurde zu einem der erfolgreichsten Filme der Spielzeit 1930/31. Ähnlich wie hier sind Rühmanns Figuren in den folgenden Filmen durch Jugendlichkeit, Dynamik sowie durch frischen und harmlosen Übermut gekennzeichnet. Auch die Funktion des zweiten Mannes, etwa neben Hans Albers (BOMBEN AUF MONTE CARLO, 1931) oder Max Pallenberg (DER BRAVE SÜNDER, 1931) setzte sich zunächst fort, obwohl er in diesen Jahren auch Hauptrollen übernahm.

Bereits Mitte der dreißiger Jahre war er in bis zu sechs Filmen jährlich zu sehen, überwiegend leichte und sehr erfolgreiche Gesellschaftskomödien: HEINZ IM MOND (1934), DER MANN, VON DEM MAN SPRICHT (1937), DER MANN, DER SHERLOCK HOLMES WAR (1937), DER MUSTERGATTE (1937), DIE UMWEGE DES SCHÖNEN KARL (1938) und PARADIES DER JUNGGESELLEN (1939). Während des Krieges spielte

Rühmann in Kassenschlagern wie HAUPTSACHE GLÜCKLICH (1940), DER GASMANN (1941), QUAX, DER BRUCHPILOT (1941) und in DIE FEUERZANGENBOWLE (1944), der erfolgreichsten Filmkomödie der NS-Zeit überhaupt.

Gegenüber der ersten Phase seiner Karriere ist Rühmann in diesen Filmen eindeutig der Star, auch wenn er sich in DER MANN, DER SHERLOCK HOLMES WAR (1937) als Dr. Watson neben Hans Albers behaupten mußte. War in den frühen Filmen die Suche nach einem passenden Image noch zu spüren, so ist es nun deutlich ausgeprägt. Vom jugendlichen Draufgängertum ist einiges geblieben, aber meist erscheint es etwas gedämpft, in Form gelegentlicher Aufmüpfigkeit und Schnoddrigkeit, kleiner Frechheiten und Witzeleien, teilweise sprühender Energie, manchmal einer zur Schau getragenen Überlegenheit. Zugleich werden die Elemente des bescheidenen ›kleinen Mannes‹ ausgebaut und nicht selten diese beiden Aspekte gegeneinander ausgespielt: So der kleine Mann, der mal ganz groß sein will etwa in DIE UMWEGE DES SCHÖNEN KARL und DER GASMANN oder als kleinbürgerlicher Individualist und Aufschneider in QUAX, DER BRUCHPILOT, der erst diese Eigenschaften überwinden, sich disziplinieren und in die Gemeinschaft einfügen muß, um selbst Teil der Autorität zu werden und die Frau fürs Leben zu finden.

Nach dem Krieg spielte Rühmann zunächst Theater und versuchte gemeinsam mit dem Dramaturgen und Produktionsleiter Alf Teichs durch Gründung der Produktionsfirma »Comedia« am Aufschwung der deutschen Filmindustrie teilzuhaben. Ihr Film BERLINER BALLADE (1948) unter der Regie von R.A. Stemmle und mit Gert Fröbe in der Rolle des ›Otto Normalverbraucher‹ wurde zwar ein Achtungserfolg bei den Kritikern, weniger aber beim Publikum. Weitere Produktionen wie DER HERR VOM ANDEREN STERN (1948) und ICH MACH DICH GLÜCKLICH (1949), in denen Rühmann wieder mitspielte, trafen auch nicht den Publikumsgeschmack der Zeit, und die Firma war bald am Ende. Nach dem Konkurs war Rühmann gezwungen, durch jahrelange Theaterarbeit seine Schulden abzubezahlen. Erst 1953 gelang ihm mit KEINE ANGST VOR GROSSEN TIEREN und BRIEFTRÄGER MÜLLER ein Comeback. Gleichzeitig wurde hier eine neue Phase in Rühmanns Rollenspektrum deutlich. Er spielte wieder den ›kleinen Mann‹, aber mit einigen neuen Akzenten. Die Figuren sind jetzt nicht mehr nur durch den Sozialstatus, sondern zunehmend auch durch die Kleinfamilie definiert und nehmen nun häufiger selbst autoritäre Positionen ein – sei es, daß sie ihre ›Angst vor großen Tieren‹ überwinden oder wie DER PAUKER (1958) sich Autorität erst verschaffen müssen, oder aber wie DER JUGENDRICHTER (1959) oder Pater Brown in DAS SCHWARZE SCHAF (1960) und ER KANN'S NICHT LASSEN (1962) eine gewisse Autorität von vornherein verkörpern. Rühmanns zunehmendes Alter trug natürlich dazu bei, daß er – erstaunlich spät, denn 1953 war er schon 51 Jahre alt – vom jungen Erwachsenen zu väterlichen Rollen wechselte, so in meist recht sentimentalen, gleichwohl aber sehr beliebten Filmen wie BRIEFTRÄGER MÜLLER (1953), AUF DER REEPERBAHN NACHTS UM HALB EINS (1954), WENN DER VATER MIT DEM SOHNE (1955) und VATER SEIN DAGEGEN SEHR (1957). Auch hier behielt Rühmann Merkmale seiner eher jugendlichen Spielweise bei, die seinem ›kleinen Mann‹ immer etwas Kindliches verleihen, ihn zum »Typus des nicht ganz Erwachsenen, also immerfort *Werdenden*, nie *Seienden* pubertären bis spätpubertären Jungen« machen (vgl. Kaiser 1982).

Obwohl Rühmann auf der Bühne auch ernste, differenzierte Charaktere verkörperte, wurden ihm erst relativ spät vergleichbare Rollen im Film angeboten – häufig allerdings in der bewährten Mischung aus Tragik und Komik. DER HAUPTMANN VON KÖPENICK (1956, Helmut Käutner) kann hierfür als herausragendes Beispiel gelten. Obwohl der Film durchaus auch komische Elemente enthält und die Rolle letztlich recht ›harmlos-nett‹ geraten ist, gibt es immer wieder Momente, in denen die Tragik und auch etwas von Bitterkeit in der Figur aufblitzen. Diese Ambivalenz, die in MEIN SCHULFREUND (1960), DER BRAVE SOLDAT SCHWEJK (1960) und DAS NARRENSCHIFF (SHIP OF FOOLS, 1965) leicht variiert wird, begründete seinen späteren Ruf als »Charakterdarsteller mit einer betonten Menschlichkeit«. Einer seiner wenigen durchgängig ernsten Filmrollen war die des Kommissars in ES GESCHAH AM HELLICHTEN TAG (1958). Generell gelang es Rühmann in dieser Phase seiner Karriere, ernstere und oft melancholische Momente mit komischen Elementen überzeugend zu verbinden. Als ›Schwejk‹ oder ›Schuster Voigt‹ erlebte Rühmann zwar große Erfolge, aber das Publikum wollte ihn primär in lustigen Filmen sehen. Das bereits etablierte Image prägte die Erwartungen, so daß die zeitkritisch und ernstgemeinten Filme wie etwa MEIN SCHULFREUND vom Publikum nur mäßig angenommen oder gar als Komödien mißverstanden wurden. Hieran wird gleichzeitig die deutliche Begrenzung der Rühmann-Figuren erkennbar: in der Darstellung des Nationalsozialismus sowie der Folgen kommt der Film nicht über eine diffuse, resignative ›Menschlichkeit‹ hinaus. Gerade seine ernsten Charaktere haben zu viel ›Nettes‹ und suggerieren ein prinzipielles Einverständnis, ohne je eine wirklich kritische Perspektive zu eröffnen. Auch darin ist Rühmann typisch für die deutsche Filmproduktion der fünfziger und sechziger Jahre, in der auch die wenigen ›Problemfilme‹ meist harmlos und versöhnlich gerieten.

Der Erfolg, den er als ernster Schauspieler auf der Bühne erlebte (z. B. in *Warten auf Godot*) konnte Rühmann auch im Fernsehen fortsetzen, vor allem in *Der Tod eines Handlungsreisenden* (1968). Gastauftritte in Fernsehshows sowie Weihnachts- und Märchenvorlesungen (im Fernsehen und live) erweiterten seine Popularität, wobei diese letzte Phase seiner Starkarriere vorrangig durch die Würdigung als ›Charakterdarsteller‹ sowie als gefeierter Repräsentant von ›Menschlichkeit‹ geprägt war. Seine letzte Filmrolle spielte er 1993 in Wim Wenders' IN WEITER FERNE, SO NAH.

Image und Ausstrahlung

Die inhaltliche Auswertung eines Samples von 70 zwischen 1960 und 1992 erschienenen Presseartikeln über Rühmann bestätigt weitgehend die oben an Hand der Filme skizzierten Merkmale seines Starimages. Folgende Charakteristika in der Reihenfolge ihrer Häufigkeit werden bei häufig wörtlicher Übereinstimmung genannt:

- Der kleine Mann, der deutsche Kleinbürger etc.
- Menschlichkeit, Herz, Warmherzigkeit, Charme
- Charakterdarsteller, Menschendarsteller

- sanft, scheu, schüchtern, bescheiden
- verschmitzt, listig, Schelm
- Pfiffigkeit, Humor, Witz, Frechheit etc.
- jungenhaft, lausbübisch, unerwachsen, keck etc.
- volkstümlich, wie Freund von nebenan, unscheinbar
- stille, leise, Understatement
- merkwürdige, schnarrende Stimme als Markenzeichen
- unheroisch, antiheroisch
- Stehaufmännchen, nicht unterzukriegen
- Clown, Bajazzo

Es sind also im wesentlichen zwei zentrale Imageausprägungen, die sich in dieser Phase quer zu den jeweiligen Rollen schwerpunktmäßig identifizieren lassen: der ›kleine Mann‹, der sich mit Pfiffigkeit, Cleverness und manchmal Frechheit durchsetzt und die reifere, leisere Figur, die durch ›Menschlichkeit‹, ›Warmherzigkeit‹ oder durch den traurigen Humor des Bajazzo charakterisiert wird. Die hohe Konstanz seines Images wird u. a. daran deutlich, daß viele der Nennungen auf beide Ausprägungen zutreffen, denn auch die reiferen Figuren besitzen viel von der Verschmitztheit der jüngeren, frecheren, und einige Merkmale wie Rühmanns Stimme und seine typische Sprechweise, sein unheroischer Charakter und die relative Nähe seiner Figuren zum Publikum sind durchgängige Elemente in seinem Erscheinungsbild.

Außerdem ist es häufig nicht eindeutig, ob eine bestimmte Beschreibung sich eher auf die Filmfigur oder auf die private Person bezieht. Adjektive wie »sanft«, »schüchtern«, »liebenswürdig«, »warmherzig«, »bescheiden«, »heiter« etc. werden offenbar gleichermaßen den Rollen und dem Schauspieler zugeordnet. Insofern scheint eine starke Übereinstimmung zwischen dem inner- und dem außerfilmischen Image zu bestehen, so daß behauptet wurde, Rühmann spiele sich selbst (Deicke 1982; Ruppert 1982) oder sogar »seine Kunst ist identisch mit seinem ureigensten Wesen« (*Filmwelt,* 1941, zit. n. Winkler-Mayerhöfer 1992, 141). Wesentlich dafür war die vergleichsweise hochgradige Rollenkontinuität:

> Merkwürdig, daß wir so von ihm sprechen, als wäre er das, was er in seinen Rollen darstellt. Das liegt bei ihm aber sehr nahe. Er ist kein Verwandler. Wenn er erscheint, so erkennen wir ihn sofort, auch ohne Theaterzettel. Er gibt sich nur die Mühe zu sein. [...] darin liegt auch das Geheimnis seiner Wahrhaftigkeit, der Unmittelbarkeit seiner komischen und menschlichen Wirkung [...]. (Kienzl o. J.).

Im Gegensatz zu vielen anderen Starkarrieren blieb Rühmanns Privatleben relativ unbekannt. So konnte auch eine ansonsten gerade an intimen Details interessierte Zeitschrift wie *Das Neue Blatt* nur von der glücklichen Ehe Rühmanns mit seiner zweiten Frau Hertha Feiler berichten und davon, daß es keine »sensationellen Stories« oder Skandale gäbe (Wolff 1966). Das außerfilmische Image reduzierte sich vor allem auf zwei Aspekte: auf Rühmann als Ehemann und als Hobbyflieger. Bereits um 1941 wurden Rühmann und Feiler als sich ideal ergänzende Ehepartner in der Presse dargestellt (Brinker o. J. [1941]) und auch in der Folgezeit ergab die Schilderung seines Familienlebens ein Bild des stillen Glücks, einer fast vorbildlichen Harmonie. Der Tod Hertha Feilers 1970 nach 31 gemeinsamen Ehejahren war ein sehr harter Einschnitt in seinem Leben, der ihn zunächst dazu bewegte, sich noch mehr aus der Öffentlichkeit zurückzuziehen (vgl. Ball 1981, 143f.). Ebenso die dritte Ehe mit Hertha Droemer gilt als harmonisch, auch wenn sie Anlaß zu einem jahrelangen Streit zwischen Rühmann und seinem Sohn war (s. z. B. Anon. 1994, 36f.).

In dieser starken Familienbezogenheit Rühmanns deutet sich allerdings eine tendenzielle Diskrepanz zu den Filmfiguren vor allem der fünfziger Jahre an, die häufig ausgesprochen heiratsunwillig sind und sich Frauen gegenüber eher distanziert verhalten (DER JUGENDRICHTER, AUF DER REEPERBAHN NACHTS UM HALB EINS, DER PAUKER, DER LÜGNER etc.). Lassen sich diese Momente in einigen Fällen noch auf die Genrekonventionen des ›Geschlechterkriegs‹ in den Gesellschaftskomödien zurückführen, so agieren seine Figuren in mehreren Filmen dieser Phase weitergehend auch ohne weibliches Pendant in einer Art ›Restfamilie‹ (WENN DER VATER MIT DEM SOHNE, VATER SEIN DAGEGEN SEHR, DAS KANN JEDEM PASSIEREN etc.). Neben der typusbedingten Ausklammerung von Erotik und Sexualität bei seinen Charakteren (vgl. Kunze 1995, 28–30, 77f.), dürften dafür die Veränderungen der Familienstruktur in der Nachkriegszeit sowie tieferliegende psycho-soziale Dispositionen (etwa männliche Angst vor ›bedrohlichen‹ Frauen) ausschlaggebend sein. Da die Filme trotz dieser Elemente letztlich aber wieder zu einer ideologischen Bestätigung der Ehe und der Kleinfamilie tendieren, ist die Spannung zwischen inner- und außerfilmischem Image jedoch geringer, als es zunächst erscheinen mag.

Rühmanns erste Ehe mit Maria Bernheim ist problematischer und wird in den Darstellungen der populären Presse öfters einfach verschwiegen. Sie waren seit 1924 verheiratet, lebten sich mit der Zeit aber auseinander. Zur Scheidung kam es allerdings erst, als die Nazis öffentlich Druck ausübten, da Maria Bernheim Jüdin war. In den Biographien wird meistens betont, daß die Trennung einvernehmlich erfolgt sei. Gleichzeitig ist aber zu spüren, daß es um einen heiklen Punkt geht, da Rühmann als Opportunist erscheinen könnte, der seine Frau fallen ließ, um seine glänzende Karriere fortsetzen zu können. Zudem wurde die Scheidung offensichtlich von offizieller Seite belohnt: er durfte unmittelbar danach zum ersten Mal Regie führen und bekam eine eigene Produktionsgruppe bei der Terra-Filmkunst GmbH. Die generelle Frage, wie Rühmann im Verhältnis zum ›Dritten Reich‹ zu bewerten ist – ob er ein ›Gegenbild‹ bot, ›Mitläufer‹ war oder, wie die Zeitschrift *Cinema* resümierte, »auf seine unschuldige Art zur Mobilmachung« beitrug (fs/hr 1992, 140) – stellt sich hier in zugespitzter Form. Die Scheidung – wie auch immer wahrgenommen und beurteilt – scheint aber seiner Popularität zu keiner Zeit geschadet zu haben. Zu seinem Image gehört allgemein die Einschätzung: »Rühmann war auch im Dritten Reich immer integer.« (Barlog 1982). Hohe moralische Maßstäbe und Bewahrung der Individualität sind Eigenschaften, die gerade in den späteren Filmen betont werden. In diesem Punkt deckt sich die Entwicklung zwischen inner- und außerfilmischem Image, in denen ›Menschlichkeit‹ und ›Altersweisheit‹ zunehmend Bedeutung gewinnen und zur Verklärung des Stars führen.

Daß Rühmann begeisterter Hobby-Flieger war, unterstützt die ›draufgängerische‹, dynamische Seite seines Images, die vor allem am Anfang seiner Karriere dominant war. Die Flieger als moderne Helden repräsentierten seit den zwanziger Jahren Tollkühnheit, Technikbeherrschung und Geschwindigkeit. In der NS-Zeit wurden diese Leitbilder, mit soldatischen Tugenden angereichert, zum Heldenbild des Luftwaffenfliegers aktualisiert und hatten gerade in diesen Jahren, in dem die Menschen die technische und gesellschaftliche Modernisierung extrem krisenhaft erlebten, eine heute kaum mehr nachvollziehbare Bedeutung. So versuchte man auch Rühmanns Flieger-Image beispielsweise durch gestellte Wochenschauaufnahmen mit ihm als Kurierflieger in Dienst zu nehmen. Solche Stereotypen bilden den Wissenshintergrund für einen Film wie QUAX, DER BRUCHPILOT (1941), auch wenn dieser in der Friedenszeit - etwa 1930 - spielt. Und generell nehmen Mobilität und Dynamik - Fliegen, Autofahren etc. - einen prominenten Platz auch in vielen anderen seiner Filme sowie im Privatleben des ›Techniknarren‹ Rühmann ein. Das Fliegen war auch in der Folgezeit ein Zeichen seiner Vitalität und Jugendlichkeit - noch mit achtzig Jahren blieb er diesem Hobby treu.

War sein Rollenbild in der ersten Karrierephase überwiegend durch den übermütigen oder prahlerischen Draufgänger geprägt, so treten in den Nachkriegsfilmen die sanfteren, leiseren, mit Traurigkeit und einer gewissen Melancholie durchmischten Momente in den Vordergrund. In dieser Zeit entsteht auch das Bild vom ›Stehaufmännchen‹, das sich sowohl auf sein ›persönliches‹, berufliches Comeback als auch auf seine Filmrollen bezieht. Als Folge seiner ernsteren Rollen sowie des Imagewandels hin zur ›Altersweisheit‹ und ›stillen Nachdenklichkeit‹ wird seit den sechziger Jahren zunehmend Rühmanns ›Menschlichkeit‹ hervorgehoben. In den folgenden Jahren finden sich gelegentlich auch kritischere Pressestimmen zu seiner Karriere und den Filmen, jedoch wurde er zumeist - insbesondere anläßlich seines 70., 80. und 90. Geburtstages - in den Medien überschwenglich gewürdigt und u.a. mit dem großen Bundesverdienstkreuz, zahlreichen »Bambis«, Verdienstmedaillen, Ehrenpreisen, Orden und einem Professorentitel öffentlich geehrt.

Obwohl man verschiedene Phasen in seinem Leben und seiner Karriere unterscheidet, wird in den biographischen Darstellungen sowie in Rühmanns Autobiographie vorrangig die durchgängige Entwicklung betont (vgl. Kirst 1969; Ball 1981; Ball/Spiess 1982; Rühmann 1982). Die Änderungen in seinem Image erscheinen hier als ›natürliche‹ Akzentverschiebungen auf der Basis einer grundlegenden Kontinuität, in dem er sich vom jugendlichen Draufgänger zum weisen alten Mann entwickelt, dabei aber immer ›Rühmann‹ bleibt - als eine ›Reifung‹ der Star-Persönlichkeit. Dieses Verständnis als menschlicher Entwicklungsprozeß wird dadurch begünstigt, daß sein Image von Anfang an dichotomischen Charakter hatte: So ist er nicht nur ›der kleine Mann‹, sondern der kleine Mann, der mit den Widrigkeiten »des Alltags zu kämpfen hat und sie durch Mutterwitz und Pfiffigkeit bewältigt« (Wachtel 1992). Später kamen andere Akzente hinzu: »Verschmitzt und pfiffig, gleichzeitig aber auch schüchtern und vom Schicksal gebeutelt« (Kaffsack 1987), »ein artiger Widerspenst« (Skasa-Weiß 1992), ein »aufsässige[r] Untertan« (Diehl 1987). Rühmann ist kein unterlegener ›Verlierer‹, sondern einer, der sich durchsetzt, der aufmüpfig wird, der am Ende siegt. So kombiniert das Image Momente von Nähe und Distanz, Bescheidenheit und Größenphantasie, Identifikation und Projektion – und darin verkörpert Rühmann eine typische Dialektik des Startums überhaupt. Diese widersprüchlichen Eigenschaften seiner Figuren sind auch für einen großen Teil von Rühmanns anhaltender Popularität verantwortlich.

2.2 Imagebildung im Film – Rollen und Erzählmuster

Die Summe von Eigenschaften, die der quasi-fiktionalen Person des Stars zugeordnet werden, bieten dem Publikum ein Modell für eigenes Verhalten, ein Idealbild oder ein Beispiel für positive Werte. Die jeweils verkörperte Figur ist einerseits Handlungsträger und andererseits Knotenpunkt verschiedener Bedeutungen, die sich im Lauf der Erzählung entwickeln und variieren. Exemplarisch daran werden ideologische Widersprüche durchgearbeitet und (Schein-)Kompromisse formuliert. Bei einem scheinbar ›zeitlosen‹ Star wie Rühmann ist der Bezug zu ideologischen Problemen zunächst zwar weniger offensichtlich, besteht aber gerade in der konservativen Bestätigung gegebener Werte und Verhaltensweisen. So lassen sich in seinen Filmen vor allem drei Grundmuster feststellen: ›Erziehung zur Autorität‹, ›Kleinbürger auf Abwegen‹ sowie ›Bewahrung der Identität in der Konfrontation mit der Obrigkeit‹.

Erziehung zur Autorität

Als entsprechend ausgerichteter Lernprozeß des Protagonisten sind beispielsweise DIE FEUERZANGENBOWLE (1944), QUAX, DER BRUCHPILOT (1941), KEINE ANGST VOR GROSSEN TIEREN (1953) und DER PAUKER (1958) strukturiert: Im Lauf der Geschichte wird der Held dazu gebracht, bestimmte Verhaltensweisen abzulegen und andere zu entfalten oder neue zu entwickeln, etwa indem ihm eine gewisse Arroganz und Überheblichkeit ausgetrieben werden oder er eine übertriebene Schüchternheit und Zurückhaltung überwinden muß. Die Figuren lernen schließlich, ihre ›eigentliche‹ Position in der Gesellschaft einzunehmen und sich die dafür nötigen Eigenschaften in der ›richtigen‹ Mischung von Individualismus und Unterordnung anzueignen. Individuelle Qualitäten wie Mut, Selbstbehauptung und Durchsetzungskraft werden ebenso favorisiert wie Disziplin und Anpassungsbereitschaft. Die Handlungen und die propagierten sozialen Normen basieren also in Abhängigkeit von der historischen Situation auf einer jeweils spezifisch ausgeprägten gesellschaftlichen Wertehierarchie.

So muß in DIE FEUERZANGENBOWLE – nach wie vor einer der beliebtesten Rühmann-Filme – der blasierte, großstädtische, leicht affektierte Schriftsteller Pfeiffer erst zum Unterprimaner regredieren, um zu lernen, daß er sich in die (Schüler- und Volks-)Gemeinschaft zu integrieren hat, damit er eine Balance zwischen Einordnung und Sichdurchsetzen finden kann und schließlich die ›natürlichen‹ Qualitäten einer einfachen Schülerin höher einschätzt als die raffinierteren erotischen Reize seiner bisherigen Geliebten. Indem der Film den erwachsenen Mann in die Position des spätpubertären Schülers zurückversetzt, führt er ganz explizit einen

Sozialisationsprozeß vor, bei dem es um die Bestätigung herkömmlicher Autoritäts- und Geschlechterverhältnisse geht. Im Film wird dies durch die Schülerstreiche in Form einer Scheinrebellion durchgespielt: Der ›Schüler‹ Pfeiffer scheint die Autorität der Lehrer zu unterminieren. Allerdings gibt es verschiedene Mechanismen, die dafür sorgen, daß die grundlegenden Autoritätsstrukturen keineswegs in Frage gestellt, vielmehr noch verstärkt werden (Lowry 1994). Pfeiffers gehobener Status ist durch Doktortitel, Einkommen und Ruhm als Schriftsteller legitimiert, so daß die Streiche nur seine persönliche Souveränität demonstrieren und die etablierte Machthierarchie letztlich nicht antasten. In der Konfrontation mit der wirklichen Autorität des Lehrers Brett – einer Art NS-Führerfigur – ist auch Pfeiffer eher hilflos. Autorität wird zur persönlichen Qualität, die man entweder von Natur aus besitzt – wie Pfeiffer, der in kürzester Zeit zum ›Führer‹ seiner Schulklasse avanciert –, oder aber sich erst aneignen muß. Pfeiffers nachgeholte Schulzeit wird schließlich so definiert: seine Streiche dienen nicht nur dazu, sich selbst und seine Stellung auszuprobieren, sondern sie geben auch Anlaß sich als verantwortungsbewußt und Teil der Gemeinschaft zu erweisen. Die jugendliche Scheinrebellion wird zur notwendigen Phase der Sozialisation und Integration in die gegebenen Machtverhältnisse.

Die Intention des Films zielt also auf die Überwindung ›falscher‹ Eigenschaften und die Entdeckung der ›wahren‹ Persönlichkeitsmerkmale: Gewisse – nicht zum ›eigentlichen‹ Image passende – Eigenschaften der Rolle werden abgelegt und am Schluß deckt sich die Figur weitestgehend mit dem bereits bestehenden Rühmann-Bild. Arroganz, Überheblichkeit, überzogene Allüren werden überwunden oder soweit abgemildert, daß die Figur zwar als Draufgänger, als Erfolgsmensch erscheint, aber zugleich liebenswert, menschlich, bescheiden, humorvoll – und irgendwie durchschnittlich – wirkt. Dieses Muster, das paradigmatisch für Rühmanns Leinwandimage ist, soll im Hinblick auf sein Starimage in der NS-Zeit am Beispiel von QUAX, DER BRUCHPILOT etwas genauer untersucht werden.

QUAX, DER BRUCHPILOT *(1941, Kurt Hoffmann)*

Schon in der Eingangssequenz tanzt Heinz Rühmann als Otto Groschenbügel, genannt ›Quax‹, aus der Reihe. Eine neue Gruppe von Flugschülern wird eingewiesen, unter ihnen Quax, mit einem hellen Strohhut auf dem Kopf, der sich wie ein vorlauter Kleinbürger auf Urlaub verhält: als einziger fügt er sich nicht in das fast militärisch strenge Reglement ein. Statt ›stramm zu stehen‹ und ›Haltung anzunehmen‹ – wie die anderen –, wippt er hin und her und scheint sich für alles zu interessieren, nur nicht für die Begrüßungsworte des Lehrers. Stellen sich seine Mitschüler knapp und zackig vor, lüftet er betont leger den Hut und nuschelt seinen Namen. Außerdem besteht er darauf, als »*Herr* Groschenbügel« angeredet zu werden. Mit den Kameraden verdirbt er es sich auch gleich, da er Sonderprivilegien und eine Unterbringung »mit allem Komfort« erwartet. Darüber hinaus ist er ein Angeber, der sich beim ersten Flug als kläglicher Angsthase erweist. Am Abend kommt die Erklärung: den Flugkurs hat er bei einem Preisausschreiben gewonnen. Eigentlich hatte er auf den dritten Preis gehofft, einen Urlaub auf den Kanarischen Inseln. So ist er zwar etwas beleidigt, aber nicht sehr enttäuscht, als

der Fluglehrer ihm nahelegt, daß er gehen solle, und er fährt am nächsten Morgen in seine Heimatstadt zurück.

Die Figur wirkt in dieser ersten Phase des Films allerdings nicht nur negativ. Zwar wird ein Rahmen von Werten und Verhaltensweisen aufgebaut - Ernsthaftigkeit, Disziplin, Kameradschaft und Teilnahme an der Gemeinschaft -, dem sich die Figur nicht gewachsen zeigt, aber diese Defizite werden humorvoll gezeichnet und gehören zur komischen Seite des Rühmann-Images. Das Unangepaßte, Individualistische, etwas Chaotische an der Figur wird einerseits als Überheblichkeit negativ kodiert, andererseits ist es gerade diese Seite, die sie über den Durchschnitt hebt, den frechen Charme Rühmanns ausmacht und Grund zum Lachen gibt. Man weiß aufgrund des intertextuellen Images, daß Rühmann bzw. die Figur nicht ›wirklich‹ so ist. Solche Momente erscheinen dann als Schwächen, die die Figur menschlicher machen. Zugleich ist das Publikum auf die folgende Handlung vorbereitet und kann erwarten, daß er diese Eigenschaften so weit bändigt, daß er schließlich zur normalen Rühmann-Charakteristik findet.

In der zweiten Handlungsphase wird diese Entwicklung bereits angedeutet, als Groschenbügel auf seiner Arbeitsstelle erscheint, wo er sich als durchaus kompetent, höflich-zuvorkommend und bei den Kunden beliebt erweist. Allerdings zeigt er sich in der anschließenden Auseinandersetzung mit seiner Verlobten, die gerade im Begriff ist, mit einem anderen Mann zu verreisen, wieder als ›unmännlicher‹ Feigling. In der Lokalzeitung und anschließend von der ganzen Stadt wird er dagegen wegen seines Flugkurses als Held gefeiert. Die Ehrung und etwas zu viel Wein steigen ihm zu Kopf: Im Ratskeller prahlt er von völlig erlogenen fliegerischen Heldentaten und bringt sich damit in eine Zwangslage: will er selbst nicht als Aufschneider dastehen, muß er zur Flugschule zurück.

Dort taucht er unerwartet – und unerwünscht – am nächsten Morgen auf, und die dritte Phase der Handlung, die die Steigerung der Konflikte bringt, beginnt: Wieder tanzt er aus der Reihe, macht sich unbeliebt und muß sich gegen den Lehrer und seine Mitschüler durchsetzen. Deren Versuche, ihn durch eine medizinische Prüfung, durch eine rasende Flugstunde und nächtliche Einschüchterung im Schlafsaal loszuwerden, schlagen fehl. Er zeigt die Willenskraft und Standhaftigkeit, die eine erste Voraussetzung für seine weitere Entwicklung bilden. Auch muß er sich den allgemeinen Bedingungen unterwerfen und schält nun klaglos Kartoffeln beim Küchendienst.

Abends auf einem Schützenfest in seiner Heimatstadt trifft er Marianne, eine junge Frau, der er als angeblich berühmter Flieger imponieren will. Da sie seine Behauptungen anzweifelt, beweist er seinen Mut in der ›Todesschaukel‹ und wird dabei von Lehrer und Mitschülern bestaunt. Während eines Ausflugs mit den Kameraden zu Mariannes Eltern wird Groschenbügels Angeberei nochmals öffentlich der Lächerlichkeit preisgegeben, da sie ihn als berühmten Flieger vorstellt. Er kann nur jungenhaft-verlegen versuchen, die Situation herunterzuspielen. Als er Marianne mit einem Aufstieg im Fesselballon imponieren will, macht sich dieser selbständig, so daß er seine Flugkünste beweisen muß. Er hat Glück: Der Wind dreht und er schafft es, den Ballon wohlbehalten zur Landung zu bringen. Quax gesteht Marianne, daß er gar nicht fliegen kann. Sie erklärt ihm dennoch ihre Zuneigung, und es kommt zum ersten Kuß. In dieser Sequenz hat Quax nicht nur Talent und Mut gezeigt, sondern zum ersten Mal auch die Selbstüberwindung, die nötig ist, um Schwäche und seine Angst vor dem Fluglehrer einzugestehen. Als dieser eintrifft, hält er Quax eine Standpauke, zeigt sich aber von der Ballonfahrt beeindruckt und erlaubt ihm in der Schule zu bleiben, aber nur, wenn er sich in Disziplin übt und mit der Angeberei aufhört. Diese Phase des Films bringt eine Steigerung der Konflikte und eine erste Wende in der Figur, in dem nun die positiven Eigenschaften dominieren und die zu überwindenden Verhaltensweisen in den Hintergrund treten, zumal der Lehrer als auch die Mitschüler langsam beginnen, ihn zu akzeptieren.

Auch in der Praxis entwickelt er jetzt Mut und Können: Während eines Übungsfluges wirft der Lehrer seinen Steuerknüppel aus dem Flugzeug. Quax durchschaut den psychologischen Trick und wirft den Ersatzknüppel hinterher. Ganz auf sich selbst angewiesen, kann er die Situation virtuos meistern. Daraufhin darf er zum ersten Mal allein fliegen. Sein Hang zum Angeben bricht aber wieder durch und er mißbraucht das in ihn gesetzte Vertrauen, indem er die Gelegenheit nutzt, um übermütig auf den Marktplatz seiner Heimatstadt zu landen und sich dort als Held feiern zu lassen. Er macht Marianne unbeholfen stammelnd einen Heiratsantrag. Sie küssen sich. Schließlich kündigt er noch seine bisherige Stelle und erklärt öffentlich, daß er das Fliegen zu seinem Lebenszweck machen will. Er startet wieder, ohne zu merken, daß spielende Kinder den Benzinhahn des Flugzeugs aufgedreht haben, und stürzt in einen nahegelegenen See ab. Er schleicht sich zur Schule zurück und steht schließlich kleinlaut vor dem Lehrer und bittet demütig um seine Entlassung. Erst als Quax erzählt, er habe seinen Beruf aufgegeben, um ganz Flieger zu werden, und ihm kindlich-bettelnd gesteht, er »möchte gern bei Ihnen bleiben«, vergibt ihm der Lehrer noch einmal.

Zum Schluß sieht man Quax, nunmehr selbst als frischgebackener Fluglehrer Teil der Autorität geworden, der gerade mit den Worten seines Lehrers (Filmanfang) ein neue Gruppe von Schülern begrüßt. Jetzt ist er es, der die Disziplin über alles stellt und ihnen das Motto »mehr Sein als Schein« vorhält. Etwas anders faßt es der Regisseur des Films zusammen:

›Vom Charakter her‹ sagt Kurt Hoffmann, ›hat Rühmann diesmal eine neue Rolle. Er macht, fast ohne es selbst zu merken, die Wandlung von einem argen Bruder Leichtfuß und vorlauten Angeber zu einem ganzen Kerl durch [...].‹ (Terra-Film o. J., 20).

In der vierten Phase des Films wird der Lernprozeß also erfolgreich zum Ziel gebracht. Nachdem Quax die nötigen Qualitäten – Mut, Standhaftigkeit, Talent – bewiesen hat, mußte er lernen, diese Werte zu internalisieren. So gesehen ist der gesamte Film ein Prozeß der zunehmenden Unterwerfung Quax' unter die Autorität des Lehrers, ein Prozeß der Verkindlichung, der darin kulminiert, daß Quax mit hoher, fast weinerlicher Stimme um die Gunst des Lehrers buhlt und bettelt, bei ihm bleiben zu dürfen. Seine Eigenständigkeit hat er gemeinsam mit der Angeberei abgelegt, sich – psychoanalytisch gesehen – der Vaterfigur unterworfen. Die Aufgabe seiner narzißtischen Größenphantasien ermöglicht es ihm anschließend, als ›richtiger‹ Mann aufzutreten. Gerade die Interaktion zwischen Quax und dem Lehrer wird deutlich als Vater-Sohn-Verhältnis dargestellt. Die beiden Erzählstränge Liebesgeschichte und ›Erziehung‹ der Figur laufen parallel. Seine Einordnung in der hierarchischen Autoritätsstruktur wird mit dem ›Gewinn‹ der Frau belohnt. In beiden Fällen wird er zum ›wirklichen Mann‹.

Gerade der streng hierarchische Aufbau des NS-Systems basierte auf der bedingungslosen Einordnung des Individuums in die ›Volksgemeinschaft‹ und der Funktionsfähigkeit einer möglichst breiten Führungsschicht für die unteren und mittleren Positionen im Machtgefüge: Personen, die nach oben willfährig und gehorsam sind und – im Optimalfall – Eigeninitiative und Führungsqualität zeigen, nach unten hin Autorität ausüben können. Der Film QUAX, DER BRUCHPILOT führt die Entwicklung einer solchen Persönlichkeit vor. Das ›Zuviel‹ an Individualität wird zunächst als zu überwindende ›falsche‹ Eigenschaft dargestellt, lächerlich gemacht und im Lauf der Erzählung dem Protagonisten ausgetrieben, damit er entsprechende Führungsaufgaben wahrnehmen kann.

Zwar sind Rühmann und seine Figuren keineswegs ›Übermenschen‹ im nationalsozialistischen Sinne, schon gar keine strahlenden Helden, können aber durchaus als ein Modell für gesellschaftliche Konformität gelten, das dem System diente. Als Quax – wie in vielen anderen Rollen auch – ist er ein »aufsässiger Untertan« (Diehl 1987), dem die Aufmüpfigkeit Schritt für Schritt abgewöhnt wird. Die Ambivalenz dieser Figur ermöglicht es aber auch, Rühmann – im entlastenden Sinne – als Antihelden, als Gegenbild zu den offiziell geförderten Heldenbildern zu sehen (H. H. 1972; Rühle 1977; Schwarze 1982; Kaiser 1992). Daß seine Komik aber alles andere als subversiv wirkte, beweist die Förderung seiner Filme seitens der politischen Kontrollorgane sowie die Vorliebe Hitlers und Görings für Rühmann-Filme. Direkte Opposition ist in den Rühmann-Filmen nirgends zu finden. Eher kann man - wie er später auch selbst - von einer Ventilfunktion der Filme reden. Die verkörperten Werte, zumindest nach der ›Läuterung‹ der Figur, sind eindeutig systemkonform, wobei ihre große Nähe zu den Alltagserfahrungen des Publikums einen entsprechend ausgerichteten Identifikationsprozeß erleichtert.

Das Bild von Rühmann als Flieger war schon vor QUAX in der Öffentlichkeit weithin bekannt: So erschien am 21.5.39 unter dem Titel »Mein furchtbarstes Flugerlebnis« ein Bericht von Rühmann im *Völkischen Beobachter*, in dem er von seiner Abschlußprüfung als Flieger erzählt - mit einer Anekdote, die dem psychologischen Trick des Fluglehrers in QUAX ähnelt. Und die Produktionsfirma, die ›Terra-Film‹, suchte gemeinsam mit der *Filmwelt* 1939 im Rahmen eines Preisausschreiben öffentlichkeitswirksam nach einem Fliegerstoff, bei dem man neben Geldpreisen auch Rundflüge mit Rühmann in seinem Privatflugzeug gewinnen konnte (Drewniak 1987, 372): fast alle der 1200 Einsendungen zeigten die gleiche Tendenz:

> Er war in diesen Vorschlägen stets der kleine Mann, der um jeden Preis aus seinem Lebenskreis herausmöchte, es aber nicht ohne weiteres schaffen kann. Bis er, durch eigene oder fremde Schuld, in Dinge hineinrutscht, in denen er gegen seinen Willen Heldentaten vollbringen muß, die ihm, dem Mann mit den Minderwertigkeitskomplexen, plötzlich das Zutrauen zu sich selbst geben, so daß er seine Fähigkeiten nun bewußt einzusetzen lernt und schließlich doch immer als Sieger hervorgeht, der die Braut heimführt. So sieht das Filmpublikum ›seinen‹ Heinz Rühmann [...]. (Aeckerle 1994 [1941], 113-114).

KEINE ANGST VOR GROSSEN TIEREN *(1953, Ulrich Erfurth)*

Der Film KEINE ANGST VOR GROSSEN TIEREN kam 1953 in die Kinos und markierte den Beginn einer Erfolgsserie der Rühmann-Filme, die bis in die sechziger Jahre hineinreichte. Die grundlegende Struktur dieses Films hat Ähnlichkeiten mit den früheren ›Erziehungs‹-Filmen, denn auch hier wird sein ›kleiner Mann‹ mit verschiedenen Situationen konfrontiert, mit denen er nicht zurechtkommt, bis er sich ändert, gewisse Eigenschaften ablegt und andere entfaltet. Der historische Wandel zwischen der NS-Zeit und der Wiederaufbauphase des ›Wirtschaftswunders‹ äußert sich vor allem sich in den veränderten Eigenschaften und Normen - insbesondere die Eigeninitiative des Einzelnen und die Privatidylle in der Kleinfamilie -, die jetzt als förderungswürdig präsentiert werden. Da die Propagierung kleinbürgerlicher Tugenden und Wertvorstellungen nach wie vor einen zentralen Stellenwert einnimmt, sind diese Unterschiede häufig nur graduelle und allenfalls durch einen Perspektivwechsel gekennzeichnet.

Rühmann spielt hier den kleinen Büroangestellten Emil Keller, der sich von nahezu jedermann terrorisieren läßt. Die ersten drei Sequenzen sind parallel konstruiert: jede zeigt, wie Keller in einem anderen Lebensbereich schikaniert wird, sich zunächst gegen die ›Großen‹ nicht durchsetzen kann und dann zu einer List greift, um voranzukommen oder doch zumindest etwas trotzig zu sein. Im Privatleben wird er vom Bruder seiner Hauswirtin, einem ehemaligen Boxer (gespielt von Gustav Knuth), drangsaliert. Körperlich unterlegen und nicht mutig genug, sich mit ihm zu streiten, zieht sich Keller zurück, macht sich aber heimlich über den stärkeren Mann lustig. Auf dem Weg zur Arbeit läßt er sich wegdrängen und schafft es nicht, in die Straßenbahn zu gelangen. Hier greift er zu einer List: er nimmt einen kleinen Jungen auf den Arm und behauptet dieser könne nicht gehen, um sich dadurch Vorrang zu verschaffen. Als er – nachdem das Kind fröhlich weggelaufen ist – von einem anderen Passagier verärgert angesprochen wird, antwortet er verschmitzt, »Ja laufen kann er, nur gehen nicht«. Bei der Arbeit wird er als fleißig, kompetent, aber zu bescheiden und ängstlich charakterisiert. Er läßt sich vom Chef herumkommandieren und kann wieder nur mit einer frechen Abschlußgeste seine Unterlegenheit überspielen: Schon an der Tür, wendet er sich noch einmal um und meint »Herr Bollmann, haben Sie mit mir geschrien?«, dieser antwortet mit überlegener Fröhlichkeit »Ja!«, daraufhin entgegnet Keller spitzbübisch, »Dann habe ich ja doch richtig gehört«, und verläßt den Raum. Alle drei Situationen zeigen einen ähnlichen Charakter: Keller fehlt es an Mut und ›Männlichkeit‹, er entzieht sich Konflikten, ordnet sich von vornherein unter. Ihm fehlen die »im Leben so notwendigen Ellenbogen« (Anon. o. J.). Daneben zeigt Keller aber auch eine andere Seite, wenn er durch Cleverness oder verbalen Witz einen kleinen Sieg davonträgt. Insofern besitzt die Figur durchaus »Waffen – Pfiffigkeit und überlegenen Humor – [...], doch für seinen Lebenskampf reichen sie bei weitem nicht aus« (ebd.). Hier sind die Frechheit und Verschmitztheit, die von Anfang an zum Rühmann-Image gehörten – allerdings in stark gedämpfter und eher hilfloser Form – also noch vorhanden.

Diese Eigenschaften werden zum eigentlichen Problem, sobald die Handlung sich zu entfalten beginnt: Keller erhält eine mysteriöse Erbschaft und verliebt sich in die Sekretärin seines Chefs. Zunächst häufen sich die Widerstände in beiden Handlungssträngen. Erstens ist er dem Bruder seiner Hauswirtin ausgesetzt, der ihm die Nachricht seiner Erbschaft vorenthält und ihn aus finanziellen Gründen mit seiner Nichte verheiraten möchte. Zweitens fehlt ihm der Mut, die Sekretärin zu gewinnen. Zeigten die ersten drei Sequenzen, wie er sich unterlegen, aber trotzig durch das Leben mogelte, erweisen sich seine bisherigen Strategien in der zweiten Phase des Films als unzulänglich.

Die dritte Phase der Handlung bringt die Steigerung jedes dieser Konflikte. Keller erhofft sich etwas, nimmt sich etwas vor, scheitert dann aber an seiner Mutlosigkeit. Er hofft auf die Erbschaft, versucht, sich im Büro zu behaupten, und malt seinen Traum vom Glück mit der Sekretärin aus. Am Chef scheitert er sofort; die entschlossene Redeweise, die Keller vorher mit der Sekretärin geübt hat, bleibt ihm im Halse stecken und verläßt unter höhnischem Gelächter seines Gegenübers den Raum. In den folgenden Sequenzen zerbrechen alle seine Hoffnungen. Es stellt sich heraus, daß die Erbschaft nicht aus Geld, sondern aus »Mobilien« nämlich aus drei Zirkuslöwen besteht. Sein zaghafter Versuch, sich den Löwen zu nähern, scheitert an seiner Angst, und er flieht panikartig. Dabei zieht er irrtümlich die Jacke eines Zauberkünstlers über und wird wegen Erregung öffentlichen Ärgernisses verhaftet, da in der Straßenbahn weiße Mäuse aus seinen Taschen kriechen. In der Zelle fängt er an, mit dem Kaninchen aus der Zauberjacke zu reden, und richtet sich mit Hilfe verschiedener Zauberrequisiten häuslich ein. So wird die in den Eingangssequenzen ausgiebig präsentierte kleinbürgerliche Lebensweise, parodierend wieder aufgegriffen. Einerseits erlaubt sie ihm, sich trotzig und irgendwie unverwüstlich-lebensbejahend gegen sein Schicksal zu wehren, andererseits macht sie deutlich, wie weit er – isoliert in der Gefängniszelle – heruntergekommen ist. Er bleibt der kleine Mann, der duldsam und humorvoll das Beste aus jeder Lage zu machen versucht.

Alles scheint sich zum Besseren zu wenden, als die Sekretärin ihn aus dem Gefängnis holt. Sie verabreden sich für den Abend, und das Versprechen des Liebesglücks scheint sich zu verwirklichen. Die nächste Sequenz macht diese Hoffnung aber wieder zunichte: Keller schafft es nicht, sich gegen die Familie seiner Vermieterin zu wehren, und wird in eine inszenierte Verlobungsfeier für ihn und die Nichte hineingezwungen. Die Sekretärin will ihn abholen, sieht ihn mit der anderen Frau und verläßt enttäuscht die Wohnung. Da hilft es nicht, daß die Nichte sich mit einem anderen verloben will und Keller zur Flucht verhilft. Als er die Sekretärin einholt, will sie seine Entschuldigungen nicht hören und weist ihn ab. Seine Hoffnungen sind an der bisherigen Lebensstrategie des ängstlichen Durchmogelns endgültig gescheitert. Die vierte Phase des Films bringt die Wende. Keller versucht sich im Löwenkäfig aufzuhängen. Dabei zieht er versehentlich an einem Strick, und die Löwen werden hereingelassen. Notgedrungen muß er seine Angst überwinden, bändigt die Löwen und fühlt sich zum ersten Mal im Leben als der Überlegene oder wie es im Programmheft heißt:

> Als er nach seinem einsamen Sieg den Käfig verläßt, ist er ein gewandelter Mensch. Er hat die Macht des Willens erfahren – eine Macht, die er nun auch im Umgang mit seinen Mitmenschen erproben will. (*Illustrierte Film Bühne Nr. 1961*)

Mit seinem neuen selbstsicheren Auftreten schüchtert Keller zunächst den Bruder der Vermieterin ein, um anschließend seinen verblüfften Chef in knappem, schnoddrigem Tonfall herumzukommandieren. Er hat seine ›natürliche‹ Position in der gesellschaftlichen Machthierarchie gefunden und kann nun seine neue Überlegenheit und Männlichkeit demonstrieren, wodurch er auch die Frau, die er liebt, für sich gewinnt.

Die letzte Sequenz zeigt die Erfüllung seiner Wünsche: Gemeinsam mit den Löwen und seiner Frau lebt er in einem idyllischen Häuschen. Jetzt, da er die Sozialisation zum richtigen Mann hinter sich hat, kann er sein Glück realisieren: den Vorstellungen der fünfziger Jahre entsprechend als Familiengründung, Privatleben und Wohlstand.

Auf den ersten Blick, scheint KEINE ANGST ... das genaue Gegenteil von QUAX zu sein. Mußte dieser erst seine überzogene Prahlerei aufgeben, selbstkritisch und bescheidener werden, leidet der Protagonist von KEINE ANGST ... gerade unter übertriebener Schüchternheit und Ängstlichkeit. Zielte QUAX auf die Einordnung in ein System, das primär gesellschaftlich definiert ist – Fliegen bringt soziale Anerkennung, fordert Disziplin, Unterwerfung, Einordnung in das Kollektiv –, ist KEINE ANGST ... um den privaten Bereich zentriert – Familie und Arbeit dienen als Voraussetzung für das persönliche Glück. Ein wesentlicher Bestandteil der Rühmann-Figuren war seit seinen ersten Filmerfolgen die kesse, bisweilen freche Art, die aber – wie bei Quax – zu Übermut ausarten kann und gedämpft werden muß. In KEINE ANGST VOR GROSSEN TIEREN dagegen sind die aufmüpfigen Gesten der Figur Ausfluß der Hilflosigkeit und Kompensation für die Unterwürfigkeit, die es zu überwinden gilt.

Die Filme ähneln sich jedoch stärker, als es zunächst den Anschein hat. In beiden Fällen geht es darum, aus einer Position der Unsicherheit – ob ängstlich und eingeschüchtert oder hinter Angeberei versteckt – an den Konflikten und den Anforderungen des Lebens zu lernen, die eigene Identität zu finden und zu behaupten. Zudem ist die Grundstruktur der Filme auffallend ähnlich. Beide beschreiben die Entwicklung des Protagonisten in fünf deutlich abgrenzbaren, in ihrer Funktion identischen Phasen.

Phase	**Quax, der Bruchpilot**	**Keine Angst vor grossen Tieren**
I. Charakterisierung der Hauptfigur	- Angeber, arrogant - Außenseiter, anspruchsvoll - frech, witzig	- ängstlich, schwach - zurückhaltend, bescheiden - gewitzt
II. Exposition der Konflikte fehlende Männlichkeit, definiert in bezug auf:	- Frau - soziale Stellung - Arbeit (als Flugschüler) - persönliche Souveränität	- Frau - soziale Stellung - Arbeit - persönliche Souveränität
III. Steigerung der Konflikte: Zielperspektive, Entwicklung und Rückschläge	- Demonstration von Mut und Flugtauglichkeit - Talent (Ballonfahrt) - Alternieren zwischen Prahlerei und beginnender Bescheidenheit und Integration	Alternieren von: - Versuchen, Anerkennung und die Frau für sich zu gewinnen sowie sich das Erbe anzueignen und - kläglichem Versagen aufgrund fehlenden Mutes
IV. Wandlung der Figur: wahre Aneignung der nötigen Eigenschaften	- Selbstüberwindung - stabile Identität in bezug auf: - Heroik (Fliegen) - Frau - soziale Position (Autorität)	- Selbstüberwindung - stabile Identität in bezug auf: - Selbstbehauptung - Frau - soziale Position (Besitz)
V. Schlußtableau: Erfüllung der Zielvorstellungen	Identitätsgewinn als Integration in die Gemeinschaft und die Machtstruktur	Identitätsgewinn als Absicherung des Privatlebens (Haus, Familie)

Die spezifischen Eigenschaften der Figuren und die Werte, die sie verkörpern, sind jedoch nahezu entgegengesetzt. Dieser Wandel der Zielvorstellungen entspricht dem Wechsel der Leitbilder von der nationalsozialistischen ›Volksgemeinschaft‹ hin zum ›Wirtschaftswunder‹. Während die Einordnung des Individuums in die autoritäre Machthierarchie den Endpunkt von QUAX bildet, werden in KEINE ANGST ... Eigeninitiative des einzelnen und die Idylle der Kleinfamilie im Eigenheim propagiert. Die ideologische Ausrichtung der Filme liegt also darin, die historisch-gesellschaftlich bedingte Definition von Individualität und Männlichkeit jeweils neu zu verhandeln, die zu findende Identität den jeweils favorisierten gesellschaftlichen Werten anzupassen. Diese Elemente sind zwar bereits in der Filmhandlung angelegt, werden aber erst durch die entsprechend charakterisierte Rühmann-Figur publikumswirksam. Ganz gleich, in welcher historisch-politischen Situation er sich befindet, der sympahtische ›kleine Mann‹ ist prinzipiell damit einverstanden, geht seinen Weg trotz aller Widerstände und erweist sich gerade durch seine Anpassungsfähigkeit am Ende als - im Kleinen - siegreich.

Kleinbürger auf Abwegen

Ein zweites wiederkehrendes Motiv in den Rühmann-Filmen - ein Kleinbürger kommt unerwartet zum Reichtum oder unternimmt einen Ausflug in die ›feine Welt‹ - scheint zunächst wenig mit dem eben Beschriebenen zu tun zu haben. Aber auch hier geht es darum, durch die Hauptfigur und ihre Wandlung einen ideologisch gefärbten Prozeß der Identifikationsfindung und -bestätigung vorzuführen.
Das Grundmuster der Handlung:

1. Die Rühmann-Figur lebt einigermaßen zufrieden in einfachen Verhältnissen.
2. Er kommt plötzlich zu Reichtum, der ihm zu Kopf steigt, führt ein aufwendiges oder angeberisches Leben, gerät in Konflikt mit seiner Familie, entfremdet sich von Freunden und Angehörigen oder wird von anderen ausgenutzt.
3. So wird er von seinen Handlungen und deren Konsequenzen eingeholt.
4. Aus seinen Fehlern muß er lernen und am Ende zu seinem kleinbürgerlichen Leben und dessen Werten zurückfinden.
5. In der Wiederherstellung seines alten Lebens findet er Versöhnung und neues Glück.

Der Protagonist - konfrontiert mit dem plötzlichen Reichtum und/oder den Verlockungen der gehobenen Gesellschaft - wird in seiner kleinbürgerlichen Identität verunsichert. Das neue oder vorgetäuschte Leben als reicher Mann führt dazu, daß er sich am Ende auf seine ursprünglichen Werte besinnt und zu seinem alten Leben zurückfindet. Spezifisch variiert ist dieses Motiv Handlungsgrundlage in mehreren seiner Vor- und Nachkriegsfilme, so etwa in PIPIN, DER KURZE (1934), DIE UMWEGE DES SCHÖNEN KARL (1938), DER GASMANN (1940), BRIEFTRÄGER MÜLLER (1953), DER LÜGNER (1961).

DER GASMANN *(1940)*

In DER GASMANN spielt Rühmann den kleinen Berliner Angestellten Hermann Knittel, der durch einen seltsamen Vorfall - ein unbekannter Mann im Schlafanzug im Zug kauft ihm seinen Anzug ab - in den Besitz einer größeren Geldsumme, nämlich 10 000 RM, gelangt. Durch seinen Wunsch verleitet, einmal ein Luxusleben zu führen, schwindelt Knittel seiner Frau etwas von einer Nebenarbeit vor, gibt sich allen erdenklichen Ausschweifungen hin und verbringt seine Freizeit in Nachtlokalen. Dadurch entfremdet er sich von seiner Familie, wird von einer anderen Frau, die er zur Geliebten machen will, ausgenutzt und erkennt schließlich, daß er falsch gehandelt hat. Er versöhnt sich wieder mit seiner Frau, die das restliche Geld für eine neue, luxuriöse Wohnungseinrichtung verwendet, worauf Nachbarn, das Finanzamt und schließlich die Polizei auf den unerklärlichen Reichtum aufmerksam werden. Es kommt zum Prozeß, der aber gut ausgeht, da eine Zeugin die seltsame Herkunft des Geldes erklärt: der unbekannte Herr sei in ihrem Schlafwagenabteil gewesen, als der Waggon, in dem sich seine Kleidung befand, abgekoppelt wurde. Da er sich keinen Skandal erlauben konnte, habe er Knittels Anzug gegen die hohe Entschädigung gekauft.

Das Motiv – ›Kleinbürger auf Abwegen‹ – ist eingebettet in eine Rahmenhandlung, die mit der ›unerhörten Begebenheit‹ im Zug einsetzt und sich später zu einer Kriminal- und Gerichtskomödie ausweitet. Daher wird das normale Leben der Figur erst beschrieben, nachdem es durch den plötzlichen Reichtum bereits verändert ist. Dennoch ist dieses Handlungsmuster im Film voll entwickelt, und es durchläuft alle Phasen. Der Film beginnt mit dem plötzlichen Reichtum, die Konflikte steigern sich bis hin zum Fall und zur Versöhnung. Der ›Fall‹ des Protagonisten ist hier allerdings nicht sehr tief, denn er muß den unverhofften Wohlstand nur mit seiner Frau teilen und die Angst um den Prozeß ertragen. Da es sich um eine noch überschaubare Summe handelt und das Geld zudem der Verschönerung des Heims dient, also der Familie zugute kommt, entspricht die Botschaft des Films durchaus den in der NS-Zeit propagierten Zielen. Der gemeinte Lernprozeß bezieht sich vorrangig auf die Heimlichkeit von Knittels ›Luxusleben‹, den Besuch zwielichtiger Etablissements mit ihren Verlockungen, die sich letztlich gegen den gesellschaftlich favorisierten Bereich von Häuslichkeit, Ehe und Familie richten. Vor allem muß der anfängliche Egoismus der Figur durch solidarische Verhaltensweisen ersetzt werden. Die Wiederherstellung der Ausgangssituation – kleinbürgerliches Eheglück – am Ende des Films bringt zugleich eine materielle Belohnung der Figuren. So kombiniert der Film die Bestätigung der kleinbürgerlichen Lebensweise mit dem spätestens aus den ›Depressionskomödien‹ der frühen dreißiger Jahre geläufigen Motiv der Aufstiegsphantasien. In anderen Filmen der Zeit wie DIE UMWEGE DES SCHÖNEN KARL (1938), in dem die Rühmann-Figur sich ›unrechtmäßig‹ durch Verwechslung in die ›bessere Gesellschaft‹ einschleicht, sind die Konsequenzen dieser ›Anmaßung‹ übrigens erheblich einschneidender: Der Protagonist muß wieder ganz von unten anfangen (vgl. Lowry 1990). Da hier aber die Welt der Vornehmen und Reichen zugleich satirisch gezeichnet wird, erscheint die Rückstufung des Helden positiv als Bestätigung der kleinbürgerlichen Normen im Sinne der propagierten Volksgemeinschaftsideologie.

BRIEFTRÄGER MÜLLER *(1953)*

In den fünfziger Jahren, mit dem beginnenden Wirtschaftsaufschwung und dem gleichzeitigen Rückzug in die Privatsphäre, war eine erneute Werteorientierung, nunmehr auf die Leistungsgesellschaft und die familiären oder persönlichen Bindungen notwendig, wie an BRIEFTRÄGER MÜLLER (1953) exemplarisch aufgezeigt werden soll: Der Briefträger Titus Müller (Rühmann) erbt ein großes Vermögen von einer ihm unbekannten Tante – mit der Bedingung, er könne über das Geld solange verfügen, wie ihr Hund, den er pflegen müsse, noch lebt. Danach gehe das Geld an den Tierschutzverein. Der plötzliche Reichtum steigt ihm zu Kopf: Er gibt seine Arbeit auf, zieht in eine Villa, läßt sich durch Betrüger in eine zwielichtige politische Partei verwickeln, führt ein aufwendiges Leben, nimmt sich eine Geliebte etc. Frau und Tochter verlassen ihn, die Machenschaften der Partei fliegen auf, und als der Hund stirbt, findet er sich plötzlich arm und allein wieder. Reumütig kehrt er zur alten Bescheidenheit zurück, schließt Frieden mit seiner Ehefrau und ist in seinem einfachen und beschaulichen Briefträger-Dasein wieder glücklich.

Die Ausgangssituation zeigt einen ›kleinen Mann‹, zufrieden mit seiner Arbeit seinem Familienleben, für den innere Werte und privates Glück wertvoller sind als der materielle oder soziale Status. Auch seine Wünsche – ein neues Schlafzimmer – passen zu seinem bescheidenen Leben. Allerdings, wie die plötzliche Erbschaft zeigt, erweisen sich diese Wertmaßstäbe im Realitätstest als recht labil.

In der zweiten Phase der Handlung wird die Zwiespältigkeit in Müllers Charakter verdeutlicht: einerseits ist er der ›neureiche‹, überhebliche Angeber, für den plötzlich Geld und der äußere Schein Vorrang haben, durch seinen Geltungsdrang sich von der Familie entfremdet. Andererseits werden seine Gutmütigkeit, Naivität und Treue betont. So glaubt er beispielsweise als ›großer Mann‹ eine Mätresse aushalten zu müssen, weiß aber nicht recht, was das ist, und kommt schon gar nicht auf die Idee, mit ihr ein erotisches Verhältnis anzufangen. Einerseits ist er mitschuldig an den negativ konnotierten Entwicklungen, andererseits bleibt er ›im Kern‹ der unschuldig-harmlose Kleinbürger. Sein ›aufgeblasenes‹ Auftreten als reicher Mann erweist sich letztlich als aufgesetztes Rollenspiel, in dem die kindliche Naivität des ›wahre‹ Müller immer wieder zum Vorschein kommt. So schickt er den Diener aus dem Badezimmer hinaus, um wie ein kleiner Junge in einen Heftchenroman zu versinken und fröhlich im Wasser zu planschen. Es gibt aber auch Momente, in denen sein neues Auftreten und die Macht seines Geldes weniger ironisch gebrochen dargestellt werden: Wenn er beispielsweise von oben herab – die Zigarre lässig in der Hand – mit dem nun gar nicht mehr arroganten Weinhändler Strobel redet, sind die Zuschauer durchaus eingeladen, an seinem Triumph teilzuhaben. Dieser Wechsel von zurückhaltender Bescheidenheit (bis hin zur Unterwürfigkeit) auf der einen und dem lustvollen Ausspielen der neu gewonnenen Macht auf der anderen Seite ist für eine Reihe von Rühmann-Filmen prägend. Elemente des autoritären Charakters gehören zur Ambivalenz der Figur des ›kleinen Mannes‹, die hier allerdings in relativierter Form präsentiert werden: Das souveräne, machtbewußte Auftreten Müllers offenbart sich als aufgesetztes, zudem temporäres Verhalten, das im weiteren Handlungsverlauf gänzlich neutralisiert wird. Als er von den Folgen seines Tuns eingeholt wird, legt er schnell die ›falsche‹ Seite seiner Persönlichkeit ab und besinnt sich auf seine ›wahre Natur‹.

Noch stärker als in DER GASMANN ist der Schluß von BRIEFTRÄGER MÜLLER als Rückkehr zum Ausgangspunkt konzipiert; hier erfolgt kein Aufstieg, sondern das Sich-Einrichten im Gegebenen, wobei allerdings die Lebenssituation der Protagonisten von Anfang an als zwar bescheiden, aber finanziell abgesichert charakterisiert wird. Zwar ist das Geld etwas knapp und einige materielle Wünsche sind nicht erfüllbar, aber die Familie Müller ist durchaus mit ihrem Leben zufrieden. Hintergrund ist die moderne Konsumgesellschaft, in der ein gewisser Wohlstand für alle gegeben ist und die Klassenschranken scheinbar überwunden sind. Indem der ›normale‹ Lebensstandard mit einem exzessiven Luxusleben konfrontiert wird, geht es also weniger um Aufstiegsphantasien als darum, eine zu starke Ausrichtung auf den materiellen Fortschritt zu relativieren. Die Rühmann-Figur, so wie sie anfangs und in ›geläuterter‹ Reinform am Ende des Films gezeigt wird, führt ein Idealbild der damaligen Gesellschaft vor: den unpolitischen, um wirtschaftlichen Erfolg und ein harmonisches Leben in der Kleinfamilie bemühten Mittelstand. Der ideologische Lerneffekt dieser Filme liegt in der Bestätigung des sozialen Ist-Zustandes: kleine Leute sollen eben kleine Leute bleiben, ihr Wunsch nach einem größeren Anteil am gesellschaftlichen Reichtum wird in bescheidene Grenzen gewiesen – dafür dürfen sie als die moralisch und persönlich Besseren erscheinen.

Bewahrung der Identität

Im Lauf der fünfziger Jahre übernahm Rühmann zunehmend auch ernste Rollen, in tragikomischer Kombination oder unter Verzicht auf jegliche komödiantischen Attribute. Auch als Charakterdarsteller blieb er aber meist in der Rolle des kleinen Mannes, der sich mit der gesellschaftlichen Hierarchie und der Macht auseinandersetzen muß. Fließen diese Momente in die Komödien eher indirekt ein, so stehen sie in Filmen wie DER HAUPTMANN VON KÖPENICK (1956), DER BRAVE SOLDAT SCHWEJK (1960) und MEIN SCHULFREUND (1960) im Mittelpunkt – als Bewahrung von Individualität und Menschlichkeit in der Konfrontation mit der Obrigkeit. Dabei erhält die ›Menschlichkeit‹ mehrere Bedeutungen: zum einen ist sie, wie fast immer bei Rühmann, ein Merkmal des kleinen Mannes mit seinen Schwächen und Unvollkommenheiten, zum anderen stellt sie auf eine (ideologische) Weise dar, was es heißen kann, Individuum in der gegebenen Gesellschaft zu sein. In den Filmen, die direkt oder indirekt den Nationalsozialismus thematisieren – nach Bliersbach (1989, 267ff.) neben MEIN SCHULFREUND auch die »Pater-Brown«-Filme und DER HAUPTMANN VON KÖPENICK – dient die ›Menschlichkeit‹ der Figur darüber hinaus als moralische Entlastung. Als Mensch konnte sich jeder als Opfer der Macht und der Obrigkeit fühlen, sogar einen ›inneren‹ Widerstand in sich entdecken, als ›Opfer‹ seine Schuldgefühle verdrängen und sich einer konkreten Verarbeitung der Geschichte entziehen (vgl. Mitscherlich 1977).

MEIN SCHULFREUND behandelt direkt den Nationalsozialismus sowie den Umgang damit in der Nachkriegszeit und verdeutlicht, wie ›Menschlichkeit‹ in Rühmanns Filmen seit den fünfziger Jahren erzählerisch entwickelt wird. Eine Variante davon besteht in der Väterlichkeit, dem Verantwortungsbewußtsein und einer gewissen Autorität, die einen ernsteren Hintergrund in Filme wie MAX, DER TASCHENDIEB (1962), DER PAUKER (1958) und DER JUGENDRICHTER (1960) einbringen, dem Film WENN DER VATER MIT DEM SOHNE (1955) seine bisweilen larmoyante Sentimentalität verleihen oder zur grundlegenden Charakterisierung der Rolle im Film ES GESCHAH AM HELLICHTEN TAG (1958) gehören. Die andere Variante betont die Schwächen und die relative Ohnmacht des ›kleinen Mannes‹, aber auch seine Individualität und den Versuch der Selbstbehauptung gegenüber einem anonymen System. Filme wie DER HAUPTMANN VON KÖPENICK, SCHWEJK und MEIN SCHULFREUND nutzen diesen Aspekt der Figuren für die satirische Konfrontation mit der Bürokratie, dem Obrigkeitsdenken und Opportunismus der zumeist erfolgreicheren Mitmenschen.

MEIN SCHULFREUND basiert auf dem Bühnenstück *Der Schulfreund* von Johannes Mario Simmel, das auf einem authentischen Fall beruhen soll: die Geschichte eines Geldbriefträgers, der sich 1944 an seinen ehemaligen Schulkameraden Hermann Göring wandte, um gegen den Krieg und das Nazisystem zu protestieren. Göring verhinderte seine Hinrichtung, indem er ihn durch einen anerkannten Arzt Unzurechnungsfähigkeit bescheinigen ließ. Der Film führt nicht nur die Geschichte des Briefträgers Ludwig Fuchs als Beispiel eines moralischen, unpolitischen Widerstands vor, sondern versucht das Fortbestehen von Autoritätshörigkeit, Opportunismus und Feigheit in der Nachkriegszeit anzuprangern, indem er die erfolglosen Bemühungen des Briefträgers zeigt, den einst lebensrettenden ›Jagdschein‹ loszuwerden, um wieder arbeiten zu können. Kein Arzt ist bereit, das Gutachten der damaligen Koryphäen zu widerrufen. Mögliche Zeugen weigern sich, aus Angst oder aus Eigennutz auszusagen und die Wahrheit ans Licht zu bringen. Das Opfer der Naziherrschaft bleibt auch nach dem Krieg vom normalen Leben ausgeschlossen, während die Täter von einst ihre Schuld verleugnen und zum Teil wieder erfolgreich sind. Nach jahrzehntelangen, erfolglosen Versuchen, seine Normalität auf legalem Weg wiederherzustellen und er die Hoffnung schon aufgegeben hat, greift er zu einem Trick: er geht in sein altes Postamt, schlägt Scheiben ein, pöbelt herum, bespritzt den Amtsleiter mit Tinte und läßt sich verhaften. Bei der anschließenden Gerichtsverhandlung wird ein neues Gutachten angefordert, das seine Normalität endlich bescheinigt. Fuchs ist rehabilitiert, die Post zahlt ihm nachträglich das Gehalt für die Jahre seit seiner Zwangspensionierung. Allerdings endet der Film resignativ: Als vermeintlich Geisteskranker durfte er seiner in die USA ausgewanderten Tochter nicht folgen und jetzt ist ihm als Vorbestraften weiterhin die Einreise verwehrt. Sein ›Sieg‹ kommt viel zu spät und vermag auch keine Gerechtigkeit mehr herzustellen.

Der Film hat – gerade in bezug auf vierziger und fünfziger Jahre – durchaus ernst und kritisch gemeinte, bisweilen auch satirische Momente, vor allem in der Konfrontation des von Rühmann gespielten überkorrekten, aber zeitweilig aufmüpfigen Beamten mit verschiedenen Varianten von Machtmißbrauch und Mitläufertum. Andere Faktoren hingegen – vor allem Rühmanns Image und der vage Menschlichkeitsbegriff – relativieren diese Botschaft. Zeitgenössischen Berichten ist zu entnehmen, daß das Publikum den Film überwiegend nicht als ernst gemeinte zeitkritische Auseinandersetzung, vielmehr als typische Rühmann-Komödie verstehen wollte:

> Das Publikum lacht gelockert, wenn das Lachen vom Schauder des Erkennens mindestens gedrosselt sein müßte. Es kichert schon im voraus über den kommenden Rühmann-Jux, der gar keiner sein soll. Es gluckst noch dem letzten Rühmann-Ulk hinterher, der gar nicht so gedacht war. Und es bleibt taub, wenn Sätze von bissiger, spröder Härte gesprochen werden. Rühmann mischt in diesem Film die traurige Komik zur leisen Erschütterung, fast geht es

nicht besser. Aber der winzige Strich zuviel an Rühmann-Verschmitztheit und die um eine Windung zu locker gedrehte Schraube der Komik sind es, die manchen Phasen des Films bittere Eindeutigkeit nehmen. (Anon. 1960).

Derartige (Fehl-)Reaktionen waren allerdings nicht auf diesen Film beschränkt. Sogar bei dem durchgängig ernsten, hierin fast verbissenen Kriminalfilm ES GESCHAH AM HELLICHTEN TAG klafften Rolle und Zuschauererwartungen weit auseinander: Das Publikum begriff »erst nach anderthalb Stunden, daß hier ein Charakterdarsteller und kein Komiker agierte« (Goelz 1962). Die Ursachen dafür liegen sowohl in dem seit den dreißiger Jahren systematisch aufgebauten und nachhaltig wirkenden Rühmann-Image, das die Zuschauererwartungen maßgeblich formte, als auch in dem Wunsch, im Kino leichte Unterhaltung, Entlastung und Selbstbestätigung statt Gesellschaftskritik zu finden.

Die Menschlichkeit des Protagonisten in MEIN SCHULFREUND zeigt sich darin, daß er beharrlich für Gerechtigkeit und für seine Rehabilitierung kämpft und als der Schwächere dabei zu Tricks greifen muß, da die angebotenen Wege sich als Scheinlösungen erweisen. Der Film lenkt die Erwartungen auf einen guten Ausgang, wobei ein gewisser David-gegen-Goliath-Effekt die Sympathie für den Kleineren noch verstärkt. Aber diese Hoffnungen werden immer wieder enttäuscht. So lassen sich im wesentlichen zwei entgegengesetzte Lesarten des Films differenzieren: Er kann als bedingtes Schuldbekenntnis und die Annahme der Verantwortung für die Geschehnisse im Nationalsozialismus verstanden und – durch die Hervorhebung des Protagonisten als ›Kleinstwiderständler‹ und Opfer – ebenso als Argumentation für die eigene Entlastung genommen werden. Außerdem tendierte das positiv besetzte Kleiner-Mann-Image Rühmanns dazu, die Ambivalenzen in Figur und Handlung zu entschärfen und zu verharmlosen. Da die Mehrheit des Publikums die Mentalität des Mitläufertums zumindest latent teilte und auch in der Öffentlichkeit die Verdrängung eigener Verantwortung vorherrschte, ist davon auszugehen, daß die zeitgenössisch dominante Rezeption überwiegend durch eine noch weitergehende Neutralisierung der kritischen Momente gekennzeichnet war.

DER HAUPTMANN VON KÖPENICK weist eine ähnliche Struktur auf, nur kommt es hier zum Happy-End: Schuster Voigt, der wegen Urkundenfälschung im Gefängnis war, befindet sich in der Zwickmühle, ohne Papiere kann er keine Arbeit und ohne Arbeit keine Papiere bekommen. Der verzweifelte Versuch, sich dagegen aufzulehnen und seine Rechte durchzusetzen, indem er in ein Amt einbricht, schlägt fehl und wird bestraft. Nach erneuter Entlassung versucht er es mit einer List, besorgt sich eine Hauptmannsuniform, stellt Soldaten unter seinen Befehl und ›erobert‹ in dieser Weise das Rathaus von Köpenick. Die Verkehrung der Machtverhältnisse, indem der ›kleine Mann‹ nun die ›Großen‹ herumkommandiert, ist zwar satirisch gemeint, hat aber Ähnlichkeit mit anderen Rollen in Rühmanns Filmen (vgl. QUAX, DER BRUCHPILOT, DIE FEUERZANGENBOWLE, KEINE ANGST VOR GROSSEN TIEREN etc.). Zwar scheitert auch dieser Versuch, der Übermacht der Bürokratie zu entkommen – da es in Köpenick keine Paßabteilung gibt –, aber er kann zumindest für kurze Zeit seinen kleinen Triumph über die Obrigkeit auskosten und wird am Schluß sogar begnadigt.

Ging es in den zuvor diskutierten Filmen um die *Herausbildung* einer ideologisch erwünschten Identität, so steht hier die gegen den Widerstand gesellschaftlicher Zwänge behauptete *Beibehaltung* der als ›menschlich‹ definierten Eigenschaften des ›kleinen Mannes‹ im Mittelpunkt. Letztlich geht es in allen Fällen darum, den eigenen Platz in der Hierarchie zu finden, einen Kompromiß zwischen Unterordnung und Selbstbehauptung herauszuarbeiten bzw. die Einordnung als eigene Identität zu definieren.

2.3 Der Schauspieler Rühmann

Trotz der begrenzten Variationen seiner Figuren - der ›brave, kleine Mann‹; der ›Draufgänger und Prahler‹; der ›Lausbub und kindliche Mann‹; der Charakterdarsteller mit betonter ›Menschlichkeit‹ - kann im Fall Rühmann von einem vergleichsweise festumrissenen Image ausgegangen werden, das (trotz offensichtlicher Widersprüche) mit dem öffentlich bekannten außerfilmischen Image harmoniert. Neben der erzählerischen Konstruktion der Figuren ist vor allem Rühmanns Darstellungsweise dafür prägend.

Als prägende Charakteristika des Schauspielers Rühmann sind zunächst die äußere Erscheinung, Statur, Gesicht, Mimik und Gestik, ergänzt durch Stimme, Sprache und die Art der Bewegung anzuführen. Wenn Rühmann in den späteren Phasen seiner Karriere zunehmend väterliche Rollen spielt, hat das auch mit seinem äußerlich sichtbaren Altern zu tun. Dennoch bleibt er unverkennbar ›Rühmann‹ und behält sogar die ›Jugendlichkeit‹, die u. a. auf seinem immer relativ jungen Aussehen und der typischen Mimik basiert.

Rühmanns kleine Statur und seine weichen Gesichtszüge schlossen ihn von den Bühnenrollen aus, die er als junger Schauspieler anstrebte - Helden und jugendliche Liebhaber - und prädestinierten ihn für die komischen Charaktere (Ball/Spiess 1982, 7-10). Vor allem die Physiognomie wird als Zeichen der inneren Eigenschaften und Persönlichkeit gelesen. So tragen Rühmanns rundes Gesicht, die Pausbacken, seine spitze Nase, sein Lächeln und die Lachfalten um seine Augen zum Bild eines sympathischen, meist freundlichen, harmlosen, herzlichen - vor allem in den späteren Rollen auch gütigen - Menschen bei. Seine Beweglichkeit, der schnelle Wechsel seines Gesichtsausdruckes und die hastige Art zu reden vermitteln Jugendlichkeit, innere Unruhe, Intensität und Energie, die als Ausdruck eines optimistischen Lebensgefühls zu seiner Attraktivität beitrugen. Die geringe Körpergröße gleicht er durch ein ›quirliges‹, vielfach ›zappeliges‹ Auftreten und betonte Leichtigkeit der Bewegungen aus. Im Gegensatz zu dem bis in die vierziger Jahre hinein noch weit verbreiteten militärischen Ideal der zackigen, aufrechten, steifen Körperhaltung (Theweleit 1980), erscheint Rühmann - vor allem in den frühen Filmen - als auffallend locker und salopp. Dieser Eindruck entsteht insbesondere durch seinen Gang:

> Daß Rühmann gern Auto fuhr und ein Privatflugzeug lenkte, wissen alle Illustriertenleser. Doch daß er auch erfolgreich im Step-Tanz unterrichtet worden war, daß er nie schwerfällig ging, sondern immer (wenn er etwas ausgefressen oder gar triumphiert hatte) gleichsam schwebend wegzueilen wußte, den Mund zum Pfeifen gespitzt, einen Wechselschritt einlegend, das machte diesen schlendernden Deutschen unvergleichlich und zum Liebling. (Kaiser 1982).

Andererseits erweckt sein Körperspiel häufig den Eindruck der Geschlechtslosigkeit; ihm fehlt jegliche erotische Ausstrahlung. Die Lässigkeit der Bewegungen ist nur relativ und momentan, wird oft durch Gehemmtheit, Sich-Zurückziehen oder komische Verkleinerung neutralisiert.

Seine Stimme, die zum Markenzeichen wurde, und die monotone Art zu Sprechen wirken im Vergleich zu den konventionellen und theatralischen Formen natürlich und drücken Unbekümmertheit, Unkonventionalität und eine Art Lässigkeit aus. Diese charakteristische Sprechweise entwickelte er bereits am Theater in Hannover, als er eine – seiner Meinung nach zu kleine und unergiebige – Rolle als Kellner zu spielen hatte: Er leierte die Sätze möglichst gelangweilt und uninteressiert herunter, was ihm aber einen großen Erfolg beim Publikum und der Kritik einbrachte (Ball/Spiess 1982, 8). Mit dem Abhacken von Sätzen, emotional unbeteiligtem Beiseite-Sprechen und ›Wegwerfen‹ von Worten deutet er an, daß er nicht beabsichtigt, besonders zu wirken, sondern sich gibt, wie er ist, egal, was andere davon halten. Gerade daraus resultiert ein Großteil seiner Komik:

> Ja, Heinz Rühmanns bezaubernde komische Wirkung liegt hauptsächlich im Ton. Vielmehr in seiner Tonlosigkeit. Ob es sich um Liebesgeflüster oder um eine Schwipsszene handelt, ob Heinz in männlicher Entschlossenheit seinen Nebenbuhler, der ihn angepöbelt hat, gebieterisch zurechtweist, ob er als junger Papa seinen reizenden kleinen Knaben erziehen muß, – es ist, nur in verschiedenen Lautstärken, immer wieder der unnachahmliche Klang der Rühmann-Worte, der solche Lachsalven auslöst. Mit dieser famos pointierten Sprache gewinnt Heinz Rühmann, unterstützt von dem Reiz eines erfrischend beweglichen Mienenspiels, ungezwungener Gesten, einer anziehenden, liebenswürdigen Erscheinung, das Weltpublikum. (Brinker o. J. [1941], 13–14).

Der brave kleine Mann

Für diese Imageausprägung sind sowohl innere als auch äußere Merkmale wesentlich: der brav-biedere Familienvater, Beamte oder Angestellte, die dazugehörige Persönlichkeit und seine emotionale Verfassung. Die soziale Stellung, die zugleich eine Lebensweise ist, drückt sich bereits in der jeweiligen Kleidung aus: unauffällige Anzüge (bisweilen mit einer ausgefallenen Krawatte oder Fliege herausgehoben), Dienstuniformen, saloppe Freizeitkleidung, sehr häufig auch Schlafanzüge. Spezifische Requisiten verstärken die Charakterisierung: So etwa eine runde Metallbrille, die in DIE DREI VON DER TANKSTELLE und DIE FEUERZANGENBOWLE jugendliche Unreife andeutet, in späteren Filmen WENN WIR ALLE ENGEL WÄREN, DER MUSTERGATTE, DAS KANN JEDEM PASSIEREN, DER PAUKER, GRIECHE SUCHT GRIECHIN und MEIN SCHULFREUND als Zeichen des braven Kleinbürgers dient. Ein Schnurrbärtchen und die korrekt gescheitelten Haare signalisieren biedere Solidität, Ehrlichkeit und pedantische Integrität u. a. in BRIEFTRÄGER MÜLLER, DER GASMANN, WENN WIR ALLE ENGEL WÄREN, DER PAUKER, ebenso wie das gesamte milieuprägende Ambiente, das kleine, saubere Durchschnitts-Eigenheim, die ›behagliche‹ Wohnungseinrichtung mit ihren dafür typischen Details.

Wichtiger aber noch ist die schauspielerische Realisierung der Figuren: So vermittelt Rühmann die Biederkeit des kleinen Angestellten in KEINE ANGST ... durch seine pointierten, kontrollierten Bewegungen beim Frühstück – das Aufschneiden seines Hörnchens, das Hantieren mit der Serviette, die überkorrekte Sprechweise –, die überdies durch den scharfen Kontrast zu seinem Gegenspieler Schimmel (Gustav Knuth) in ihrer Wirkung noch gesteigert werden. Eine ähnliche Gestik verwendet er in MEIN SCHULFREUND für die Charakterisierung des akkuraten Beamten Ludwig Fuchs, beispielsweise als dieser seinen Brief an Göring schreibt und dabei den Schreibtisch zuvor umständlich säubert, die Brille aufsetzt, die Schreibfeder kontrolliert und mit dem Lineal sorgfältig die Anrede unterstreicht. Angesichts der Trümmer des ausgebombten Hauses wirken diese pedantischen Handlungen absurd. Eine entsprechend durch Gestik und Mimik betonte Ernsthaftigkeit und Seriosität auch in völlig unangebrachten Situationen, das zwanghafte Festhalten an äußeren Richtlinien und eingefahrenen Verhaltensweisen kennzeichnen viele dieser Rühmann-Figuren. Ebenso unterstützt er durch seine visuelle Präsentation einzelne Charaktereigenschaften der Personen: Die korrekte Steifheit etwa wird häufig durch eine gerade, betont aufrechte Haltung mit verschränkten Armen verdeutlicht, Schüchternheit durch viele kleine Bewegungen, Verlegenheitshandlungen, mit den Füßen scharren, sich ducken und klein machen, Unsicherheit in einer Kombination von entsprechender Mimik und stammeln, Über-die-Wörter-Stolpern etc., wobei er im nächsten Moment versucht, die Schwäche durch kleine Frechheiten oder Witze zu kaschieren.

In den ersten und letzten Sequenzen von BRIEFTRÄGER MÜLLER beispielsweise wird die selbstzufriedene Bescheidung des braven und (wieder) häuslichen Familienvaters durch entsprechende Attribute verdeutlicht. Man sieht ihn im Hemd und mit Hosenträgern, ohne Jackett und Krawatte, in einem pedantisch sauberen Haus, das in allen Details ›gemütliche Behaglichkeit‹ ausstrahlt. Wohlwollende Fürsorge wird signalisiert, wenn er – leicht geduckt, schmunzelnd und mit leicht hochgezogenen Augenbrauen – das Essen serviert und dabei beobachtet, wie seine Tochter sich mit ihrem Verlobten versöhnt. Auch *mise-en-scène* und Kadrierung situieren ihn als guten Vater mitten in seiner Familie am Eßtisch. Besonders kennzeichnend sind die ›heiklen‹ Szenen mit seiner Frau. Statt (unanständiger) Leidenschaft signalisieren seine verkrampfte Umarmung, das ›scheue Küßchen‹ auf die Wange, die kindlich-steife auf Distanz bedachte Unsicherheit allenfalls harmlose Herzlichkeit trotz verhaltener Verbalerotik – sie reden immerhin vom Schlafzimmer(!) und deuten an, daß sie miteinander schlafen werden. Sein Gesichtsausdruck demonstriert asexuelle Nettigkeit und häufig eine gewisse Scheu vor den Frauen.

Diese Charakterisierung ist insgesamt typisch für das Verhältnis der Rühmann-Figuren zum anderen Geschlecht, häufig als Mischung aus unbeholfener Schüchternheit und leidenschaftslosem charmanten Lächeln auf den Lippen. Ähnlich, aber meist unbefangener und offener, sind Mimik und Bewegungen wenn er es mit Kindern oder gar Tieren zu tun hat.

Ein Vergleich von zwei entsprechende Szenen – Müller mit seiner Frau (die bezeichnenderweise »Kaninchen« genannt wird) und Müller mit seinem Hund – zeigt bereits auf dieser Ebene frappierende Ähnlichkeiten:

Der ›kleine Mann‹ offenbart seine Scheu nicht nur vor Frauen, sondern in gleichem Maße – wenn auch in anderer Form – Vorgesetzten und Autoritätspersonen gegenüber. Paradigmatisch ist dies in KEINE ANGST VOR GROSSEN TIEREN zu sehen, gilt aber für die Mehrheit der Filme. Der fehlende Mut des Emil Keller wird hier konsequent in der Handlung der ersten drei Sequenzen entwickelt und auch durch die Darstellungsweise veranschaulicht. So in seiner ersten Konfrontation mit seinem Zimmernachbarn Schimmel, als Keller versucht, schnell vor ihm ins Bad zu huschen, verbal kurz protestiert, sich aber dann vor dem körperlich überlegenen Gegner zurückzieht. Seine hastige Gestik und bewegte Mimik stehen im scharfen Kontrast zur langsamen, aber festen und massiven Präsenz des anderen, was im Bild zusätzlich durch die deutlichen Unterschiede der Körpergröße betont wird. Keller nimmt sich selbst zurück, weicht Konflikten aus, indem er sich versteckt – beispielsweise hinter einer Zeichnung, als er bei seinem Chef auftreten muß – und sich der Macht unterordnet. Die hilflosen Versuche etwa, die eigenen Interessen durchzusetzen, sind bereits durch seine Haltung und seine Stimme, die Schwäche und Unentschlossenheit verraten, zum Scheitern verurteilt.

Der Draufgänger, der Prahler

Der ›kleine Mann‹ ist auch jederzeit bereit, sich groß aufzuspielen, anzugeben oder die Gelegenheit zu nutzen, um sich über andere zu erheben, Diese Seite der Figuren steht sowohl für den Aufschneider als auch für die Situationen, in denen er ›wirkliche‹ Autorität oder Macht besitzt. Da in beiden Fällen die verwendeten schauspielerischen Mittel oft sehr ähnlich sind, ergibt sich ihre spezifische Bedeutung primär aus dem jeweiligen Handlungskontext. Rühmann reckt sich in die Höhe, steckt die Hand in die Tasche und zieht die Schultern gerade, spricht von

oben herab mit gepreßter, schnarrender Stimme, »Meine Herren!« oder »Na, also!«, unterstützt durch heftige Gesten, beugt sich nach vorn, blickt ausnahmsweise ernst, manchmal etwas von unten, mit zusammengezogenen Augenbrauen und Lippen, klopft auf den Tisch oder gestikuliert mit einem Gegenstand, um seinen Worten Nachdruck zu verleihen. Diese Art männlicher Souveränität ist das Entwicklungsziel etwa in KEINE ANGST ... ist. Insofern findet man hier in den Schlußsequenzen – als er zunächst die Löwen, dann seinen Zimmernachbarn und anschließend seinen Chef ›bezwingt‹ – diese Charakteristik in besonders anschaulicher Form.

Oft erfährt man nur aus dem erzählerischen Zusammenhang, ob er in diesem Moment im Recht ist, wie in der Eingangssequenz von BRIEFTRÄGER MÜLLER, in der er sich gegen die Arroganz seines Gegenübers wehrt, oder ob er sich nur aufplustert und dadurch hinters Licht geführt wird, wie in der Auseinandersetzung mit den Vertretern der »Aufwärtspartei«. Bei Quax dagegen ist die Angeberei bereits zu Beginn eindeutig, wenn er sich mit einem genuschelten »Groschenbügel« vorstellt, dabei den Hut lüftet und sein Desinteresse zur Schau stellt oder durch ein entsprechendes Auftreten und dem keck nach hinten geschobenen Strohhut im Wohnheim Sonderprivilegien verlangt.

Im Verhältnis zu den Frauen – vor allem bei einer speziellen Art von Frauen – finden die Rühmann-Figuren und insbesondere der ›Kleinbürger auf Abwegen‹ reichlich Gelegenheit zum Aufschneiden. Sie geben sich dann weltmännisch, gewandt und mondän, auch wenn sie nicht recht wissen, was das ist, wie der Briefträger Müller mit seiner ›Mätresse‹ Mira Belle. Nicht nur die elegantere Kleidung, eine steifere Art und mancher Fauxpas zeigen die Unnatürlichkeit seines Verhaltens an, Rühmann signalisiert bereits mit seinem Gesichtsausdruck und seiner Haltung – aufrecht, den Kopf ganz leicht nach hinten gestreckt und mit einem schwachen, süffisanten, aber zugleich etwas angestrengten Lächeln –, daß die Figur nur aufschneiden will. Diese Mimik gehört zu den Standardausdrücken Rühmanns und ist fast identisch an vergleichbaren Stellen in vielen anderen Filmen zu finden.

Der Lausbub, der kindliche Mann

Vor allem beruht Rühmanns Wirkung auf seiner Verschmitztheit und dem Eindruck, er ähnele einem kleinen Jungen, der immer bereit ist, Streiche zu spielen und sich darüber zu freuen. Die betont ›kecke‹ Jugendlichkeit der frühen Filme (bis etwa 1945) wandelt sich später zu einem leichten, augenzwinkernden Humor. In den zentralen Phasen, die sein Image nachhaltig prägten, haben die Figuren zudem etwas ›kindlich-unbeschwertes‹ – bedingt durch den ›Spaßmacher‹ mit seiner Aufmüpfigkeit und dem frechen Übermut sowie mit der Begeisterungsfähigkeit und spontanen Fröhlichkeit, die die Figuren an den Tag legen. Es ist sicherlich kein Zufall, daß DIE FEUERZANGENBOWLE, in dem er diese Seite seiner Figur voll ausagieren kann, sein wohl populärster Film ist.

Ein Teil der Rühmannschen Komik resultiert zudem aus dem Überzeichnen komischer Situationen, das aber – zumindest im Kontext einer Komödie – nicht die Glaubwürdigkeit der Handlung relativiert. Er erzeugt damit eine ironische Distanz, die das Komische und zugleich den theatralischen Charakter als Spiel in den Vordergrund bringt, so wenn er mit weit aufgerissenen Augen oder mit einem Griff an den Kopf Erstaunen mimt. Hier sind Anklänge an ältere Schauspielkonventionen aus den Melodramen des 19. Jahrhunderts und den Stummfilmen zu spüren, die die – komischen – Reaktionen der Figuren oder die Differenz zwischen Sein und Schein verdeutlichen. Selten aber geht das bewußte Zitieren derartiger Formen so weit wie in DIE FEUERZANGENBOWLE oder in ALLOTRIA (1936), in denen das parodierende ›Schauspielern‹ der Figur häufig zu einem zentralen Element der Komik wird.

Der Eindruck des Kindlichen an Rühmann wird durch eine ausgeprägte Mimik und Gestik verstärkt, sei es, daß er händereibend und unschuldig-vergnügt, ungelenk und schüchtern oder bedrückt und traurig erscheint. Solche Momente können sehr schnell wechseln, wie in HAUPTSACHE GLÜCKLICH, wo er sich zunächst in kindlich-naivem Übermut präsentiert und im nächsten Moment eine nicht minder kindliche Bedrücktheit und Ängstlichkeit zeigt. Das Mienenspiel gibt in diesen Fällen immer etwas mehr an Gefühl, als zu erwarten wäre, und vermittelt so einen Eindruck von spontaner Direktheit, die über die Grenzen ›erwachsener‹ Selbstkontrolle hinausgehen. Intensiviert wird dieser Eindruck in Situationen, in denen die Figur sich in einer ›kindlichen‹ Rolle befindet, etwa wenn sie mit einer Modelleisenbahn spielt (PARADIES DER JUNGGESELLEN, 1939; DR. MED. HIOB PRÄTORIUS, 1965 etc.), sich für einen Heftchenroman begeistert (BRIEFTRÄGER MÜLLER), einer Autoritätsperson gegenübertreten muß oder unbeholfen wie ein pubertierender Junge einer Frau seine Liebe erklärt. QUAX, DER BRUCHPILOT bietet anschauliche Beispiele dafür, wie Rühmann diese Mittel einsetzt: Als er die Standpauke des Lehrers entgegennimmt, schaut er bedrückt nach unten, spielt nervös mit den Fingern, um dann unterwürfig mit weinerlicher Stimme und demütigen Gebärden um Liebe und Anerkennung des Lehrers zu betteln.

Sein Heiratsantrags im gleichen Film, bei dem er herumstammelt und ständig schamhaft wegschaut, zeigt außerdem, wie verlegen eine Rühmann-Figur werden kann, wenn Liebe oder Erotik ins Spiel kommen. Andererseits wird damit die Authentizität seiner Gefühle demonstriert, gerade im Vergleich zu seiner Angeberei in anderen Situationen. Diese Spielweise – gerade wenn es um Macht oder Sexualität geht – prägt sein Image als »Kindmann des deutschen Films« (Seeßlen 1994).

Der Charakterdarsteller

In der späten Phase seiner Schauspielkarriere verkörperte Rühmann zunehmend ernste Figuren: melancholische Opfer, traurige Clowns und väterlich-milde Autoritätsfiguren. Bei diesen Filmen, die ihm den Ruf des ›Charakterdarstellers‹ einbrachten, ist es schwieriger, durchgängige Charakteristika und standardisierte Darstellungsweisen festzustellen, zumal vieles von den früheren Figuren in den veränderten Kontext überzeugend integriert wird. Am ehesten ist das ›Rühmann-Lächeln‹ – nun als Ausdruck der Menschlichkeit – in allen Filmen zu erkennen. Je nach Zusammenhang kann es aber sehr Unterschiedliches bedeuten, man denke an so verschiedenartige Figuren wie den ›Schwejk‹ und den Jugendrichter, den ›Schuster Voigt‹ oder den ›Clown Teddy‹ aus WENN DER VATER MIT DEM SOHNE. In den väterlichen Rollen deutet das Lächeln oft die humorvolle, verständnisvolle Seite der Figuren an und relativiert dadurch deren Hang zum Moralischen oder die (oft nur gespielte) Autorität. In DER HAUPTMANN VON KÖPENICK und DER BRAVE SOLDAT SCHWEJK ist sein Lächeln dagegen vorwiegend Ausdruck einer Überlebensstrategie. Ähnlich verhält es sich mit Rühmanns Stimme, deren Monotonie nicht mehr nur komische Effekte hervorbringt, sondern in der auch Resignation oder eine moralische Härte und Rigidität (ES GESCHAH AM HELLICHTEN TAG) mitschwingen. Waren die früheren Filme oft von einer (komischen) Überzeichnung der Figuren bestimmt, entwickelt Rühmann in seinen ernsteren Filmen eine Spielweise des Understatements, indem er vieles – gerade stärkere, aber unterdrückte Gefühle, die die Figuren nicht nach außen zeigen wollen – andeutet, statt es auszuspielen.

2.4 Rühmann – ein Startypus im historischen Kontext

Die Analyse des Images von Heinz Rühmann zeigt eine große Konstanz auf allen Ebenen. Als ›Privatmann‹ in den Berichten der Regenbogenpresse, als prominente Figur in der Öffentlichkeit, als Schauspieler, als Verkörperung fiktionaler Figuren in Filmen und schließlich als ›Star‹ personifiziert ›Rühmann‹ vor allem das Stereotyp des ›kleinen Mannes‹.

Der Star – als Teil der Massenkultur und des allgemeinen kulturellen Wissens – dient u. a. als bildhafter Ausdruck und Inbegriff von gängigen, gesellschaftlich relevanten Vorstellungen. Im Fall des ›kleinen Mannes‹ sind das die dominanten, kleinbürgerlichen Werte und Verhaltensweisen, die eine große Kontinuität über alle Brüche der deutschen Geschichte des 20. Jahrhunderts hinweg aufweisen. Darüber hinaus repräsentiert er als Star psychosoziale Dispositionen, die dem kleinbürgerlichen Habitus entsprechen und historisch aus den stark hierarchischen, patriarchalischen und autoritären Machtstrukturen zu erklären sind, die die deutsche Vergangenheit auf fatale Weise bestimmt haben. Diese Strukturen, in den Subjekten verinnerlicht, brachten den ›Untertanen‹ hervor, und – zumindest in einer Schicht seines Images – verkörpert die von Rühmann geprägte Figur diesen sozialen Typus. Wenn auch lustiger und anscheinend harmloser, ist der ›kleine Mann‹ genauso autoritätsgläubig, gehemmt, asexuell, ängstlich und zugleich vom Streben nach Macht beseelt. Einerseits duckt er sich, zieht sich ins Private zurück, versucht, Konflikten auszuweichen, und läßt sich von keinen ›großen Ideen‹ begeistern. Andererseits möchte er selbst zu den ›Großen‹ gehören und übernimmt – sobald sich eine Gelegenheit dazu bietet – die Autoritätsrolle selbst, übt sie dann genauso unbeugsam aus wie die, unter denen er vorher gelitten hat. ›Nach oben buckeln und nach unten treten‹ – das beherrscht er perfekt, und wenn nicht von Anfang an, dann ist er gern bereit, es zu lernen. Sicherlich gibt es Ausnahmen, hauptsächlich bei den späteren Filmen (vor allem DER BRAVE SOLDAT SCHWEJK). Aber auch die meisten seiner reiferen Figuren, die nicht so offensichtlich darum bemüht sind, ihren Platz in der Machthierarchie zu erklimmen verkörpern immer noch den Drang zur Konformität und eine rigide kleinbürgerliche Moral, die sich als ›Menschlichkeit‹ präsentiert.

Die Ambivalenz zwischen dem kleinen Mann und den Macht- und Größenphantasien, die in ihm stecken, erklärt vielleicht einen Teil seines lang anhaltenden Erfolges. Die eine Seite bietet die Gelegenheit, sich mit dem Star zu identifizieren, der mit seinen Schwächen, Unsicherheiten und kleinen Unvollkommenheiten den Zuschauern nahezustehen scheint. Die andere Seite bietet Möglichkeiten für die Projektion von Wünschen nach Souveränität, Einfluß, Erfolg und einer festen Identität. Bei vielen Stars – Helden, *action heroes*, Diven etc. – steht diese zweite Seite der Dialektik zwischen Nähe und Distanz deutlich im Vordergrund. Rühmann dagegen ist ein Beispiel dafür, daß auch Unscheinbarkeit, Nähe und Ähnlichkeit zum Publikum eine Starkarriere begründen können. Allerdings ist er nie nur der ›kleine Mann‹, er kommt nie ganz ohne die zweite Seite aus. Als der ›Kleine‹, der kraft seiner Persönlichkeit die Hemmungen überwindet, sich durchsetzt und sogar die ›Großen‹ bezwingt, ist er auf seine Art ein Erfolgstyp, der wie die anderen Stars auch etwas vom Außerordentlichen, Übermenschlichen hat. Allerdings bedeutet Erfolg für die Rühmann-Figuren, daß sie ihre Position in der gesellschaftlichen Hierarchie suchen und sich letztlich mit dem Gegebenen abfinden.

Es sind vor allem keine starken Menschen, die groß auftreten, anecken oder sich streiten – Rühmann war von Anfang an als Gegentyp zu den Draufgängern wie Albers und den Liebhabern wie Fritsch wahrgenommen worden. Auch stellte er keine Heldenfiguren dar, wie Heinrich George oder Willy Birgel sie in vielen Filmen der NS-Zeit spielten. Eher verkörpert er den Typus des Mitläufers (vgl. Kurowski 1992, 5.), der zwar nicht mit allem einverstanden ist, etwas mault, sich eine freche Bemerkung erlaubt, aber doch mitmacht und sich in seiner Nische im Machtgefüge möglichst gemütlich einrichtet. Solche Persönlichkeiten garantieren das relativ reibungslose Funktionieren des jeweiligen Gesellschaftssystems, wobei die leichten, komischen Abweichungen von der Norm, die die Rühmann-Figuren einbringen, eine zusätzliche Ventilfunktion erfüllen.

Der Langzeitstar Rühmann entwickelte sich fast immer synchron zur Gesellschaft: Anfang der dreißiger Jahre war er ein Sinnbild von jugendlicher Unbekümmertheit, Modernität und (sozialer) Dynamik, also Faktoren, die zur Zeit der Wirtschaftskrise zugleich Flucht und Kompensation boten. In der NS-Zeit war er zwar ein Gegenbild zum Helden, dafür aber um so mehr die Verkörperung des Mitläufers und der modernen, zivilen, scheinbar unpolitischen Seite des Nationalsozialismus, die die Massenloyalität ermöglichte. Nur in der Nachkriegszeit, mit unpopulären Filmen wie DER HERR VOM ANDEREN STERN (1948) und DAS GEHEIMNIS DER ROTEN KATZE (1949) und seinem Versuch als Filmproduzent, verpaßte Rühmann zeitweilig den Anschluß an die gesellschaftliche Entwicklung. Mit Fleiß und Durchhaltewillen, die zu den Tugenden der Wiederaufbauphase gehörten, gelang ihm ein Comeback. So war er mit Filmen wie KEINE ANGST VOR GROSSEN TIEREN in den fünfziger und sechziger Jahre wieder auf der Höhe seiner Zeit und bewies, daß der kleine Mann, der ›keine Experimente‹ wollte und sich unpolitisch verhielt das Leitbild auch der jungen Bundesrepublik sein konnte. Bei den ›menschlichen‹ Rollen etwa in DER HAUPTMANN VON KÖPENICK und DER SCHULFREUND bewirkte das Image des kleinen Mannes eine Entschärfung und Entpolitisierung der Stoffe, reduzierte ihren kritischen Gehalt auf ein harmloses Maß – ein kleines Schmunzeln oder ein resignatives Achselzucken. Auch da ging er mit der Stimmung seiner Zeit, die sich zwar irgendwie mit der NS-Vergangenheit und den gesellschaftlichen Entwicklungen der Gegenwart auseinandersetzen mußte, krampfhaft aber um Harmonie, eine geschützte Privatsphäre und einen gewissen Wohlstand (und dadurch Selbstachtung) bemüht war. Der kleine Mann war die optimale Figur, um Vergangenheitsbewältigung in Form von Verdrängung zu betreiben.

So ist Rühmann in diesem Sinne der zentrale Star der deutschen Filmgeschichte, der auf besonders prägnante Weise wesentliche Strömungen der Gesellschaft seiner Zeit personifizierte.

Zitierte Literatur

Aeckerle, Fritz (1994 [1941]) »Heinz Rühmann - Der Weg eines Humoristen.« In: *Ich bin ein Anhänger der Stille. Ein Gespräch mit Heinz Rühmann.* Hrsg. von Matthias Peipp und Bernd Springer. München: belleville, S. 105–117.

Anon. (1960) »Neue Filme ja und nein: Mein Schulfreund«, *Die andere Zeitung*, 4.11.60.

Anon. (1994) »Das war Heinz Rühmann. Sein Leben in Bildern und Geschichten«, *die aktuelle*, Sonderheft 1, 1994.

Anon. (o.J.) »Keine Angst vor grossen Tieren«, *Illustrierte Film-Bühne*, Nr. 1961.

Ball, Gregor (1981) *Heinz Rühmann: Seine Filme, sein Leben.* München: Heyne.

– / Spiess, Eberhard (1982) *Heinz Rühmann und seine Filme.* München: Goldmann.

Barlog, Boleslaw (1982) »Der Meister der leisen Töne«, *Die Welt*, 17.4.82.

Bliersbach, Gerhard (1989) *So grün war die Heide... Die gar nicht so heile Welt im Nachkriegsfilm.* (Gekürzte Ausgabe (Orig. 1985)). Weinheim/Basel: Beltz.

Brinker, Käthe (o.J. [1941]) *Heinz Rühmann. Hertha Feiler. Er und Sie.* Berlin: Wilhelm Gründler.

Deicke, Maren (1982) »Der Mann, der immer Rühmann bleibt«, *Die Zeit*, 26.2.82.

Diehl, Siegfried (1987) »Exzesse des Untertreibens«, *Die neue Ärztliche*, 6.3.87.

Drewniak, Boguslaw (1987) *Der deutsche Film 1938–1945. Ein Gesamtüberblick.* Düsseldorf: Droste.

fs/hr (1992) »Ein Freund, ein guter Freund«, *Cinema*, März 1992, S. 138–142.

Goelz, Else (1962) »Mann mit Herz«, *Stuttgarter Zeitung*, 7.3.62.

H.H. (1972) »Heinz im Glück«, *Neue Zürcher Zeitung*, 4.3.72.

Illustrierte Film-Bühne, Nr. 1961, »Keine Angst vor grossen Tieren«.

Kaffsack, Hans-Jochen (1987) »Mehr als ein populärer Filmkomiker. Zum 85. Geburtstag Heinz Rühmanns«, *Frankfurter Rundschau*, 7.3.87.

Kaiser, Joachim (1982) »Heinz Rühmann oder der schlendernde Deutsche«, *Süddeutsche Zeitung*, 6.3.82.

– (1992) »Ein deutscher wie Gott ihn träumt«, *Süddeutsche Zeitung*, 7.3.92.

Kienzl, Florian (o.J.) »Heinz Rühmann und das Allzumenschliche«. In: *Ufa-Feuilletonheft: Der Gasmann.* Hrsg. von der Ufa-Pressestelle. Berlin: Ufa.

Kirst, Hans Hellmut (1969) *Heinz Rühmann: Ein biographischer Report.* München: Kindler.

Kunze, Johanna (1995) *Der Typus des »Kleinen Mannes« in Heinz Rühmanns Filmen von den 30er in die 50er Jahre.* Magisterarbeit Universität zu Köln.

Kurowski, Ulrich (1992) »Zum 90. Geburtstag von Heinz Rühmann«, *epd Film*, 3/92, S. 5.

Lowry, Stephen (1990) »Die Umwege der Ideologie. Überlegungen zur NS-Unterhaltung an Hand eines Rühmann-Films«, *medium*, 20. Jg., 3/90 (Juli-Sept. 1990), S. 27–30.

– (1994) »Politik und Unterhaltung - Zum Beispiel ›Die Feuerzangenbowle‹«. In: *Medienlust und Mediennutz. Unterhaltung als öffentliche Kommunikation.* Hrsg. von Louis Bosshart und Wolfgang Hoffmann-Riem. München: Ölschläger, S. 447–457.

Mitscherlich, Alexander und Margarete (1977) *Die Unfähigkeit zu Trauern.* München/Zürich: Piper.

Rühle, Günther (1977) »Landschaft mit drei Größen. Johannes Heesters, Zarah Leander und Heinz Rühmann. Rückblick aus bestimmtem Anlaß«, *Frankfurter Allgemeine Zeitung*, 16.3.77.

Rühmann, Heinz (1982) *Das war's. Erinnerungen.* Berlin/Frankfurt/M./Wien: Ullstein.

Ruppert, Martin (1982) »Kein Herr von einem anderen Stern. Heinz Rühmann wird 80 Jahre alt«, *Allgemeine Zeitung*, 6.3.82.

Schwarze, Michael (1982) »Kleiner Mann ganz groß. Heinz Rühmann, der Deutschen liebster Kinoheld, wird achtzig Jahre«, *Frankfurter Allgemeine Zeitung*, 6.3.82.

Seeßlen, Georg (1994) »Der kleine Mann in Krieg und Frieden«, *Frankfurter Rundschau*, 6.10.94.

Skasa-Weiß, Ruprecht (1992) »Geliebter Gerneklein. Dem Volksschauspieler Rühmann zum Neunzigsten«, *Stuttgarter Zeitung*, 7.3.92.

Terra-Film (o. J.) *Heinz Rühmann. Quax, der Bruchpilot* [Werbeheft].

Theweleit, Klaus (1980) *Männerphantasien*. Reinbek: Rowohlt.

Wachtel, Beate (1992) »Sein Lachen überdauerte Krisen und Katastrophen«, *Allgemeine Zeitung*, 29. 2. 92.

Winkler-Mayerhöfer, Andrea (1992) *Starkult als Propagandamittel. Studien zum Unterhaltungsfilm im Dritten Reich*. München: Ölschläger.

Wolff, Udo W. (1966) »Was wäre ich ohne meine Familie!«, *Das Neue Blatt*, 1. 6. 66.

3. Brigitte Bardot - Frauenbild

3.1 BB: Ein Sexsymbol und mehr

Fragt man, was das Besondere am Filmstar Brigitte Bardot ausmacht, so ergibt sich die Antwort von selbst: ihre Ausstrahlung als Sexsymbol. Von ihren ersten Filmen ab 1952 - LE TROU NORMAND und SOMMERNÄCHTE MIT MANINA - bis zu den letzten 1973 - DON JUAN und L'HISTOIRE TRÈS BONNE ET TRÈS JOYEUSE DE COLINOT TROUSSE-CHEMISE - basierte ihre Karriere auf erotischen Situationen und einer Körperdarstellung frei von Hemmungen. Mit ihrem Durchbruch 1956/57 in UND IMMER LOCKT DAS WEIB wurde sie nach Marilyn Monroe zum international bekanntesten weiblichen Sexsymbol. Dieses Image baute sie mit den folgenden Filmen weiter aus, wobei Sexualität, Jugendlichkeit, individuelle Freiheit, Natürlichkeit, Hedonismus und das Sich-Hinwegsetzen über Konventionen und Moral in variierter Form zu ihren zentralen Merkmalen wurden. Zwar kamen - insbesondere in ihrer Arbeit mit Louis Malle und Jean-Luc Godard - auch andere Akzente dazu, und bisweilen erschien sie zugeknöpft und jugendfrei, aber auch diese Filme hätten ohne ihr etabliertes und relativ gleichbleibendes Starimage nicht funktionieren können. VIVA MARIA! (1965) war ihr letzter sehr großer Erfolg; die weiteren Filme konnten nicht mehr an ihre frühere Publikumswirkung anknüpfen, und 1973 beschloß sie - die schon immer von sich sagte, daß sie das Filmen nicht mochte -, sich ganz aus diesem Geschäft zurückzuziehen. Erst nach Beendigung der aktiven Filmkarriere erfuhr ihr Image einen tiefergehenden Wandel, indem sie nur noch als ›Ex-Sexstar‹ und Tierschützerin in den Schlagzeilen erschien.

Für die Imagebildung war ihr Privatleben, oder zumindest das öffentlich verbreitete Bild davon, stets mindestens so wichtig wie die Filme selbst. Über ihre Ehen, Affären, Skandale, Selbstmordversuche wurde ausführlich in der Presse berichtet, Filmkritiken befaßten sich häufig nicht nur mit ihren Rollen, sondern ebenso mit ihrer Person, und vor allem die Paparazzi sorgten dafür, daß auch die intimsten privaten Details verbreitet wurden. Seit ihr Mann und Regisseur Roger Vadim begann, sie als Star planmäßig aufzubauen, gehörte es zu ihrem Image, daß sie im Leben genauso sei wie auf der Leinwand. So trugen ihre verschiedenen Liebesbeziehungen - ebenso wie die in den Filmen dargestellten Figuren -

dazu bei, daß Brigitte Bardot zum Symbol für einen neuen, emanzipierten, sexuell aktiven Frauentypus wurde, der viele Freiheiten für sich in Anspruch nahm, die vorher nur den Männern reserviert waren.

Wie ganz allgemein in der Kunst, ist die Erotik auch in der Geschichte des Films eines der vorrangigen Themen. Als freizügig empfundene Darstellungen weiblicher Sexualität, wenn auch immer wieder Anlaß für Skandale, gab es in vielfältigen Formen spätestens, seit Theda Bara Anfang des Jahrhunderts die Figur des Film-Vamps prägte. *Femmes fatales*, Pin-up-Girls etc. erregten das Publikumsinteresse und spiegelten Entwicklungen in den Geschlechterrollen und der Sexualmoral wider. Bardots Erfolg und ihre starke, aber zeitbedingt nur begrenzte Wirkung sind also nicht allein dadurch zu erklären, *daß* sie eine erotische Ausstrahlung hatte, sondern mehr noch durch deren spezifische Beschaffenheit in dem betreffenden historischen Kontext. Das Skandalträchtige an Bardot, wie Simone de Beauvoir bereits 1959 in ihrem Essay »Brigitte Bardot and the Lolita Syndrome« feststellte, war nicht, daß sie Sexualität verkörperte und in manchen Szenen nackt auftrat – dergleichen hat es schon vorher gegeben –, sondern die Amoralität, die sie repräsentierte, indem sie als »a phenomenon of nature« erschien und nur ihren eigenen Neigungen folgte: »She eats when she is hungry and makes love with the same unceremonious simplicity. Desire and pleasure seem to her more convincing than precepts and conventions. [...] she does as she pleases, and that is what is disturbing.« (de Beauvoir 1959/1972, 17).

Diese Authentizität und eine ungewohnt selbstbestimmte, zuweilen aggressive weibliche Sexualität, vermischt mit ›kindlicher Unschuld‹ waren also die zentralen Aspekte ihres Images, die ihre besondere Bedeutung als Filmstar begründeten und sie darüber hinaus zur Ikone tiefgreifender gesellschaftlicher Veränderungen machte. Die aktive, autonome Seite bei Bardot – die in eigentümlicher Ambivalenz zu ihrer Objekthaftigkeit (Objekt des Blicks, des Begehrens) steht – unterscheidet sie beispielsweise von Marilyn Monroe, die in erster Linie das eher passive Opfer patriarchalischer Vorstellungen blieb. Bardot – und darin entspricht sie einer typischen Funktionsbestimmung des Stars – umfaßt in ihrem Image gerade die *widersprüchlichen* Elemente einer kulturellen Umbruchsituation: eine neue Weiblichkeit zwischen Sexobjekt und Selbstbestimmung, ›dumb blonde‹ und ›Powerfrau‹, ›Modepuppe‹ und ›Trendsetterin‹. Diese Ballung von sich widersprechenden Aspekten erklärt auch die Vielfalt und Intensität der sehr disparaten Wirkungen, die sie auf verschiedene Teile der Bevölkerung ausübte. Brigitte Bardot ist heute – mehr als zwanzig Jahre nach ihrem letzten Film – immer noch allgemein bekannt und ist zum ›Mythos‹ geworden, indem ihr Image unabhängig von ihren Filmen weiterlebt.

Während ihrer aktiven Starkarriere löste sie bei ihren Fans eine Begeisterung aus, die sich in Massenaufläufen, in dem starken Interesse an Enthüllungen über ihr Privatleben sowie in der Nachahmung ihrer Kleidung, Frisuren und Lebensart ausdrückte. Ebenso vehement war aber auch die Ablehnung und Empörung, die sie bei ihren Gegnern auslöste, die sich in erbitterten oder spöttischen Presseattacken, Haßbriefen sowie in verbalen und sogar tätlichen Angriffen auf ihre Person niederschlugen. Diese extrem positiven wie negativen Wirkungen auf ein Massenpublikum sind aus heutiger Perspektive nur noch schwer nachvollziehbar, da die ›sexuelle Revolution‹ der sechziger/siebziger Jahre grundlegende Änderungen in den Moralvorstellungen, den Geschlechterrollen und ihrer öffentlichen Darstellung bewirkt hat. Diese gesellschaftlichen Veränderungen haben das Provozierende an Bardots Erscheinung relativiert, ihre Funktion als Sexsymbol überholt und letztlich obsolet gemacht.

Obwohl die Sexualität zentraler Kristallisationspunkt für Bardots Wirkung ist, wäre es zu kurz gegriffen, sie ausschließlich darauf zu beschränken. Sie war ebenso Symbol einer neuen Jugend, für die der freiere Umgang mit Sexualität, Lust und Erotik sowie generell eine individualistische Lebensweise – in Auflehnung gegen die Biederkeit und Doppelmoral der Elterngeneration – selbstverständlich wurde. Bardot war Sinnbild dieses Prozesses, hat zentrale Momente vorweggenommen und forciert, die sich erst in den folgenden Jahren durchsetzen konnten.

Aber auch in dieser Hinsicht ist das Image der Bardot ambivalent. Während sie in bestimmter Weise wesentliche Elemente dieser Entwicklung verkörperte, repräsentierte sie gleichzeitig viele der überkommenen Werte, die in ihren Filmen der sechziger und siebziger Jahre noch stärker zum Vorschein kamen. Wurde sie beginnend mit UND IMMER LOCKT DAS WEIB (1956) aus konservativer Sicht zum Sinnbild des moralischen Verfalls und konnte sie noch 1960 in DIE WAHRHEIT die existentialistisch angehauchte Pariser Boheme überzeugend darstellen, so verschob sich ihr Image in der Folgezeit in unterschiedliche Richtungen. In einigen Filmen zeigte sie eine kritische, jedoch nicht mehr so sehr jugendorientierte Haltung, während sie in ihrem Privatleben zunehmend zur Repräsentantin des ›Jetsets‹ wurde. Ebenso wie sie ab Mitte der sechziger Jahre ihre Provokation als Sexsymbol verlor, ging auch ihre Rolle als Mode-Trendsetterin zurück. In den Augen der Jugendlichen dieser Jahre ›verbürgerlichte‹ sie, wurde zur »Luxus-Zigeunerin« (Kuhn 1993, 61).

Brigitte Bardot exemplifiziert also auf vielfache Weise eine sehr intensive, aber deutlich von gesellschaftlich-kulturellen Einflüssen abhängige, historisch bedingte und begrenzte Starwirkung. Ihr Image ist klar umrissen und zeigt – abgesehen von altersbedingten Verschiebungen und kleineren Modifikationen – eine relativ hohe Konstanz über die Dauer ihrer Filmkarriere und zugleich eine ausgeprägte Kongruenz von Rollen und privater Person: »I play myself in films. I am not good enough to play something else. That is why I like simple, wild and sexy parts.« (zit. in Hyams 1956). Ihre Leinwanderscheinung und ihr außerfilmisches Image, das natürlich auch ein Produkt der Medien war, glichen sich weitgehend. Die Öffentlichkeit drang weit in den privaten Bereich ein, einerseits in Form der Verfolgung durch Paparazzi, Journalisten und Fans, die Bardots Haus, ihren Privatstrand in St. Tropez, sogar ihr Wochenbett belagerten, andererseits, indem das öffentliche und das Privatleben zunehmend verschmolzen. Vadim stellte nicht nur visuell die ›neue Frau‹, die er in Bardot gefunden hatte, in seinen Filmen dar (vor allem in UND IMMER LOCKT DAS WEIB), sondern schrieb auch die Dialoge in ihrer Art zu sprechen, teilweise mit ihrem eigenen Wortlaut. Diese Konstanz in der Starpersönlichkeit ›BB‹ trug nicht wenig zu ihrer ›authentischen‹ Wirkung bei.

Das Image gewinnt paradoxerweise zusätzliche Glaubwürdigkeit gerade in den Momenten, in denen sein Status als Medienprodukt sichtbar wird: In der

Darstellung des Stars als Opfer der Medien (PRIVATLEBEN), in den Einbrüchen der Öffentlichkeit in Bardots Privatsphäre und in den entsprechenden Skandalberichten. Denn solche Momente deuten darauf hin, daß hinter dem öffentlichen Image eine andere, die reale Person existiert. Gerade die Restdifferenz zwischen dem öffentlich bekannten Star und dem Leben eines realen, nicht völlig bekannten und durchschauten Menschen garantiert die ›Authentizität‹ des Stars und trägt zu dessen ›Aura‹ und ›Einmaligkeit‹ bei. Zugleich wird der Wunsch, noch mehr von ihm zu erfahren, wachgehalten (vgl. Ellis 1982). Nachdem Bardots inner- wie außerfilmisches Image etabliert war, konnte es zunehmend selbstreflexiv in Filmen eingesetzt werden, um die Wirkung der Rolle zu verstärken wie in DIE WAHRHEIT (LA VÉRITÉ, 1960, Clouzot), um über das Starsystem zu räsonieren in PRIVATLEBEN (VIE PRIVÉE, 1961, Malle) oder um auf unterschiedliche Weise den Starstatus ironisch einzusetzen wie in DIE VERACHTUNG (LE MÉPRIS, 1963, Godard) und VIVA MARIA! (1965, Malle). Bereits diese Funktionsverschiebung basiert auf Veränderungen im kulturellen Kontext, während das Image selbst gleich blieb. Diese Tendenz beschleunigte sich im Lauf der sechziger Jahre, und bis sie 1973 ihre letzten Filme drehte, hatte ›BB‹ ihre Funktion als Filmstar und kulturelle Ikone weitgehend verloren.

3.2 Anfang und erste Filme – bis 1956

Ihr Familienhintergrund und ihre Kindheit prädestinierten Brigitte Bardot nicht gerade zum Filmstar, geschweige denn zum Sexsymbol. 1934 wurde sie als erste Tochter in eine Fabrikantenfamilie hineingeboren und wuchs sehr behütet in einem vornehmen Viertel von Paris auf. Ihre Eltern waren konservativ, traditionell und streng in ihrer Erziehung. Brigitte besuchte eine gute Privatschule und, da sie schon früh Talent zeigte und von ihrer Mutter gefördert wurde, ab ihrem dreizehnten Lebensjahr das »Conservatoire Nationale de Danse«. Die Tanzausbildung gab erste Impulse zu einem künstlerischen Beruf und verhalf ihr zu der Körperbeherrschung, die sich später auch in ihrem Schauspiel und insbesondere in ihrem Gang – »la démarche« (Rihoit 1986, 122f.) – bemerkbar machte. Ihre Mutter war es auch, die den Kontakt zur Modebranche herstellte. Mit vierzehn durfte Brigitte in einer Modenschau auftreten, und kurz danach erschienen erste Fotos von ihr in *Jardin des Modes*. Im Mai 1949 war sie dann als Cover-Girl der populären Zeitschrift *Elle* zu sehen, und in den folgenden Jahren häufig auch im Innenteil. Erschien sie auf dem ersten Titelblatt in Kleidung und Pose noch als brave Bürgerstochter, setzten bald einige signifikante Änderungen ein, wie Katrin Kuhn in einer sehr überzeugenden Studie gezeigt hat (1993). Anfang der fünfziger Jahre propagierte *Elle* eine neue Teenager-Mode und einen neuen Typus von Mädchen, der durch Jugend, Unabhängigkeit und Selbstbewußtsein charakterisiert war. »Brigitte Bardot war es, die in den überwiegenden Fällen für die Artikel posierte, die die Jugend ansprechen sollten, und die zum ›Teenager-Modell‹ der Zeitschrift ›Elle‹ avancierte« (Kuhn 1993, 16). Zunächst war sie nur unter ihren Initialen B.B. erschienen, aber bald setzte ein Prozeß der ›Individualisierung‹ oder ›Personalisierung‹ ein: ihr voller Name wurde genannt, und auch ihr Privatleben fand entsprechende Beachtung.

Ihr Erscheinen auf dem Cover von *Elle* sollte aber noch weiterreichende Konsequenzen für ihr Leben haben. Der Regisseur Allégret wurde auf sie aufmerksam und veranlaßte seinen Assistenten Roger Vadim, Kontakt aufzunehmen. Aus dieser Entdeckung ergab sich zunächst aber noch keine Filmkarriere, denn die Testaufnahmen fielen schlecht aus. Dafür entwickelte sich eine mehr oder weniger heimliche Liebesgeschichte zwischen Vadim und der gerade fünfzehnjährigen Brigitte gegen den erbitterten Widerstand ihrer Eltern. Als sie einen Selbstmordversuch unternahm, kam es zur Krise, und Brigitte konnte nach ihrem achtzehnten Geburtstag Vadim heiraten.

Auch wenn der ›Schöpfer‹-Mythos, der einen weiblichen Star zum Produkt eines Mannes macht (vgl. Jutz 1990), immer zu hinterfragen ist, hat Vadim sicherlich wesentlich dazu beigetragen, daß Bardot berühmt wurde. Als Journalist, Drehbuchschreiber und Regieassistent kannte er sich in der Filmbranche und Öffentlichkeitsarbeit aus, war ehrgeizig und trieb die Karriere seiner Frau entschieden voran, vermutlich nicht zuletzt, um die eigene dadurch zu fördern. Vadim schrieb später über seinen ersten Eindruck von Bardot: »Wie ein Ethnologe suchte ich den Prototyp. 1949 fand ich ihn an einem Sommertag auf der Titelseite eines Magazins. Das war das junge Mädchen von heute.« (zit. nach d'Eckardt 1982, 22). Unterschiedlichen Berichten zufolge formte Vadim sie dann ganz nach dieser Vorstellung, wie sie zu sein hätte, um ein Star zu werden:

He formed her, shaped her, brainwashed her and brought out something in her that no one – least of all Brigitte – ever realized was there. He taught her slang. He taught her how to be sexy while eating with her fingers. He taught her how to put on that famous pout. He watched her all the time, the ultimate voyeur, and taught her how to be watched, how to become the ultimate exhibitionist. He taught her how to put her clothes on and how to take them off. (Robinson 1994, 46).

Auch Bardot hat zu diesem Mythos beigetragen mit Äußerungen wie »He taught me everything. He made me out to be free with my love. It's part of the legend he built up around me« (zit. in Robinson 1994, 77). Vadim skizzierte die Art Frau, die er durch Brigitte Bardot darzustellen suchte, wie folgt:

Ich hatte eine Vorstellung von dem Frauentyp, den ich suchte [...]. Er sollte eine gewisse Weiblichkeit ausdrücken, von der ich glaubte, sie sei neu. Frauen waren immer auf eine Art Unterwürfigkeit Männern gegenüber getrimmt. [...] Aber ich glaube, daß junge Mädchen von heute – die Sechzehn-, Siebzehnjährigen – ›männlich‹ denken. Sie wollen in der Liebe so frei wie ein Mann sein. [...]

Ich meine, dieser Mädchentyp mit dem lockeren, ungeordneten Haar, dem Rock, der zum Zeichen des Weiblichseins eng anliegt, und dem weiten Pullover, der die Neigung zum Bequemen anzeigt, steht für eine bestimmte Kategorie von Frauen. Ich sage nicht, daß es die Mehrheit ist, aber es sind genug, um von einem Trend zu sprechen. Sicher ist es die ideale Art, Weiblichkeit auf erotische Weise zu zeigen. (zit. nach Haining 1984, 33–39).

An anderer Stelle relativiert Vadim seine Rolle und betont, daß die wesentliche Wirkung von Bardot selbst ausging:

I certainly knew how to handle publicity and the press and how to get the media interested in her. But I never pushed Brigitte. I counselled her and made sure she didn't get involved in dangerous publicity. That's all I had to do with her. She did all the rest [...].

> It is precisely because she was not the product of anyone's imagination that Brigitte was able to shock, seduce, create a new style and explode in the world as a sex symbol. [...] She was born with the remarkable ability to arrive somewhere and turn the atmosphere electric. (zit. in Robinson 1994, 78).

Bardots Filmkarriere begann 1952 mit einer kleinen Rolle in LE TROU NORMAND. Im selben Jahr folgte SOMMERNÄCHTE MIT MANINA. Beide Filme waren wenig bemerkenswert, aber MANINA ... ist in zweierlei Hinsicht für die Entwicklung von Bardots Starimage bezeichnend. Zum einen entsprach ihre Rolle hier dem Typus, den Vadim entdeckt zu haben glaubte: die erotische aber natürlich-unschuldige Kindfrau. Bardot charakterisierte Manina als »die Rolle eines wilden kleinen Mädchens, das sich auszieht« (zit. in d'Eckardt 1982, 32). Obwohl der Film nicht sehr erfolgreich war und zunächst nur in Frankreich gezeigt wurde, beinhaltet die von ihr gespielte Figur bereits zentrale Elemente, die später zu BBs weltweitem Erfolg führen sollten: die Geschichte einer jungen Frau zwischen zwei Männern, die freizügige Körperdarstellung, die Mode, ihren herausfordernden Blick, ihren rebellischen Charakter und vor allem, daß »Dans *Manina*, Brigitte incarne une femme qui dit son désir simplement, et c'est ce qui est nouveau, et même révolutionnaire« (Rihoit 1986, 91–96). Zum anderen wurde der Film zum Anlaß genommen, um das öffentliche Interesse für ihre Person zu inszenieren: Angeblich oder wirklich schockiert, daß Brigitte im Film und auf den Werbefotos in einem knappen Bikini zu sehen war, schaltete ihr Vater seine Rechtsanwälte ein, um die entsprechenden Szenen entfernen zu lassen. Weit mehr als der Film selbst führte der – wahrscheinlich von Vadim initiierte – Presserummel um diesen Skandal dazu, daß Bardot bekannt wurde.

Dieses Muster prägte die ersten Jahre von Bardots Karriere: Auftritte in meist schlechten oder mittelmäßigen Filmen wurden von pressewirksamer Öffentlichkeit um die Person des Starlets begleitet, oft gezielt provoziert durch sparsame Kleidung. So nutzten Vadim und Bardot die Publicity um den amerikanisch-französischen Film EIN AKT DER LIEBE (ACT OF LOVE), in dem Bardot eine kleine Nebenrolle hatte, um sie bei dem Filmfestival in Cannes 1953 öffentlichkeitswirksam zu etablieren: »Obwohl es Brigittes Rolle kaum noch gab, gelang es ihr, einmal dort, fast noch mehr Aufsehen zu erregen als die eigentlichen Stars Kirk Douglas und Dany Robin. Vadim hat immer gewußt, wie sie diese Wirkung erzielen würde – indem sie ihren Körper zur Schau stellte.« (Haining 1984, 45). Sie posierte nicht nur für Fotografen am Strand von Cannes – die Fotos in entsprechenden ›Pin-up‹-Posen fanden in der internationalen Presse große Verbreitung –, sondern nutzte auch den Besuch der Filmleute auf einem amerikanischen Kriegsschiff zur Inszenierung eines aufsehenerregenden Auftrittes.

Obwohl in der ersten Hälfte der fünfziger Jahre der Bekanntheitsgrad der Bardot als Fotomodell allmählich von ihrer Rolle als Filmstarlet überlagert wurde, trug ihre Präsentation in der Presse immer noch am meisten zu ihrem Image bei. Wie Kuhn resümiert: »Weitaus mehr als ihre Filme ist bereits am Anfang ihrer Karriere die Presse dafür verantwortlich zu machen, daß Brigitte Bardot öffentliches Aufsehen erregte« (1993, 21).

In dieser ersten Phase ihrer Karriere übernahm Bardot entweder unbedeutende Nebenrollen in einigen etwas anspruchsvolleren Filmen oder trat als Hauptperson in qualitativ wenig bedeutsamen Produktionen auf. Die Filminhalte hatten überwiegend die Funktion, Anlässe für erotische Szenen zu liefern, um damit ihren Status als Sex-Starlet zu formen und zu zementieren. Mit REIF AUF JUNGEN BLÜTEN (FUTURES VEDETTES) bekam sie 1954/55 eine Rolle nach ihrem eigenen Muster (Vadim schrieb einen Teil des Drehbuchs in direkter Zusammenarbeit mit ihr) und die erste Gelegenheit, mit Jean Marais, einem der bekanntesten männlichen französischen Stars zusammen zu spielen. Durch DOCTOR AT SEA (1955) wurde sie auch in Großbritannien bekannt, wo sie in der Presse als »sex kitten« tituliert wurde. GIER NACH LIEBE (LA LUMIÈRE D'EN FACE, 1955) verstärkte die Imageelemente ›körperliche‹ und ›erotische Freizügigkeit‹. Auch hier die »sinnliche Kindfrau« (Haining 1984, 59), trat Bardot in Nacktszenen auf und führte ihren Körper ohne Hemmungen vor.

Von Anfang an ragen einige Momente der Imagebildung heraus: die Festlegung auf die ›Sexkitten‹-Rolle, die Behauptung der Übereinstimmung von Leinwandimage und Privatleben und die Bedeutung der ›sekundären‹ Imagebildung in der Presse. Zusammen mit Vadim kreierte Bardot selbst ihr Image, brachte es in die Öffentlichkeit und festigte es durch die Auswahl oder Gestaltung der Rollen sowie durch öffentliche Auftritte und das Posieren für pressewirksame Fotos. Rihoit beschreibt die Imagebildung bei BB als Umkehr der Starproduktion in Amerika:

> À Hollywood, les stars se fabriquent, on leur impose une coiffure, un style de vie et de vêtements, elles tournent des films à formule, toujours les mêmes, dont elles ne s'échappent que difficilement et à grands risques. Bardot, elle, va tout choisir, les coiffures, les vêtements, les rôles, dans le but de fabriquer un objet conforme non pas aux désirs et aux fantasmes du public, mais uniquement aux désirs et aux fantasmes de Bardot elle-même. L'opération aura lieu dans le sens contraire: ce sera elle qui révélera aux hommes et aux femmes par sa façon d'être des désirs et des fantasmes inconscients. (Rihoit 1986, 63).

Anders als die Hollywood-Studios betrieben die vergleichsweise kleinen europäischen Produktionsfirmen keinen planmäßigen Aufbau von Stars und keine großangelegten Publicity-Kampagnen. So blieben Karriereplanung und Imagepflege weitgehend den Schauspieler/innen überlassen. Allerdings fällt bei Bardot auf, daß sie vor allem in dieser Phase auf eine recht enge, formelhafte Rollendefinition und ein klischeehaftes außerfilmisches Image beschränkt blieb. In seinem Ergebnis entsprach das, was Bardot und Vadim inszenierten, weitgehend dem Aufbau von Hollywood-Sexstarlets, nur daß Bardot es schaffte, eine Präsenz in der Öffentlichkeit zu erreichen, die weit über die Wirkung ihrer Filme hinausging. So ist es vielleicht nur eine leichte Übertreibung, wenn Roberts schreibt: »More than any other star before her, she was created by the Press rather than the publicity machinery of her profession.« (Roberts 1984, 126). Obwohl sie direkten Einfluß auf ihr Image hatte, legte Bardot sich sehr stark auf Homogenität und eine enge Rollendefinition fest. Sie selbst hat es sehr nüchtern formuliert: »Es gibt Leute, die sagen, ich sei keine Schauspielerin. Sie haben recht; denn im Leben wie im Film bin ich immer die gleiche« (*Marie-Claire*, März 1959, zit. nach Clandé 1961, 24).

In Filmen wie MANINA ... repräsentiert Bardot nicht nur Sex-Appeal und körperliche Freizügigkeit, sondern auch eine neue Generation, die die Konventionen, das alte Arbeitsethos und insgesamt die ›Tugenden‹ der Elterngeneration ablehnt oder einfach ignoriert (vgl. Rihoit 1986, 94). Allerdings sind viele der Filme der ersten Phase auf recht traditionellen Geschichten aufgebaut, und auch die Bildgestaltung folgt noch weitgehend dem bis dahin gebräuchlichen Stil. Wie Katrin Kuhn zeigt, finden sich in den Filmen wie in den Publicity-Fotos herkömmliche Formen der erotischen Körperdarstellung – statische Posen, typische Körperhaltungen, Kleidungsstücke wie Korsetts oder Netzstrümpfe, historisierende Accessoires in Kostümfilmen wie VERSAILLES – KÖNIGE UND FRAUEN (SI VERSAILLES M'ÉTAIT CONTÉ, 1953/54) und DUNKELROTER VENUSSTERN (LE FILS DE CAROLINE CHÉRIE, 1954) –, die sich an konventionellen Pin-up-Fotos und der Tradition der französischen Ausstattungsfilme mit Martine Carol anlehnten (vgl. Phillips 1998). Bei Bardot kündigt sich aber bereits ein neuer Stil an: in den frühen Filmen hat sie nichts von einer Salondame, sondern repräsentiert den neuen Typus der ›ingénue perverse‹, also eines Kindweibs, das Freizügigkeit und Erotik mit kindlicher Unschuld kombiniert, und dessen Erotik ›natürlicher‹ inszeniert wird. Diese Entwicklung zeigt sich auch in den Pin-up-Fotos von Bardot, die ihren Körper weniger statisch und häufig in der Natur zeigen (Kuhn 1993, 5–14).

Der Film DAS GÄNSEBLÜMCHEN WIRD ENTBLÄTTERT (EN EFFEUILLANT LA MARGUERITE, 1956, Allégret) bietet ein gutes Beispiel für diese Anfangsphase. Titel, die Werbung und das zentrale Motiv (Striptease) signalisieren, daß es sich um einen ›pikanten‹ Film handelt. Zugleich spielt der Titel auf die grundlegende Ambivalenz in Bardots Image an, wie sie auch inhaltlich und formal im Film zum Ausdruck kommt: einerseits geht es vorrangig darum, ihren Körper zu präsentieren, andererseits wird die Filmfigur als grundsätzlich ›anständig‹ und – in Anknüpfung an Bardots Familienherkunft – als ›Tochter aus gutem Haus‹ charakterisiert. Diese Ambivalenz gehört zum Image der ›Nymphe‹ und bestimmt auch die ideologische Richtung des Films, der auf die Naturalisierung der weiblichen Sexualität zielt – allerdings noch stark als Objekt männlicher Lust konzipiert. Entsprechend ausgerichtet ist die Filmhandlung: Die Protagonistin Agnès (Bardot) findet sich zwischen zwei scheinbar unverträglichen Welten: die alte bürgerliche Welt mit ihren engen und oft heuchlerischen Moralvorstellungen, die mehr Wert auf Äußerlichkeit und öffentliches Ansehen als auf innere Werte oder Ehrlichkeit legt, und der Welt der modernen Großstadt, die scheinbar die Freiheit von allen moralischen Einschränkungen bietet. Allerdings zeigt sich, daß diese moderne Gesellschaft – vor allem in der Person des Reporters Daniel, in den Agnès sich verliebt – doch in Wahrheit die alte Doppelmoral reproduziert. So muß sie Daniel verheimlichen, daß sie sich durch finanziellen Druck zur Teilnahme am Striptease-Wettbewerb gezwungen sieht, da er sie sonst als ›unanständig‹ betrachten und nicht heiraten würde. Agnès verkörpert eine Frau, die sich von gesellschaftlichen Tabus befreit und vor allem sich selbst treu ist. So hat sie zwar zunächst Hemmungen, aber das Striptease läßt sie moralisch und als Person völlig unberührt. Schwierigkeiten hat sie eigentlich nur damit, wie die Männer im Film – ihr Vater und Daniel – darauf reagieren. Die weitere Handlung räumt diese Probleme aber aus, so daß zum Schluß nichts mehr dem Happy-End in Form einer Heirat im Wege steht. Auf diese Weise stellt der Film einen Kompromiß in Form einer Synthese aus der ›anständigen‹ Bürgerstochter und der erotisch attraktiven Gelegenheitsstripperin her. Agnès repräsentiert dieses neue Idealbild, das auch exakt dem Starimage ›Brigitte Bardot‹ dieser Jahre entspricht.

Der neue Typus ist aber noch deutlich eine Übergangsform, wie man an der Handlung und der Körperdarstellung feststellen kann. Obwohl Vadim das Drehbuch für Bardot konzipierte, ist der Film eine Verwechslungskomödie nach alter Manier. Die Art des Humors, die teilweise extrem karikaturhaften Nebenfiguren, die Konflikte und die Art der Spannungsdramaturgie erscheinen sehr traditionell und ›verstaubt‹. Auch die Verwendung des Striptease-Motivs wirkt wenig modern, so daß der Film kaum schockierte, außer in Italien, wo er allerdings für »schamlos und unmoralisch« gehalten und die Werbeposter von den Wänden gerissen wurden (d'Eckardt 1982, 68; Haining 1984, 63).

So ist auch die Körperdarstellung einerseits stark erotisiert, andererseits auf mehrfache Weise relativiert. Bardots weibliche Formen werden durch den figurbetonenden Pullover und entsprechend aufreizende Posen hervorgehoben, allerdings in der Ästhetik der Pin-up-Fotos, die die Frau zugleich immobilisiert und auf das passive Objekt des Blicks reduziert. Auch später im Film, als sie ›damenhafter‹ gekleidet ist, wird ihr tiefes Dekolleté zum Blickfang für die Männer im Film und zugleich den Zuschauer. Eine andere Form des Schauens bieten die Striptease-Szenen: Durch den spezifischen Aufbau der Szenen und ihre dramaturgische Einbettung in die Handlung konzentriert sich das Interesse auf den Moment der Enthüllung. Da diese jedoch ausbleibt, ist das Spiel mit Erwartungen wichtiger als das Zeigen. Tatsächlich erscheint Bardot in diesem Film nie nackt. Der Striptease macht ihren Körper zum Mittelpunkt, und das Hin und Her zwischen einer scheinbar schamhaften, gehemmten Entkleidung und einem in Tanz und Bewegungen sehr ›professionellen‹ Auftritt betont die Spannung zwischen Verstecken und Enthüllen. Zugleich ist die Neutralisierung des weiblichen Körpers im Striptease selbst enthalten. Kostüme, ritualisierte Bewegungen und fetischisierende Accessoires erzeugen eine Distanz, die den Voyeurismus erhöht, aber auch neutralisiert und entsexualisiert (Barthes 1964; vgl. Kuhn 1993, 9f.; Kuhn 1985, 19–47). Auch in den Pin-up-Posen findet man eine ähnliche Stilisierung weiblicher Erotik, die noch für ihre frühen Filme charakteristisch ist, aber bald durch eine aktivere Darstellung der Frau ersetzt wird.

In dieser Phase ihrer Karriere gelang es Bardot, durch ihre Präsenz in Zeitschriften, durch insgesamt 16 Filme und geschickte Publicity in Frankreich und Teilen des europäischen Auslandes - vor allem in Großbritannien - bekannt zu werden. Ihr Image war etabliert, aber noch war sie nur ein Sex-Starlet auf der Schwelle zum Star.

3.3 Der Durchbruch – Und immer lockt das Weib

Der Durchbruch zum Star kam 1956/57 mit dem Film Und immer lockt das Weib, bei dem Vadim nicht nur (gemeinsam mit dem Produzenten Lévy) das Drehbuch schrieb, sondern auch zum ersten Mal Regie führte. Bardot entwickelte sich hier vollends zum Prototypen des neuen Frauenbildes. Um die Finanzierung des Films zu ermöglichen, mußte Vadim einen etablierten und erfolgversprechenden Star (Curd Jürgens) engagieren, aber als der Film in die Kinos kam, stellte es sich schnell heraus, daß er seinen Erfolg hauptsächlich der Bardot verdankte. Der Film wurde auch international zum Kassenschlager und war sogar in den USA, wo ausländische Filme normalerweise einen schweren Stand hatten, extrem erfolgreich. Die starke Wirkung des Films läßt sich primär durch Bardots Verkörperung der Hauptfigur erklären, als einer jungen, natürlichen, erotischen und zugleich kindlich-unschuldigen Frau. Hier findet man die bisherigen Elemente ihres Images – vor allem die neue Weiblichkeit und das Lebensgefühl der Jugend – also wieder, nur daß sie jetzt wesentlich konsequenter und auch in der filmischen Präsentation direkter zum Vorschein kommen. Bei Bardot als Repräsentantin gerade beginnender Entwicklungen finden sich jedoch immer noch traditionelle Elemente: ihre Funktion als Sexsymbol symbolisiert eine neue Freiheit, reproduziert aber in Posen, Kameraführung und narrativen Mustern zugleich die herkömmliche Definition der Frau als Objekt (vgl. Vincendeau 1992; Hayward 1993, 176–178). Altes und Neues ist im BB-Image stark vermischt, wie in der historischen Realität der Umbruchphase, in der sie zum Star wurde.

Der Film Und immer lockt das Weib

Dieser Film vermischt verschiedene Motive zu einer zusammengestückelten Handlung – »un film hybride, bizarre, un scénario qui n'a pas grand-chose d'original« (Rihoit 1986, 177) –, die in erster Linie eine dramatische Geschichte um Liebe, Leidenschaft und Eifersucht erzählt: Wegen der Schönheit und der weiblichen Reize der jungen Waise Juliette sind die Männer von St. Tropez verrückt nach ihr: vor allem der reiche Geschäftsmann und Playboy Eric Carradine (Curd Jürgens), der attraktive Frauenheld Antoine Tardieu (Christian Marquand) und sein schüchterner Bruder Michel (Jean-Louis Trintignant). Juliette verliebt sich in Antoine, merkt aber, daß er sie nur ausnutzen will. Als Juliettes biedere Pflegeeltern sie ins Waisenhaus zurückschicken wollen, kann sie nur eine Ehe retten. Der schüchterne Michel heiratet Juliette gegen den Willen seiner Familie, die sie für ein Flittchen hält. Sie versucht, ihm treu zu sein, ist aber nach wie vor in Antoine verliebt. Bei einem Bootsunfall wird sie von Antoine gerettet, den sie daraufhin verführt. Als Michel nach Hause kommt, erfährt er, daß seine Frau mit seinem Bruder geschlafen hat. Er hält dennoch zu ihr. Derweil irrt Juliette verzweifelt durch die Straßen, geht in eine verrufene Bar, betrinkt sich und beginnt zum heißen Rhythmus einer Musikgruppe zu tanzen. Michel und Carradine kommen, um sie abzuholen, aber sie tanzt nur um so wilder und erotischer in einer Mischung aus Ekstase und Selbsterniedrigung. Michel ist außer sich und schießt auf sie, aber Carradine geht dazwischen. Michel ohrfeigt sie, worauf sie sich fügt und mit ihm nach Hause geht.

Im Hinblick auf die filmische Form ist Und immer lockt das Weib kaum bemerkenswert. Er ist konventionell aufgebaut und laienhaft gemacht. Auffällig sind nur einige der Außenaufnahmen in CinemaScope und die – nicht sonderlich systematische – Verwendung von grellen Farben. Der Dialog wirkt oft unnatürlich, und die Schauspieler sind zum Teil hölzern. Dennoch wird Bardot wirkungsvoll in Handlung und Bildern als Star präsentiert. Gerade die Ambivalenz in Figurenzeichnung und visueller Darbietung ist dabei wichtig. So wird sie zum Gegenstand der Schaulust gemacht, und zugleich erhalten ihr Körper und ihre Bewegungen eine aktive Qualität, die ihren Objektstatus teils verstärkt und ihm teils widerspricht.

Die offene – oder vielleicht nur schludrig gemachte – Form des Films verbindet eine Vielzahl von thematischen Motiven. Starimage, Erzählung und visuelle Gestaltung knüpfen u.a. an folgende Komplexe an: Natur und Natürlichkeit, die Dichotomien Lustprinzip – Realitätsprinzip, Hedonismus – Arbeitsethos, Neigung – Pflicht, Freiheit, Individualismus, Selbstbestimmung, Jugend, romantische Liebe, Authentizität, Modernität gegen traditionelle Werte und verschiedene Stereotypen von Sexualität und Geschlecht.

Die Erzählstruktur

Auf der Ebene der Filmerzählung entsteht eine Diskrepanz zwischen Juliettes Funktion als Protagonistin und der Handlung, die sich in Richtung ihrer Unterordnung und der Restaurierung männlicher Macht entwickelt. Die Geschichte dreht sich um das Motiv der Frau als Verführerin und bezieht sich dabei auf verschiedene Topoi von Adam und Eva bis hin zum Vamp, modifiziert sie aber zugleich. In ihrer Attraktivität für Männer ist Juliette als Frau gefährlich, denn sie verkörpert eine rohe Naturkraft, die die Zivilisation und die männliche Selbstbeherrschung zersetzt. Ihre impulsiven Handlungen treiben die Geschichte voran und motivieren die Versuche, sie zu ›bezähmen‹. So knüpft der Film an Stereotypen an, wonach die Frau Natur und der Mann das vernünftige Subjekt sei (vgl. Beauvoir 1959/1972, 13; Jutz 1990, 38–47; Vincendeau 1992, 89ff.). Der Mann muß die Frau – in diesem Fall die animalische Kraft ihrer Sexualität – sowie seine eigene Natur überwinden und beherrschen oder, wie der Priester im Film meint: »Das Mädchen ist wie ein junges Tier. Sie braucht eine feste Hand. Man muß ihr überlegen sein.« (Im Original noch deutlicher: »Il faut elle dominer.«) Im Vergleich zur traditionellen *femme fatale* fällt Juliettes Schicksal etwas milder aus: sie darf überleben, aber einige Ohrfeigen weisen sie auf ihren Platz. So werden männliche Dominanz und weibliche Unterwerfung als zivilisatorische Notwendigkeit gesetzt. Der anschließende Dialog deutet allerdings an, daß die weibliche Natur weiter im Untergrund brodeln wird.

Wenn man den Nebenlinien der Handlung folgt, scheint sich der Film eher um die männlichen Rollen zu drehen. So baut die Erzählung eine Polarität zwischen dem gefühllosen, ausbeuterischen Antoine und dem sensiblen, schwachen, ›femininen‹ Michel auf, wobei Carradine als dritte, vermittelnde Figur fungiert. Die ideologische Arbeit der Erzählung besteht darin, Schritt für Schritt einen Kompromiß zwischen diesen Positionen herauszuarbeiten, indem die gröberen Elemente von Antoines Männlichkeit negiert werden, zugleich aber Michel zur männlichen Gewalt und Selbstbehauptung erzogen wird. Zwar scheint diese ›Lösung‹ heute reaktionär, aber im Kontext der fünfziger Jahre repräsentiert der Film eine signifikante Abweichung von manchen älteren Normen. Insbesondere werden die Jungfrau-Hure-Dichotomie und ein reines Objektverhältnis zu Frauen verneint und Respekt sowie romantische Liebe als positive Ideale für Männer dargestellt, obwohl der Film zur gleichen Zeit versucht, männliche Überlegenheit ideologisch zu stützen.

Die Entwicklung von Figuren und Handlung beleuchtet nicht nur das Verhältnis der Geschlechter zueinander, sondern thematisiert zugleich die Konfrontation konventioneller Standpunkte mit den neuen Freiheiten der Jugend. Als die moderne, wenn auch rebellische junge Frau verkörpert Juliette in ihrer Mode und ihren Verhaltensweisen »Informalisierungstendenzen«, die einen maßgeblichen Stellenwert in der aufkommenden Jugendkultur hatten (vgl. Maase 1992, 204ff.).

Visuelle Elemente

Unter den visuellen Elementen des Films sind die Darstellung von Bardots Körper und die Positionierung des Zuschauers die wichtigsten, wie auch die zeitgenössischen Rezensionen belegen: Es gibt kaum eine Kritik, die nicht vor lüsternen Bemerkungen über ihre Nacktheit, Figur und Körperteile strotzt. Danach müßte man meinen, daß sie ständig nackt herumliefe, wobei im Film nur zweimal ihr nackter bzw. nur mit Höschen bekleideter Körper kurz von hinten bzw. der Seite gezeigt wird. Für diese ›Zurückhaltung‹ war aber in erster Linie die Zensur verantwortlich – die Sexszenen mit Michel und Antoine wurden um einige Nacktaufnahmen gekürzt. Aber auch eine Szene, in der sie völlig bekleidet ihr Fahrrad schiebt, mußte entfallen. Wenn der Film in seiner freigegebenen Fassung also die Grenzen des damals Tolerierten markiert, war es offensichtlich nicht nur die Nacktheit, die provozierte. So berichtet Vadim, ein Zensor habe verlangt, daß die Sequenz, in der sie nackt vor einem Jugendlichen herumlaufe, entfernt werden müsse; tatsächlich handelt es sich aber um eine Sequenz, in der alle Figuren vollständig bekleidet sind (Robinson 1994, 65f.). Auch der Produzent Lévy begründet Bardots Anziehungskraft mit dieser Art imaginierter Nacktheit: »Es geschieht in den Köpfen der Zuschauer [...] Was sie vorzeigt, ist nicht so wichtig. Wichtig ist, was sie zu sehen glauben ... Und da sind sie uns immer einen Schritt voraus« (zit. in Haining 1984, 66). Wenn BB ihre körperlichen Reize ohne Scham zeigt, hat sie in der damaligen kulturellen Kodierung denselben erotischen Wert, als wäre sie völlig unbekleidet.

Der Film spielt gerade mit dem Versprechen, mehr zu zeigen, als man tatsächlich zu sehen bekommt, wodurch eine Art Striptease-Effekt entsteht. Teile von Bardots Körper werden gezeigt, oder es wird vermittelt, daß einer der Protagonisten – aber nicht der Zuschauer – sie nackt sieht. Dem Publikum wird so die Position des Voyeurs zugewiesen, diese aber nicht mit dem Blick der anwesenden männlichen Filmfigur »verschweißt« (vgl. Dayan 1976; Oudart 1977/78; Mulvey 1980; vgl. auch Vincendeau 1992). De Beauvoir schreibt: »Vadim does not appeal to our complicity. He ›de-situates‹ sexuality, and the spectators become voyeurs because they are *unable* to project themselves on the screen.« (1959/1972, S. 28; Hervorhebung S. L.).

Bardot wird als Sexualobjekt inszeniert, allerdings stärker durch Kleidung, ihre Haltung und Bewegungen als durch einfache Nacktheit. Darin schließt der Film an traditionelle Strategien der erotischen Darstellung von Frauen an. Im Unterschied aber zur fetischisierten Präsentation etwa bei Marlene Dietrich, Greta Garbo oder Rita Hayworth wird bei Bardot vor allem die ›Natürlichkeit‹ ihres Körpers hervorgehoben. Wie Dyer (1986) feststellt, setzte diese Verschiebung zu einer Naturalisierung der Sexualität im Film bereits bei Marilyn Monroe ein. Wurden aber die potentiell bedrohlichen Aspekte der Erotik bei Monroe noch durch deren Passivität und Verletzlichkeit neutralisiert, betont Bardots lockeres Verhältnis zur Sexualität vielmehr ihre aktive und selbstbestimmte Qualität, die die ›Natürlichkeit‹ anders definierte, stärker betonte und vielleicht sogar Elemente der Androgynität ins Spiel brachte (vgl. Maraval 1976; Beauvoir 1959/1972, 11). Auch in dieser Hinsicht vereint Bardots Image widersprüchliche Elemente. So entspricht ihre Körperdarstellung oft den Mustern der Zurschaustellung erotischer Körperteile in Pin-ups, obwohl ihre Posen teilweise weniger statisch und daher eher ungestellt wirken (vgl. Kuhn 1993, 5–15; Vincendeau 1992, 91f.). Traditionelle Fotos, Striptease und erotische Filme nutzten oft historische oder exotische Umgebungen und Requisiten, um den Körper zu betonen und zu fetischisieren und ihn gleichzeitig zu distanzieren und zu neutralisieren (vgl. Barthes 1964; Seeßlen/Weil 1978, 75–79). Bardot hingegen wirkte provozierend, weil sie ihren Körper als erotisch in alltäglichen, zeitgenössischen Situationen zeigte.

Auch ihre Kleidung – enge Hosen oder einfache Kleider, die ihre Beine zeigten und ihre Figur betonten – machte sie zum Objekt des Blickes und konnotierte zugleich Freiheit und Natürlichkeit, indem sie den Körper aus der damals gängigen Einengung und Formung durch Mieder und BH befreite (vgl. Vincendeau 1992, 80). Auch stand sie am Anfang der Popularisierung eines ›natürlichen‹ Verhältnisses zur Nacktheit. Was bei Bardot und sogar bis in die siebziger Jahre hinein noch skandalös und ›befreiend‹ wirken konnte, wurde schnell normalisiert und stellt sich im nachhinein oft als einfache Verschiebung in kulturellen Regelsystemen dar (vgl. Gsteiger 1995; König 1990).

Als Modetrendsetter propagierte Bardot den ›style Bardot‹ oder ›St. Tropez style‹, der als jugendlich und leger kodiert war, mit Freizeit und Freiheit assoziiert wurde sowie preiswert und leicht zu imitieren war (vgl. Kuhn 1993, 40–44; Vincendeau 1992, 77–81). Zugleich aber, da Bardots ›natürliche‹ Schönheit auch durch ihr Gesicht und ihren Körper definiert wurde, stellte sie ein Ideal dar, das für die meisten unerreichbar blieb. Darüber hinaus beinhaltet dieses Ideal durch seine Definition als Sexobjekt ein deutliches Moment der Verdinglichung.

Als sie in Und immer lockt das Weib nach dem Bootsunfall im nassen Kleid am Strand liegt, dient ihre exakt arrangierte Pose eindeutig dazu, ihren Körper als erotisches Objekt zu präsentieren, vermittelt aber zugleich, daß Juliette ein

starkes eigenes Körpergefühl besitzt. Ähnlich funktionieren die Szenen, in denen sie sich nackt sonnt und sich unbekümmert und anscheinend nur mit ihrem eigenen Genuß beschäftigt in der Sonne räkelt. Hier unterstützt auch das außerfilmische das filmische Image, denn unbekleidetes Sonnenbaden und ein unkompliziertes Verhältnis zum eigenen Körper gehörten zur bekannten Lebensweise der Bardot. Wie Ginette Vincendeau bemerkt, suggerieren solche Posen Spontaneität und Natürlichkeit, obwohl sie gezielt arrangiert sind (vgl. Vincendeau 1992, 91f.). In vielen Szenen – etwa als sie ihr Fahrrad schiebt, auf den Bus wartet, sich auf Carradines Bett fläzt etc. – findet man derartig gestellte Pin-up-Posen mit Hervorhebung von Hintern und Busen, die aber paradoxerweise locker und leger erscheinen.

Ähnlich verhält es sich mit Bardots Bewegungen: aus heutiger Sicht wirkt ihr Gang sehr künstlich – sie verbindet den stilisierten Gang einer Tänzerin und eines Mannequins mit einem überdeutlichen Po-Wackeln. Dennoch wurde er damals als natürlich wahrgenommen. Eine Erklärung dafür könnte sein, daß BB ihre betont ›weibliche‹ Körpersprache mit nachlässigen, saloppen Bewegungen verbindet, die als ›männlich‹ kodiert waren. Solche ›aktiven‹ Elemente ihrer Bewegungen, Gesichtsausdrücke und Blicke kontrastieren mit der traditionellen Pin-up-Ästhetik und signalisieren Selbstsicherheit und Unabhängigkeit. Gerade auch diese Elemente – vielleicht vielmehr als die Zurschaustellung ihres Körpers an sich – wurden als Provokation empfunden.

In der berühmten Tanzszene am Ende des Films – laut Presseheft »der sinnlichste Mambo des Jahres« (Columbia-Filmgesellschaft m. b. H. o. J.) – waren die Offenheit und Direktheit provokativer als das, was man von ihrem Körper sieht. Hier nimmt die Kamera eine explizit voyeuristische Haltung ein, fährt ihren Körper von oben bis unten ab, konzentriert sich dann auf Beine und Hüften. Aufreizend wirken besonders der bis oben hin aufgeknöpfte Rock und das Dreieck ihrer schwarzen Unterwäsche. Abweichend von der sonstigen Kameraführung wird die Zuschauerperspektive hier mit den lüsternen Blicken und der subjektiven Position der männlichen Protagonisten gekoppelt. Zusätzlich nimmt Bardots Tanz die Form eines Flirts mit dem – schwarzen – Musiker an, was im Kontext der fünfzi-

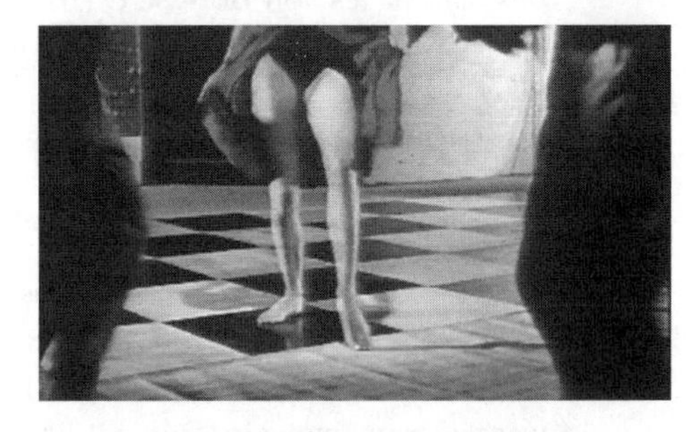

ger Jahre kaum anders als im Sinne rassistischer Stereotypen verstanden werden konnte. Curd Jürgens verweist aus einer anderen Perspektive auf eine dem Film zugrundeliegende diskursive Verbindung von Rasse, Sexualität und Natürlichkeit oder – wie er sagt – »Unzivilisiertheit«, wenn er, ausgehend von ihrem Gang, Bardot mit einer »Farbigen« aus einem Bild von Gauguin vergleicht (Jürgens 1979; vgl. Rihoit 1986, 178). Die Frauen, wie die anderen Rassen, stellen in diesen westlichen männlichen Fantasien die ungebändigte Sexualität dar, die als bedrohliche Naturkraft empfunden wird.

Weniger klar ist, was die Szene und ihr Tanz über Juliettes Gefühle und ihre eigene Subjektivität aussagen sollen. Narzißmus, ekstatisches Körpergefühl und Libido sowie ein masochistischer Drang zur Selbsterniedrigung scheinen sich zu vermischen. In der visuellen Gestaltung wie im Handlungszusammenhang versucht der Schluß dieser Sequenz, die sexuell aktiven Elemente der Weiblichkeit, die bis dahin gezielt entwickelt wurden, zu neutralisieren oder umzukodieren. Was dabei herauskommt ist aber eher ein Mischmasch widersprüchlicher Elemente als irgendeine Auflösung.

Schaulust kann zwar die Attraktion für das männliche Publikum erklären, nicht aber die Begeisterung junger Frauen. Die weitverbreitete Nachahmung von Mode, Erscheinung und Habitus der Bardot deutet darauf hin, daß BBs Image als Modell einer stärkeren Form der Weiblichkeit diente, die jungen Frauen ermöglichte, alte Moralvorstellungen und die Definition der Weiblichkeit durch Passivität abzulegen. So können bei entsprechender Rezeption die Figur Juliette und der Star BB – so zwiespältig sie auch sind – wohl als Vorbilder dienen, die einen Gewinn an Macht und Selbstbestimmung versprechen. Sie erfüllen die popülarkulturelle Funktion, die Fiske mit »empowerment« bezeichnet (vgl. Fiske 1986; 1993; Müller 1993). Das heißt aber nicht, daß Bardot automatisch progressiv wirkte, denn die ›befreienden‹ Elemente des Images werden zugleich – wie gezeigt – mit einer Bestätigung des Objektstatus und der Reduzierung auf die weiblichen Reize verknüpft. Der neue Frauentypus bleibt doch primär durch Sexualität und schließlich als Objekt des männlichen Begehrens definiert. Im anderen Zusammenhang beschreibt Hilary Radner den diesem Frauenbild zugrundeliegenden kulturellen Prozeß als eine zunehmende sexuelle Freiheit für

Frauen, die in den achtziger und neunziger Jahren in eine neue libidinöse Ökonomie kulminierte. Frauen sind demnach nicht mehr einfach Tauschobjekte zwischen Männern, sondern haben die Rolle von ›free agents‹, deren Marktwert u. a. durch ihre Körper und ihre erotischen Fähigkeiten definiert wird (Radner 1993).

Figur und Charakter

Viele der Eigenschaften der Figur Juliettes – und zu einem großen Teil auch die des Starimages von BB – sind aus der bisherigen Diskussion ersichtlich. Vadim wies auf die Unterschiede zu früheren Mustern in seiner Charakterisierung der Figur:

> Die von Brigitte gespielte Juliette ist ein Mädchen von heute, dessen Sinn für Vergnügen weder von Moral noch von gesellschaftlichen Tabus eingeschränkt wird; sie ist in ihrem Sexualverhalten völlig frei. In der Vorkriegsliteratur und den damaligen Filmen hätte man sie einfach als Hure dargestellt. Hier ist sie eine sehr junge Frau, ohne andere Entschuldigungen – wie sie sich versteht – als die, die aus dem Herzen, die aus einem großzügigen, widersprüchlichen Charakter kommen. (zit. in Haining 1984, 66).

Anders als die *femme fatale* oder der Vamp setzt Juliette ihre Sexualität keineswegs instrumentell ein (Durgnat 1963, 18). Sie verführt die Männer rein aus der eigenen Lust heraus. In älteren Filmen wurde das sogenannte »good-bad girl« noch durch das Ideal weiblicher Jungfräulichkeit oder zumindest der Treue definiert, wobei ihre innere Natur sich als tugendhaft erweist (Wolfenstein/Leites 1971). Dagegen ist Bardots Sexualität als durchaus real, aber nicht als ›böse‹, charakterisiert, und sie wird im Lauf des Films nicht wirklich domestiziert. Statt dessen wird die Sexualität in zwei Versionen eines Diskurses der Natur eingebettet.

Erstens wird die weibliche Lust als Naturkraft dargestellt. Wenn die Bardot-Figur Männer zerstört, ist es unbeabsichtigt. Sie ist eher eine blonde Carmen als ein Vamp, eher die Kreatur ihrer Lust und ihrer Triebe, die durch Moral relativ wenig eingeengt wird, was wiederum einem tradierten Stereotyp entspricht (man denke an Freuds Meinung über das unterentwickelte Überich bei Frauen). Dieser Aspekt ihrer Charakterisierung widerspricht der Autonomie, die an anderen Stellen betont wird, denn eigentlich tut sie im Film kaum etwas anderes als Männer verführen, und das nicht einmal willentlich. So stellt sich diese sexuell aktive Weiblichkeit als eine von der Frau nicht rational gesteuerte Naturkraft dar, und ihr wird der eigene Wille wieder abgesprochen.

Zweitens repräsentiert Juliettes impulsive ›Natürlichkeit‹ eine positive Alternative zu den gekünstelten, geheuchelten Verhaltensweisen anderer Figuren wie den engstirnigen Pflegeeltern und dem primitiven Macho Antoine. Zusätzlich kann man in der Intensität und Unmittelbarkeit der Gefühle, die mit dieser ›Natürlichkeit‹ assoziiert werden, eine utopische Dimension sehen. Dieser Eindruck wird durch den Antagonismus verstärkt, der zwischen Lustprinzip, Müßiggang, Genuß und Hedonismus und dem Arbeitsethos, den sozialen Normen und der Moral im Film und noch stärker im außerfilmischen Image Bardots aufgebaut wurde. Hier finden sich Verbindungen zur Jugendrebellion der fünfziger Jahre, und es ist daher verständlich, daß Bardot mit James Dean verglichen wurde (vgl.

French 1995, 19). Mit Dean ist sie vielleicht nicht nur in der rebellischen Haltung, in der Generationsproblematik und in der Übertretung von Konventionen, sondern auch in der partiellen Androgynität und Verschiebung der Geschlechterrollen vergleichbar (vgl. Roberts 1984, 136–137). Auch in diesem Zusammenhang ist die körperliche Präsenz der Bardot wichtig, zwar nicht so sehr als Sexobjekt, vielmehr als Zeichen der Ablehnung kontrollierter, korrekter Körperhaltung zugunsten scheinbar spontanerer, direkterer, lässigerer Formen der Bewegung und des Verhaltens (auch hier liegen Vergleiche mit dem Schauspielstil zeitgleicher männlicher Stars wie Brando und Dean nah). Als Form des Schauspiels auf der Leinwand oder der »presentation of self in everyday life« (Goffmann) knüpft diese körperliche und mimische Ausdrucksweise an den Diskurs der Authentizität und Individualität an, der einen wichtigen Subtext im Film bildet und den Bardot auch personifizierte. So meinte Vadim: »Brigittes skandalöser Aspekt ist, dass sie bei Tageslicht und in völliger Freiheit das tut, was andere heimlich tun« [zit. nach de Vilallonga 1972]). Auch in dieser Hinsicht nahmen Bardot und die Figur in UND IMMER LOCKT DAS WEIB einige Momente der kommenden Jugendkultur vorweg:

> Juliette Hardy, la petite sauvageonne de Saint-Tropez, est une hippie avant la lettre, une ›flower child‹ de la fin des années 60. Elle croit à l'amour libre mais sincère, à l'abolition de la jalousie; elle pense qu'on peut rendre tout le monde heureux, qu'il suffit de s'aimer et de dire ›merde‹ aux vieux, qui eux, de toute façon, sont irrécupérables. Juliette sort des catégories de l'époque. Elle n'est pas vénale, c'est une pécheresse pure, une jouisseuse incorruptible. (Rihoit 1986, 175)

Bardot und Sex in den fünfziger Jahren

Nach den gängigen Vorstellungen über die fünfziger Jahre war Sexualität damals durch Verdrängung, rigide Moralvorstellungen und eine reaktionäre Verfestigung der Geschlechterrollen definiert. Aus dieser Perspektive wäre Doris Day und nicht Brigitte Bardot dafür der paradigmatische Star. Aber wie Foucault bemerkte, führen gerade Zeiten, die anscheinend von Repression beherrscht sind, zu einer starken Vermehrung der Diskurse über Sexualität (vgl. Foucault 1977). Das gilt auch für die fünfziger Jahre, in denen auch vielfältige Modifikationen und Innovationen in der Darstellung von Geschlecht und Sexualität zu finden sind (vgl. Studien zu Stars wie Monroe [Dyer 1986], Hudson [Klinger 1994, 97–129] und Holden [Cohan 1993]). So gesehen repräsentiert Bardot nur eine unter verschiedenen, konkurrierenden Formen der weiblichen Heterosexualität in der Gesellschaft und im Kino dieser Zeit. Unter den zehn erfolgreichsten Filmen in der BRD 1956/57 findet man z. B. DIE TRAPP-FAMILIE und SISSI, DIE JUNGE KAISERIN, aber auch LIANE, DAS MÄDCHEN AUS DEM URWALD und eben UND IMMER LOCKT DAS WEIB (vgl. Garncarz 1993, 202). Im Vergleich zu anderen Stars dieser Jahre – sowohl Doris Day als auch Marilyn Monroe – ist BBs Image als Frau keineswegs weniger problematisch und genauso sehr eine männliche Projektion. Dennoch ist es symptomatisch für eine signifikante Veränderung in der kulturellen Regulierung der Sexualität, die tendenziell die ›sexuelle Revolution‹ der sechziger und siebziger Jahre vorwegnahm. Zum Vergleich im Bereich des Films: 1951 sorgte DIE SÜNDERIN für Aufruhr, 1958/59 erschien DAS MÄDCHEN ROSEMARIE, die Oswald-Kolle-Filme und ›Aufklärungsfilme‹ wie HELGA waren ab 1967 große Erfolge in deutschen Kinos, ICH BIN NEUGIERIG – GELB kam 1968 heraus, die Serien der ›Schulmädchen‹- und sonstigen ›Reporte‹ folgten erst ab 1970.

Das Neue, das Bardot ankündigte, bedeutet keine ›Emanzipation‹ der Frau, sondern ähnelt eher den Ansichten von Helen Gurley Brown in ihrem amerikanischen Bestseller *Sex and the Single Girl* aus dem Jahr 1962 und den Veränderungen in der öffentlichen Meinung, für die etwa die Kinsey-Reporte und der *Playboy* symptomatisch sind (vgl. Dyer 1986, 28ff.; Radner 1993). Insbesondere wurden Frauen zunehmend in ihrer sexuellen Aktivität erkannt, die Meinungen über Sexualität vor oder außerhalb der Ehe lockerten sich, und zugleich wurde die männliche Rolle zunehmend unsicherer. Dies führte zu erhöhten Erwartungen an den Mann, der nun auch die Frau befriedigen sollte, und somit unter einem gesteigerten Leistungsdruck stand. Während damit bereits die alte männliche Vormacht in Frage gestellt war, reduzierten sich durch die fortschreitende Rationalisierung gleichzeitig auch die Möglichkeiten zur Identitätsstiftung und (männlichen) Selbstbestätigung in der Arbeitswelt (vgl. Schelsky 1955; Anon. 1962b, 24–38; Lasch 1980, 242, 252ff.; Klinger 1994, 113–115).

Gegenüber Marilyn Monroe bedeutete Bardot eine neue Stufe in der Naturalisierung weiblicher Sexualität. Monroe suggerierte zugleich Sex und Unterwürfigkeit und versprach, wie Norman Mailer es formulierte, daß Sex mit ihr wie »ice cream« sein würde (zit. nach Dyer 1986, S. 42). Bardots selbstbewußt-aktive Sexualität wirkt auf eine ambivalente Art wesentlich gefährlicher für Männer. Der Wandel im Frauenbild, für den BB symptomatisch war, entsprach realen Veränderungen im Verhalten und in den Vorstellungen von Ehe, Liebe, Familie und Geschlechterrollen: nach einer zeitgenössischen Umfrage gingen nur noch 70% der Frauen jungfräulich in die Ehe (vgl. Anon. 1962b, 37). Nach Simone de Beauvoir (1959/1972) repräsentiert Bardot die unabhängige Frau, die macht, was sie will, ohne gesellschaftliche Konventionen zu beachten. Authentizität, ein intensives Leben, starke Emotionen, ein selbstbestimmtes Liebesleben und sexuelle Freiheit charakterisieren sie. Ihre Art Weiblichkeit wirkt – so de Beauvoir – oft verschüchternd auf Männer, die *sie* zu Objekten *ihres* Begehrens macht. Zugleich wird sie aber als Nymphe oder »Kind-Frau« und als Spielball ihrer Instinkte charakterisiert. Die Infantilität, die diese Vorstellung der Frau beinhaltet, kompensiert und neutralisiert zum Teil die aktiven Komponenten und verstärkt zugleich die Ich-Bezogenheit, die narzißtische Qualität dieses Frauenbildes. Die doppelte Perspektive, die de Beauvoir entwickelt, erfaßt beide Seiten von Bardots Image und erklärt die heftigen – positiven wie negativen – Reaktionen. So wie einerseits ihre zahlreichen weiblichen Fans ihre Kleider, Frisuren und Bewegungen nachahmten, dokumentieren andererseits die heftigen Angriffe in der Öffentlichkeit (etwa von den Kirchen) sowie ein generell abwertender, diffamierender, spöttischer und bisweilen lüsterner Ton in der Presse, daß sie als Gefahr für die traditionelle Moral und Frauenrolle wahrgenommen wurde. Diese starke Polarisierung in den Haltungen gegenüber der Bardot hat ihre Ursachen primär in den Widersprüchen der herrschenden Kultur, macht sich aber auch in Form von internen Oppositionen und Spannungen in ihrem Image bemerkbar.

Die Entfaltung des Starimages

Die Untersuchung von UND IMMER LOCKT DAS WEIB zeigt, daß Bardots Image zu dieser Zeit sehr stark durch Offenheit, Vielfältigkeit und Widersprüche gekennzeichnet ist, die sich nicht einfach auflösen lassen. Der Film verbindet verschiedene, eigentlich unverträgliche Strategien, die sich um den Status von Bardots Körper drehen. Bardot markiert auf diese Weise eine Übergangsstufe in der Entwicklung eines neuen »leiblichen Stils«, wie Judith Butler das nennt (1991, insbes. 205ff.). In der historisch spezifischen Form der »gender performance«, die Bardot für die fünfziger und sechziger Jahre paradigmatisch vorführt, wird die weibliche Subjektivität durch den Körper definiert: einerseits passiv als Objekt des männlichen Blicks und andererseits, indem er eine direkte, eigene Körpererfahrung und sexuelle Identität suggeriert. Dabei setzt sich diese Weiblichkeit gerade durch das ›natürliche‹ Verhältnis zum Körper, zur Nacktheit und zur Sexualität von früheren Formen der kulturellen Definition der Frauenrolle ab. Auch wenn diese aus heutiger Sicht sehr künstlich und stilisiert erscheint, konnte sie im Kontext der fünfziger Jahre als ein scheinbar ungezwungenes Modell und zugleich als ein neues Idealbild für männliches Begehren dienen. Zur gleichen Zeit bildet die Natürlichkeit ein ideologisches Gegengewicht zu der potentiell verunsichernde Wirkung dieser neuen Konstruktion der Geschlechter. In Bardots Image bleiben die Widersprüche zwischen diesen Aspekten des Frauenbildes nebeneinander bestehen.

Letztendlich war es vielleicht gerade die Inkohärenz im Film und in Bardots Image, die sie weltweit enorm erfolgreich und populär werden ließ. Ohne die Fragen wirklich zu lösen oder Widersprüche zu versöhnen, berührten Film und Image verschiedene kulturelle Bedeutungsfelder, die zu der Zeit hochgradig relevant waren. Die Offenheit des Films, die vielen Themen, die er anspricht, sind wichtiger als die Lösungen, die er bietet. Genauso *ver-körpert* Bardots Starimage Widersprüche mehr als es sie auflöst. Gerade deshalb konnte es so effektiv für unterschiedliche Segmente des Massenpublikums funktionieren.

Es war auch die scheinbare Authentizität des Images, durch Bardots Privatleben unterstrichen, die die Wirkung des Stars intensivierte. In der Filmfigur Juliette verkörperte sie dieselbe Art Frau, die sie im Leben außerhalb des Studios zu *sein* schien. So war es nur konsequent, daß das prekäre Liebesverhältnis Juliette – Michel im Film durch eine reale Liebesaffäre zwischen den Darstellern Bardot und Trintignant in der Realität reproduziert wurde. In den Biographien findet man immer wieder die Behauptung der Deckungsgleichheit von Film und Leben, sie so wie d'Eckardt sie beschreibt:

> [...] so bedeuteten die Bettszenen der Hochzeitsnacht mit Trintignant für Brigittes Privatleben eine einschneidende Veränderung. Sie, die den jungen Schauspieler nicht als Partner hatte haben wollen, zog nach Beendigung der Dreharbeiten mit ihm von dannen. Zurück blieb Roger Vadim, der seinen Realismus zu weit getrieben hatte. Immer und immer wieder hatte er sein Protegé zu mehr Leidenschaft während der Kußszenen angetrieben, denn als die Kameras während dieser Szenen zu surren aufhörten, küßten sich Brigitte und Jean-Louis Trintignant auf ihrem Lager in den La Victorine-Studios von Nizza noch immer.
>
> Film und Privatleben waren Brigitte zu einer Einheit geworden, zum ersten Mal – und nicht zum letzten Mal. (1982, 76).

Angesichts der realen Arbeitsbedingungen in einem Filmstudio dürfte diese Darstellung der Küsse zu den Kinomythen gehören; es ist aber bezeichnend für BBs Image, wie diese Geschichte erzählt wird. Die Affäre mit Trintignant bildet die erste ihrer vielen kurz- und langfristigen Affären. Sie markiert auch das Ende der Ehe mit Vadim, gleichsam Bardots Ablösung von ihrem ›Schöpfer‹. Daß die Trennung sachlich und abgeklärt vor sich ging und Vadims Interesse derzeit mehr der Fertigstellung des Films als der Ehe mit Bardot galt, wird verschiedentlich berichtet. Auch hier wird ein Element eines historisch neuen Umgangs mit Liebe, Partnerschaft und Sexualität erkennbar – ein Schritt in Richtung der ›freien Liebe‹. Zugleich werden die Imagemerkmale ›Authentizität‹, ›Irrelevanz von konventioneller Moral‹ und ›sie macht, was sie will‹ bei Bardot bekräftigt. Liebe, Leidenschaft und (momentanes) Gefühl erhalten eine neue Priorität und werden höher gewertet als Anstand, die Meinung anderer oder gesellschaftliche Regeln.

Ihr Privatleben machte Bardot aber auch zur Zielscheibe scharfer Angriffe. Das Verhältnis mit Trintignant blieb noch einigermaßen von der Ausbreitung in der Öffentlichkeit verschont, aber die folgenden Liebesaffären gehörten vollständig zur außerfilmischen Imagebildung:

> [...] privat vollzog sich in Brigittes Leben zu jener Zeit [bei den Dreharbeiten zu EN CAS DE MALHEUR] so etwas Ähnliches wie jenes ›von einem Bett in das andere hüpfen‹.
>
> Sie konnte nicht ohne Mann sein, nicht ohne körperliche Liebe. Als die Trennung von Jean-Louis Trintignant vollzogen war (man hatte von Heirat gesprochen), die Scheidung von Vadim ausgesprochen war, traten gleich mehrere Männer in Brigittes Leben, woraus sich eine Affäre mit dem Sänger Sacha Distel ergab.
>
> Die Presse war überall dabei, egal ob man an der Riviera Sonnenbäder nahm, händchenhaltend durch Venedig schlenderte, aß, trank, tanzte, sich küßte, die Zeitungen waren voll von Fotos dieser Art. Die *paparazzi* [...] hatten alle Hände voll zu tun, ihre Kameras in Schußposition zu bringen. (d'Eckardt 1982, 93–95).

Diese Seite des Starruhms, die bei Bardot sehr ausgeprägt war und später den Stoff zum Film PRIVATLEBEN lieferte, macht deutlich, wie intensiv das emotionale Interesse ihrer Fans auch an der Person ›Brigitte Bardot‹ war (vgl. Anon. 1963a, 29). Der Film UND IMMER LOCKT DAS WEIB brachte den internationalen Durchbruch, aber die Starwirkung ging über die Figurendarstellung und die reine ›Leinwandpräsenz‹ hinaus. In Frankreich waren die Kassenergebnisse für den Produzenten am Anfang enttäuschend; in Großbritannien, den USA, Deutschland und sogar in Hong Kong, Tokyo und dem Mittleren Osten dagegen außergewöhnlich hoch (vgl. d'Eckardt 1982, 78–79; Haining 1984, 72; Roberts 1984, 156–159; Rihoit 1986, 221; Robinson 1994, 68–76). Die »Bardolatrie«, wie diese Starwirkung genannt wurde, wurde zu einem Phänomen, das weltweit heftige und kontroverse Reaktionen auslöste.

3.4 Vertiefung – DIE WAHRHEIT (1960, Clouzot)

In der Entwicklung von Bardots Filmkarriere und ihrem Starimage nimmt DIE WAHRHEIT aus mehreren Gründen eine zentrale Stelle ein. Der Film markiert einen vorläufigen Höhepunkt in ihrer Popularität und demonstriert zugleich die damalige Zuspitzung und Polarisierung der Meinungen über sie. Er bewirkte eine leichte Veränderung im Image, insofern er als künstlerisch ambitionierter Film und Bardot zum ersten Mal öffentlich als ernstzunehmende Schauspielerin wahrgenommen oder zumindest von den Kritikern breit und kontrovers diskutiert wurden. Auch fiel der Film mit einer kritischen Phase in der Biographie der Bardot zusammen, gekennzeichnet u. a. durch die problematische Ehe mit Jacques Charrier, die Serie von Skandalen und Szenen, die die Dreharbeiten begleiteten, die Geburt ihres Sohnes, den enormen Druck der Öffentlichkeit auf sie und schließlich durch den Selbstmordversuch an ihrem 26. Geburtstag.

Film und Rolle

Ähnlich wie in UND IMMER LOCKT DAS WEIB spielt Bardot hier wieder eine junge Frau, die aufgrund ihrer freien, amoralischen Lebensweise sowie ihrer unbändigen Liebes- und Lebenslust in Konflikt mit den bürgerlichen Moralvorstellungen gerät. Die Handlung nimmt aber einen tragischen Verlauf. Im Affekt tötet sie den geliebten, aber gefühlskalten Mann; zum Schluß bringt sie sich selbst um. Der von der Bardot verkörperten Lebensweise wird der Prozeß gemacht: Zwar soll vor Gericht der Mord aufgeklärt werden, aber eigentlich sind die Verhaltensweisen der jungen Generation angeklagt. Da unstrittig ist, daß die von Bardot gespielte Figur, Dominique, ihren Geliebten, Gilbert, getötet hat, stehen ihre Beweggründe und der Lebenswandel, der sie in diese Situation gebracht hat, im Mittelpunkt. Verhandelt wird, ob man so leben darf wie sie.

Der Prozeß - und der Film - nehmen durch den Wechsel zwischen Gerichtsverhandlung und Rückblenden die Form der schrittweisen, nachträglichen Rekonstruktion und Deutung der Lebens- und Liebesgeschichte von Dominique an. Gezeigt wird, wie sie der kleinbürgerlichen Enge ihrer Familie entflieht, mit ihrer fleißigen und begabten Schwester Annie nach Paris zieht, dort in den existentialistisch eingestellten Künstler- und Studentenkreisen in den Tag lebt und sich schließlich in den Freund ihrer Schwester verliebt. Trotz der sehr unterschiedlichen, eigentlich unverträglichen Interessen der beiden und Dominiques nicht eindeutiger Haltung zu Gilbert - sie flirtet mit ihm, hält ihn aber auch lange hin, während sie mit anderen Männern schnell Beziehungen anfängt und ebenso schnell wieder beendet - entwickelt sich eine Liebesbeziehung zwischen ihnen. Sie ist aber von Anfang an gefährdet durch Dominiques egozentrische, spontane und unzuverlässige Haltung sowie durch Gilberts extreme Eifersuchtsanfälle und seine besitzergreifende, letztlich ausbeuterische Beziehung zu ihr. Als er sie der Untreue beschuldigt, verläßt sie ihn und verfällt in Einsamkeit und Depressionen. Als sie später erfährt, daß Gilbert ihre Schwester heiraten will, sucht sie ihn wieder auf. Er schläft mit ihr, weist sie aber anschließend brutal ab. Sie will sich vor seinen Augen erschießen, tötet aber ihn im Affekt, als er sie erneut verächtlich zurückstößt und sie beleidigend anschreit. Während die Ankläger versuchen, ihr die Schuld zu geben, indem sie Dominique als faul, kokett, oberflächlich und unfähig zu lieben darstellen, zeichnet ihr Verteidiger ein völlig anderes Bild, das die Rückblenden weitgehend bestätigen. Demnach ist es Dominique, die sich nur von ihren Gefühlen leiten läßt, die eine tiefe und authentische Liebe erlebt, während

Gilbert als kalter, berechnender Egoist erscheint, der sie sexuell ausnutzt, aber fallen läßt, als es für seine Karriere opportun erscheint. Bevor das Gericht ein Urteil fällt, bringt sich Dominique in ihrer Gefängniszelle um.

Durch die Figur Dominique, deren Persönlichkeit und Lebensanschauung sich weitgehend mit dem Image der Bardot decken, und die Form des Gerichtsdramas kann der Film diesen Lebensstil direkt zur Diskussion stellen. Die Konfrontation der tradierten Grundsätze mit der Lebensauffassung von Dominique sowie der jugendlichen Subkultur, in der sie sich bewegt, faßt die damals aktuelle öffentliche Auseinandersetzung um gesellschaftliche Normen und den Verfall des alten Wertesystems zusammen. So werden die gleichen kontroversen Positionen in der Filmerzählung entwickelt, die auch die Auseinandersetzung um Bardot und das, was sie symbolisierte, in der Öffentlichkeit beherrschten. Während der Film insgesamt die Frage nach der ›Wahrheit‹ um Dominique/Brigitte offen läßt, wird durch die Verteilung der Sympathie sowie die ungleiche Gegenüberstellung zwischen der Einzelperson und ihrer subjektiven Wahrheit auf der einen Seite und dem gesamten juristischen Apparat auf der anderen bewirkt, daß die gegen sie erhobene Anklage sich umkehrt zu einer Anklage gegen ein zynisches und oft verlogenes Gesellschaftssystem.

Sowohl die Gerichtsverhandlung als auch die Liebesgeschichte drehen sich letztlich um die Frage der individuellen Wahrheit oder Authentizität – auch in dieser Hinsicht sind also die Parallelen zum Bardot-Image seit UND IMMER LOCKT DAS WEIB deutlich. Hier findet sich außerdem einer der Berührungspunkte zwischen Bardot und der existentialistischen Boheme des ›St. Germain‹, in der Dominique im Film situiert wird. Während Bardot sicherlich nicht dieser Subkultur angehörte, gab es in den zugrundeliegenden Werten doch einige Ähnlichkeiten. Das Insistieren auf Authentizität und das Recht auf individuelle Freiheit und Lust gegenüber gesellschaftlicher Normen ist in beiden Positionen zu finden, bei Bardot allerdings ohne jeglichen intellektuellen ›Ballast‹. Gemeinsam ist auch der soziale Hintergrund dieser Formen der Auflehnung gegen Konventionen: mittlere und obere Gesellschaftsschichten hatten die materielle Basis, solche Formen der Selbstverwirklichung auszuprobieren. Zeittypisch für die Nachkriegsepoche ist auch, daß dieses Auflehnen gegen alte Normen nicht politisch, sondern als Konflikt zwischen Generationen geführt wurde. Wie bereits in DAS GÄNSEBLÜMCHEN WIRD ENTBLÄTTERT und UND IMMER LOCKT DAS WEIB wird Bardot in DIE WAHRHEIT von Anfang an als moderne Tochter, die sich gegen die überkommene und heuchlerische alte Moral auflehnt, charakterisiert.

Schauspiel und Starimage

Bardot selbst schätzte DIE WAHRHEIT bereits während der Produktion sehr hoch ein und nannte ihn auch nachträglich ihren Lieblingsfilm (Robinson 1994, 112, 290) bzw. den »einzigen, in dem sie eine echte Schauspielerin« gewesen sei (French 1995, 98). Sie erläuterte: »[...] wenn es dir wirklich gelingt, das auszudrücken, woran dir besonders gelegen ist, bist du zufrieden. [...] Für ›Die Wahrheit‹ habe ich vier Monate lang gearbeitet, ohne Pause. Ich war kaputt, aber glücklich. Ja, das ist ein Film, auf den ich stolz bin.« (zit. in Sagan 1976).

Die Rolle der Dominique bedeutete keinen Bruch mit ihrem bisherigen Image, eher eine Ergänzung, wie Bardot bemerkte: »Ich liebe diesen Film besonders. [...] Ich kann mich als Schauspielerin beweisen. Für mich gibt es zwei Rollen. Eine paßt zu BB – Chachacha tanzen und so. Und dann die andere Rolle im Gerichtssaal [...]. In der ersten Rolle bin ich ganz unbeschwert – wie BB –, aber in der zweiten bin ich ganz ernst.« (zit. in Haining 1984, 101). Auch viele Kritiker konstatierten eine ›neue‹, ›andere‹ Bardot. Ihr Image war so stark mit Sex-Appeal und Frivolität identifiziert, daß eine anspruchsvolle, ernste Rolle als neu empfunden werden mußte. Besonders die Szenen im Gericht sowie das problematische und tragische Liebesverhältnis im Film gaben ihr Gelegenheiten, stärkere und tiefere Emotionen bis hin zur absoluten Verzweiflung auszudrücken.

Die Reaktionen auf diesen ›neuen‹ Aspekt waren sehr unterschiedlich. Viele Kritiker sprachen ihr weiterhin die für diese Rolle nötige schauspielerische Fähigkeit ab; für sie blieb das alte Image maßgeblich. Sie reagierten weiterhin mit (männlich überheblichem) Spott auf Bardot, die für sie »eine kesse, erotische Hexe, die besser unter die Bettdecke paßt als in eine ernsthafte Rolle« (Seuren 1961) oder eine »zur Charakterschlampe umgeschmorte Film-Nudistin« (Krüger 1961) blieb. So höhnte auch die *Neue Rheinzeitung*:

Die Wahrheit ist, daß Brigitte Bardot keine Schauspielerin ist. [...] das mimische Vermögen des Soldatenspind-Idols beschränkt sich in wahrhaft ergreifender Weise auf jenen Körperteil, der auch Schauspielern meistens zum Sitzen dient. Frankreichs Schmollmund Nr. 1 macht zwar deutlich, daß sie eine Nervensäge ist, aber die Rolle ihres Lebens – das Dilemma zwischen Sex und Liebe – vermag sie nicht glaubhaft zu machen. (Gangolf 1961).

Andere wiederum bekräftigten – oft etwas erstaunt –, daß sie diese, für sie neue Rolle glaubwürdig verkörperte: »Die Wahrheit ist: Brigitte Bardot ist eine Schauspielerin.« (Anon. 1960b). Zum Teil wurde das Gelingen aber eher dem Talent des Regisseurs Clouzot als den Fähigkeiten der Bardot zugeschrieben. So setzte sich der ›Schöpfermythos‹, der sie zuerst zur Kreation Vadims gemacht hatte, fort. Außerdem wurde behauptet, daß sie die Rolle nicht ›spiele‹, sondern ›nur‹ (mal wieder) sie selbst sei (»Man kann nicht sagen, daß Brigitte Bardot das spielt« [Th. Fü. 1961]).

Letztendlich hatte also die Darstellung der Dominique keine wesentliche Änderung zur Folge. Zudem deckte sich die Figur in vieler Hinsicht mit dem bekannten Image: konkrete Anspielungen auf Bardot und ihr Leben, die Grundzüge des dargestellten Frauentypus sowie die mimische und körperliche Darstellung stimmten weitgehend überein. Dominique ist eine Figur, die Blicke auf sich zieht, Begehren weckt und ›frei‹ lebt: kokett und fröhlich knüpft sie unverbindlich Kontakte und unterhält kumpelhafte ebenso wie leidenschaftliche Beziehungen. Der Film nutzt auch jede Gelegenheit, Bardots physische Attraktivität zu akzentuieren. Die ganze Liste Bardot-typischer Körperpräsentationen wird aufgeboten: Dominique, spärlich bedeckt, sich auf einem Bett räkelnd; ihre nackten Beine (in Nahaufnahme, den Oberkörper abschneidend); Dominique ausgelassen mit wogen-

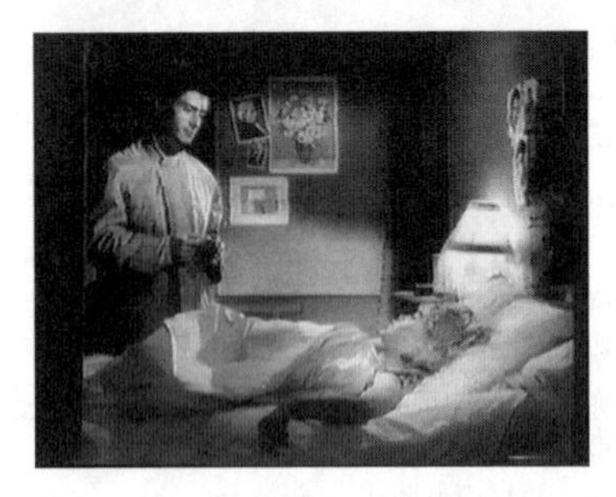

der Mähne tanzend; ihr verträumt-kindliches Gesicht (Nahaufnahme) etc. Teilweise wird ihr Körper direkt zur Schau gestellt – oft auf eine Weise, die gleichzeitig ihren Narzißmus und ihre Selbstgenügsamkeit betont, z. B. als sie nackt tanzt. In anderen Szenen werden Exhibitionismus und Voyeurismus narrativ eingebunden, indem sie sich den Blicken der Männer präsentiert.

DIE WAHRHEIT entwickelt eine differenzierte, doppelte Perspektive auf das neue Frauenbild. Einerseits vermittelt die Bardot-Figur eine Alternative zur bestehenden Gesellschaft, die die Scheinmoral der alten Generation entlarvt und anprangert. Andererseits wird aber, trotz der grundlegenden Sympathie für die Figur, der von ihr verkörperte neue Frauentypus kritisch dargestellt. Dominiques negative Eigenschaften wie Selbstsucht, Genußsucht, starke Ichbezogenheit etc. treten deutlich hervor. Sie selbst und der Lebensstil ihrer Generation werden als mitverantwortlich für ihr ›Schicksal‹ gezeigt und darüber hinaus die schwache Position der neuen Frauenrolle in der bestehenden Gesellschaft verdeutlicht:

> An Brigitte Bardots eigenen Erfahrungen, wie sie in den Medien oder in *Und immer lockt das Weib* dargestellt wurden, sah Clouzot, daß ihre persönliche sexuelle Revolution in einem Vakuum stattfand und ihre vermeintliche neue Moral von den Männern ihrer Generation nicht wirklich nachvollzogen wurde. Sie hatten nichts gegen eine kurze Affäre mit ihr einzuwenden, aber wenn es darum ging, sie zu heiraten, suchten sie eine ehrbare [...]. Diese Unterscheidung zwischen der Frau, mit der man ins Bett ging, und der, die man heiratete, entsprach ganz der althergebrachten Tradition [...]. (French 1995, 97).

So steht Bardot in diesem Film weitgehend für die gleichen Werte wie in UND IMMER LOCKT DAS WEIB, aber der Film veranschaulicht, wie diese Lebensweise nicht nur an der alten Moral und den Einstellungen der Elterngeneration scheitert, sondern auch an den menschlichen Unzulänglichkeiten der jungen Generation selbst.

Die Lebenskrisen, die Dominique/Bardot im Film erschütterten, korrelierten auch diesmal dramatisch mit der Realität. Die Dreharbeiten waren bereits von einer Reihe von Skandalen begleitet, die in der Öffentlichkeit detailliert ausgebreitet wurden. Zum Teil betrafen sie die Zusammenarbeit von Bardot und Clouzot, der als »Zuchtmeister« und »Schinder« galt (vgl. Haining 1984, 101), zum Teil rekurrierten sie auf Ereignisse aus Bardots Privatleben oder beide Bereiche wurden miteinander verquickt, etwa als die Presse Clouzot und Bardot ein Liebesverhältnis andichtete. Dabei gab auch ihre reale Situation genügend Stoff her. Bardots Ehe mit Jacques Charrier war von Anfang an problematisch, nicht zuletzt durch den Druck der Öffentlichkeit, der auf Bardot lastete. Die Beziehung zu Charrier, der neben BB in BABETTE S'EN VA-T-EN GUERRE gespielt hatte, löste ihr Verhältnis zu Sacha Distel ab. Als sie ungewollt schwanger wurde, bestand Charrier darauf, daß sie das Kind bekomme. Eine Abtreibung – in Frankreich damals illegal – stellte sich wegen Bardots Berühmtheit und der öffentlichen Aufmerksamkeit auch im Ausland als unmöglich heraus (Robinson 1994, 96–98). So kam es, daß sie und Charrier – ständig von der Presse verfolgt – am 17. Juni 1959 in einem kleinen Dorf heirateten. Hier trug sie das berühmte Hochzeitskleid aus Vichykaro, das tausendfach kopiert wurde (Roberts 1984, 188), sonst war an der von Fotographen und Fans umdrängten Heiratszeremonie aber wenig Romantisches.

Als Charrier kurz nach der Heirat in die Armee einberufen wurde, einen Nervenzusammenbruch erlitt und als untauglich entlassen wurde, gab es bereits viele negative Schlagzeilen. Bardots Schwangerschaft und die Geburt des Sohnes Nicolas wurden zum öffentlichen Ereignis. Hunderte von Photographen belagerten die Wohnung, so daß es nicht einmal möglich war, sie für die Geburt in ein Krankenhaus zu bringen. Die Sympathie, die ihr als Mutter zunächst entgegengebracht wurde, verflog, als sich herausstellte, daß sie keineswegs bereit – oder fähig – war, diese Rolle zu übernehmen, und dies auch öffentlich deklarierte: »Ich bin keine Mutter, und ich werde nie eine sein« (zit. in French 1995, 93). Das Kind wurde von Pflegerinnen und den Großeltern betreut, Bardot fing bald mit einem neuen Filmprojekt – DIE WAHRHEIT – an.

Jacques Charrier soll extrem eifersüchtig auf Bardots Filmpartner reagiert, die Filmaufnahmen gestört und schließlich Studioverbot erhalten haben. Er erlitt einen erneuten Nervenzusammenbruch und mußte zeitweilig stationär behandelt werden. Während der Dreharbeiten versuchte er zweimal, sich umzubringen (French 1995, 101). Als Clouzots herzkranke Frau ins Krankenhaus mußte, gab es Stoff genug für die Boulevardpresse, die auch ihren Teil dazu erfand. Die Reaktionen waren gemischt, aber die negativen Schlagzeilen – etwa »Eine Nervensäge mit blondem Haar: Die ›schöne Hexe‹ Brigitte Bardot treibt ihren Mann und die Frau ihres Regisseurs ins Sanatorium« (Kardorff 1960) und »Im Hintergrund Tobsuchtsanfälle und Zusammenbrüche, im Vordergrund BB – faul und kokett wie eh und je« (Anon. 1960a, 7 – Bildunterschrift) – überwogen die positiveren Aussagen wie »Nur Brigitte Bardot hält unverwüstlich stand« (Faure o. J.) und die Würdigungen ihrer schauspielerischen Leistung. Als Bardot tatsächlich eine Affäre mit ihrem Co-Star Sami Frey begann und es auf offener Straße in Paris zu einer Schlägerei zwischen ihm und Charrier kam, bot Bardots Privatleben erneut Anlaß zu Schlagzeilen.

Was genau Brigitte Bardot letztlich zum Selbstmordversuch trieb, läßt sich nicht feststellen. Wahrscheinliche Faktoren sind der Druck der Öffentlichkeit, die Hetze durch Reporter und Fotografen, die Spannungen in der Ehe, ihre Liebesaffäre mit Frey, ihre Mutterschaft sowie die psychisch und emotional sehr intensive und schwierige Arbeit am Film. Die totale Belagerung durch die Öffentlichkeit und das Gefühl, kein Privatleben, überhaupt kein eigenes Leben mehr zu besitzen, wie sie die Situation Clouzot gegenüber schilderte (Robinson 1994, 118), haben sicherlich zu ihrem Entschluß beigetragen. Vadim sah den tieferliegenden Grund in Bardots Persönlichkeit, vor allem in ihrer egoistischen und grundlegend einsamen Natur: Sie brauchte zwar den Star-Ruhm, war aber gleichzeitig unsicher und verletzlich (vgl. Robinson 1994, 123–125). Nach Abschluß der Filmarbeit war Bardot mit einer Freundin in ein winziges Dorf an der Riviera, Les Cabrolles, geflüchtet. Zunächst konnte sie dort der Presse entkommen, aber nach einigen Tagen hatten die Paparazzi sie aufgespürt. Am 28. September 1960, ihrem 26. Geburtstag, nahm Bardot eine Überdosis Schlaftabletten und schnitt sich die Pulsadern auf. Sie wurde gerade noch rechtzeitig gefunden und ins Krankenhaus gebracht.

Die öffentliche Reaktion auf den Selbstmordversuch war wie alles, was mit BB zusammenhing, sehr zwiespältig. Fans, vor allem junge Frauen, schickten Briefe und Blumen, pilgerten zum Ort, wo sie gefunden worden war, und warteten vor dem Krankenhaus auf sie. Ebenso gab es auch haßerfüllte Briefe, und die Presse stellte Vermutungen an, das ganze sei nur ein Publicitytrick (Robinson 1994, 121–126; Roberts 1984, 215)). Der Selbstmordversuch brachte ihr einerseits Sympathie, da sie als Opfer der Presse gesehen wurde, und andererseits scharfe Kritik von konservativer und vor allem katholischer Seite, die ihren Schritt als Sünde brandmarkten (French 1995, 101). Bereits während der Dreharbeiten hatte sich Bardot in einer Mitteilung an die Öffentlichkeit gewandt:

> Ich bin eine Frau wie jede andere [...]. Aber ich kann kaum noch leben. Ich habe keine eigene Seele mehr. Es erschrickt mich, ein Star zu sein; es ist wie der Fluch des Zauberlehrlings. Ich kann nicht leben, wie ich will. Ich lebe nur im Verborgenen. Wenn ich meine Wohnung lüften will, kann ich nicht das Fenster aufmachen, weil ein Fotograf mit Teleobjektiv auf dem Dach sitzt. (zit. nach Haining 1984, 105, vgl. 101).

Direkt nach dem Selbstmordversuch appellierten der behandelnde Arzt und Bardots Mutter an die Presse, sie in Ruhe zu lassen. Offensichtlich schien das auch den Medien opportun, denn es folgte eine relativ ruhige Zeit für Bardot (Haining 1984, 109).

Durch die Serie von Skandalen mit und rund um Bardot war der Film bereits vor seinem Erscheinen in aller Munde. Und nach seinem Erscheinen wurde er zum Teil als ein Film über Bardot wahrgenommen: DIE WAHRHEIT als »Die Wahrheit über Brigitte« (K. S. 1960; vgl. Holetz 1960). Auch bei der Vermarktung des Films wurde gezielt auf die Parallelen zu BBs Leben angespielt: so konzentriert sich die Mehrheit der Aussagen im Programmheft *Die Wahrheit (Das neue Filmprogramm)* auf Bardot und ihre Männerbeziehungen, nicht auf den Inhalt des Films, und es heißt dort unter der Rubrik »Weltberühmter Star-Steckbrief«:

> Ob nach Brigitte Bardots mißglücktem Selbstmordversuch und der immer noch andauernden räumlichen Trennung von ihrem Mann, die Sechsundzwanzigjährige die Geister der Publicity und des Ehrgeizes [...] endgültig in halbwegs erträglichen Schranken zurückzuweisen lernt, bleibt abzuwarten. [...] Aus den Scherben ihres persönlichen Lebens stand eine blonde junge Frau von herber, verzweifelter Schönheit auf: Brigitte, wie wir sie in Clouzots neuestem Film ›Die Wahrheit‹ sehen und erleben werden.

Bedeutete UND IMMER LOCKT DAS WEIB den Durchbruch der Bardot, steht DIE WAHRHEIT für eine Phase, in der ihr Status als etablierter, aber in der Wertung sehr stark umstrittener Weltstar vorherrscht. Durch die vorangegangenen Filme war sie als Sexstar bereits oben angelangt, so daß sie nun ihr Image erweitern und modifizieren konnte, wie hier durch den Versuch, sich auch als dramatische Schauspielerin durchzusetzen oder kurz vorher in dem patriotischen Film BABETTE S'EN VA-T-EN GUERRE, in dem sie ohne Nacktszene auftrat und somit auch von einem jüngeren Publikum gesehen werden konnte. Die öffentliche Präsentation ihres Privatlebens, die sie nach wie vor auf Sexualität, Skandal und dem Kind-Weib-Image festlegte, wirkte aber solchen Versuchen, ein positives Image auch bei einem breiteren Publikum aufzubauen, entgegen. Ihre Bemühungen, durch Heirat, Mutterschaft und die Darstellung eines bürgerlichen und häuslichen Lebens ihr Erscheinungsbild zu ›normalisieren‹, hatten nur kurzen Erfolg. Sobald es wieder Berichte über das Scheitern ihrer Ehe, die Unfähigkeit als Mutter, ihre Affären und die sonstigen Skandale um DIE WAHRHEIT gab, wurde ihr früheres Image wieder verstärkt. Diejenigen, die sie ablehnten, sahen sie nun eher noch negativer.

Zu dieser Zeit war sie, vielleicht gerade wegen dieser starken Polarisierung, einer der berühmtesten Filmstars und gehörte weltweit zu den bekanntesten Persönlichkeiten. Sie bekam Unmengen von Zuschriften – Beschimpfungen wie Fanpost. Ende der fünfziger Jahre waren es zwischen 300 und 900 Briefe täglich (Robinson 1994, 72). Die französische Filmzeitschrift *Cinémonde* schätzte, daß bis dahin weltweit etwa 30 000 Fotos von ihr veröffentlicht worden waren (Robinson 1994, 107). Aufgrund der Häufigkeit ihrer Erwähnung in französischen Zeitungen stellte eine andere Zeitschrift fest, daß sie neben de Gaulle die bekannteste Person Frankreichs sei (s. Kuhn 1993, 52).

Ihre Popularität, aber auch die heftigen Kontroversen um sie, zeigen, daß Bardot als öffentliche Repräsentation von kulturellen Widersprüchen und Wandlungsprozessen um 1955–60 auf der Höhe der Zeit war. Die Eigenschaften ihres Images waren seit UND IMMER LOCKT DAS WEIB weitgehend konstant geblieben. Mit DIE WAHRHEIT kam seitens einiger Kritiker die Würdigung als Schauspielerin hinzu, zur gleichen Zeit als die Öffentlichkeit ihre ›private‹ Lebensweise heftig angriff. Neu war auch, daß sie in diesem Film die Rolle eines Opfers ihrer Umwelt spielte (hier noch als Filmfigur; kurz später in PRIVATLEBEN als Figur und der Star BB zugleich). Die wichtigsten Veränderungen in dieser Phase waren vielleicht ihr Status als inzwischen anerkannter Weltstar sowie die daraus folgenden Konsequenzen: der Versuch, ihr Image seriöser zu machen, die Auswirkungen der Publicity und die extrem polarisierten Reaktionen, die sie provozierte. Hier kann man auch den Übergang zur nächsten Phase erkennen: im Film ist Bardot bereits immer auch der Star ›Bardot‹ und nicht nur die Figur oder irgendein Sexsymbol.

3.5 BB als etablierte kulturelle Ikone – Ironie und Spiegelungen des Starimages

Als Star und kulturelle Ikone ließ sich Bardot nicht nur in Filmen und in den Klatschkolumnen der Presse bestens verwerten, sondern bot auch einen Ausgangspunkt für kritisch intendierte Reflexionen über die Massenkultur und das Starphänomen. In diesem Sinne haben Regisseure der *nouvelle vague*, Louis Malle und Jean-Luc Godard, die Bardot in ihren Filmen verwendet. Es ging ihnen nicht so sehr um die Kongruenz von Image und Rolle, sondern eher darum, das überall bekannte Image Bardots als Folie für selbstreflexive cinematische Überlegungen über Stars, Images und das Kino zu benutzen. Die Richtungen, die die beiden Filmemacher dabei einschlagen, sind sehr unterschiedlich; gemeinsam aber ist, daß sie Bardot bewußt als *Star* einsetzen, so daß sie selbst als Filmstar, als Repräsentantin eines Frauentypus und als Objekt der öffentlichen Sehnsucht und Phantasie erscheint. Diese Filme fielen in eine Zeit, in der Bardot öffentlich überlegte, sich vom Film zurückzuziehen - vor allem, um die Kontrolle über ihr eigenes Leben wiederzugewinnen. Gerade diese künstlerisch anspruchsvolleren, oder qualitativ ›wertvolleren‹ Filme schienen ihr aber eine Gelegenheit zu bieten, ihr Image gezielt zu verändern. Allerdings zerschlug sich diese Hoffnung: die Filme hatten wenig Einfluß auf ihr öffentliches Image, und ›BB‹ blieb weiterhin Gegenstand einer extremen öffentlichen Neugier.

Im Film PRIVATLEBEN (1961, Malle) wird das Starimage direkt thematisiert. Neben den Grundzügen ihres Typus und ihrer Karriere sind viele Einzelheiten aus Bardots Leben in den Film eingeflochten. Große Teile der Handlung - der ganze zweite Erzählstrang um die Liebesbeziehung zum Theaterregisseur - sind zwar fiktiv, dennoch wurde der Film intendiert und auch rezipiert als Darstellung ihres Lebens als Star. Zunächst war geplant, die Noël Coward-Komödie *Private Lives* mit Bardot zu verfilmen; im Gespräch zwischen Malle, Bardot, dem Drehbuchautor Rappeneau und der Produzentin Christine Gouze-Rénal, entstand dann die Idee, einen Film nicht nur mit, sondern über Bardot zu machen:

> So fingen wir denn an, alles verfügbare Material über unsere Heldin zusammenzutragen, in der Vorstellung, wir könnten einen Film machen, in dem die ganzen soziologischen und psychologischen Gründe für die Entstehung des Bardot-Mythus [sic] bis ins einzelne ihre Erklärung finden sollten ... bis wir nach einiger Zeit erkannten, daß alle Erklärungen unbefriedigend blieben. So haben wir uns denn entschlossen, nichts zu erklären, sondern einfach darzustellen, um was es sich handelt, d. h. Brigitte Bardot in dramatischen Situationen zu zeigen, die ihrer eigenen Existenz verwandt sind, und sie in ihren Reaktionen zu beobachten. (Rappeneau 1962, 3).

Die Handlung orientiert sich zum Teil an Bardots Leben: Eine junge Frau, Jill, wächst in gutsituierten Verhältnissen auf, studiert Tanz, wird Fotomodell, kommt zum Film und wird zu einem großen Star und Sexsymbol, imitiert von jungen Frauen und verfolgt von Fans und Fotografen. Darüber hinaus sind deutliche Parallelen zwischen Bardot und ihrer Filmfigur etwa im Verhältnis zwischen dem Star und der Öffentlichkeit zu finden. Das erste Drittel des Films rekonstruiert chronologisch den Aufstieg zum Star. Im weiteren Handlungsverlauf werden Situation und Wirkung der Bardot zugespitzt in der Fiktion einer Beziehung zwischen Jill und ihrem Geliebten Fabio (Marcello Mastroianni), die durch unterschiedliche Lebensauffassungen, vor allem aber durch den Druck der Öffentlichkeit gefährdet und zerstört wird. Der Star ist Kreation und zugleich Opfer der Publicity, die jegliches ›Privatleben‹ unmöglich macht.

Hierin und indem der Film die Überwucherung des Images über die reale Person zeigt, versucht er, eine kritische Perspektive auf das Starphänomen und die mediale Öffentlichkeit zu entwickeln. Filmisch wird dies angestrebt durch die Distanz zum Objekt - das Innenleben der Figur wird nur angedeutet, nicht erklärt - sowie durch formale Verfremdungsmerkmale wie Abblenden, sprunghafte Übergänge, Standbilder (freeze-frames), nicht synchronen Ton und eine Erzählerstimme aus dem Off. Diese Verfahren werden aber nicht konsequent angewendet, und die ästhetische Präsentation des Stars ›BB‹ sowie die letztlich doch konventionelle Liebesgeschichte nehmen einen großen Teil des Films ein.

Die Koppelung des Bardot-Images mit der Darstellung einer dramatischen Figur hatte bereits Clouzot effektiv vorgeführt, und die wesentlichen Eigenschaften und Attribute des Stars waren schon immer in den fiktionalen Figuren zu finden; neu in PRIVATLEBEN sind nur die direkte Spiegelung des Stars und die Begründung des tragischen Scheiterns der Figur nicht durch ihre persönlichen Eigenschaften als vielmehr durch die äußeren Lebensumstände. Versinnbildlicht wird dies im letzten Teil des Films, als Jill unmittelbar zur Gefangenen ihres Ruhms wird. Die Belagerung durch Paparazzi und Fans macht es ihr unmöglich, ihr tristes Hotelzimmer zu verlassen. Als sie versucht, die Premiere des Theaterstücks ihres Liebhabers beim Festival in Spoleto wenigstens vom Dach ihres Hotels aus zu verfolgen, wird sie vom Fotografen entdeckt und – von seinem Blitzlicht geblendet – ›abgeschossen‹.

So richtet sich der Film von Anfang bis zum Ende auf die Funktion des Stars in der Öffentlichkeit, nicht so sehr auf das Starimage selbst und noch weniger auf das, was der Filmtitel zu versprechen schien: das eigentliche Privatleben Bardots. Er zeigt insofern wenig Neues, zitiert vielmehr die bereits bekannten Imagemerkmale, Ereignisse und Anekdoten über Bardot. Malle und der Drehbuchautor Rappeneau erkannten die Vergeblichkeit, die Bardot-Legende *erklären* zu wollen, und begnügten sich damit, sie zu *zeigen*. Der Film bekam trotz seiner offensichtlichen Fiktionalität eine quasi-dokumentarische Qualität, die der narrativen Handlung entgegenwirkte und die Aufmerksamkeit auf den Star Bardot lenkte. Rappeneau erklärte:

> Comme toutes les explications qu'on donnait étaient à la fois bonnes et mauvaises, on a décidé de ne rien expliquer, mais plus simplement de montrer. On s'est dit: ›On va la filmer, on va tourner autour d'elle, on va écrire des situations aussi proches d'elle que possible.‹ L'idée de raconter sa vie, vraiment, c'était idiot. On a laissé ça au second plan. Ce qui devenait intéressant, c'était elle, uniquement elle, la manière dont elle marche, dont elle se couche, dont elle mange, pleure ou rit ... (zit. in Rihoit 1986, 290).

Dieser Effekt wurde weiter unterstützt durch die – weitgehend auf Improvisation basierende – Arbeitsweise am Set:

> Une grande part est réservée à l'improvisation lors du tournage. En souhaitant que Brigitte remplisse elle-même les ›blancs‹ avec ses propres mots, ses propres gestes, Malle reprend la technique utilisée par Vadim, qui a l'habitude de faire collaborer Brigitte aux dialogues. [...]
>
> ›Nous avons essayé de jouer le jeu et ce jeu, c'est Brigitte en partie qui le guidait, affirme Malle. J'ai beaucoup improvisé. C'est même le film où j'ai le plus improvisé et je n'aime pas beaucoup cela. C'est trop fatigant pour les nerfs.‹ (Rihoit 1986, 291).

Die Frage, ob der Film das ›Wesen‹ der Bardot oder sogar »eine Art ideal Bardot [...], wie sie sein sollte und wie sie selbst zu sein glaubt« zeigt, wie Malle behauptete (Haining 1984, 112–113), oder ob er und der Film nicht vielmehr der Faszination des Mythos verfallen (Rihoit 1986, 291), kann hier offen bleiben. Jedenfalls zielte der Film auf die Vermittlung eines ›authentischen‹ Bildes vom Star. Die realen Massenaufläufe, die ihre öffentlichen Auftritte begleiteten, wurden im Film nachgespielt, wobei es zu einem ähnlichen Tumult unter den Statisten kam und Bardot unter dem Andrang ohnmächtig zusammenbrach (Meldung in *Der Spiegel*,

Nr. 33, 1961, 62; vgl. Robinson 1994, 129). Während der Dreharbeiten soll es mehrfach zu bösartigen und zotenhaften Reaktionen von Passanten gekommen sein: »Was sich bei den Außenaufnahmen zu diesem Film in Genf, Paris und Spoleto zutrug, entsprach mitunter peinlich genau den Filmszenen.« (Anon. 1962a, 85). Teilweise übertraf die Realität die Schilderung im Film. Beispielsweise mußten die Außenaufnahmen für die DIE VERFÜHRERIN abgebrochen und der Film im französischen Studio fertiggestellt werden, weil die Fans und Fotografen die Filmarbeit unmöglich machten. Auch die Aggressivität mancher Reaktionen auf BB wurde in PRIVATLEBEN eher heruntergespielt. Die Szene im Fahrstuhl, als eine Putzfrau Jill erkennt und sie verbal angreift, basiert zwar auf einem wirklichen Ereignis aus Bardots Leben, aber:

›Wir haben diese Szene abschwächen müssen‹, bekannte Regisseur Malle später. ›Die Schimpfworte, die in Wirklichkeit gebraucht wurden, wären uns von der Zensur gestrichen worden. Und den Versuch der Frau, Brigitte Bardot die Augen auszustechen, hätte uns das Publikum nicht abgekauft.‹ (Anon. 1962a, 84).

Der Haß, den sie hervorrief, war stets die Kehrseite ihrer Popularität (vgl. Rihoit 1986, 302ff.). In seinem Film zeigt Malle jedoch, wie sehr auch das ›positive‹ Interesse der Fans und der Presse einem Angriff auf ihr Privatleben gleichkam. Daß der Film kein Kassenschlager wurde – French spricht etwas übertrieben von einem »Riesenflop« (108) –, mag zum Teil daran gelegen haben, daß er mit der negativen Darstellung der Öffentlichkeit auch das eigene Publikum brüskierte (vgl. Rihoit 1986, 299; Roberts 1984, 228). Darüber hinaus war die Zusammenarbeit von Bardot und ihrem Co-Star Mastroianni, aus welchen Gründen auch immer – die Presse suggerierte u. a. Rivalität, gegenseitige Mißachtung oder eine begründet kritische Haltung seitens Mastroiannis – wohl wenig erfreulich, was sich sichtbar in vielen Szenen auswirkte und die Glaubwürdigkeit der Liebesgeschichte minderte. Weitaus wichtiger war aber, daß der Film nicht den Erwartungen an einen Film über BBs Privatleben erfüllte. So stellte Ponkie (1962) fest:

Der Enthüllertitel ist natürlich für die Mehrzahl des BB-Publikums ein horrendes Trugbild. Denn Louis Malle ist nicht Roger Vadim, und er sieht infolgedessen das Privatleben der Brigitte Bardot [...] nicht gar so ›ganz privat‹ als vielmehr durch ein sozialkritisches Filterglas. [...] Die Leute sehen, was sie sehen wollen (daß sie's freilich anders sehen wollen, läßt sich an den ermüdeten Mienen der das Kino verlassenden Herren mühelos ablesen).

Nicht nur das Publikum, auch die Kritiker reagierten häufig ablehnend oder zwiespältig, weil sie fanden, der Film gehe zu wenig kritisch mit Bardot um. »Regisseur Louis Malle aber, einer der jungen genialen Filmschöpfer, erlag selbst diesem BB-Mythos. [...] Ein Jammer, daß Louis Malle sich in diese Geschichte so unkritisch engagiert, so tierisch ernst verrannt hat [...]« (Krüger 1962). »[...] das kindisch-einfältige Leben der Bardot akkurat zum Inhalt eines Films zu machen, ihre innere Leere und ihre primitiven Gefühlsäußerungen farbig auf der Leinwand auszubreiten, ist weder originell noch stellt es eine Offenbarung dar. Vielmehr trägt es dazu bei, den Bardotkult zu festigen und ihm einen Gloriolenschein zu geben« (bo. 1962). Auch Kritiker, die die Intention des Films positiv einschätzten, stellten seine kritische Wirkung in Frage:

›Privatleben‹ ist zwar ein Film über und mit Brigitte Bardot, aber ist kein Bardot-Film. Jenes Publikum, das nur Sex, garniert mit süßem Schmollmund, erwartet, wird enttäuscht sein.

[...] schließlich ist nicht zu übersehen, daß Louis Malle, der das landläufige Bardotbild zerstört, eben damit einen neuen Brigitte-Bardot-Mythos schafft: das Bild vom armen schönen Opfer der sensationslüsternen Masse. (kub 1962).

Der Film versucht, Bardots Image umzudeuten. Sehnsucht nach romantischer Liebe, Einsamkeit, Widersprüchlichkeit und sogar innere Zerrissenheit sollen ihre wahren Charaktereigenschaften sein. Die Rolle in einem Film mit künstlerischem Anspruch hätte auch ihren Ruf als Schauspielerin unterstützen können. Dennoch bewirkte PRIVATLEBEN offenbar keine wesentliche Veränderung im Image. Die Übereinstimmung zwischen Leinwand- und Privatimage wurde vielmehr wieder bestätigt, und Bardot blieb in der allgemeinen Wahrnehmung nach wie vor hauptsächlich ein Sexsymbol: »Louis Malle bleibt sehr an der Oberfläche. Aber erstens lohnt sich das hier, und zweitens war es ja nicht ihr Innenleben, das Brigitte Bardot berühmt gemacht hat« (Roos 1962). Auch nach diesem Film konnte ihr Image folgendermaßen zusammengefaßt werden:

BRIGITTE BARDOT ist eine 27jährige Französin mit langen Beinen, eckigen Knien, schmalen Hüften, festen Brüsten, aufgeworfenen Lippen, kurzer Nase und ungekämmtem Haar. Sie läßt sich in Jeans und Pulli, in Schlüpfer und Büstenhalter und auch nackt fotografieren – und verdient damit sehr viel Geld:

Sie ist die erfolgreichste Entkleidungskünstlerin der Welt.

Sie hat sich zwar noch nicht so oft vermählt wie Elizabeth Taylor; doch die Spanner wissen zu berichten, daß sie sich die Burschen schon nahm, wie ihr die Lust nach ihnen stand; und die hitzigen Sehnsüchte entfachten Nervenzusammenbrüche, Weinkrämpfe, verursachten Tablettenfraß. (Krüger 1962).

Ihr nächster und sehr erfolgreicher Film, DAS RUHEKISSEN (LE REPOS DU GUERRIER, 1962), wieder unter der Regie von Vadim, kehrte eher zu ihrem alten Image zurück und präsentierte sie wieder in Nacktaufnahmen. Bardot gab bereits vorher bekannt, daß dies ihr letzter Film sein würde. Es blieb zwar nicht dabei, aber die weiteren Filme der ersten Hälfte der sechziger Jahre waren schon eher Versuche, sie in niveauvolleren Rollen zu zeigen.

Für ihr Image war zunächst – zumindest in Frankreich – ein politisches Ereignis wichtiger. Wie viele Personen der französischen Öffentlichkeit bekam auch sie 1961 einen erpresserischen Drohbrief der rechtsgerichteten O. A. S. Anders als die meisten Betroffenen wandte sich Bardot mit einem offenen Brief an die Öffentlichkeit, in dem sie entschlossen proklamierte: »Ich mache nicht mit.« (Vossen 1962). Diese mutige Stellungnahme brachte ihr große Sympathie der französischen Bevölkerung ein, die sie durch einen Fernsehauftritt in der Neujahrsshow weiter steigern konnte.

Ihr Privatleben gab mit der Scheidung von Charrier, mit den Beziehungen zu Sami Frey und danach zu dem brasilianischen Geschäftsmann Bob Zaguri, später durch die Ehe mit Gunter Sachs sowie mit ›alltäglichen‹ Ereignissen aus einem Starleben weiterhin ausreichend Stoff für die Klatschpresse. Zugleich zeichnete sich eine Verschiebung im Image von unkonventioneller Jugendlichkeit hin zum ›Jet-set‹ und Luxusleben ab. St. Tropez stand schon längst nicht mehr für den Lebensstil des Fischerdorfs in UND IMMER LOCKT DAS WEIB, und Bardot hatte nur noch begrenzte Ähnlichkeiten mit Juliette. Im Lauf der sechziger Jahre verändert sich auch die gesellschaftliche Bewertung der Bardot. Was bei ihr skandalös gewirkt hatte, wurde allmählich akzeptiert bzw. toleriert. Konnte sie in den fünfziger Jahren noch im Bikini in Cannes für Aufsehen sorgen, zeigten sich in den Sechzigern manche Starlets hier bereits ›oben ohne‹ oder sogar nackt. Die allgemeinen Moralvorstellungen begannen zunehmend aufzuweichen, so daß vieles - auch an Bardots Lebensweise - kaum mehr einen Skandal provozieren konnte.

Bardots Rückzug aus dem Filmgeschäft wurde mit DIE VERACHTUNG (1963, Godard) bald wieder beendet. Der Film gab ›BB‹ Gelegenheit, in einer komplexen und vielschichtigen Handlung zu spielen. Bardot ist die Frau eines Autors (gespielt von Michel Piccoli), der gegen seine eigene Überzeugung einen Drehbuchauftrag von einem zynischen, ausschließlich kommerziell interessierten amerikanischen Produzenten übernimmt. Dabei verliert er nicht nur seine Selbstachtung, sondern zieht auch die Verachtung seiner Frau auf sich, da er sie in die Arme des Produzenten zu drängen scheint. Der Film thematisiert die kommunikative Unfähigkeit der Menschen durch seine ironische Erzählweise, visuelle Heterogenität und Vielschichtigkeit der Musik und den (mehrsprachigen) Dialogen genauso wie durch die Handlung und Figuren. Zugleich ist der Film eine Reflexion über das Filmemachen und eine Satire über seine eigene Entstehung. Denn Godard war von dem Produzenten Joseph E. Levine engagiert worden, der in dem innovativen, künstlerischen Kino der *nouvelle vague* ein Geschäft witterte, um eine große Produktion mit Stars wie Bardot zu drehen. Godard nutzte die Gelegenheit, durch die von Jack Palance gespielte Figur des Produzenten eine bissige Karikatur des amerikanischen Filmgeschäfts zu zeichnen. Zwar entsprach Godard formal den vertraglichen Bedingungen, die z. B. Nacktszenen mit Bardot vorschrieben, unterlief sie aber durch die Gestaltung des Films:

> Dies wird bereits in der Anfangssequenz deutlich, in der die Bardot nackt und bäuchlings auf dem Bett liegt und Piccoli fragt, ob er ihre Füße mag, ihre Schenkel, ihren Rücken, ihre Brüste und so weiter - wobei ihr Körper, diese Maschine der Begierde, in seine Bestandteile zerlegt und Stück für Stück begutachtet wird. Godard entspricht einerseits den Forderungen Levines, gleichzeitig untergräbt er sie jedoch auch kritisch. Ständig sehen wir die Bardot, wie wir sie aus ihren anderen Filmen kennen: in der Badewanne, nur mit einem Handtuch bekleidet herumschlendernd, beim Sonnenbaden oder nackt im Meer schwimmend. Und doch irritiert uns in all diesen Szenen Godards distanzierende Technik langer Einstellungen und ungewohnter Perspektiven. (French 1995, 123).

Godard setzt Bardot als Star ein, um mit ihrem Image verfremdend zu spielen. Nicht aber wie Malle, um das Starphänomen selbst zu zeigen oder für Bardots Privatleben zu plädieren, sondern um die Unwirklichkeit des Starimages in den Vordergrund zu rücken. Die Bardot-Figur wird nur äußerlich gezeigt; ihre Gedanken, Gefühle und Motivation bleiben unerklärt und rätselhaft. Als Figur, Schauspielerin und Star fungiert Bardot hier als ein Chiffre, eine leere Oberfläche, auf die das Publikum vergeblich seine Erwartungen zu projizieren versucht. Die Fiktionalität des Stars und des Films selbst wird reflektiert.

Bardots Darstellung in DIE VERACHTUNG war schauspielerisch beachtenswert, aber ohne besonderen Einfluß auf ihr Starimage. Wichtig war vielleicht nur, daß sie überhaupt in solchen ›intellektuellen‹ Filmen auftrat. BB zelebrierte sich als

Schauspielerin der *nouvelle vague* (»›Chic, je rejoins la Nouvelle Vague‹, dit-elle.« [Rihoit, 318]), blieb aber für ihr Publikum und die Öffentlichkeit weiterhin hauptsächlich als Sexsymbol und Sensationsobjekt interessant. Der Film wurde höchstens als Versuch eines inzwischen altersbedingt notwendigen Imagewandels wahrgenommen: »Sie soll endlich erwachsen wirken. Sie ist schließlich 28, seit drei Jahren Mutter, hat zwei Scheidungen und einen Selbstmordversuch hinter sich.« (Anon. 1963b, 15).

Daß Bardot aber noch 1965 als Publikumsmagnet wirken konnte, bewies der in Europa sehr erfolgreiche Film VIVA MARIA!, wieder unter der Regie von Louis Malle - ein Film, der als Satire und Genreparodie funktionierte und Bardot als Star nicht nur kritisch einsetzte, sondern auch publikumsnah ihr Talent als komische Schauspielerin betonte. Die für einen französischen Film sehr teure und aufwendige Produktion - mit langen Außenaufnahmen in Mexiko, zwei großen Stars und vielen Statisten - wurde von vornherein zusammen mit dem internationalen Verleiher United Artists als populärer und exportfähiger Film konzipiert und entsprechend vermarktet (vgl. Potonet o. J.; Patalas 1966). Zentral für die Wirkung des Films war sicherlich, daß Bardot dieses Mal mit einer zweiten Hauptdarstellerin, Jeanne Moreau, zusammen auftrat. Der Film lebt von den Kontrasten zwischen ihren Rollen und ihren stark differierenden, aber gleichermaßen sehr bekannten Images: Bardot als Sexbombe und Kind-Weib mit noch immer mädchenhafter Schönheit gegenüber Moreau als der großen Schauspielerin der Comédie Française und der Filme mit Malle und Truffaut, von eher erwachsener, spröder Schönheit. Jedoch zeigen sie auch grundlegende Ähnlichkeiten: »Elles ont en commun quelques traits de la femme moderne ou du mythe de la femme moderne; supériorité sur l'homme, goût de l'action, désinvolture, liberté de mœurs« (Potonet o. J.). Der Film ist um die komplementären Eigenschaften beider Stars strukturiert, die sich dabei gegenseitig beeinflussen, so z. B. in der Szene um die ›zufällige‹ Erfindung des Striptease, im unterschiedlichen Umgang mit Liebe und Sex und später als Revolutionsführerinnen. Ihre bekannten Images bilden die Basis für die teilweise (selbst-)ironische Entwicklung der Figuren, etwa wenn Bardot sich vom völlig unerfahrenen und unwissenden Wildfang wandelt und erst durch Anregung der Moreau-Figur zu ihrer ›richtigen‹ Identität als freizügige ›Nymphomanin‹ findet, daraufhin gleich drei Männer auf einmal ›verspeist‹ und eine Strichliste über ihre ›Eroberungen‹ führt. Umgekehrt scheint Moreau als Varietésängerin zunächst gegen ihren Typ besetzt zu sein, bis die eher in sich gekehrte Figur ihre etwas rätselhafte Seite stärker zum Vorschein bringt. Obwohl die Unterschiede der beiden Figuren beibehalten werden, erfüllen sie als weibliche Protagonisten - in Umkehr der konventionellen ›Buddy‹-Figurenkonstellation des Westerns - eine parodistische Funktion in bezug aufs Genre und eine satirische in bezug auf die traditionellen Geschlechterrollen.

In der Presse wie in den Bardot-Biographien wurde viel über die angebliche oder wirkliche Rivalität der beiden Schauspielerinnen berichtet, wobei die verschiedenen Versionen so stark divergieren, daß es unmöglich ist, irgendeine als wahr zu nehmen. Von weiblichen Stars wird offenbar erwartet, daß sie mit Neid, Eifersucht und Konkurrenz aufeinander reagieren. Auch wird dadurch die eine oder andere Version der Bardot unterstrichen: entweder ihr Egoismus, ihre fehlende Kooperationsfähigkeit, ihre Faulheit und Launenhaftigkeit oder aber ihr eher zurückhaltendes, bescheidenes, privates Wesen.

Das Aufsplitten der Eigenschaften der ›neuen Frau‹ zwischen zwei Schauspielerinnen setzte sich in weiteren Bardot-Filmen fort, so in PETROLEUM-MIEZEN (LES PÉTROLEUSES, 1971), ebenfalls eine Westernparodie, in der ›BB‹ und ›CC‹ (Claudia Cardinale) sich als Rivalinnen gegenüberstehen. Gleichzeitig läßt sich hier aber eine weitere Verschiebung im Starimage feststellen: nicht mehr Bardot, sondern Cardinale, die der auf Bardot folgenden Generation der neuen ›Sexgöttinen‹ angehörte, spielt die vordergründig erotischere Figur. Der von Bardot geprägte Rollentypus war Anfang der siebziger Jahre bereits von verschiedenen Schauspielerinnen übernommen worden, während sie selbst zunehmend an Bedeutung verlor.

VIVA MARIA! (1965) ist als Westernparodie – auf VIVA ZAPATA! (1952, Kazan), Filme von Buñuel, Eisenstein, Clair und sogar Malle selbst – sowie als Zeitsatire der sechziger Jahre durchaus bemerkenswert. In Hinblick auf Brigitte Bardot ist er vor allem als ihr letzter sehr erfolgreicher Film und als selbstironisches Spiel mit ihrem Image von Bedeutung. Viele der Gags haben heute zwar ihre Wirkung verloren, aber die Qualität des Films als Starvehikel für Bardot ist noch gut zu erkennen, vor allem im Vergleich zu den meist sehr schwachen Filmen, die sie danach drehte. Im nachhinein zeigt er sich als Wendepunkt in ihrer Starkarriere; ihr Image war bereits ironisch zitierbar, funktionierte aber noch, obwohl der skandalöse Charakter inzwischen größtenteils verlorengegangen war. Auch ihre große öffentliche Anziehungskraft war weitgehend ungebrochen, wie die anschließende Promotionsreise durch Amerika demonstrierte. Ihr Auftritt löste wie zuvor Massenaufläufe aus, und ihre Art, bei Pressekonferenzen und in Interviews witzig und schlagfertig mit Anspielungen auf ihr Image zu reagieren, kam sehr gut an (vgl. Roberts 1984, 250–252; Robinson 1994, 146–151).

Gleichzeitig mit dem Film VIVA MARIA! machte sich in Bardots außerfilmischem Image eine Veränderung bemerkbar: Insbesondere im Zusammenhang mit ihrem dreißigsten Geburtstag wurde ihr Alter zum ersten Mal zum Thema. Zwar war der Kindfrau-Aspekt ihrer Rollen schon länger in den Hintergrund getreten, aber Jugendlichkeit war noch ein wesentlicher Teil ihres Images geblieben. Jetzt eröffnete sich die Perspektive auf ihr Altern und den notwendigerweise daraus folgenden Funktionswandel. So stellte die Illustrierte *Quick* unter der Schlagzeile »Ich möchte niemals sechzig sein. In den Augen des Sex-Stars Brigitte Bardot ist eine erste Spur von Angst« u. a. die Frage nach dem Ende ihrer Karriere: »Frankreichs gehetztes Sex-Kätzchen ist heute 30 Jahre alt. 14 Jahre lang hat BB ›ewige‹ Jugend vorgelebt. 14 Jahre lang hat sie Film um Film gedreht, ohne je erwachsen zu werden. Wie lange noch kann Brigitte ›die‹ Brigitte spielen?« (Anon. 1965).

Die Frage blieb offen, und mit dem Erfolg von VIVA MARIA! schien sie noch nicht akut zu sein, aber es deutet sich an, daß sie in Zukunft wichtiger werden sollte. Vor allem mit den kulturellen Veränderungen der sechziger Jahre war eine Verschiebung in ihrem Image zu spüren: auch wenn sie in VIVA MARIA! halb-ironisch zur Revolutionärin stilisiert wurde, war die Zeit, in der sie eine jugendliche Rebellin repräsentierte, schon vorbei. Das, wofür sie stand, war inzwischen weitgehend etabliert, und die Forderungen der neuen Generation der Jugendlichen gingen weiter und in andere Richtungen als Bardot. Auch in der Mode war sie nicht mehr innovativ, sondern sie popularisierte und »verbürgerlichte« neue Trends durch ihre Bekanntheit (Kuhn 1993, 58–61). Sie war ein etablierter, wohlhabender Filmstar geworden, der eher mit dem reichen ›Jet-set‹ als mit der ›aufsässigen‹ Jugend assoziiert wurde. Ihre Heirat mit dem ›millionenschweren‹ Playboy Gunter Sachs im folgenden Jahr machte diesen Umstand überdeutlich.

3.6 Das Ende der Filmkarriere

Nach VIVA MARIA! trat Bardot noch in mehreren Filmen auf, die nicht nur qualitativ, sondern auch kommerziell immer schwächer wurden. Ihre Rollen waren nur noch ein schwacher Abklatsch dessen, was sie früher dargestellt hatte, so daß sie fast wie eine ungewollte Selbstparodie erschienen. Im Film SHALAKO (1968) z. B. konnten ein paar Nacktszenen und die Zusammenarbeit – sowie eine in der Boulevardpresse verbreitete Affäre – mit Sean Connery nicht über die absurd konstruierte Geschichte und die schlechte schauspielerische Leistung hinwegtäuschen. Einige Komödien aus dieser Zeit wie z. B. DIE NOVIZINNEN (LES NOVICES, 1970) waren kaum besser, und Bardots Status als Filmstar – sowie ihre Gagen und ihre Anziehungskraft an den Kinokassen – nahmen merklich ab (vgl. Rihoit 1986, 367; Robinson 1994, 192). International wurden die Filme immer weniger in den Verleih gebracht, und das Ende ihrer Filmkarriere, die sie schon seit etwa 1960 wiederholt angekündigt hatte, zeichnete sich deutlich ab. In mehrerer Hinsicht setzte 1973 der Film DON JUAN 73 einen Schlußpunkt. Sie spielte wieder unter dem Regisseur, der ihre Karriere lanciert hatte, Roger Vadim. Auch war der Film ein offensichtlicher Versuch, an ihrem bekannten Image anzuknüpfen und es zu aktualisieren, wobei er aber unfreiwillig bewies, daß BB nicht mehr zeitgemäß war. Zudem war es ihr letzter nennenswerter Film, denn der im selben Jahr gedrehte L'HISTOIRE TRÈS BONNE ET TRÈS JOYEUSE DE COLINOT TROUSSE-CHEMISE fand kaum Verbreitung.

Das ›Revolutionäre‹ an der Bardot, wie immer wieder hervorgehoben wurde, war, daß sie in der Liebe ›wie ein Mann‹ oder wie ein ›weiblicher Don Juan‹ lebte. Diesen Vergleich setzt Vadim in seinen Film wörtlich um; das Konzept seines Films lautete: »Der Don Juan unserer Tage ist eine Frau, [...] Brigitte Bardot, wie sie leibt und lebt!« (zit. in Haining 1984, 180). Die Bardot-Figur Jeanne hält sich für einen weiblichen Don Juan bzw. war im früheren Leben ein Mann oder sogar der legendäre Don Juan selbst – sonderlich klar wird das alles nicht –, und sie lebt eine aggressive, zerstörerische Sexualität aus. Erzählt wird in einer Rahmengeschichte – sie will einem Priester, ihrem Cousin Paul, beichten, daß sie jemanden umgebracht habe – und mehreren Rückblenden, die zeigen, wie sie Männer verführt und zerstört. Dabei nutzt sie deren Schwächen – Eitelkeit, Überheblichkeit, machohafte Männlichkeit und Vertrauen in die eigene Überlegenheit –, gezielt aus, um sie zu manipulieren.

Hier wird ein Aspekt des Bardot-Images verabsolutiert im selben Moment, als das Image insgesamt destruiert wird. Schon de Beauvoir schrieb: »In the game of love, she is as much a hunter as she is a prey. The male is an object to her, just as she is to him« (1959/1972, 20). Denn andere zentrale Aspekte – Jugendlichkeit, Natürlichkeit, Unbefangenheit, Authentizität, kindliche Naivität – waren mittlerweile ›BB‹ teilweise abhanden gekommen und werden in der Figur der Jeanne völlig vernachlässigt. War Bardot, die de Beauvoir noch 1959 als emanzipative Kraft hochhalten konnte, primär durch die Spontanität und Aufrichtigkeit ihrer Lust definiert, ist Jeanne nur noch ein konventioneller Vamp, der vorsätzlich und manipulativ Männer zerstören will. Vadim bedient sich gängiger Klischees, die weit hinter die damals innovative, in gewisser Weise auch ›revolutionäre‹ BB-Figur in UND IMMER LOCKT DAS WEIB zurückfallen. Das Image der jungen BB war bereits überholt, und in ihrem Alter konnte und wollte sie auch nicht die inzwischen üblichen, noch ›gewagteren‹ Versionen der erotischen Frau spielen. So distanzierte sie sich in den siebziger Jahren deutlich vom Trend zu einer freizügigeren Darstellung der Sexualität und betonte dagegen die ›Liebe‹ und das ›Geheimnisvolle‹ der Erotik (vgl. Sagan 1976; Roberts 1984, 295). Auch soll sie sich mit Aussagen wie »Die Frau ist und bleibt das Ruhelager des Mannes« (Anon. 1982) kritisch über die Emanzipation der Frau geäußert haben. In ihrem eigenen Privatleben konnte sie zwar noch einen Skandal erregen, indem sie jüngere Männer zu ihren Geliebten machte, aber das war ein Tabu, das zu der Zeit nicht – und auch später nur sehr selten – zum Filmthema gemacht wurde. In Vadims Film wird die potentiell befreiende Seite der Bardot-Figur von Klischees überlagert und letztlich neutralisiert. Stand die Bardot früher für neue, zeitgemäße oder zukunftsweisende – wenn auch in sich sehr ambivalente – Entwicklungen in der Geschlechterrolle, so hat ihre Rolle in DON JUAN 73 nur noch die konservative Funktion, aktive Weiblichkeit und überhaupt die weibliche Lust und Sexualität als zerstörerisch und bedrohlich, als ›Vermännlichung‹ der Frau zu desavouieren. Dadurch wird auch die latent kritische Perspektive des Films auf die Männer überdeckt, wenn sie zu Opfern des »männermordende[n] weibliche[n] Don Juan« werden (Constantin-Film o. J., »Don Juan 73«). Daß die Filmfigur als Reflexion über die auch sexuelle Befreiung der Frau gedacht war, wurde in der Werbung und von Vadim immer wieder betont:

Es ist der alte Mythos, aber mit umgekehrtem Vorzeichen und neuen Aspekten als moderne Story einer jungen Frau von heute, die dem Geist der Sex-Herausforderung unserer Zeit repräsentiert. (zit. in Constantin-Film o. J.).

Plötzlich haben Frauen ihr Geheimnis verloren. Sie stehen auf derselben Ebene wie Männer. Don Juan steht am Ende einer Entwicklung, auf der die Fragen von Liebe und Sex, Grausamkeit und Romantik sich auf einer ästhetischen Ebene befanden. Das Ende dieser Entwicklung wollte ich mit Brigitte realisieren, denn ich war auch ihr erster Regisseur. [...] (zit. in Haining 1984, 181f.).

Eigentlich war aber nicht die Entwicklung der neuen Frauenrolle am Ende, sondern Vadim von einer Entwicklung überholt worden, die er nicht mehr verstehen konnte. Sein Versuch, das Neue der Frauenrolle am Anfang der siebziger Jahre im Film zu gestalten, wirkt entsprechend halbherzig, kitschig und letztlich nur peinlich. So z. B. in einer lesbischen Szene (B.B. mit Jane Birkin nackt im Bett), die jedoch auch damals wohl eher lächerlich als provokant wirkte und auch noch mehrfach abgeschwächt wird. So ist Jeanne nicht ›wirklich‹ lesbisch, denn erstens ist sie ›eigentlich‹ ein Mann (gewesen?) und zweitens verführt sie die Frau nur, um im Geschlechter- und Machtkampf mit dem Mann zu siegen. Diese Art der widersprüchlichen und sehr konstruierten Begründung ist typisch für die Schwächen des Films, macht aber gerade dadurch die Stellen sichtbar, die bewußt oder unbewußt für Vadim problematisch waren. Jede wirkliche Unabhängigkeit oder Macht der Frau – hier in einer lesbischen Beziehung oder in bezug auf Männer in den anderen Episoden – wird zugleich negiert oder abgeschwächt durch einen Überhang an Motiven und Motivationen. Dazu gehört auch der generelle Rückgrif auf überholte Vorstellungen der bösen Frau und des Vamps als männliche Abwehr (der Angst vor) der Frau. Auch die narrativen und stilistischen Exzesse des Films hängen mit der Inkohärenz der Hauptfigur zusammen. Zu Recht wurde der Film auch von der damaligen Kritik als schwülstig, banal und klischeehaft verrissen.

> Das spielt heute und hat kaum Bezug zur Realität. Andererseits bleiben auch Ansätze zum Traumspiel in Phantasielosigkeit und Kitsch stehen. Die Episoden geraten billig, wo sie tragisch gemeint sind, und albern, wenn sie Unmoral böse einfangen wollen. Vadim steckt so hoffnungslos im Trivialen, daß er gar kein Gespür entwickelt für die schauspielerischen Fähigkeiten, die in einer Bardot der mittleren Jahre stecken mögen. So hinterläßt die angestrengt wiederbelebte Kooperation von Star und Starmacher einen rundum peinlichen Eindruck. (R. R. 1973).
>
> [Der Film gibt Vadim Anlaß] zu einer besessen exhibitionistischen Ausstellung der B. B., die er in unsäglich schwülstigen Bildern, die ein Hautgout von verbotener Lust, raffiniertem Schmerz und süßer Fäulnis durchzieht, und aufwendigen Dekors arrangiert. [...] Kultivierter Voyeurismus, der dennoch immer wieder auf seinen banalen Grund zurückfällt: exquisit angerichtetes Talmi; pseudophilosophisch verziertes, wild ausschweifendes Kunstgewerbe [...]. (Ruf 1973).

Die ablehnende Beurteilung übertrug sich auch auf Vadims offensichtlichen Versuch, wieder am Image der Bardot zu arbeiten, wobei ihr teilweise sogar Sympathie bezeugt wurde, wenn auch nur ironisch: »Arme B. B. Wer schützt sie vor solchem Schwulst, vor ihren diversen Ehemännern und vor sich selbst?« (B. J. 1973). Vernichtender wirkte es aber, wenn die Schwächen des Films auch mit der Situation des Stars in Zusammenhang gebracht wurden:

> Der trostlose Abgesang für ein Sex-Idol: Brigitte Bardot. Hier wird sie abgebaut, von dem, der sie einst aufgebaut hatte – Roger Vadim. Mit einer bedeutungsgeladenen Umkehrung des Don-Juan-Motivs wollte man noch einmal die magische Attraktivität des Schmollmundes der Nation unter Beweis stellen. Das Gegenteil gelang: Starr und blaß erduldet die Bardot eine hilflos inszenierte Eskapade nach der anderen, ausgebrannt schon längst, bevor sie den sühnenden Feuertod erleidet. So mischt sich unausgesprochen persönliche Altersproblematik in die kitschige Kreation eines weiblichen Draufgängers mit Fehl und Tadel. [...] Nach mehreren verunglückten Filmen des Stars von gestern ist dies der absolute Tiefpunkt. (L. L. 1973).

Ein Film wie DON JUAN 73 konnte die Karriere der Bardot nicht wiederbeleben, und den Wechsel zu anderen Rollen konnte oder wollte Bardot nicht vollziehen. Konsequenterweise entschloß sie sich 1973, endgültig Abschied vom Film zu nehmen. In der Folgezeit blieb sie noch eine bekannte Persönlichkeit, über deren Leben weiterhin berichtet wurde und deren Bilder – auch die Aktfotos – oft zu sehen waren. Ebenso durch Fernsehinterviews und -porträts blieb sie für ein breites Publikum präsent. Hinzu kam ihr zunehmendes Engagement für den Tierschutz, das – wie ihr früheres Image als Sexstar – kontroverse Reaktionen von Häme bis hin zu Lob und Würdigung hervorrief. Daraus wurden fast eine zweite Karriere und ein zweites Image für Brigitte Bardot, die tendenziell die ersten überlagerten.

Zunächst blieb BB jedoch vor allem durch ihr Image als Sexsymbol geprägt. In der Zeit nach der Ehe mit Sachs war ihr Liebesleben durch eine Serie von zum Teil sehr kurzen Beziehungen, oft zu wesentlich jüngeren Männern bestimmt, die den Klatschkolumnen reichlich Stoff boten. Während die Boulevardpresse über diese Männer als Brigittes ›ständige Begleiter‹ oder als ›Homo Brigittis‹ spottete, verteidigte Bardot ihre Beziehungen mit Begriffen der Aufrichtigkeit ihrer Lust und ihrer Liebe:

›I have always adored beautiful young men. Just because I grow older, my taste doesn't change. So if I can still have them, why not?‹ (zit. in Robinson 1994, 218).

›Ich bin immer treu. Ich bin sicher, daß das ganz moralisch ist. Aber mein eigener Moralkodex stellt die Liebe über die Pflicht. Niemand kann mir einreden, daß man nur aus Pflichtgefühl lieben muß.‹ (zit. in Haining 1984, 168).

So blieb die Authentizität in der Liebe auch eine Zeitlang über das Ende der Filmkarriere hinaus eine Konstante ihres Images. Daß sie immer noch als eine Provokation empfunden wurde, zeigte sich auch darin, daß noch in den späten siebziger und in den achtziger Jahren – als sie anfing, ein positiveres Image durch ihre Tierschutzaktivitäten zu gewinnen – oft mit Schadenfreude und einer erstaunlichen Aggressivität über ihr Liebesleben und später ihre Einsamkeit berichtet wurde: »Das bittere Ende eines Sex-Stars! Brigitte Bardot muß für Liebe und Männer zahlen« (Delaplace 1981); »Brigitte Bardot. Darum flüchtet der Star in die Einsamkeit [...] Vergessen, verbittert, enttäuscht – so sieht das strahlende Sex-Symbol von einst heute aus. Für BB gibt es offensichtlich keine Zukunft mehr [...]« (Anon. 1978). Freilich gab es auch positivere Stimmen, und die zahlreichen Artikel, die meistens zu ihren ›runden‹ Geburtstagen ihr Leben und Werk resümieren, zeigen immer mehr das Bild eines zum ›Klassiker‹ gewordenen Stars im dem Maße, wie ihre Wirkung als Sexsymbol eine historische wurde. Ihre zunehmende Respektabilität – also vor allem die zunehmende Akzeptanz dessen, wofür sie stand – läßt sich u. a. an öffentlichen Ehrungen wie die Ernennung zum Ritter der Ehrenlegion (1985) ablesen.

3.7 Was bedeutet BB?

Was war also die Bedeutung des Filmstars ›Brigitte Bardot‹? Auch rückblickend läßt sich darauf keine einheitliche Antwort finden – am ehesten noch, wenn man sich ausschließlich auf ihre Filmrollen konzentriert. Nimmt man ihr außerfilmisches Image sowie die Einschätzungen ihrer Starqualitäten in der Presse hinzu, so werden die Widersprüche deutlich.

In den Biographien, Kritiken und Hintergrundberichten tauchen mehrfach bestimmte Attribute und Merkmale zu ihrer Kennzeichnung auf: Einerseits werden physische Besonderheiten betont – Schmollmund, Haare (blond, ungekämmt,

Mähne), Po, Busen und Beine (ungefähr in dieser Reihenfolge) sowie ihr Gang –, andererseits charakterliche Eigenschaften und Verhaltensweisen – Exhibitionismus, Schamlosigkeit ebenso Natürlichkeit und Ungebundenheit, Egoismus und Promiskuität, aber auch Emotionalität und Liebesbedürftigkeit. Dementsprechend sind die möglichen Bedeutungen dieser Merkmale sehr disparat: Bardot ist Sexobjekt und Schönheitsideal, infantiles Kindweib und Modell einer selbstbestimmten Frau, Versinnbildlichung des Bösen oder Symbol eines selbstbezogenen Hedonismus und Vorbild der Freiheit und Authentizität, männliches Lustobjekt und Vorläuferin der Frauenemanzipation, verführerisch und bedrohlich, Beispiel eines verpfuschten Lebens und Modell einer neuen, jugendlichen Mode und Verhaltensweise. Die Reihe ließe sich fortsetzen, ohne daß man sich einer Präzisierung ihrer Funktion und öffentlichen Bedeutung nähert. Vielmehr verweisen Heterogenität und Offenheit der Kennzeichnungen darauf, daß das Image in seiner Vieldeutigkeit sich nicht aus seinem Material – also aus den filmischen, publizistischen Aussagen und Präsentationen des Stars – einfach deduzieren lassen. Bedeutungen sind immer Produkte der Interaktion der Rezipienten mit dem Image und seinen Bestandteilen im diskursiven, ideologischen Kontext der Gesellschaft und Kultur (vgl. Lowry 1995; Moltke/Wulff 1997). Der Star bündelt potentielle Bedeutungen, und gerade wenn ein Star wie Bardot für seine Zeit intensiv wirksam ist, berührt er kontroverse, offene, konfliktreiche diskursive Felder. Welche Imageelemente in diesem hochkomplexen Interaktionsprozeß aktiviert werden, hängt entscheidend davon ab, welche Rezipienten(-gruppen) welche kulturellen Codes und Systeme nutzen, um die Bedeutung des Stars jeweils für sich zu konstruieren.

Bei BB sind die extrem unterschiedlichen und heftigen Bewertungen auffällig – einerseits ihre große Popularität und ihre Funktion als Idol für Jugendliche, andererseits die Aggression, die sie bei anderen Menschen, bei Journalisten sowie Institutionen wie der Kirche auslöste. Das liegt weniger an ihr als an der Gesellschaft und der Zeit, in denen sie als Star rezipiert wurde. So stehen Phänomene wie z. B. Bardots Einfluß auf die Mode und ihre Nachahmung durch junge Frauen untrennbar mit *kulturellen* Faktoren im Zusammenhang. Aber die Intensität der Wirkung – auf Fans wie Gegner – zeigt, daß auch *psychische* Mechanismen der Abwehr bzw. Identitätsbildung und Objektwahl impliziert sind. Die Interaktion mit dem Star ging bei vielen Fans weit über das noch rational erklärbare Maß hinaus. Die Starkarriere der Bardot demonstriert aber, daß auch solche psychischen Wirkungen kulturell und historisch bedingt sind und mit spezifischen, zeitgebundenen Formen der Subjektivität zusammenhängen, denn eben auch diese Bedeutungen und Effekte wurden für ihr Image im Lauf der siebziger Jahre zunehmend irrelevant. Heute ist die Bardot höchstens als Tierschützerin und durch ihre Verbindungen zur rechtsgerichteten politischen Szene von Interesse. Ihr altes Image ist bereits als historisches Schönheitsideal zitierbar, auf das sich beispielsweise auch Claudia Schiffer beziehen konnte.

Ihr heutiges öffentliches Bild läßt seine damaligen Bedeutungen und Funktionen für das Publikum allenfalls noch erahnen. In einem stark veränderten Kontext – in dem etwa Nacktheit alltäglich, in dem Promiskuität eher mit Aids als mit Befreiung oder Selbstverwirklichung assoziiert wird, in dem die kulturellen Konflikte um Geschlechterrollen ihre Stoßrichtung verlagert haben – sind viele der für ihre Karriere als Star ausschlaggebenden Imageelemente nur noch von historischem, nostalgischem Wert. Als Star war Brigitte Bardot Produkt und Ausdruck einer Übergangszeit, und ihre ambivalenten Bedeutungen hingen untrennbar mit den Widersprüchen dieser Phase zusammen.

Zitierte Literatur

Anon. (1960a) »›BB‹ – reine Nervensache«, *Der Stern*, Jg. 13, H. 27 (29.6.60), S. 7.

Anon. (1960b) »B.B. ist eine Schauspielerin«, *Cannstatter Zeitung*, 23.12.60.

Anon. (1962a) »Fahrstuhl zum Schafott«, *Der Spiegel*, Nr. 8, S. 82–86.

Anon. (1962b) »Ehe: Galeere des Glücks«, *Der Spiegel*, Nr. 27, S. 24–38.

Anon. (1963a) »The Tragic Mask of Bardotlatry«, *Cinema* (Beverly Hills), 1, 2, S. 27–29.

Anon. (1963b) »Die alte Masche zieht nicht mehr. Brigitte Bardot wird umgeschult«, *Quick* 22/63, S. 15.

Anon. (1965) »Ich möchte niemals sechzig sein«, *Quick* (Heft 22).

Anon. (1978) »Brigitte Bardot. Darum flüchtet der Star in die Einsamkeit«, *Frau – die aktuelle Illustrierte*, 9.11.78.

Anon. (1982) »Das Ruhelager des Mannes«, *Frankfurter Rundschau*, 17.12.82.

Barthes, Roland (1964) »Strip-Tease«. In: ders., *Mythen des Alltags*. Frankfurt am Main: Suhrkamp, S. 68–72.

Beauvoir, Simone de (1959/1972) »Brigitte Bardot and the Lolita Syndrome«. *Esquire*, August 1959. Zitiert nach dem Wiederabdruck: *Brigitte Bardot and the Lolita Syndrome*. New York: Arno Press, 1972.

B. J. (1973) »Arme B. B. Roger Vadims Film ›Don Juan 73‹«, *Frankfurter Allgemeine Zeitung*, 19.7.73.

bo. (1962) »Cinema: ›Privatleben‹«, *Allgemeine Zeitung* [Mainz], 21.5.62.

Butler, Judith (1991) *Das Unbehagen der Geschlechter*. Frankfurt am Main: Suhrkamp.

Clandé, Flavius (Hg.) (1961) *Brigitte Bardot. Eine Bildchronik*. Zürich.

Cohan, Steven (1993) »Masquerading As the American Male in the Fifties: *Picnic*, William Holden and the Spectacle of Masculinity in Hollywood Film.« In: *Male Trouble*. Hrsg. von Constance Penley und Sharon Willis. Minneapolis/London: University of Minnesota Press. S. 203–232.

Columbia-Filmgesellschaft m.b.H. (Hg.) (o.J.) *Und immer lockt das Weib*. [Presseheft]. Frankfurt am Main.

Constantin-Film (o.J.) *Don Juan 73*. [Presseheft, Typoskript im DIF 22U70].

Dayan, Daniel (1976) »The Tutor-Code of Classical Cinema.« In: *Movies and Methods*, Bd. II. Hrsg. von Bill Nichols. Berkeley u.a.: University of California Press, S. 438–451.

D'Eckardt, Bernard (1982) *Brigitte Bardot. Ihre Filme – ihr Leben*. München: Heyne.

Delaplace, J. (1981) »Das bittere Ende eines Sex-Stars! Brigitte Bardot muß für Liebe und Männer zahlen«, *Frau aktuell*, 30.9.81.

de Vilallonga, José-Luis (1972) »›Ich denke immer an Männer‹. Ein Gespräch mit dem Sexsymbol unserer Zeit«, *Schweizer Illustrierte*, Nr. 11 (März 1972).

Durgnat, Raymond (1963) »BB«, *Films & Filming*, 9, 4 (January 1963), S. 16–18.

Dyer, Richard (1986) *Heavenly Bodies. Film Stars and Society*. Houndsmills/London: MacMillan.

Ellis, John (1982) »Stars as a cinematic phenomenon«. In: ders., *Visible Fictions: Cinema/Television/Video*. London u.a.: Routledge & Kegan Paul.

Faure, René (o.J.) »›Die Wahrheit‹ kostet Nerven: Nur Brigitte Bardot hält unverwüstlich stand: Neuer B.B.-Film steht unter einem ungünstigen Stern« (Zeitungsausschnitt im Deutschen Filminstitut (DIF), Signatur: 22U70).

Fiske, John (1986) »Television: Polysemy and Popularity«, *Critical Studies in Mass Communication*, 3,4 (December 1986), S. 391–408.
– (1993) »Populärkultur: Erfahrungshorizont im 20. Jahhundert«, *Montage/AV* 2/1/1993, S. 5–18.
Foucault, Michel (1977) *Sexualität und Wahrheit*. Frankfurt am Main: Suhrkamp.
French, Sean (1995) *Brigitte Bardot. Eine Bildbiographie*. München: Heyne.
Gangolf (1961) »Die Wahrheit«, *Neue Rheinzeitung* (Köln), 4. 1. 61.
Garncarz, Joseph (1993) »Hollywood in Germany. Die Rolle des amerikanischen Films in Deutschland: 1925–1990«. In: *Der deutsche Film. Aspekte seiner Geschichte von den Anfängen bis zur Gegenwart*. Hrsg. von Uli Jung. Trier: WVT, S. 167–213.
Gsteiger, Fredy (1995) »Die Psychologie des Monokinis«, *Die Zeit*, Nr. 32 (4. 8.95).
Haining, Peter (1984) *Brigitte Bardot. Die Geschichte einer Legende*. Herford: Busesche Verlagshandlung.
Hayward, Susan (1993) *French National Cinema*. London/New York: Routledge.
Holetz, Lotte (1960) »Henri-Georges Clouzot in München: ›Brigitte ist ein großes Kind‹. Die Wahrheit über B. B«, *Abendzeitung*, 2. 12. 60.
Hyams, Joe (1956) »Europe's Reigning Movie Queens: Fifty Million Frenchmen Can't Be Wrong«, *New York Herald Tribune*, 12.7.56.
Jürgens, Curd (1979) »B. B. Alles an ihr ist zärtlich: Ihre Güte, ihr Mitleid, ihre Aggressivität. Selbst ihr Gang ist zärtlich«, *Welt am Sonntag*, 30. 9. 79.
Jutz, Gabriele (1990) »Und immer lockt das Weib: Mythenproduktion und orales Versprechen im Kontext Brigitte Bardot«. In: *Rote Küsse. Frauen-Film-Schaubuch*. Hrsg. von Sabine Perthold. Tübingen: Konkursbuch Verlag, S. 38–47.
Kardorff, Ursula von (1960) »Eine Nervensäge mit blondem Haar. Die ›schöne Hexe‹ Brigitte Bardot treibt ihren Mann und die Frau ihres Regisseurs ins Sanatorium«, *Süddeutsche Zeitung*, 11. 6. 60.
Klinger, Barbara (1994) *Melodrama and Meaning: History, Culture, and the Films of Douglas Sirk*. Bloomington/Indianapolis: Indiana University Press.
König, Oliver (1990) *Nacktheit. Soziale Normierung und Moral*. Opladen: Westdeutscher Verlag.
Krüger, Karl-Heinz (1961) »Die Wahrheit«, *Der Abend*, 6. 1. 61.
– (1962) »B. B. auf tragisch. Neuer Film von Louis Malle: ›Privatleben‹ mit Brigitte Bardot«, *Der Abend*, 21. 4. 62.
K. S. (1960) »Die Wahrheit über Brigitte«, *Westdeutsche Allgemeine Zeitung*, 31. 12. 60.
kub (1962) »Privatleben«, *Hamburger Echo*, 13. 5. 62.
Kuhn, Annette (1985) *The Power of the Image: Essays on Representation and Sexuality*. London: Routledge & Kegan Paul (rpt. 1992 – London/New York: Routledge).
Kuhn, Katrin (1993) *Der veröffentlichte Körper der Brigitte Bardot*. Unveröff. Magister-Arbeit Köln.
Lasch, Christopher (1980) *Das Zeitalter des Narzißmus*. München: Steinhausen.
L. L. (1973) »›Don Juan 73‹ im Gloria-Palast«, *Der Abend*, 18. 8. 73.
Lowry, Stephen (1995) »Filmstars – theoretische Fragen für die Imageanalyse«. In: *7. Film- und Fernsehwissenschafties Kolloquium*. Hrsg. von Britta Hartmann und Eggo Müller. Berlin: Gesellschaft für Theorie & Geschichte audiovisueller Kommunikation, S. 170–178.
Maase, Kaspar (1992) *BRAVO Amerika. Erkundungen zur Jugendkultur der Bundesrepublik in den fünfziger Jahren*. Hamburg: Junius.
Maraval, Pierre (1976) »Bardot. L'anti-Penelope.« *Cinématographe*, 20, (Sommer 1976), S. 6–9.
Moltke, Johannes von/Wulff, Hans-J. (1997) »Trümmer-Diva. Hildegard Knef«. In: *Idole des deutschen Films*. Hrsg. von Thomas Koebner. München: edition text + kritik, S. 304–316.
Müller, Eggo (1993) »›Pleasure and Resistance‹. John Fiskes Beitrag zur Populärkulturtheorie«, *MontageAV* 2/1/1993, S. 52–66.
Mulvey, Laura (1980) »Visuelle Lust und Narratives Kino«. In: *Frauen in der Kunst*, Bd. I. Hrsg. von Gislind Nabakowski et al. Frankfurt am Main: Suhrkamp, S. 30–46.
Oudart, Jean-Pierre (1977/78) »Cinema and Suture«, *Screen*, 18, 4, (1977/78), S. 35–47.

Patalas, Enno (1966) »Viva Maria«, *Filmkritik*, 3/66, S. 148–150.
Phillips, Alastair (1998) »›La séductice française n° 1‹: le cas de ›Martine chérie‹,« *Iris*, 26, (automne 1998), S. 101–114.
Ponkie (1962) »Privatleben«, *Abendzeitung*, 24.4.62.
Potonet, Jean-Paul (o.J.) *Viva Maria*. (*fiche filmographique*, no. 224). Paris: Institut des hautes études cinématographiques.
Radner, Hilary (1993) »Pretty Is as Pretty Does: Free Enterprise and the Marriage Plot«. In: *Film Theory Goes to the Movies*. Hrsg. von Jim Collins, Hilary Radner und Ava Preacher Collins. New York/London: Routledge, S. 56–76.
Rappeneau, Jean-Paul (1962) »Wie das Projekt ›Privatleben‹ Gestalt annahm«. In: *Die neuen französischen Filme: »Vie Privée«*. (*Unifrance film information* 2/62). Frankfurt/Main [Presseheft]: Unifrance Film, S. 3.
Rihoit, Catherine (1986) *Brigitte Bardot. Un mythe français*. Paris: Olivier Orban.
Roberts, Glenys (1984) *Bardot: A Personal Biography*. London: Corgi.
Robinson, Jeffrey (1994) *Bardot: Two Lives*. London u.a.: Pocket Books.
Roos, Hans-Dieter (1962) »Diskrete Huldigung für B.B. Der Film ›Privatleben‹ von Louis Malle in München«, *Süddeutsche Zeitung*, 25.4.62.
R.R. (1973) »Don Juan '73«, *Der Tagesspiegel*, 19.8.73.
Ruf, Wolfgang (1973) »Kunstgewerbe«, *Süddeutsche Zeitung*, 16.7.73.
Sagan, Françoise (1976) »Die Einsamkeit der Brigitte Bardot«, *Der Stern*, Nr. 16 (8.4.76).
Schelsky, Helmut (1955) *Soziologie der Sexualität. Über die Beziehungen zwischen Geschlecht, Moral und Gesellschaft*. Hamburg: Rowohlt.
Seeßlen, Georg/Weil, Claudius (1978) *Ästhetik des erotischen Kinos. Eine Einführung in die Mythologie, Geschichte und Theorie des erotischen Films*. München: Roloff und Seeßlen.
Seuren, Günter (1961) »Das verpfuschte Leben mit B.B.«, *Die deutsche Zeitung* (Stuttgart), 4.1.61.
Th. Fü. (1961) »Die Wahrheit«, *Westfälische Nachrichten*, 15.1.61.
Vincendeau, Ginette (1992) »The old and the new: Brigitte Bardot in 1950s France«, *Paragraph*, 15, S. 73–96.
Vossen, Frantz (1962) »Brigitte Bardot – die erste Patriotin von 1962«, *Süddeutsche Zeitung*, 8.1.62.
Die Wahrheit (Das neue Filmprogramm). Mannheim-Käfertal: o.Vlg., o.J.
Wolfenstein, Martha / Leites, Nathan (1971) »Das gute-böse Mädchen im amerikanischen Film«. In: *Materialien zur Theorie des Films. Ästhetik, Soziologie, Politik*. Hrsg. von Dieter Prokop. München: Hanser, S. 429–438.

4. Romy Schneider – vom süßen Mädel zur problematischen Frau

4.1 Sissi – sexy – tragisch

Bei anderen Stars lassen sich die Konturen eines dominanten und allgemein anerkannten Images recht schnell und leicht nachzeichnen, bei Romy Schneider hingegen ist das komplizierter. Starqualität erreichte sie – noch unter der Obhut ihrer Mutter (Magda Schneider) – bereits als Siebzehnjährige in der österreichischen Erfolgsproduktion von Ernst Marischka SISSI (1955) sowie den Fortsetzungen SISSI, DIE JUNGE KAISERIN (1956) und SISSI – SCHICKSALSJAHRE EINER KAISERIN (1957). Romy *spielte* nicht nur mit der Ungezwungenheit des »süßen Mädels« die junge, kindlich-natürliche Kaiserin, sie *war* ›Sissi‹ – ein übermächtiges und zugleich erdrückendes Image, das sie als Mensch und Schauspielerin bis zu ihrem frühen Tod 1982 prägte und für große Teile des deutschsprachigen Publikums noch heute bestimmend ist. Bereits nach dem zweiten dieser Filme versuchte sie mit MONPTI (1957) diese viel zu enge Festlegung aufzubrechen. Aber erst die Lösung aus der Familienbindung, ihre Übersiedlung nach Paris (1958) und die Liebesbeziehung zu dem französischen *enfant terrible,* Alain Delon, brachten einen radikalen Imagebruch und den Anfang eines Entwicklungsprozesses, der sich mit ihren ausländischen Filmen ab Anfang der sechziger Jahre fortsetzte. Obwohl sie hier auch Rollen übernahm, die zeitgenössisch als erotisch freizügig galten, konnte sie sich damit zumindest in Deutschland nicht von dem Primärimage der jungfräulichen Unschuld befreien. Diese Prägung bestimmte hier auch weiterhin das Publikumsverhalten – seien es die ersten, häufig haßerfüllten Reaktionen auf diesen als ›Verrat‹ empfundenen (Rollen-)Wechsel, die allmähliche Anerkennung, die sie als Schauspielerin und international gefeierter Star fand, das Interesse am Privatleben oder ihre posthume Einschätzung. Immer wurde sie – positiv oder negativ – am Sissi-Bild gemessen, das sich durch ihre weiteren Rollen und ihr Privatleben nie ganz verdrängen ließ. Insofern muß man besser von zwei oder sogar mehreren Romy-Images sprechen – insbesondere, um die Veränderungen im Lauf der längerfristigen Rezeption auch nach ihrem Tod zu erfassen. Teils existieren die Images nebeneinander, teils überlagern sie sich, teils werden sie zu einem widersprüchlichen Gemisch von Eigenschaften und Merkmalen kombiniert.

Nimmt man die neueren Publikationen über Romy Schneider als Indiz ihrer heutigen Starwirkung, so setzt sich diese deutlich vom Sissi-Image ab: Überwiegend wird ihre schauspielerische Leistung in den späteren, anspruchsvolleren Filmen als Charakterdarstellerin betont. Zudem tritt ihr schwieriges und vielfach als tragisch empfundenes Privatleben in den Vordergrund. Die Bildbände betonen vor allem die moderne, nachdenkliche, häufig auch in verschiedenen Variationen die sinnlich-erotische Frau.

Wenn Romy Schneider im Kontext dieser Untersuchung also als ein bestimmter Typus des Filmstars angeführt wird, dann sind es vor allem die Brüche und Widersprüche im Image, die Einbettung in verschiedene zeitliche und nationalkulturelle Kontexte und das Nebeneinander verschiedener Images, Publikumsgruppen und Rezeptionsweisen, die im Mittelpunkt stehen.

4.2 Süßes Mädel und ›Sissi‹

Obwohl Romy Schneider aus einer bekannten Schauspielerfamilie stammt – Großmutter Rosa Retty, Mutter Magda Schneider, Vater Wolf Albach-Retty – soll ihr Filmdebut einer Anekdote zufolge eher zufällig gewesen sein: Der Filmproduzent Kurt Ullrich habe ihre Mutter gefragt, »Hör mal, Magda, hast du nicht eine Tochter ...?« (Seydel 1988, 53). So kam Romy, die gerade die Schule beendet hatte und eigentlich Modegrafikerin werden sollte, mit 14 Jahren dazu, die Tochter der Magda Schneider-Figur in WENN DER WEISSE FLIEDER WIEDER BLÜHT (1953, Deppe) zu spielen. Bereits ein Jahr später übernahm sie – wieder an der Seite ihrer Mutter – die Hauptrolle in MÄDCHENJAHRE EINER KÖNIGIN (Ernst Marischka) als die junge englische Königin Victoria. Und im November 1955, nach insgesamt fünf Filmen, aber noch während der Dreharbeit an SISSI, konnte sie stolz in ihrem Tagebuch notieren, daß eine Zeitschriftenumfrage über die beliebtesten Filmschauspieler sie an zweiter Stelle – hinter Maria Schell, aber vor Ruth Leuwerik – plazierte (Seydel 1988, 111f.). Dennoch erscheinen diese Filmrollen der ersten Jahre nur als Vorstufen, verglichen mit ihrem Erfolg in den SISSI-Filmen, die dieses frühe Image integrierten und überhöhten.

Die Familiengeschichte, insbesondere die Scheidung der Eltern und die zweite Ehe ihrer Mutter mit dem Kölner Restaurant- und Nachtlokalbesitzer Hans Herbert Blatzheim wirkte sich auch weiterhin auf Romy Schneiders Entwicklung als Star aus. Die Abwesenheit des geliebten und idealisierten Vaters wird oft als Motivation für Romy Schneiders Suche nach Liebe, als Erklärung für ihre späteren wechselnden Männerbeziehungen herangezogen (vgl. Jürgs 1991; Gerber/Arnould 1988; Steenfatt 1989). Der Stiefvater Blatzheim, zu dem Romy Schneider ein sehr gespanntes Verhältnis hatte, übernahm gemeinsam mit der Mutter bis zu Romys Volljährigkeit die Funktion als Manager ihrer Karriere. Sie bestimmten alle beruflichen und geschäftlichen Entscheidungen und achteten insbesondere darauf, daß Romy nur solche Rollen übernahm, die zu dem gewünschten Image paßten. Darüber hinaus behielten sie ein Einspruchsrecht beim Drehbuch und bei der Wahl des Regisseurs (Anon. 1956, 40). Der planmäßige Aufbau ihres Images, die Auswahl ihrer Rollen und die Verhandlungen mit Produzenten sowie der Einsatz von publizistischen Mitteln trugen deutlich dazu bei, Romys Starkarriere zu fördern und zu formen. Die hier betriebene planmäßige Festschreibung auf ein festumrissenes, eng definiertes Image, war besonders in der deutschen Filmindustrie der fünfziger Jahre entscheidend, da die zahlreichen kleinen Produktionsfirmen den gezielten Aufbau von Stars nach amerikanischem Vorbild nicht leisten konnten.

Für Romy Schneider selbst wurde diese Festlegung auf das »unschuldige, natürliche Mädchen« als »Idealbackfisch« (Anon. 1956, 39) sowie auf konventionelle, sentimentale Rollen in der Fortsetzung des alten Ufa-Kinos bald zum ernsthaften Problem. Da der erste der SISSI-Filme bereits alle Elemente ihres frühen Images als ›süßes Mädel‹ enthält, das in den weiteren Filmen nur leicht variiert wurde, soll exemplarisch daran die Gesamtcharakteristik vorgestellt werden.

SISSI *(1955, Marischka)*

Aus Staatsräson beschließt Erzherzogin Sophie, daß ihr Sohn, der österreichische Kaiser Franz Joseph (Karlheinz Böhm), die bayrische Prinzessin Helene, genannt Nené, heiraten soll. Nené und ihre Mutter Ludovika (Magda Schneider) werden zu diesem Zweck zur Geburtstagsfeier von Franz Joseph nach Bad Ischl eingeladen. Die Verlobungsabsichten sollen vorerst geheimgehalten werden. Um die Reise als reinen Familienbesuch zu tarnen, soll Nenés jüngere Schwester Elisabeth (Romy Schneider), genannt Sissi, auch mitfahren. Die sechzehnjährige Sissi, eher an Natur, Reiten und Tieren als am gesellschaftlichen Leben interessiert, ist spontan, natürlich, herzlich und voller übersprudelnder Energie. Sie ähnelt ihrem Vater, dem volkstümlichen Herzog Max (Gustav Knuth), und paßt nicht in das kalte, vom strengen spanischen Hofzeremoniell beherrschte Leben. So soll Sissi in Bad Ischl an keinem der Empfänge teilnehmen. Sie geht statt dessen angeln, ihr Angelhaken verfängt sich im Ärmel des zufällig vorbeifahrenden Kaisers Franz Joseph, und die beiden kommen ins Gespräch. Er hält sie für ein einfaches Mädchen, ist aber von ihr sehr angetan. Sie verabreden, später auf die Jagd zu gehen. Bei diesem Treffen und ihrem gemeinsamen Waldspaziergang beginnt ihre Liebe. Als Franz Joseph meint, er beneide den Mann, der sie einmal zur Frau bekommen werde, und daß er sich mit der Prinzessin Nené verloben soll, rennt Sissi davon. Sie liebt Franz Joseph, will aber dem Glück ihrer Schwester nicht im Wege stehen.

Da sie nun doch an einem Empfang teilnehmen soll, erfährt Franz Joseph am selben Abend, wer sie ist. Er kann kaum die Augen von ihr lassen und sie nutzen die Gelegenheit, miteinander zu reden. Franz Joseph macht Sissi einen Heiratsantrag, den sie aber ablehnt. Anschließend erklärt er seiner Mutter, daß er Sissi und nicht Nené heiraten werde. Im Ballsaal überreicht Franz Joseph nun nicht Nené, die fassungslos daneben steht, sondern Sissi einen Korb voll roter Rosen, bittet sie um den Tanz und gibt seine Verlobung mit ihr öffentlich bekannt. Zum Schluß des Films verabschiedet sich Sissi von ihrem Zuhause in Bayern, setzt ihre Tiere frei, versöhnt sich mit Nené, die inzwischen mit einem Prinzen von Thurn und Taxis verlobt ist, und fährt nach Wien. Mit großem Prunk findet die Hochzeit statt.

Der Film ist durchweg wenig handlungsbezogen, sondern auf die Figuren, ihre sozialen Umgebungen und ihre Beziehungen zueinander zentriert. Der von den beiden Müttern ausgedachte Plan, ihre Kinder zu verkuppeln, dient – vor allem in den ersten 20 Minuten – im wesentlichen als Folie für die Charakterisierung der handelnden Personen als Repräsentanten zweier entgegengesetzter Welten: die förmliche, steife, um rationales und instrumentelles Denken organisierte Welt des Hofes und dagegen die natürliche, um Spontaneität und einfache und ehrliche Gefühle zentrierte Lebensweise des Herzogs Max und seiner Tochter Sissi. Sinnfällig wird dieses auch in der Gegenüberstellung von Wien und Possenhofen, dem Sitz des bayerischen Herzogs. Diese Welten sind aber weniger geographisch als durch die Personen und ihre Verhaltensweisen definiert: Der Hof ist der Bereich der Mütter, während die Väter, aber auch die Kinder, eher der Natur und der Natürlichkeit – auch in ihren Umgangsformen und Handlungsweisen – zugeordnet werden. Allerdings repräsentiert diese Trennung auch ein Machtgefälle, in dem die Mütter dominieren. Nur Franz Joseph scheint sich tendenziell dagegen aufzulehnen.

Erst in der zweiten Phase des Films – die Zeit in Ischl – findet die eigentliche Handlung statt. Zunächst geht es um die Verlobungsvorbereitungen, aber zugleich werden zwei Verwechslungsgeschichten entwickelt: eine romantische zwischen Franz Joseph und der ihm unbekannten Sissi und eine eher komische, in der die Sicherheitskräfte Sissi für eine anarchistische Attentäterin halten. Aber schon beim abendlichen Empfang klären sich alle Verwicklungen: Sissis wahre Identität wird dem Kaiser (und dem Polizeibeamten) enthüllt, und somit kann die aufkeimende Liebe zwischen Franz Joseph und ihr in der Verlobung kulminieren. Auch in dieser Phase ist die vordergründige Handlung eher sekundär; die Personen, ihre Gefühlen und ihre Beziehungen zueinander bilden den eigentlichen Fokus des Interesses. Es geht um den Konflikt zwischen den Wünschen (nach Liebe) und den Widerständen (die Pläne der Mütter, die Zwänge des Hofes, der Ständeklausel, Sissis Loyalität zu Nené), die durch den rudimentären Plot aus dem Weg geräumt werden.

Die letzten zwanzig Minuten des Films sind ein extrem ausgedehntes Happy-End. Alle Probleme lösen sich: Sissi nimmt von den Eltern und ihrer Kindheit Abschied und eine tröstende Alternative für die übergangene Nené ergibt sich. Noch einmal werden die Gegensätze zwischen Sissi und der Welt des Hofes (inhaltlicher Schwerpunkt des Folgefilms, SISSI, DIE JUNGE KAISERIN, 1956) angedeutet, aber ihr Liebesglück überwiegt. Der Schluß des Films schildert sehr ausführlich Sissis triumphalen Empfang in Österreich und die Erfüllung ihrer Liebe: Die Fahrt der Donau entlang nach Wien dauert gut drei Minuten, und die Schlußapotheose ›zelebriert‹ mit prunkvollen Bildern und entsprechender Musikuntermalung ohne jeglichen Dialog in über sechs Minuten die kaiserliche Hochzeit als farbenprächtiges Spektakel.

Bedeutung und Wirkung

Der Film ›funktioniert‹ – und das erklärt vielleicht einen großen Teil seines Erfolges – auf verschiedenen Ebenen gleichzeitig: Er ist ein Liebesfilm, ein Familiendrama, ein Historien-, Ausstattungs- und Kostümfilm. Mit den Primärmotiven ›Unschuld‹, ›Tochter‹, ›Mädel‹ fügt er sich zudem bruchlos in die von den Heimatfilmen dieser Jahre geprägten Muster ein. Die nostalgische Verklärung einer heilen, schönen Welt, gerade als Rückbesinnung auf die ›verlorene‹ Epoche der Fürstenhöfe wie bei SISSI wird allgemein als Teil der nationalen Mythenproduktion gesehen, als Reflex auf die deutsche Wirklichkeit der fünfziger Jahre mit ihrer vordergründigen »Vergangenheitsbewältigung« (vgl. Bliersbach 1989, Marschall 1997, aber auch Seeßlen 1992a–b; Caprio 1999, 39–95). Und in der Tat war der Heimatfilm in zweifacher Hinsicht ein spezifisch deutsch-österreichisches Genre: Zum einen waren diese Filme hier enorm erfolgreich, trotz der starken Konkurrenz und der infolge der alliierten Filmpolitik sehr günstigen Ausgangsposition der amerikanischen Verleiher. Zum andern entsprachen sie bis auf wenige Ausnahmen nicht dem Geschmack anderer Nationen und waren kaum exportfähig. Ihr großer Erfolg beim heimischen Publikum verweist außerdem auf ihre starke Affinität zu den spezifischen kulturellen, politischen, historischen und sozialpsychologischen Bedürfnissen der deutschen Bevölkerung. Diese Erklärung reicht allerdings für die SISSI-Filme nicht aus, denn sie wurden nicht nur in der Bundesrepublik und Österreich, sondern in ganz Europa begeistert aufgenommen, und eine aus allen drei SISSI-Folgen zusammengeschnittene Version FOREVER MY LOVE (1962) lief sogar in den USA. Auch deutet ihre bis heute anhaltende Popularität darauf hin, daß eine Erklärung lediglich aus dem Nachkriegskontext zu kurz greift. Die besondere deutsche bzw. österreichische Bedeutung der Filme war offensichtlich mit anderen Wirkungselementen gekoppelt, die nicht nur für die Filme, sondern auch im Zusammenhang mit Romy Schneider als Star entscheidend sind.

Daß die enorme Popularität der SISSI-Filme auch damals nicht ganz selbstverständlich war, läßt sich daran ablesen, daß nicht nur Journalisten, sondern auch die PR-Leute des Filmverleihs sich genötigt sahen, Erklärungen dafür zu bieten. So versuchte man im Presseheft zum dritten Film, SISSI – SCHICKSALSJAHRE EINER KAISERIN (1957), das »Geheimnis eines Welterfolges« zu lüften:

> In einer Welt der Atomreaktoren, Erdsatelliten, Überschallgeschwindigkeiten, der Psychoanalyse und Relativitätstheorie, in einer Welt mit Eisernem Vorhang und Wirtschaftskämpfen [...], kurzum in einer Welt, die immer abstrakter und rationeller wird, ist kaum noch ein Platz, an dem die menschliche Seele sich mit ihren Träumen ansiedeln kann. [...] Und dennoch oder gerade deshalb ist die Sehnsucht der Menschen nach der schönen Unwirklichkeit, nach dem fernen Unbekannten, nach einer Zeit, in der alles ganz anders war, größer denn je.
>
> Das aber ist der erste Grund für den Sissi-Erfolg. Das Schicksal der kleinen bayrischen Prinzessin, die als Kaiserin von Österreich soviel Freud und Leid erlebte, ist zwar historisch – aber es vollzog sich in einer Welt, die uns heute, beinahe hundert Jahre später, bereits genauso fern ist, wie unseren Großeltern das Reich der Elfen, Feen und Zwerge gewesen sein muß. Es war jene ›gute alte Zeit‹, die es zwar nie gegeben hat, die sich aber jedes Jahrhundert als ein Traumbild neu aufbaut. So bedeutet die Gestalt der Sissi so etwas ähnliches wie Schneewittchen oder Turandot. [...]
>
> Der zweite Grund für das Erfolgsgeheimnis ist Romy Schneider. Romy ist Sissi, ohne uns auch nur eine Sekunde vergessen zu lassen, daß sie Romy ist. Ihre Frische und Unbekümmertheit hat sie vor der Filmkamera bewahrt. [...]
>
> Vielleicht werden ein paar Geschichtsforscher nachweisen können, daß Elisabeth in ihrem Typ und ihrem Verhalten anders war als die Sissi-Romy es ist. Aber spielt das eine Rolle? Historische Wahrheit und die Wahrheit des Traums sind nie identisch. Wesentlich ist, daß in Romys Gestaltung dieser Rolle der heimliche Wunsch von Millionen seine Erfüllung findet. (Ufa-Filmverleih o. J. [1957]).

Weiter werden »G'spür« und »Herz« des Regisseurs Ernst Marischka aufgeführt, die dem Publikum vermitteln, »daß ein starkes, großes Gefühl sich mitteilt und wahrhaft anrührt« (ebd.). Das Pressematerial zum ersten SISSI-Film betont ähnliche Momente, wenn auch mit etwas anderen Schwerpunkten. So wird die Handlung als eine in Königshäusern angesiedelte Liebesgeschichte in der Sprache der Regenbogenpresse beschrieben »Prinzessinnen sind auch Menschen«, »Wenn Prinzessinnen ihr Herz entdecken ...« und als »bezaubernde Romanze« angepriesen (Herzog-Filmverleih - Zentral-Presse- und Werbeabteilung o. J. [1955], 6, 9). Die Stars Romy Schneider und Karlheinz Böhm werden als »ideales Paar, ein menschlicher Zweiklang aus natürlicher Jugendfrische, echtem Gefühl und optimistischem Frohmut« tituliert (ebd., 5). Die Landschaftsaufnahmen, die Schauwerte von Ausstattung und Schauplätzen und insbesondere die Kostüme von SISSI werden als Attraktionen herausgestellt. Aufwendige Werbekampagnen wurden durchgeführt, die die Wirkung des Films und der Hauptdarstellerin unterstützten. Romy Schneider als Sissi war nicht nur auf Plakaten und in Anzeigen zu sehen, sondern ihre Porträts wurden auch auf Postkarten und Streichholzschachteln verteilt. Die Gleichsetzung der jungen Schauspielerin mit der zum Fantasiebild modellierten Prinzessin wurde durch diese PR-Maßnahmen vorangetrieben.

Läßt man sich vom oft pathetischen Ton der Werbetexte nicht beirren, sondern versteht sie als weiteres Indiz, geben sie einige der zentralen Wirkungsmomente der Filme sehr genau wieder. Die Entrücktheit aus der modernen in die fiktionale Welt der ›guten alten Zeit‹, der imaginierten k.u.k.-Idylle und in eine idealisierte Landschaft aus Bergen, Wäldern und Seen dürfte nicht wenig zum Erfolg des Films beigetragen haben. So gesehen, ist die Sissi-Figur eine historisierte und nobilitierte Variante der Mädchen-Rollen in den Heimatfilmen dieser Jahre, wie beispielsweise Sonja Ziemann in DAS SCHWARZWALDMÄDEL (1950, Deppe). Die historisch-märchenhafte Distanz erlaubt darüber hinaus, direkt an utopische Wünsche und Sehnsüchte anzuknüpfen. Wie in den Heimatfilmen tragen die Landschaftsaufnahmen nicht nur zur Bedeutung des Films bei - indem sie eine ländliche, vormoderne Idylle evozieren –, sondern kommen ebenso Schaulust und Fernweh des Publikums entgegen. In manchen Momenten wirkt SISSI fast wie ein Musical, etwa wenn die Handlung ›stillsteht‹ und der Film von den visuellen Attraktionen, den schönen Landschaften, dem höfischen Prunk oder den Gesichtern der Stars lebt. Auch bietet er in historischer Kostümierung einen Großteil dessen, was in den zeitgenössischen Wochenschauen und der Regenbogenpresse - den Berichten über die europäischen Adelshäuser und ähnliche Celebrities - einen nicht geringen Raum einnahm.

Die märchenhafte Handlung kombiniert verschiedene Motive - die Familiengeschichte, das Zur-Frau-Werden eines Mädchens, eine Aschenbrödel-ähnliche Aufstiegsgeschichte und die romantische, sich gegen Widerstände durchsetzende Liebe –, optimale Voraussetzungen, um erfolgreich an die Emotionen des (vor allem weiblichen?) Publikums zu appellieren. So wird Mitgefühl mit Sissi erweckt, die sich als die Jüngere, Schwächere, aber auch ›Menschlichere‹ gegenüber der künftigen Schwiegermutter, dem ganzen Machtgefüge und dem kalten, emotionslosen Zeremoniell des kaiserlichen Hofes behaupten muß. Daß eine solche Konstellation emotional enorm wirksam ist, zeigt sich nicht nur in der SISSI-Rezeption, sondern aktuell noch stärker in der weltweiten Reaktionen auf ›Prinzessin Di‹. So ist es auch kein Zufall, daß die Regenbogenpresse diese Verbindung explizit aufgreift, etwa *Das goldene Blatt* (27. Jg., Nr. 40, vom 24.9.97): »Diana und Sissi – unglaublich, wie sich ihr Schicksal gleicht«, natürlich mit mehreren Bildern von Romy Schneider als Sissi illustriert. Die Attraktion solcher Geschichten funktioniert aufgrund eines Gegensatzes von ›Natürlichkeit‹, ›Menschlichkeit‹ und der Nähe der ›einfachen‹ Menschen zu einer Figur von ›unten‹ gegenüber der gehobenen, machtvollen, reichen und spektakulären Welt der Königshäuser. So bekommt das Publikum Einblick in die aristokratische Welt und darf daran partizipieren, während es gleichzeitig auch aus der kritischen Perspektive der moralischen Überlegenheit des ›Normalbürgers‹ zusieht. Die Handlung – ähnlich wie die Institution des Stars – verbindet die eigentlich widersprüchlichen Momente von Nähe, Gewöhnlichkeit und Identifikation oder Empathie auf der einen Seite mit Distanz, Besonderheit, Überlegenheit, Bewunderung und Idolisierung auf der anderen.

Das aristokratische Milieu, wenn auch durch die betonte Volksnähe, Lebensweise und die Umgangsformen von Max und Sissi zum Teil gebrochen, ermöglicht und legitimiert das filmische Schwelgen in ausgesprochen prunkvollen Szenen. Ausstattung und Kostüme haben einen hohen Stellenwert, so daß seine visuellen Attraktionen oft die Handlung weit in den Hintergrund drängen. Daß der Film zu Exzessen der visuellen Gestaltung und der Emotionalisierung tendiert, hat keineswegs eine ironische oder ›subversive‹ Wirkung zur Folge, wie man etwa aus der Diskussion um das Hollywood-Melodram folgern könnte (vgl. die Artikel in Cargnelli/Palm 1994). SISSI versprach den zeitgenössischen Zuschauern hauptsächlich Genuß. Nachträglich und für bestimmte Publikumsgruppen sind es vielleicht die betonte Romantik und die übertriebene Filmgestaltung, die in der Folgezeit ironische Lesarten als Kultfigur oder Ikone für die schwule Subkultur fördern, aber nichts deutet auf solche Rezeptionsweisen in den Fünfzigern hin. Vielmehr werden die Schauwerte des Films und der Hauptdarstellerin ganz selbstverständlich als Glanzstücke des Films angeboten. So hat Sissi – trotz der betonten ›Natürlichkeit‹ und ›Einfachheit‹ der Figur – die Aufgabe, die schönsten und aufwendigsten Kostüme vorzuführen: Etwa ein Viertel des Pressehefts ist den Kostümen von Sissi/Romy gewidmet.

Ein weiteres emotional wirksames Moment besteht in den romantischen Liebesphantasien, die hier evoziert werden. Sissi bekommt nicht nur trotz aller Widerstände den Mann, den sie liebt, sondern er ist auch geradezu ein Musterexemplar. Franz Joseph, so wie er in diesem Film charakterisiert wird, bietet ein alternatives Modell der Männlichkeit, das traditionelle Merkmale wie Standfestigkeit, innere Stärke und Willenskraft mit eher ›weiblichen‹, ›weichen‹ Tugenden wie Emotionalität, Mitgefühl und Fähigkeit zur romantischen Liebe verbindet. So verdeutlicht beispielsweise Janice Radway in ihrer Untersuchung populärer Heftchenromane, wie solche Elemente genutzt werden, um ihren Leserinnen nicht nur Kompensation, sondern auch eine positive Artikulation ihrer Wünsche und Bedürfnisse zu geben (Radway 1984).

Eine andere Ebene der Ansprache, besonders für jüngere Zuschauerinnen, mag darin liegen, daß der Film zeigt, wie Sissi zur Frau wird, wie sie sich von ihren Eltern löst und wie sie in die Gesellschaft eingeführt wird. Gerade daß dieser Prozeß nicht nur positiv - als Erfüllung der großen Liebe -, sondern auch durchaus als schmerzliche Trennung von den Eltern und von der eigenen Kindheit geschildert wird, erhöht die sentimentale Wirkung des Films. Die Gleichsetzung von Romy und Sissi durch das Publikum - in den folgenden SISSI-Filmen noch durch die Kontinuität des bereits etablierten Images verstärkt - unterstützt die emotionale Wirkung und die ›Authentizität‹ der Figur.

Das Zusammenspiel zwischen Figurenzeichnung, dem Erscheinungsbild Romy Schneiders und ihrem Image, das die Filme MÄDCHENJAHRE EINER KÖNIGIN (1954) und DIE DEUTSCHMEISTER (1955) bereits geprägt hatten, war entscheidend für die Wirkung der SISSI-Filme und für Romy Schneiders Aufstieg. Ein Teil davon - ob wie hier als direkte Kontinuität oder Übereinstimmung von Filmfigur und Starimage und der dahinter vermuteten ›wirklichen Person‹ oder die Authentizität, die auch momentane oder partielle Übereinstimmungen erzeugt - gehört vielleicht sogar zu den wichtigsten Momenten des Startums überhaupt, zur besonderen Wirkung des Stars als ›Individuum‹.

Zentral am Sissi-Image der jungen Romy Schneider war, daß sie auf glaubwürdige Weise ›Authentizität‹ und ›Natürlichkeit‹ mit ›Mädchenhaftigkeit‹ und ›Unschuld‹ kombinierte. Dies erklärt auch ihre generationsübergreifende Popularität: Denn sie präsentierte eine Variante der Mädchen- bzw. Frauenrolle, die sowohl mit traditionellen Vorstellungen und Moralbegriffen als auch mit romantischen Wünschen sowie - in der betonten ›Natürlichkeit‹ - mit Tendenzen der neuen Jugendkultur konform ging. Die Filme thematisieren sehr ausführlich einen Generationswechsel, in dem die Repräsentanten der Jugend, Sissi und Franz Joseph, eine neue Lebensweise und neue Umgangsformen durchsetzen, jedoch ohne Rebellion, vielmehr als ›Erlösung‹ von der Vergangenheit. So wurde auch zeitgenössisch gerade die ›Unschuld‹ als zentrale Eigenschaft von Romy Schneider hervorgehoben, die »das deutsche Film-Jungfräulein«, die »Jungfrau von Geiselgasteig« und der »Ideal-Backfisch« sein sollte (Anon. 1956).

> ›Warum springen die Menschen so auf Romy an?‹ fragt Mutter Magda Schneider. ›Weil sie spüren, daß hier endlich einmal ein Geschöpf ist, das mit dem Dreck der Welt noch nicht in Berührung gekommen ist!‹
>
> ›Den anderen Siebzehnjährigen des Films‹, sagt Magda Schneider, ›glaubt doch keiner, daß sie noch unberührt sind.‹ (ebd., 34f.).

Dieses Image wurde bewußt kultiviert - »Devise des Herzog-Verleihchefs Herbert Tischendorf: ›Die bleibt uns taufrisch bis 21!‹« (ebd., 39) - und war eine Voraussetzung dafür, daß sie als Sissi glaubwürdig wirken konnte. Damit verkörperte Romy Schneider ebenso die emotionale Widersprüchlichkeit in den kulturellen Diskursen der Jugend Mitte der fünfziger Jahre. So unterschiedliche Modelle der Frauenrolle wie Romy, Brigitte Bardot, Doris Day, Gina Lollobrigida, Audrey Hepburn, Ruth Leuwerik, Marion Michael und Maria Schell waren gleichzeitig sehr populär. Während die öffentliche Aufmerksamkeit stark auf die beginnende Jugendrevolte, auf ›Halbstarke‹ und Figuren wie James Dean und Elvis gerichtet war, blieb die Mehrheit der Jugendlichen doch weitgehend innerhalb der Grenzen der traditionellen Verhaltens- und Moralvorstellungen, die sich erst langsam neuen Entwicklungen anpaßten. Nicht die ausgesprochenen Subkulturen der ›Rocker‹ oder

›Halbstarken‹, sondern die gemäßigten Lifestyle- und Moderichtungen der Zeit wie die ›Petticoat-Mädchen‹ bildeten die Mehrzahl der jungen Generation. Auch viele von denen, die die neuen Trends aufgriffen, blieben zwischen braver Konventionalität und modischer Rebellion gespalten: Ein Beispiel dafür ist die Karin-Baal-Figur in DIE HALBSTARKEN (1956, Georg Tressler), die sich »Sissy, mit Y wie Romy« nennt, und so das Schwanken zwischen Rebellion und Anomie auf der einen und traditionellen, romantischen Sehnsüchten auf der anderen Seite verdeutlicht. Diese sehr widerspruchsvolle Befindlichkeit kristallisierte sich um die Sissi-Figur aus:

Daß es die Filme nicht sind, die Magda Schneiders liebreizende Kleine groß gemacht haben, muß vorerst wohl festgestellt werden. [...] Das Romy-Phänomen ist um so phänomenaler. Es läßt sich überhaupt nur auf eine Art erklären. Wenn wir diese Romy sehen, fallen uns allen die gleichen Adjektiva ein – sauber und naiv, jungfräulich und mädchenhaft: lauter Adjektiva, die vor kurzem noch tief im Kurs standen. Sie ist eine gestrige, ja vorgestrige Mädchenerscheinung, die Romy; das aber ist ja das glückliche Gesetz der Zeit, daß das Vorgestrige unfehlbar wieder modern wird, wenn es nur vorgestern halbwegs echt gewesen ist. Wir werfen mit Begriffen wie ›Epoche der Halbstarken‹ und Zeitalter des ›Rock 'n' Roll‹ leichtfertig um uns, aber ebenso berechtigt wäre es, von einer Romy-Ära zu sprechen. Vielleicht repräsentiert Françoise Sagans ›Bonjour tristesse‹ noch das, was die heutige Jugend tut, aber sicher repräsentiert Romy Schneider schon das, wonach sie sich sehnt. Was geschieht, ist im gleichen Augenblick vergangen. Es gibt nichts Moderneres als die Sehnsucht. (*Wiesbadener Tageblatt* vom 12.1.1957, zit. nach Seydel 1990, 78).

Daß Romy gerade als SISSI so erfolgreich war, verweist auf den Phantasiecharakter des Images. Ein solches Wunschbild funktioniert offensichtlich am besten, wenn es in eine filmische k. u. k.-Welt entrückt wird und märchenhaft bleibt. SISSI drückt bis heute Sehnsüchte nach einer heilen, unschuldigen, romantischen Märchenwelt aus – Wünsche, die in der Realität vorschnell als illusorisch, kitschig und sentimental verpönt wären, wohl aber in der Kultur und in psychischen Dispositionen weiterleben. Daß Romy auch als historische Märchenprinzessin doch Momente des zeitgenössischen Lebensgefühls verkörperte, ließ sie zum Star werden, der die Widersprüchlichkeit der fünfziger Jahre widerspiegelte. So ist es sicherlich nicht abwegig, daß *Cinémonde* sie als »Brigitte Bardot allemande« bezeichnete (zit. in Anon. 1956, 35), nur daß BB ihre Natürlichkeit und Authentizität über Liebe und Sexualität definierte, während letzteres bei Romy in dieser Phase ihrer Karriere vollkommen unterdrückt wurde.

Ein weiterer Unterschied, zumindest in der deutschen und österreichischen Rezeption, war die Verknüpfung von mädchenhafter Unschuld mit spezifischen *nationalen* Bedeutungen. Die Interpretationen, die SISSI als allegorische Verarbeitung der nationalsozialistischen Vergangenheit und der Schuldfrage in der BRD und Österreich lesen, stützen sich insbesondere auf diesen Aspekt der Figur. So spielt für Georg Seeßlen »das Mädchen« eine zentrale Rolle als »Erlösungsgestalt« im Kino der fünfziger Jahre: durch seine Unschuld und Tatkraft konnte es die Männer von ihrer Schuld »erlösen« und zugleich den für den Wiederaufbau nötigen Qualitäten neuen Glanz geben. Romy Schneider habe diese Gestalt des Mädchens besonders nachhaltig geprägt:

So war Romy Schneider unter allen Mädchen des deutschen Films dazu auserkoren, ein nationaler Mythos zu werden, eine Gestalt, in der man in Österreich und Westdeutschland wirkliches Heil empfand. Am eindringlichsten zeigt sich das in ihren SISSI-Filmen: da ist sie das

Mädchen, das in ein Land kommt, in dem die Männer in einen tiefen, traurigen Schlaf verfallen sind und in dem die böse Mutter mit strengem Regiment herrscht. Diese böse Mutter schreckt auch vor Grausamkeit und Krieg nicht zurück, und der schwache Sohn, der eigentlich ja ein Kaiser ist, kann nicht gegen sie auftreten. Da erscheint das Mädchen, es wirbelt durch die verwunschenen Schlösser, es gibt den Männern neue Kraft und den Mut, gegen die Herrschaft der bösen Mutter aufzustehen, wenn auch nicht ganz offen. Und das Mädchen leidet unter der bösen Mutter, beinahe stirbt es, und noch einmal, in seinem Leiden, wird es Erlöserin, bis die Revolte gelungen ist: im Zentrum des Reiches steht nun nicht mehr die herrische Mutter [...], sondern das Mädchen, das den Mann, moderiert und modernisiert, wieder in seine alten Rechte einführt. (Seeßlen 1992b, 12).

Ähnlich - auch in bezug auf das Märchenhafte - schätzt Gerhard Bliersbach Sissi in ihrer Funktion für die Familie ein: als eine Tochter, die die familiäre Last trägt, die der Vatergeneration zu schwer geworden ist. Zugleich kann sie, die Unschuldige, die deutsche Nation symbolisieren, sie wieder international hoffähig machen und über alle Schuld- und Schamgefühle hinwegtrösten. Zur Hochzeit am Ende des ersten SISSI-Films schreibt er:

Sissi, die gute Tochter, die man der Verwandtschaft vorzeigen kann, weil sie ›es zu etwas gebracht‹ hat, gelingt eine Kino-Versöhnung. ›Eine Nation weinte, endlich‹, schrieb Ilona Brennicke. [...] Ernst Marischka hat den Nerv getroffen und eine Familien-Hochzeit inszeniert gegen die weitverbreitete westdeutsche Beschämung; ›Sissi‹ ist ein Anti-Depressivum [...]. (Bliersbach 1989, 172f.).

In ähnliche Richtung, wenngleich bissiger formuliert, geht Hildegard Knefs Betrachtung der SISSI-Filme:

Das von vier Siegermächten besetzte Volk macht nur zu gerne Produzenten millionenschwer, um für zwei Stunden vor seiner schmachvollen Vergangenheit zu fliehen. Die SISSI-Werke lösten eine Reihe filmischen Monarchenwahns aus. In der Brühe sanftmütig gezeichneter Vergangenheit wäscht man schmutzige Hände rein. Während James Dean rebelliert und Brigitte Bardot Sex zelebriert, hat man sich östlich jener Grenzen zur ›Reinheit‹ entschlossen. (Knef 1983, 73f.).

Die Überlagerungen von familiären und nationalen Bedeutungen der Sissi-Figur betont auch Susanne Marschall, die ihre Rolle als »Unschuldsengel« hervorhebt, die »ein neues ethisches Fundament für eine neue Gesellschaftsordnung« symbolisiere: »In der Zeit der fünfziger Jahre eignet sich eine kindliche Jungschauspielerin wie Romy Schneider überaus gut zur Projektion zu lange vernachlässigter Tugenden: Trauer, Hoffnung, Opferbereitschaft, zukunftsorientiertes Handeln, Pazifismus und Sanftmut« (Marschall 1997, 382). Anders als Bliersbach und Seeßlen, die SISSI als Kitsch und Kompensation kritisch gegenüberstehen, sieht sie in der Figur durchaus auch positive, utopische Elemente, die den Wünschen des Publikums entsprochen haben können.

Während der internationale Erfolg verdeutlicht, daß die Wirkung der Figur nicht notwendigerweise nur in ihren nationalspezifischen Bedeutungen lag, zeigt die in Deutschland sehr heftige Negativreaktion auf Romys Versuche, sich später von ›Sissi‹ zu befreien, daß hierzulande solche Unschuldsphantasien wichtig waren. Dies kann auch als Indiz dafür genommen werden, daß solche Interpretationen der nationalen Bedeutung von SISSI - trotz ihrer oft vagen und metaphorischen Argumentationsweisen - einen wahren Kern haben.

4.3 Wandel und Kontinuität - Monpti

Bereits bevor der von außen herangetragene Zwang, immer wieder ›Sissi‹ sein zu müssen, Romy Schneider endgültig zum Imagebruch und zur Übersiedlung nach Frankreich bewegte, hatte sie versucht, ihr Image zu erweitern und zu diversifizieren. Dafür steht ein Film wie Monpti (1957, Helmut Käutner), der zwar deutlich am Mädchen-Image anknüpft, es aber aktualisiert. So erscheint Romy immer noch als ›süßes Mädel‹, aber nicht mehr ganz so naiv-unschuldig. In dieser tragikomischen Liebesgeschichte, von Helmut Käutner inszeniert, spielte sie mit Horst Buchholz als Partner ein junges, verliebtes Paar in Paris. Romy Schneider ist die arme, siebzehnjährige Schneiderin Anne-Claire, die sich in den ebenfalls armen und jungen ungarischen Zeichner, den sie »meinen Kleinen« nennt, verliebt. Sie gibt sich als reich aus und erfindet immer neue Märchen über ihre Familie, bis er eines Tages - gerade als sie sich endlich entschlossen hat, zu ihm zu ziehen und »wie seine Frau zu leben« - herausfindet, daß alles erlogen ist. Er nennt sie eine Lügnerin und will sich von ihr trennen. Sie läuft ihm nach, kommt unter ein Auto und stirbt nach einem letzten Wiedersehen im Krankenhaus. Diese eher traurige Geschichte lockert Käutner durch viel Pariser Atmosphäre - visuell durch den Kameramann Heinz Pehlke eingefangen - sowie durch sentimentale und komische Momente der Liebesgeschichte auf. Neben verschiedenen Mißverständnissen und kleinen Eifersüchteleien ist der zentrale Konflikt des Films Anne-Claires innere Unsicherheit, ob sie seinem Drängen, sich auch körperlich zu lieben, nachgeben soll. Sie zögert zu lange, so daß sie noch als Jungfrau stirbt. Dennoch führte diese Thematik zur Auseinandersetzung zwischen dem Verleih und der Freiwilligen Selbstkontrolle (FSK), die verschiedene Schnitte und Änderungen verlangte und den Film erst ab 18 Jahren freigeben wollte. In den Begründungen hieß es, der Film sei

> ein fortgesetztes peinliches Spiel um die Frage der Keuschheit einer 17jährigen, deren schwankende Haltung zwischen Selbstbewahrung und vorehelicher Hingabe dem ganzen Film das Thema, die Grundtendenz und die Atmosphäre verleiht [...]. Gegen eine Freigabe für 16–17Jährige spräche ferner, daß gerade Mädchen dieses Alters eine besondere Neigung hätten, sich mit der Hauptdarstellerin zu identifizieren. Das sei jedoch nicht wünschenswert, denn die Zuschauerin spüre eindeutig, daß es sich bei dem Verweigern der körperlichen Hingabe nur um zeitliche Verschiebungen handele, die Bereitschaft zur vorehelichen Hingabe sei trotz des jugendlichen Alters ohne Zweifel vorhanden und deutlich spürbar. Daß die Hauptdarstellerin im ganzen sauber wirke und ihre Liebesgeschichte gewisser lyrischer Züge nicht entbehre, schwäche nicht ab, sondern erhöhe die mit einer Identifikation verbundenen Gefahren. (Protokolle des Hauptausschuß der FSK, Prüfverfahren 15 069, im Archiv der Stiftung Deutsche Kinemathek, Filmmappe Monpti).

Auch als der Film in die Kinos kam, löste er eine vorwiegend in Leserbriefen geführte Auseinandersetzung um Moralvorstellung aus. Die Diskussion beleuchtet die in diesen Jahren noch vorherrschenden Widersprüche: traditionelle moralische Vorstellungen finden sich neben etwas moderneren Einstellungen zur vorehelichen Sexualität. Auch der Film selbst demonstriert diese Ambivalenz. Einerseits bleibt er ›moralisch‹, da Anne-Claire ihre Jungfräulichkeit behält. Zudem wird in einer Parallelhandlung eine Affäre unter blasierten, zynischen und gelangweilten reichen Leuten als Abschreckung und Kontrast zur letztlich ›reinen‹, ›wahren‹, romantischen Liebe zwischen Anne-Claire und ihrem Monpti gezeigt. Andererseits haben aber FSK und Publikum durchaus richtig erkannt, daß der Tenor des Films – gerade durch die ›süße‹, ›sittsame‹, aber in ihren Ängsten und Unsicherheiten realistische Darstellung der Romy-Schneider-Figur – auf eine Lockerung moralischer Normen und eine individuelle Liberalisierung hinzielte. So ist ihr ständiges Beharren auf der Heirat weniger durch moralische Prinzipien begründet als durch die reale Angst, sitzengelassen zu werden. Die Ambivalenz dieser Jahre äußert sich aber auch in ihrer Vorstellung der Ehe: »Weißt du, wie ich mir das Glück vorstelle? Die Frau wäscht, kocht, bügelt und spart für ihren Mann.« Dieser Glücksvorstellung stehen aber die zwar indirekten, aber deutlichen sexuellen Wünsche Monptis entgegen.

In Werbung und Pressematerial wurde dieser erotische, sexuelle Aspekt der Geschichte weit heruntergespielt – aus Rücksicht auf die FSK oder auf das intendierte Publikum – und dafür der romantische hervorgehoben. Auch die Beschreibung von Romy Schneiders Rolle betont ihre mädchenhafte Seite:

> Romy Schneider ist die reizende Anne-Claire, Monptis unschuldige Geliebte. Eine bezaubernde ›petite parisienne‹ mit ihrem verliebten und zugleich verzweifelten Herzen, die so viel von der Zerbrechlichkeit des Glücks weiß. Ein schönes, zärtliches Mädchen, das liebt und Liebe verschenkt, das seine Armut und die Tiefe seines Gefühls hinter bezaubernde kleine Schwindeleien verbirgt [...]. (Herzog Filmverleih o. J.).

Das Pressematerial bezeichnet den Film als Romanze und betont die Aspekte der Zärtlichkeit, Liebe und des Verliebtseins. Auch die Werbetexte gingen nicht näher auf die Erotik ein – »eine Pariser Liebesgeschichte – bezaubernd frech und voller Charme« – und bezeichneten die Figur Monpti als »temperamentvoll«.

Dennoch war damit eine Verschiebung im Romy-Image verbunden: Sie darf zeitgenössisch modisch in Capri-Hose und ärmelloser Bluse auftreten. Auch in einer Rock'n'Roll-Tanzszene mit Horst Buchholz, dem »deutschen James Dean«, wird ihre Nähe zum jugendlichen Publikum betont. Ihre Gesamterscheinung, ihr Gesicht ebenso die Sprech- und Spielweise wirken hier trotz einiger betont mädchenhafter, fast kindlicher Momente bereits etwas erwachsener als in Sissi. Neu ist die körperliche Erotik, etwa in kurzen Augenblicken, wo ihr nackter Rücken gezeigt wird, sowie in der Szene am Seine-Ufer, als ihr Rock vom Wind gelüftet wird und ihre Beine und Unterwäsche präsentiert.

So gering der Imagewandel auch war, er hat gereicht, um Widerstand von verschiedenen Seiten hervorzurufen. Das Sissi-Image besaß ein enormes Trägheitsmoment. Die österreichische Regierung hatte die Filme mit Postwurfsendungen von Sissi-Bildpostkarten und mit Gratis-Vorstellungen für besonders gute Schüler gefördert, und das Bildungsministerium bemühte sich sogar, Romy Schneider dazu zu bewegen, eine vierte Sissi-Folge zu drehen. Auf die Kuß-Szene in Monpti reagierte das Bundesland Voralberg hingegen mit einem Verbot, da man fürchtete, der Film würde dem Ansehen der Kaiserin schaden (Seeßlen 1992a, 69f.). Das Publikum war nicht bereit, diesen ›Ausbruchsversuch‹ mit Monpti zu honorieren. So drängten denn alle geschäftlich Beteiligten – sowohl der Produzent als auch Romys Eltern – darauf, daß sie noch im vertraglich vereinbarten dritten Sissi-Film, Schicksalsjahre einer Kaiserin (1957), mitspielte. Aber eine weitere Fortsetzung dieser Filme lehnte sie, die inzwischen volljährig ihre eigenen Entscheidungen treffen konnte, entschieden ab. Die Filme, die 1958–1959 folgten, waren inhaltlich und qualitativ sehr unterschiedlich und insgesamt auch wenig erfolgreich. Der versuchte Imagewandel führte zum Karriereknick. Obwohl sie aufgrund der vorherigen Erfolge zum bestbezahlten weiblichen Star in Deutschland avancierte, fiel sie stark in der Publikumsgunst:

Die professionelle Jungfrau erwies sich mit zunehmender Reife als immer weniger zugkräftig. Im Jahre 1959 – im selben Jahr, in dem sie noch 500 000 und 650 000-Mark-Rollen spielte – fiel Romy Schneider in der Beliebtheitsskala deutscher Filmtheater vom ersten auf den 20. Platz zurück. (Anon. 1963, 82).

Sich von Sissi zu befreien, war nicht einfach. Die engen Erwartungen des Publikums hatten aber noch weitergehende Konsequenzen für Romy Schneider.

4.4 Der Bruch

Ihre Rolle in CHRISTINE (1958, Gaspard-Huit), ein Remake des Klassikers LIEBELEI (1933) von Max Ophüls, in dem ihre Mutter Magda als junges Mädchen die Hauptrolle gespielt hatte, war für Romy Schneiders weitere Entwicklung relativ unwichtig. Der Film sollte aber aus ganz anderen Gründen für Romy Schneiders Karriere entscheidend sein: Sie spielte neben dem jungen und zu diesem Zeitpunkt noch kaum bekannten Alain Delon. Zunächst fanden sie sich gegenseitig unsympathisch, »zum Kotzen«, wie Delon später sagte (Seydel 1988, 177). Im Lauf der Dreharbeiten entwickelte sich aber eine heftige Liebesgeschichte zwischen den beiden, die zugleich Romys Loslösung von ihrer Familie bedeutete. Hatte ihr ›Manager‹ und Stiefvater Blatzheim bisher alle Flirts – etwa mit Horst Buchholz – erfolgreich abwenden oder beenden können, machte Romy diesmal ernst. Nach Abschluß der Dreharbeiten war Delon zurück nach Paris geflogen, wenige Tage später folgte Romy, um mit ihm gemeinsam zu leben:

Ich hatte ja die Brücken hinter mir abgebrochen, war gegen den Willen meiner Mutter und meines Stiefvaters nach Paris gefahren und lebte mit einem Mann zusammen, mit dem ich nicht verheiratet war. Aber innerlich? [...] In mir stritten sich zwei Welten. (Seydel 1988, 182).

Delon, der als Bürgerschreck galt, bot Romy ein neues, unkonventionelles Leben, das sie anzog, aber mit dem sie – innerlich noch die brave Bürgerstochter – nicht leicht zurechtkam. Den Streit in der Familie konnte man zwar u. a. durch eine Verlobung mit Delon, die Blatzheim 1959 in Lugano inszenierte, beilegen, die öffentliche Empörung über Romy Schneider in Deutschland aber ließ sich nicht so leicht beruhigen:

Die Presse reitet heftige Attacken gegen Romy, in denen die Mißbilligung ihres Tuns zum Ausdruck kommt. Auch Delon, dieser ›buntgefiederte gallische Gockel‹, der die Kühnheit besaß, sich das ›Prinzeßchen‹ zu nehmen, wird gehörig aufs Korn genommen. (Benichou 1981, 52).

Von Stund an, vor allem aber nach der Verlobung 1959 mit Alain Delon, fiel die deutsche Presse fast unisono über diese Frau her. Es hatte etwas von einer Pogrom- oder Lynchatmosphäre: die, die hier nicht mehr leben konnte, keine Sissy mehr sein wollte, die in Frankreich wohnte und auch noch mit einem als undurchsichtig, ja suspekt geltenden französischen Schönling verlobt war, wurde in Bann getan. (Senfft 1992, 10).

Dabei wurde viel Skandalöses – Delons ausschweifendes Sexualleben, seine Orgien, Bisexualität und Romy Schneiders Beteiligung daran – erst viel später zum Teil der öffentlichen Diskussion, sonst wäre die Empörung noch viel größer gewesen.

Auch nach ihrer Übersiedlung mußte sie ihre vertraglichen Verpflichtungen in Deutschland erfüllen und in einigen Filmen spielen – DIE HALBZARTE (1958), EIN ENGEL AUF ERDEN (1959), DIE SCHÖNE LÜGNERIN (1959) und KATJA, DIE UNGEKRÖNTE KAISERIN (1959) –, die zwar an ihr früheres Image anknüpften, sich beim Publikum jedoch nur bedingt durchsetzen konnten. Weitere, an SISSI angelehnte Rollen in Kostümfilmen lehnte sie konsequent ab. »Was sie sich vorgenommen hat, läßt sich schwer an. In Deutschland und Österreich hat sie die Sympathien verspielt; man kennt sie nicht mehr, und in Frankreich kennt man sie noch nicht« (Benichou 1981, 58).

Während Delon immer erfolgreicher wurde, stagnierte Romys Karriere. Sie spielte zum ersten Mal im Fernsehen, in Fritz Kortners anspruchsvoller und umstrittener Verfilmung DIE SENDUNG DER LYSISTRATA, die ihr aber keinen neuen Anfang brachte. Erst die Begegnung mit Luchino Visconti, mit dem Delon befreundet war (Riess 1990, 37), führte Romy in eine neue Richtung. Visconti bot ihr, die nie Schauspielunterricht hatte, noch nie auf der Bühne gestanden hatte und keinesfalls perfekt französisch sprach, die Hauptrolle in seiner Inszenierung von *Schade, daß sie eine Dirne ist* (1961) am Théâtre de Paris an. Die Arbeit mit Visconti hat sie, wie sie später sagte, zu einer ernsthaften Schauspielerin gemacht. Nach ihrer Beschreibung war der Weg dahin aber »ganz schön hart« (Seydel 1988, 192). Die Proben mit Visconti, einem strengen Lehrmeister, waren aufreibend, gaben ihr aber Selbstsicherheit. Nach der Premiere mußte Romy Schneider wegen einer akuten Blinddarmentzündung operiert werden; 15 Tage später stand sie wieder auf der Bühne. Obwohl das Stück unterschiedlich aufgenommen wurde, kam Romy bei den Kritikern wie beim französischen Publikum erstaunlich gut an.

Die Zusammenarbeit mit Visconti setzte sich gleich mit seinem Beitrag zum Episodenfilm BOCCACCIO '70 (1961) fort. Der Titel ist insofern programmatisch, als die Filmemacher – neben Visconti waren Fellini und de Sica beteiligt – nicht nur mit dem Namen »Boccaccio« Erotik signalisierten, sondern mit dem Jahres-Zusatz zu verstehen geben wollten, die Öffentlichkeit würde erst um 1970 für einen solchen Film reif sein. Ganz so gewagt war der Film aber doch nicht, denn er kam unbehindert in die Kinos (in Deutschland zugelassen ab 18 Jahre). Für Romy Schneider bedeutete er allerdings einen gravierenden Imagewechsel: »Aus ›Sissi‹ wurde ›sexy‹«, wie *Der Spiegel* resümierte (Anon. 1963, 84).

Die Handlung – einer Novelle von Maupassant entlehnt – ist recht einfach: Die reiche Comtesse Pupé entdeckt, daß ihr Mann regelmäßig bei Prostituierten verkehrt. Um es ihm heimzuzahlen, beschließt sie, ihm ihre Liebe nur noch gegen Geld zu geben. Die Episode, als Satire auf die reiche, gehobene Gesellschaft gedacht, ist vor allem durch das psychologische Spiel der Figuren gekennzeichnet. So zeigt sich Romy Schneider nicht nur erotisch freizügig – z. B. in einem aufsehenerregenden Striptease vor ihrem Mann –, sondern auch als nuancierte Schauspielerin, die einen für sie ganz neuen Typus Frau darstellt. Der Film wurde als

Komödie mit starker Betonung der Erotik angepriesen, etwa in Anzeigentexten wie »3xSex! Riskant! Galant! Pikant! Drei freche Abenteuer!« (Europa Filmverleih G.m.b.H. o. J.). In diesem Film findet man bereits zwei der zentralen Merkmale vollständig ausgeprägt, die für die gesamte weitere Entwicklung ihres Images bestimmend wurden: Erotik und schauspielerische Leistung: »Eine verwandelte Romy Schneider tritt uns in ›Boccaccio '70‹ entgegen. Striptease und Ehe als ›Job‹ gegen Bezahlung – das sind völlig neue Gebiete dieser verwandelten Schauspielerin« (ebd.). Und die *Frankfurter Allgemeine Zeitung* hob positiv hervor, sie habe bewiesen,

daß sie eine großartige Entwicklung hinter sich hat. Sie ist bewußt und gescheit, sie läßt die Figur des verwöhnten Wesens ganz in der Schwebe zwischen Nervosität, Impuls und Berechnung. Die Aktricen der anderen Filme spielen ihren Typ – Romy Schneider spielt eine Rolle: ein von Katzen umgebenes Geschöpf zwischen Anmut, Natur und Dekadenz, zwischen Kälte und Caprice. Sie steht nun gewiß in der ersten Reihe. (Wagner 1962).

Andere Zeitungen waren zurückhaltender, wenn auch positiv in ihrer Einschätzung: »Eine fertige Schauspielerin ist sie noch nicht, aber in der Schule italienischer und französischer Regisseure kann sie es bei ihrer spürbaren Gelenkigkeit und Lenkbarkeit zu einer attraktiven, reizvollen Filmschauspielerin bringen. [...] Sie mausert sich noch.« (K. B. 1962).

Auch wenn der Film und die ›neue‹ Romy eine gewisse kritische Anerkennung fanden, blieb der Publikumserfolg in Deutschland gemischt. Aber auch das sollte typisch für die weitere Starkarriere werden: Anerkennung als Schauspielerin – im Ausland darüber hinaus auch als Filmstar – und eine weiterhin ambivalente, sogar sehr oft aggressiv-ablehnende Haltung des breiten Publikums zur ehemaligen ›Sissi‹ in Deutschland. Romy Schneider setzte ihre »Metamorphose zur ernsthaften Schauspielerin« (Hanck/Schröder 1980) in den nächsten Filmrollen – DER KAMPF AUF DER INSEL (1961) und Orson Welles' DER PROZESS (1962), einer französisch-italienisch-deutschen Produktion – konsequent fort. Insbesondere die Arbeit mit Welles brachte ihr internationale Anerkennung und in Frankreich die Auszeichnung als »beste ausländische Darstellerin«. Ihre internationale Karriere erweiterte sie mit einem Aufenthalt in Hollywood und mehreren Rollen in amerikanischen Filmen, die allerdings nicht den erhofften großen Erfolg brachten.

Die ›Dauerverlobten‹ Romy Schneider und Alain Delon wurden immer wieder zum Objekt der Klatschpresse. Ein einschneidendes Ereignis war die 1964 erfolgte Trennung von Delon, der sich in seine spätere Frau Nathalie Barthélemy verliebt und Romy per Brief von seinem Schritt unterrichtet hatte, unmittelbar nachdem sie nach Hollywood gezogen war. Dieses gab Anlaß zu den verschiedensten Gerüchten und Berichten über Romys Gefühle (Seydel 1988, 214ff.). In Deutschland machte sich zudem Schadenfreude bemerkbar. Hier war man bereits ihrem Wechsel nach Frankreich und ihrer Liebe zu Delon mit Hohn und Feindschaft begegnet. Die Liebe der Fans und ihr Besitzergreifen des Stars als Objekt schlug jetzt in offene Aggression und Haß um. Man warf ihr Arroganz und Undankbarkeit vor, so beispielsweise mit Gerüchten, sie würde sich weigern, deutsche Filmangebote in Erwägung zu ziehen und deutsch zu reden. Durch die Liebesaffäre mit Delon hatte ihr Privatleben zum ersten Mal den Stoff für Schlagzeilen und Skandale geboten. Sie markierte zudem einen radikalen Bruch mit ihrem bisher jungfräulichen Image. Beides war von den Klatschkolumnen ausgeweidet worden. Die Trennung ließ sich nun als die verdiente Strafe darstellen.

Neue »Nahrung« bekam die auf Skandale lauernde Öffentlichkeit, als Romy Schneider sich in den deutschen Theaterregisseur Harry Meyen verliebte, der zu diesem Zeitpunkt noch verheiratet war. Nach seiner Scheidung heirateten die beiden im Jahre 1966, und Romy Schneider zog zu ihm nach Berlin. Ihre letzten Filme waren wenig erfolgreich gewesen, und mit der Geburt ihres Sohnes David gab sie zunächst ihre Filmarbeit auf. Durch ihre Rückkehr und die Familiengründung gewann Romy wieder an Ansehen in Deutschland. Die Wiederbesinnung auf die konventionelle Familie ermöglichte eine gewisse Versöhnung und einen Anschluß an das frühere Image des ›braven‹, ›guten‹ Mädchens, das jetzt als ›Mutter‹ wieder ›anständig‹ lebte. Zugleich geriet sie in Frankreich, wo sie eher als Schauspielerin denn als Persönlichkeit geschätzt wurde, zunehmend in Vergessenheit.

4.5 Charakterdarstellerin und ›moderne Frau‹

Sehr lang hielt Romy Schneider das Leben als ›Nur-Hausfrau‹ nicht aus. Sie hatte sich selbst immer viel zu sehr durch ihren Beruf definiert, um lange ohne die Filmarbeit auszukommen. So übernahm sie eine Rolle in der britischen Agentenpersiflage OTLEY (1968), die aber ein Mißerfolg wurde, in Frankreich und Deutschland nicht einmal in den Verleih kam und ihre Karriere nicht wieder in Gang setzte. Ihr Comeback folgte aber im selben Jahr.

›Comeback‹ mit Delon

DER SWIMMINGPOOL (1968, Jacques Deray) erregte nicht zuletzt deswegen Aufsehen, weil Romy Schneider wieder gemeinsam mit Alain Delon agierte, was natürlich Stoff für die Klatschblätter ergab und – wohl von Produzentenseite nicht unbeabsichtigt – beim Publikum Erwartungen weckte, im Film etwas über das Privatleben der ehemaligen Verlobten zu erfahren. Zwar gibt es im Film kaum echte Bezüge zum realen Leben der Schauspieler, aber seitens Presse und Publikum wurde der Film dennoch so gedeutet. Als Anlaß reichte es, daß Schneider und Delon ein Liebespaar spielten, und ebenso, daß es im Film um eine Eifersuchtsgeschichte zwischen einem anderen Mann und der Delon-Figur ging und diese zum Mörder wird. Denn in der Öffentlichkeit wurde zu diesem Zeitpunkt über einen Zusammenhang zwischen Delon und dem Mord an seinem Leibwächter Stefan Markovich sowie über seine Verbindungen zur Unterwelt gemunkelt [Jürgs 1991, 129–131]). Hauptgegenstand der Regenbogenpresse aber wurde die vermutete Romanze zwischen Romy und Delon, der gerade von seiner Frau geschieden war. Ein Interview mit Romy Schneider, in dem sie jeden Zusammenhang zwischen dem Film und ihrem Leben widersprach, gehörte zum PR-Material des Films:

»Der Film hat nichts mit meiner Vergangenheit zu tun und war eine erfreuliche Zusammenarbeit mit meinem Kollegen Alain Delon, mit dem mich auch heute noch eine gute Freundschaft verbindet. [...] Auf die ›reisserischen Presseberichte‹ reagierte mein Mann eher amüsiert, da er nicht nur diese Art Presse, sondern auch mich – in den fünf Jahren unseres Zusammenlebens – kennengelernt hat.«. (Teampress Presseagentur o. J.)

Solche Dementis wurden allerdings nur wenig beachtet, und sogar die *Frankfurter Allgemeine* schrieb zum Film:

Jacques Deray hat die ewigen Verlobten Romy Schneider und Alain Delon in seinem »Swimming-pool« zum ersten Mal nach ihrer Trennung wieder zusammengebracht, und er nutzt die pikante Biographie seiner Protagonisten geradezu schamlos aus. Der Zuschauer weiß genug über die beiden, neue Dialoge sind kaum noch nötig. Die Handlung darf lose geknüpft sein, leicht läßt sich mit »wahrem Leben« füllen, was im Film schiere Leere geblieben ist. (m. f. 1970).

Allein die Kenntnis davon, daß Schneider und Delon ein Liebespaar waren, änderte die Zuschauerhaltung, gerade im Fall der betont erotischen Liebesszenen. Auch wenn man nur eine gute schauspielerische Leistung zu sehen bekommt, erhalten sie durch das Wissen um die außerfilmische Realität eine andere Wirkung, da man einem ›echten‹ (obwohl ehemaligen) Liebespaar in intimen Situationen mit einem betont voyeuristischen Charakter zuschaut.

DER SWIMMINGPOOL wurde ein großer Erfolg, nicht nur aufgrund derartiger sekundärer Faktoren, sondern auch durch die eigenen Qualitäten der Handlung und der Figuren. Der Film erzählt auf atmosphärisch dichte und durchaus spannende Art, wie sich psychische Konflikte zwischen den Personen aufbauen, so daß es zu einem Mord kommt. Es geht um das Paar Marianne (Romy Schneider) und Jean-Paul (Alain Delon), die ihre Ferien in einer Villa nahe St. Tropez verbringen und sich hauptsächlich mit Faulenzen und mit der Liebe beschäftigen. Die Situation verändert sich jedoch grundlegend, als der gemeinsame Freund Harry (Maurice Ronet) mit seiner achtzehnjährigen Tochter Penelope (Jane Birkin) aufkreuzt. Unter der Oberfläche der Männerfreundschaft lodern unausgesprochene Rivalität und sogar Haß. Eifersucht kommt hinzu, denn Harry war der frühere Liebhaber von Marianne, und Jean-Paul zeigt sich sehr an Penelope interessiert. Auch zwischen den Frauen entspinnt sich eine Rivalität; Marianne flirtet mit Harry, und Penelope, die sich scheinbar entrückt und unbeteiligt durchs Leben bewegt, weiß wohl um ihre Wirkung auf Jean-Paul. Die beklemmende Atmosphäre kumuliert, bis sich die Aggression in Mord entlädt: Jean-Paul und Harry geraten in einen Streit über Penelope, und als der betrunkene Harry dabei in den Swimmingpool fällt, drückt Jean-Paul ihm den Kopf unter Wasser. Die oberflächlichen Polizeiermittlungen erbringen nichts, aber Marianne entdeckt die Schuld von Jean-Paul. So kann sie erreichen, daß er Penelope zu ihrer Mutter zurückschickt, und die beiden sind nun »durch das gemeinsame Erlebte zu sehr aneinander gefesselt, um sich zu trennen. Ihre Hölle beginnt ...« (Teampress Presseagentur o. J.).

Wesentlich an diesem Film ist nicht die Handlung – es passiert über lange Strecken nur Alltägliches, Banales, und die Dialoge sind sparsam und belanglos –, sondern die indirekte Figurenzeichnung und der langsame Aufbau der Spannungen zwischen den Personen. Auf diese Weise wird das gegenseitige Belauern, das Katz-und-Maus-Spiel zum Spannungsmoment, und die ruhige Kameraführung unterstreicht diese Stimmung der allmählich sich steigernden Beklemmung. Die Zentrierung auf die Beziehungen zwischen den Figuren statt auf ihre Handlungen macht den Film zum Psychodrama. Zugleich kommt dieser Filmstil Romy Schneiders Fähigkeit als Schauspielerin sehr entgegen, die hier mit Understatement und ihrem naturalistischen Stil eine unspektakuläre, aber doch sehr nuancierte Figur darstellt.

Romy Schneiders zweites filmisches Image ist nun bereits voll ausgeprägt. Alle wichtigen Merkmale sind hier zu finden: eine kühle, fast herbe Erotik, die Rolle der modernen, in gewisser Weise freien und unabhängigen Frau in einem Film, der sich vor allem auf die psychischen Befindlichkeiten der Figuren konzentriert. In verschiedenen Variationen ist dies die Rolle, die Romy Schneider in den folgenden Filmen, vor allem unter der Regie von Claude Sautet, verkörpert. DER SWIMMINGPOOL war für Romy Schneiders Image als internationaler Star sehr wichtig. Dennoch ist es bezeichnend, daß die deutsche Videofassung heute als Teil einer Delon-Reihe und nicht als Romy Schneider-Film vertrieben wird (Atlas Film/PolyGram Video).

Die ›moderne Frau‹

Die Zusammenarbeit mit Sautet begann mit DIE DINGE DES LEBENS (LES CHOSES DE LA VIE, 1969), in dem sie neben Michel Piccoli spielte. Die Erzählung ist um die Figur Pierre (Piccoli) zentriert, einem Mann in den Vierzigern, gewissermaßen in einer Midlife-crisis. Er ist mit Hélène (Romy Schneider) liiert, aber die Ehe mit seiner Ex-Frau Cathérine, mit der er einen Sohn hat, ist innerlich noch nicht völlig abgeschlossen. Ganz steht er nicht zu der Beziehung mit Hélène. Sie streiten sich. Er fährt ab, da er mit seinem Sohn einen gemeinsamen Urlaub in ihrem alten Haus verbringen will. Unterwegs geht ihm sein vergangenes Leben durch den Kopf, und er schreibt einen Abschiedsbrief an Hélène. Bevor er den Brief abschickt, überlegt er es sich anders: Er will Hélène jetzt heiraten, ruft sie an und läßt ihr ausrichten, sie solle ihn am selben Abend in Rennes treffen. Er fährt weiter und wird bei einem Autounfall schwer verletzt. Im Krankenwagen und auf dem Operationstisch erlebt er traumhaft wieder Szenen aus seinem Leben, kurz bevor er stirbt. Unter seinen Sachen findet seine Ex-Frau den Brief an Hélène, den sie zerreißt. Hélène, auf dem Weg zu Pierre, kommt am Unfallort vorbei, sieht seinen Wagen und eilt ins Krankenhaus und erfährt von seinem Tod, aber nicht von dem Abschiedsbrief.

Der Film wird vom Unfallzeitpunkt aus in einer verschachtelten Struktur erzählt. So weiß man erst vom Unfall und erfährt danach die Vorgeschichte. Eingebettet in die Autofahrt werden mit den Rückblenden aus der Zeit von Pierres Ehe weitere Informationen gegeben, diese durch seine Träume und Erinnerungen auf dem Weg ins Krankenhaus und während er stirbt, ergänzt. Der Film betont weniger die Handlung als vielmehr die indirekte Schilderung des Innenlebens der Protagonisten und ihrer Beziehungen zueinander. Auch in dieser Hinsicht bietet er wenig Sensationelles, sondern es geht, wie der Titel ankündigt, um die kleinen, alltäglichen ›Dinge des Lebens‹, wenn auch dramatisch zuge-

spitzt durch Unfall und Tod. Der Film wirkt jedoch nicht melodramatisch, sondern behält eine eher distanzierte, kühle Erzählweise, die berührt, ohne in Sentimentalität abzugleiten.

DIE DINGE DES LEBENS lief sehr erfolgreich in Frankreich und wurde von der Kritikern hoch eingeschätzt. Obwohl die Rolle der Hélène neben der im Vordergrund stehenden Piccoli-Figur von geringerer Bedeutung ist, hat sie viel zur Popularität von Romy Schneider beigetragen. Weit entfernt vom süßen Mädel im historischen Kostümfilm spielt sie hier – wie in vielen weiteren französischen Filmen – eine durchaus moderne Frau, die Eigenständigkeit und Kompetenz ausstrahlt:

Romy est enfin devenue Romy Schneider, comédienne d'aujourd'hui, capable d'endosser la personnalité d'une femme qui vit en 1969, qui a un amant, un métier, qui est libre, tonique, moderne. (Neuhoff 1980, 32).

Talent und Erfahrung, Intelligenz und Feinfühligkeit, Bild und Text ergeben hier die seltene Mischung, nie mehr zu sagen oder zu zeigen, als unbedingt notwendig. Man fragt sich verwundert, wie Romy Schneider so abrupt von Zärtlichkeit zu Aggressivität, von Hingabe zu Härte wechseln kann. Sie ist die ideale moderne Frau, die soviel fordert wie sie gibt. (*France-Soir*, 14.3.1970, zit. nach Benichou 1981, 236).

So wie der Film insgesamt anspruchsvolle, ernste Unterhaltung ist und die Geschichte – bis auf die lange Rückblende – konventionell erzählt wird, so läßt sich auch Romy Schneiders Leistung als Schauspielerin beschreiben. Glaubwürdig, effektiv, ohne sichtbare Anstrengung, also ›authentisch‹, spielt sie die Figur der Hélène. Daß diese Art der Darstellung auf schauspielerischem Können beruht und längst nicht mehr nur ›Naturtalent‹ oder ›Sich-Selbst-Spielen‹ war, wird u. a. durch ihre Wandlungsfähigkeit in weiteren Rollen belegt. Immer schlüpft sie in die jeweiligen Charaktere und läßt die Figur überzeugend und natürlich erscheinen. Dabei kam ihr ein Regisseur wie Sautet, der genaue Vorstellungen von den Charakteren hatte, entgegen. Für den experimentellen und improvisierten Schauspielstil der ›nouvelle vague‹ war sie allerdings weniger geeignet, wie die Zusammenarbeit mit Chabrol in DIE UNSCHULDIGEN MIT DEN SCHMUTZIGEN HÄNDEN (LES INNOCENTS AUX MAINS SALES, 1974) demonstrierte, die weder für sie noch im Ergebnis befriedigend war (vgl. Steenfatt 1989, 85). Ihre Fähigkeiten als Charakterdarstellerin lagen vor allem darin, die Nuancen einer Figur, vor allem ihre Gefühle und Persönlichkeit darzustellen. Die Filme dieser Phase, die sie sehr häufig als moderne Frau zeigen, machten sie zum führenden weiblichen Star in Frankreich.

Claude Sautet macht Romy zum Symbol für die moderne Frau, zärtlich und aggressiv, stark und unabhängig und Schutz suchend. Eine Kette von Eigenschaften, die der Regisseur mit viel Fingerspitzengefühl Romys eigenem Ich entlockt. (Bartolomei 1992, 85).

Im Glanze ihrer Schönheit und ihres Talents ist Romy zum Symbol moderner Weiblichkeit geworden – stark und zärtlich, emanzipiert und gescheit [...]. (Benichou 1981, 158).

In Deutschland hingegen wurden die Filme und ihre Leistung zwar von Kritikern gewürdigt, erreichten aber kein Massenpublikum. Auch nachträglich werden sie kritischer eingeschätzt. So bemängeln einige Kritikerinnen, daß die Romy Schneider-Figuren zu einem »neuen Star-Klischee« werden:

In ihr scheinen immer neue Personen verborgen, doch der äußere Schein trügt. Es ist nur *eine* Frau und Geschichte, um die es geht, die der scheinbar Emanzipierten, die dem Märchen von sexueller Freiheit als Emanzipation auf- und damit fast noch mehr als früher ›in der Tinte‹ sitzt. Die ›neue Romy‹ ist noch lange keine ›neue Frau‹. (Schneider 1984ff., E5).

Ihre Frauenfiguren werden als immer noch vom Mann abhängig und – obwohl berufstätig und selbstbewußt – doch weitgehend auf den privaten, persönlichen Bereich eingeschränkt gesehen.

Je eifriger Romy sich anstrengt, in ihrer Rolle das Beste zu leisten und darzustellen, wie gut frau in Beziehung zu einem Mann, zu zwei Männern, mit oder ohne Kind lieben, leiden, sich aufopfern, prostituieren kann, um so eindringlicher bestätigt sie sich und dem Publikum die Unterdrückung der Frau. (Steenfatt 1989, 95).

Von SISSI zu den Sautet- und späteren Schneider-Filmen führt eine direkte Linie, die der Identifikation und Kompensation. Es ist die des traditionellen Frauenfilms, der immer auf Mitleiden und Verschleiern wirklicher Widersprüche angelegt ist. Schon immer hat er ein Stück Mangel und Aufbegehren inszeniert, ein Stück Leiden am Alltag vorgeführt und schließlich die Resignation bestätigt, daß das Leben eben so ist, wie es ist. (Schneider 1984ff., E6).

Während diese Kritik auf einer theoretischen Ebene durchaus zutrifft, zielt sie zum Teil an der konkreten, zeitgenössischen Bedeutung von Romy Schneiders Starimage vorbei. Ihre Funktion war ähnlich wie der damalige kulturelle Diskurs über Frauen, der Momente der (auch sexuellen) Emanzipation mit der Behandlung als Objekt vermischte, durchaus ambivalent. Richtig ist auch, daß die Filme formal eher konventionelle Erzählfilme sind, die relativ geschlossene, ›runde‹, auf Mitgefühl gerichtete Figuren gestalten. Aber dadurch konnten sie – im Gegensatz zu den meisten der avantgardistischen, ›jungen‹ Filme – ein großes Publikum erreichen und dessen vielfältige Gefühle und Erfahrungen ausdrücken. Gerade die Mehrschichtigkeit charakterisiert nicht nur die Figuren, sondern auch die kulturelle Umbruchzeit, die sie repräsentierten:

[Romy Schneider] hat in den letzten Jahren immer einen außerordentlich modernen Frauentypus gespielt, Frauen, die sich selbst, aber auch einem Mann gehören wollten, Menschen, die Neues wollten, aber dem Alten noch verhaftet waren. (Schwarze 1982a).

Befreit zwar vom alten Frauenbild, aber noch unfähig, das neue Frauenbild mitzuprägen, geriet sie in ein Vakuum. Insofern war sie eine Frauengestalt des Übergangs. (Borgmann 1982).

Nachdem Romy Schneider in den fünfziger Jahren das Bild des natürlichen, unschuldigen Mädchens verkörpert hatte, brachte die zweite Phase ihrer Karriere ein in vieler Hinsicht ebenfalls verdichtetes, stereotypisiertes Frauenbild hervor:

In den darauffolgenden Jahren spielt Romy Schneider, dieses ›größte Geschenk Deutschlands seit Marlene Dietrich‹, in allen Filmen von Sautet diesen einen Frauentyp: irgendwie modern, immer ein bißchen berufstätig, vor allem aber die ganz große Liebende und ›ganz Frau‹. Oder aber sie spielt (bei anderen Regisseuren) Frauen, die ganz Opfer sind. Und sie tut das immer in der ihr eigenen leidenschaftlichen, distanzlosen Art und Weise. (Schwarzer 1998, 153).

Romy Schneider blieb ein klassischer Star und wurde nicht zum ›Anti-Star‹ des neuen Films. Fassbinder soll sie für die Hauptrolle in DIE EHE DER MARIA BRAUN vorgesehen und auch später, kurz vor ihrem Tod, einen ›Sissi‹-Film mit ihr erwogen haben (Benichou 1981, 171). Es fällt allerdings schwer, sich Romy Schneider in diesen Rollen vorzustellen. Ihr Schauspielstil unterschied sich zu deutlich von dem, den Fassbinder bevorzugte. Auch ihr Starimage, das in dieser Zeit zwar viele private Aspekte umfaßte, aber vorrangig auf ihrer Qualität als Charakterdarstellerin basierte, wäre nicht geeignet gewesen, als kulturelle Ikone zitiert zu werden, etwa wie Godard ›Brigitte Bardot‹ in DIE VERACHTUNG (1963) einsetzte.

Charakterrollen: Huren, Monster und die zerbrochene Frau

Romy Schneider versuchte auf andere Art, ihr Image zu erweitern, einerseits mit extremen Rollen – im Fall von TRIO INFERNAL (1974) sogar einer sehr provozierenden und schockierenden –, andererseits immer wieder mit Auftritten in Filmen, die sich kritisch mit Deutschland und insbesondere mit dem ›Dritten Reich‹ auseinandersetzten.

Die Erotik – insbesondere ein unbekümmerter, selbstverständlicher und natürlicher Umgang mit Sexualität und Nacktheit – gehörte zu den meisten ihrer Rollen als ›moderne Frau‹, aber in einigen hatten sie darüber hinausgehend eine herausfordernde Seite. Schon in BOCCACCIO '70 verkörperte sie eine Frauenfigur, die aus enttäuschter Liebe ihrem Mann die Prostituiertenrolle vorspielt. In ihrer weiteren Karriere übernahm die ehemalige ›Sissi‹ einige durchaus provokante Frauenrollen. Im Film DAS MÄDCHEN UND DER KOMMISSAR (MAX ET LES FERRAILLEURS, 1970, Claude Sautet) spielt sie die Vorstadtprostituierte Lilly, die von dem skrupellosen Polizisten Max (wieder Michel Piccoli) ausgetrickst und ausgenutzt wird, der ihre Freunde – eine Bande von recht harmlosen kleinen Dieben – zu einem Bankraub anstiftet, um sie dann verhaften zu können. Ausgestattet mit der entsprechenden Garderobe und äußeren Attributen spielt Romy Schneider eine Frau, die abgebrüht und zynisch geworden ist und auch vulgär erscheinen kann. Hervorzuheben ist hierbei, wie sie das Gefühlsleben der Figur entwickelt, eine Mischung aus Ehrgeiz, Habgier, Mißtrauen, Lebenshunger und zugleich die Hoffnung und Liebesfähigkeit zeigt, die sie verletzbar, ausbeutbar und trotz aller Stärke zum hilflosen Opfer machen. Ihre Rolle als ›Hure‹ basiert vor allem auf der emotionalen Wirkung und darstellerischen Virtuosität und eben nicht nur auf Erotik. Die Mischung aus Schamlosigkeit und bürgerlicher ›Anständigkeit‹ war für die Ausweitung ihres Images prägend, ebenso wie Stärke und Verwundbarkeit, Eigenständigkeit und Abhängigkeit in diesen Filmen zu ihrer Ausstrahlung gehörte.

Eine andere, skandalösere Herausforderung für die Öffentlichkeit brachte der zynisch-ironische Film TRIO INFERNAL (1974, Francis Girod). Hier ist sie wieder mit Michel Piccoli zu sehen, jedoch sind die Rollen anders verteilt. Piccoli, ein abgebrühter, skrupelloser Anwalt, der nicht einmal vor Betrug und Mord zurückschreckt, um an Geld zu kommen, wird an Kaltblütigkeit durch die Schneider-Figur noch übertroffen. Der Film basiert auf der realen Geschichte eines Mannes und zweier Schwestern, die mehrere Leute umbrachten, um die Lebensversicherungen zu kassieren. Sexuelle Freizügigkeit und eine Dreierbeziehung zwischen dem Anwalt Georges Sarret (Piccoli), Philomena Schmidt (Schneider) und ihrer Schwester waren in dieser Zeit sicher noch provokativ; schockierender aber waren der zynische Ton des ganzen und insbesondere die Mischung aus Komik und Grausamkeit der Figuren. Ihre Serie von Morden erreicht einen Höhepunkt, als sie ein Paar umbringen und anschließend die Leichen mit Schwefelsäure in der Badewanne auflösen, um sie eimerweise im Garten zu beseitigen. Daß es in dieser Szene nebenbei zu erotischen Spielen zwischen Sarret und Schmidt kommt, ist nur noch das I-Tüpfelchen.

Durch die Kombination von Brutalität, Zynismus, Ekel, makabrer Ironie und kalter, emotionsloser Sexualität schockierte der Film. In Romy Schneiders Rolle gibt es zwar Momente, in denen sie schön, glamourös und sexuell anziehend erscheint, die aber zugleich immer durch die Kälte und Unmenschlichkeit der Figur überschattet sind. Hier hat sie absolut nichts mehr vom lieben Mädchen, nicht einmal etwas von der anständigen Frau ihrer sonstigen Rollen. Entsprechend fielen die Reaktionen auf den Film sehr unterschiedlich aus: »von den einen beklatscht, von den anderen verpfiffen« (Benichou 1981, 138). Eine Kritikerin lobte Romy Schneider als »in dieser vulgarisierten Lady-Macbeth-Rolle ausgezeichnet«, empfahl aber angesichts der unappetitlichen Filmhandlung, »Papptüten, wie sie in Flugzeugen üblich sind«, beim Kinobesuch mitzubringen (Jeremias 1974). Manche Reaktionen gerade von deutschen Zuschauern fielen noch extremer aus. Jürgs zitiert Äußerungen in Briefen an sie wie »Du Sau, bleib wo Du bist« und »Daß sie zu den letzten Ekelhaftigkeiten greifen muß, macht sie nicht fortschrittlicher« (1991, 177). In TRIO INFERNAL, wie auch im folgenden Film NACHTBLENDE (1974), in dem sie eine heruntergekommene und verzweifelte Schauspielerin darstellt, bewies Romy Schneider ihre große Wandlungsfähigkeit. Mit relativ wenig Effekten glaubhaft und wirkungsvoll verkörperte sie sehr verschiedenartige und extreme Typen von Frauen, die von ihren bisherigen Rollen stark abwichen.

Gerade dieses Engagement als Prostituierte oder sexuell freizügige Frau könnte man leicht als ein ständiges Ankämpfen gegen das ›Sissi‹-Image deuten. Das gleiche gilt für die außerfilmische Darstellung von Nacktheit und Erotik, etwa in Fotoserien für die Illustrierten, Bildbänden (und heute noch auf verschiedenen Internetseiten). Es war aber auch ein Teil ihrer Bemühungen, als ernsthafte, wandlungsfähige Schauspielerin und erwachsene Frau wahrgenommen zu werden. Auch wenn sie es geschafft hat, ihr Image in diese Richtung zu erweitern, blieb Sissi stets als Basis-Image präsent, wie z. B. die Pressenotizen zu TRIO INFERNAL zeigen:

> Aus ist der Traum, der für Romy Schneider zum Trauma wurde: ihre Sissi ist tot. Man kann in diesem Fall von Selbstmord sprechen. Denn ihre Mörderin ist Romy Schneider selbst. Sie präsentiert jetzt in dem Humor-Horror-Hit »Trio Infernal« als Killer-Girl ohne Moral und Charakter. Blutverschmiert, aber glücklich als Schauspielerin, nimmt Romy als Mörderin nunmehr endgültig Abschied von den eigenen Mädchenjahren einer Filmkönigin. Nichts erinnert noch in dieser Furie von Frau an die darstellerische Blässe der Sissi-Interpretin. Dabei ist Romy, wenn es die Szene vorschreibt, heute schöner denn je. (Cinerama Filmgesellschaft mbH o. J. [1974]).

Dem ›Sissi‹Bild konnte Romy Schneider in Deutschland nicht entrinnen, egal wie weit sie sich in ihren Rollen davon entfernte. In einem Fernsehinterview bekräftigte sie:

> Ich bin weder lieb noch herzig und ich möchte endlich beweisen, daß ich eine Vollblutschauspielerin bin, die sich nicht auf bestimmte Rollen festlegen läßt. Ich werde alles versuchen, um von meinem Sissy-Image loszukommen. (Schwarzkopf 1982).

So hat Schneider immer wieder schauspielerisch und thematisch ›schwierige‹ Rollen angenommen. Unter anderem findet man mehrere Filme, die sich mit der deutschen Geschichte, insbesondere der Nazizeit, auseinandersetzen. LE TRAIN – NUR EIN HAUCH VON GLÜCK (1973), ABSCHIED IN DER NACHT/DAS ALTE GEWEHR (1975), GRUPPENBILD MIT DAME (1976/77) und DIE SPAZIERGÄNGERIN VON SANS-SOUCI

(1981) zählen dazu. Diese künstlerisch und inhaltlich sehr unterschiedlichen Filme stellen aber sicherlich eine ernsthafte, wahrscheinlich auch biographisch motivierte Beschäftigung Romy Schneiders mit dem Thema deutscher Vergangenheit und Identität dar (vgl. Steenfatt 1989, 118; Schwarzer 1998, 36–38, 206). Zugleich sind sie von den Rollen her typisch für die spätere Phase ihrer Karriere.

Romy Schneiders letzter Film, DIE SPAZIERGÄNGERIN VON SANS-SOUCI, war ein Projekt, das aus ihrer Initiative hervorging. Jahre vorher hatte sie sich mit der Idee beschäftigt, den gleichnamigen Roman von Joseph Kessel aus dem Jahre 1935 zu verfilmen. Auch nachdem sie sich die Filmrechte beschafft hatte, kamen immer wieder andere Filme dazwischen, bis sie 1981 Jacques Ruoffio bat, das Drehbuch zu schreiben und Regie zu führen.

Die Romanhandlung, angesiedelt im Nationalsozialismus und im Emigrantenmilieu in Paris, wird um eine Rahmenhandlung ergänzt, die die Geschichte bis in die Gegenwart verlängert: Max Baumstein (Michel Piccoli), der Vorsitzende einer Organisation, die sich für politische Gefangene in aller Welt einsetzt, lebt mit seiner Frau Lina (Romy Schneider) in Paris. Als er im Zuge seiner Arbeit den neuen Botschafter von Paraguay trifft, erkennt er in ihm den früheren deutschen Nazidiplomaten von Leggeart, der damals für die Ermordung seiner Pflegeeltern in Paris verantwortlich war. Baumstein erschießt von Leggeart und stellt sich der Polizei. Eine Serie von Rückblenden, die den größten Teil des Films ausmachen, erzählen die Vorgeschichte: Max Baumsteins Vater wird auf offener Straße von SA-Männern erschlagen. Den Jungen nehmen Elsa (auch von Romy Schneider gespielt) und Michel Wiener – zwei politische Flüchtlinge – zu sich. Elsa und Max fliehen vor den Nazis nach Paris, aber Michel, ein engagierter Verleger, wird verhaftet. Elsa schlägt sich als Cabaretsängerin und Amüsierdame durch. Der deutsche Botschafter von Leggaert interessiert sich für sie und nutzt seinen Einfluß, um Wieners Freilassung zu organisieren. Als Gegenleistung muß Elsa mit ihm schlafen. Als Michel in Paris ankommt, werden Elsa und er auf Veranlassung von Leggaerts erschossen. Zum Schluß kehrt der Film in die Rahmenhandlung zurück, als Max seiner Frau die Geschichte zum ersten Mal erzählt. Sie zeigt Verständnis für seine Tat und hält zu ihm. Er wird zu einer Gefängnisstrafe auf Bewährung verurteilt. In der deutschen Fassung kommt es zum Happy-End, in der französischen werden die beiden von Rechtsradikalen erschossen. Allerdings nicht erst das Happy-End bringt eine pathetische und sentimentale Note in den Film; beide Versionen rutschen ins allzu Gefühlvolle ab, wie einige Kritiker bemerkten (Schwarze 1982b; Schwarzer 1998, 206; Schneider 1984ff., E5). Die stark individualisierte Story und vor allem die Art der Inszenierung schränken die Wirkung des Films als Auseinandersetzung mit dem Faschismus ein.

Daß Romy Schneider hier eine Doppelrolle spielt – in der Rahmenhandlung die Geliebte und in den Rückblenden die Pflegemutter von Max –, wurde teils gelobt, aber auch kritisiert:

> Es ist keine glückliche Wahl. LA PASSANTE DU SANS-SOUCI (1982) – dem Ehemann und Sohn gewidmet – gerät zur Kolportage. Schneider spielt Elsa, die aus Deutschland flieht und durch die Beziehung zu einem Nationalsozialisten in Paris versucht, ihren Mann aus dem Konzentrationslager zu befreien, und Lina, die Jahre später durch ihren Mann mit diesem Fall in Verbindung gerät. (Schneider 1984ff., E5).

Die Doppelrolle sei verwirrend, schaffe »Zusammenhänge, die keine sind«, und erschwere »das Verständnis für die Geschichte, die ohnehin ihren Inhalt nur behauptet. Mit Hilfe von Großaufnahmen von Schneiders Gesicht. Das ist schön, weil es ein Erlebnis ist, in ihre Augen zu schauen. Das könnte man auch länger als eineinhalb Stunden lang.« (Heimgärtner 1982). Die photogene und ausdrucksstarke Wirkung ihres Gesichts wird häufiger hervorgehoben, auch von Rezensenten, die den Film eher ablehnen:

In Jacques Rouffios 1982 gedrehten Film ist Romy Schneider reines Bild wie nie zuvor. [...] Die schauspielerische Kontrolle verläßt Romy Schneider nie. Es muß diese Reserve sein, die an ihrem Frauenbild fasziniert, der Rest von stolzer Unergründlichkeit, die sie noch in der größtmöglichen Offenheit und Hingabe bewahrt. Ein eigentümliches Abwesendsein, das hin und wieder umschlägt in ein kurzes Überagieren. Sie allein kann es sich in dieser Form leisten. Wie sie die Augen glücksverzaubert schließt, ein schweres Atmen in der Brust Ergriffenheit anzeigt: bei anderen wirkt das schlecht und peinlich. (Dotzauer 1988).

Bei ›Die Spaziergängerin von Sans-Souci‹ handelt es sich um jenen Typus des französischen Kommerzfilms, dem Klischees und falsche Gefühle über alles gehen. Freundliche Menschen nennen so etwas einen Publikumsfilm, und zur Tragik der Romy Schneider gehört, daß sie oft, am Ende wohl zu oft, mit schlechten Regisseuren wie Jacques Rouffio zusammengearbeitet hat. [...] Immerhin gibt es Augenblicke, in denen das einzigartige Talent der Romy Schneider aufscheint, in dem die Pose von einer neurotischen, jedenfalls hochsensiblen Schauspielerpersönlichkeit überwältigt wird; Momente, die einen über ein halbwegs vertanes Künstlerleben sinnieren lassen. (Schwarze 1982b).

Romy Schneiders Starpräsenz beruhte sicherlich zum Teil auf der Wirkung ihres Gesichts und ihrer fein nuancierten Mimik, die in den häufig langen Naheinstellungen – auch in ihren populären und typprägenden Filmen von Sautet – besonders wirksam sind. Ihr Ruf als Charakterdarstellerin basierte ebenso auf der Fähigkeit, sich nicht nur schön und glamourös zu präsentieren, sondern auch verzweifelt, erschöpft, abgelebt und ›am Ende‹ zu erscheinen, wie als Amüsierdame in DIE SPAZIERGÄNGERIN VON SANS-SOUCI. Besonders in den letzten Jahren schlossen solche Bilder auch an ihr Privatimage an. So ließ sie sich 1981 im Rahmen eines *Stern*-Interviews – mit dem Titel »Im Moment bin ich ganz kaputt ...« – in einer großen Fotoserie nicht nur lachend und aufgekratzt, sondern auch ungeschminkt, nachdenklich und zutiefst betrübt ablichten (Höllger/Jürgs 1981; vgl. Lebeck 1986). Ihre eigene Tendenz zu Selbstzweifeln und Depressionen sowie die massiven ›Schicksalsschläge‹ der letzten Jahre – u. a. der Selbstmord des Ex-Mannes, der grausame Unfalltod ihres Sohnes 1981, die Scheidung vom zweiten Mann, eine lebensgefährliche Nierenkrankheit – machten es mehr als glaubwürdig, wenn Schneider Trauer, Zweifel und Niedergeschlagenheit im Film darstellte. Die private Trauer wurde auch zum Element ihres Images und macht ihr Schauspiel authentisch, vor allem in den Szenen mit dem jugendlichen Darsteller von Max Baumstein. Daß sie zunächst überlegt hatte, ihren Sohn diese Rolle spielen zu lassen – auch wenn sie diese Idee schließlich verwarf (Riess 1990, 88) –, erhöhte das Pathos und verwischt die Trennung zwischen Film und Leben, z. B. in

[...] une scène particulièrement difficile : Elsa, envahie par l'émotion, demande au petit Max de lui jouer un air de violon, son regard soudain noyé de larmes, son visage torturé ne peuvent que nouer la gorge du spectateur car ce calvaire, exprimé avec tant de vérité, n'est plus celui d'une comédienne mais celui d'une mère. (Pommier 1983, 169f.).

Mit diesem letzten und ihren vorangegangenen französischen und internationalen Filmen hat sich Romy Schneider zu einer ernstgenommenen und geschätzten Schauspielerin entwickelt – zumindest außerhalb Deutschlands. Sie war einer der führenden weiblichen Stars des gehobenen europäischen Unterhaltungsfilms geworden. Schneider spielte vornehmlich in einer spezifisch europäischen – vor allem französischen und italienischen – Gattung von Filmen, die zwar nicht den typischen Mustern der Hollywood-Unterhaltung folgten, sich aber auch nicht als Kunstfilm definierten wie die ›nouvelle vague‹ oder der ›junge deutsche Film‹. Es waren anspruchsvolle ›Qualitätsfilme‹ mit guter schauspielerischer Leistung und ernsten Themen, jedoch formal keineswegs avantgardistisch oder experimentierend. Mit einer gewissen, damals durchaus provozierenden Betonung der Erotik gehören sie deutlich in das Umfeld der sechziger und siebziger Jahre.

4.6 Romy Schneider: »Ich bin wohl recht unlebbar für mich selbst ...«

Romy Schneiders Filmkarriere machte nur den einen Teil ihres Starimages aus. Die andere Seite war ihr (öffentliches) Privatleben, das immer wieder Stoff für die Presse bot und bis heute Objekt von Spekulationen geblieben ist. Als »Jungfrau von Geiselgasteig« wurde sie mit ihren frühen Filmrollen identifiziert und darüber hinaus als Tochter von Magda Schneider von Interesse. Aber spätestens die Affäre mit Delon machte sie zum bevorzugten Objekt der Klatschkolumnen. Es gehört zum Star, daß die Öffentlichkeit – vor allem Presse und Fans – seine Person und sein Privatleben ›in Besitz‹ nehmen. Im Fall Romy Schneiders geschah dies, teils gegen ihren manchmal sogar erbitterten Widerstand, teils mit ihrer aktiven oder passiven Mithilfe. Details aus ihrem Leben wurden aufgespürt oder erfunden. Die Öffentlichkeit drängte sich in die persönlichsten Momente ihres Lebens hinein – am drastischsten beim Tod ihres Sohnes –, und sie wurde in der (deutschen) Presse als Schauspielerin, aber vor allem als Person häufig und heftig angegriffen. Andererseits baute sich auch ein positives Image um sie herum auf, das oft gerade auf der Widersprüchlichkeit, Gebrochenheit und Tragik ihrer Person und ihres Lebens basierte.

Zwischen Romy Schneiders öffentlichem Leben und Privatimage gibt es einige schillernde Widersprüche. Zum einen wird oft ein Konflikt zwischen Arbeit und Privatleben, zwischen Film und Leben konstruiert. Zum anderen findet man als ein zentrales Motiv Romys Unfähigkeit zum Leben, ihre innere Zerrissenheit und die Serie von Schicksalsschlägen, die als Ursache für ihren frühen Tod und für die Tragik ihrer Figur registriert werden. Damit verbunden ist die ausgeprägte Darstellung von Romy als Opfer, die insbesondere in neueren Veröffentlichungen im Sinne einer revisionistischen Zeichnung des Romy-Bildes – etwa bei Michael Jürgs und Alice Schwarzer – eine immer wichtigere Stellung einnimmt. In all diesen Image-Schwerpunkten bilden Liebe und Sexualität einen zentralen Kern.

Beruf versus Leben

Die Unvereinbarkeit von Kunst und Leben hat eine lange Tradition in romantischen Konzeptionen des Künstlers und ist ebenso häufig in populären Starimages anzutreffen. Dies hat sicherlich mit den realen Lebens- und Arbeitsbedingungen vieler Filmstars und anderer Prominenter zu tun: die Hatz durch die Medien, die Unmöglichkeit, ein ›normales‹ Privatleben zu führen, die extremen Erwartungen an Stars und auch die Motivationen, die dazu führen, daß Menschen ein Leben in der Öffentlichkeit suchen. Als Imageelement hat diese Dichotomie zudem spezifische Bedeutungen für das Publikum. Sie stellt die Distanz des Stars zum ›normalen Leben‹ heraus und erlaubt es, sehr unterschiedliche – positive wie negative – Gefühle mit einer Person zu verbinden. Man kann den Star als Idol und zugleich als Opfer der Öffentlichkeit betrachten und darauf mit Mitgefühl oder auch mit Überlegenheit reagieren, da man glaubt, ihr Leben besser als sie selbst einschätzen zu können – eine Betrachtungsweise, die auch in den Biographien vorherrscht. Bei Romy Schneider entwickelte sich die Trennung zwischen Beruf und Leben als Teil ihres Images zunächst aus ihrem Widerstand gegen die Festlegung auf die ›Sissi‹-Figur:

> Die Rolle der Sissi hat Romy Schneider berühmt gemacht, diese Rolle hat ihr Image geprägt, und von diesem Image kam sie, in Deutschland zumindest, nicht mehr los – das ist, grob zusammengefasst, die Bilanz des beruflichen Lebens einer Schauspielerin, die, wie sie selber einmal meinte, nie aus dem *Widerspruch von Beruf und Leben* herausgefunden hat. (Anon. 1982).

Der vergebliche Versuch, sich von dieser Einengung zu befreien, wird ebenfalls als Erklärung für Romy Schneiders eigene Imagebildung und sogar ihr Leben angeführt:

> Die Tragik im Leben der Romy Schneider lag nicht zuletzt in dem verzweifelten Versuch, sich von der Übermacht dieses Kinoklischees [SISSI] zu befreien. So war dieses Leben über Gebühr Kampf. Noch Jahre später ließ sie sich unbekleidet ablichten, um der Erinnerung an die Naivität und die Unschuld jener Figur, die zu ihrem Schicksal zu werden drohte, auszulöschen. (Schwarze 1982a).

Die Mädchenhaftigkeit von ›Sissi‹ und anderen frühen Rollen, kombiniert mit der Abhängigkeit von den Eltern bzw. dem Stiefvater Blatzheim, wurde zu einer Bedrohung, vor der Romy Schneider ihr ganzes Leben lang entfliehen wollte. Jede Biografie setzt andere Akzente, aber für alle werden Kindheit und Jugend zu einer – meist nie wirklich erklärten – Motivation ihrer weiteren Ziele und Probleme. In fast allen Lebensschilderungen wird ein Zettel erwähnt, mit einem von ihrem Vater Albach-Retty aufgeschriebenen Spruch: »Steck deine Kindheit in die Tasche und renne davon, denn das ist alles, was du hast« (zit. nach Jürgs 1991, 10). Dieses Papier, das Romy Schneider noch bei ihrem Tod bei sich trug, dient vielen Biographien als vieldeutiger, letztlich aber wenig erhellender Schlüssel zu ihrem Leben. Die darin enthaltene Aussage verweist aber auf verschiedene Momente ihres späteren Images: Flucht, Einsamkeit, kein (eigenes) Leben besitzen, die Suche nach Glück etc. Der öffentliche Druck auf Stars, besonders hervorgehobene Individuen zu sein, tendiert auch dazu, sie als tragische, gespaltene Persönlichkeiten zu produzieren. So auch bei Romy Schneider:

Sie gehört heute zu jener tragischen Runde, in der Marilyn, Jean Harlow oder Rita Hayworth die Hand gibt. (Botti 1992, 13).

Romy, eine »schwache Frau«, ist aber auch ein Star. Ihr Erfolg im Film geht Hand in Hand mit dem Fluch, der auf den Gefühlen lastet. (Botti 1992, 9).

Faßt man Romys Leben chronologisch zusammen, dann gelangt man vom Glück zum Unglück - der unerbittliche Weg eines mit Ehrungen überhäuften Stars, der immer einsamer wird, vielleicht gerade wegen all dieser Ehren. (Botti 1992, 13).

Das Leben der Filmschauspieler spielt sich gewöhnlich im Rampenlicht der Öffentlichkeit ab; derlei gehört zum Geschäft. Gleichwohl bedeutet das für die Betroffenen auch vergrößertes, multipliziertes Leiden. Denn die Anteilnahme der vielen ist sicherlich nicht frei von sadistischen Momenten. Bewunderung, Neid, Schadenfreude mögen ineinanderfließen. Romy Schneiders ›Affären‹ haben in diesem Sinne zweifellos für zwielichtige Mitgefühle gesorgt. Das Leben der Schauspielerin Romy Schneider war darüber hinaus verfolgt von einer kaum abreißenden Kette von Schicksalsschlägen, die von keiner noch so starken Persönlichkeit zu kompensieren waren durch verbissene Arbeit und berufliche Erfolge. [...] Eine Frau, die viel erreicht hatte durch zähen Willen, große Begabung und Intelligenz, aber betrogen wurde um das scheinbar selbstverständliche: um ihr Leben. (Jungheinrich 1982).

Trotz mancher Tirade gegen die Boulevardpresse und trotz ihrer Weigerung oder Unfähigkeit in manchen Situationen, imagegerecht aufzutreten (vgl. Schwarzer 1998, 11-13), hatte Romy Schneider auch eine - wie sie selbst sagte (Seydel 1990, 222) - exhibitionistische Seite, die auch in der Zwiespältigkeit ihres Images zu finden ist:

Dieser Widerspruch zwischen dem Sich-produzieren-Müssen und dem Sich-nicht-produzieren-Wollen hat Romy Schneider nie lösen können. Auf der einen Seite verdammte sie - sicher zu recht - die ihr auflauernden Skandalreporter. Auf der anderen Seite empfing eine strahlende und gutgelaunte Romy internationale Starfotografen, die sie nackt fotografieren durften. (Lubowski 1987).

Krasser, und stärker auf die Person Romy Schneider bezogen, faßte ihr Biograf Michael Jürgs die Dichotomie von Beruf und Leben zusammen: »Romy Schneider. Geschminkt ein gefeierter Weltstar, ungeschminkt ein kaputter Mensch« (Jürgs 1986, 11).

Nicht nur die öffentliche Rolle, sondern auch die konkreten Bedingungen ihrer Arbeit und ihrer finanziellen Situation erzeugten einen starken Druck. Da sie die Regelung ihrer finanziellen Verhältnisse einer Reihe von Männern - ihrem ›Daddy‹ Blatzheim oder Sekretär und Ehemann Biasini - überließ, die wohl eher zum eigenen als zu Romys Vorteil handelten, war sie immer gezwungen zu arbeiten. Und dieses tat sie mit einem teilweise erstaunlichen Tempo: mit bis zu fünf Filmen in zehn Monaten (Riess 1990, 63). Trotzdem hinterließ sie bei ihrem Tod nur enorme Steuerschulden. Auch darin sieht z.B. Jürgs eine Ursache für ihren frühen Tod:

Sie muß drehen, sie muß arbeiten, selbst nach vierundvierzig Filmen hat sie nicht genügend gespart, um aufhören zu können, hat sie nie bekommen, was sie verdient hätte. Insofern ist die finanzielle Ausbeutung der Romy Schneider neben ihrer todessehnsüchtigen Lebensweise zwischen Alkohol und Tabletten und neben ihren privaten Tragödien sicher eine weitere Ursache für ihren frühen Tod. Auch an dem Druck, immer und immer wieder in neue Rollen schlüpfen zu müssen, immer und immer wieder sich selbst aufgeben zu müssen, dabei geplagt von einem krankhaften Lampenfieber, das trotz aller Routine blieb, ist sie letztlich zerbrochen. Zweifellos war es Selbstmord, was Romy Schneider ihrem Leben angetan hat. (Jürgs 1991, 270).

Eine zerrissene Persönlichkeit

Die Zerrissenheit Romy Schneiders läßt sich weniger aus ihrem Beruf denn als ein grundlegender Charakterzug deuten. So scheinen unvereinbare Gegensätze ihr Leben und auch ihre Persönlichkeit zu bestimmen, gerade in den resümierenden Rückblicken und Nachrufen:

Auch jetzt, vier Jahre nach ihrem Tod, gibt es das Bild nicht und nicht den Begriff, auf den diese Frau sich bringen ließe. Wenn sie etwas war, dann war sie immer auch das Gegenteil davon, wenn sie etwas nicht war, dann konnte sie es immer doch auch sein: bis zur Besessenheit tüchtig im Beruf und verzweifelt untüchtig im Alltag; ebenso gefallsüchtig wie uneitel; ebenso arrogant wie bescheiden; selbstmitleidig und selbstironisch; zum Theatralischen neigend und Theatralisches verulkend; finanziell ausbeutbar und emotional ausbeuterisch; eine raffinierte Verführerin und eine schüchterne Geliebte; voller Starallüren und stinknormal; gescheit und ungebildet; egozentrisch und selbstlos; wehleidig und tapfer; offenherzig und verschlossen; diszipliniert und sich gehenlassend; eine liebende Mutter und eine unfähige [...] Romy Schneider war all dies und eine Menge mehr. (Lebeck 1986, 128).

Ihr Instinkt trieb sie zu den Extremen, wie ein Pendel. Sie war die Flamme und sie war das Eis, sie war die Weisheit und sie war die Torheit, sie war die Großzügigkeit und sie war die Berechnung, sie war der Frieden und sie war der Krieg, die Freude und die Angst. Mit diesen Widersprüchen hatte sie alles, um die verschiedenen Persönlichkeiten in ihren Filmen zu spielen - und sie hatte nichts von dem, was man braucht, um ein friedliches, normales Leben zu führen, nach dem sie sich so sehnte ... (Zitat aus der Trauerrede von Jacques Rouffio in: Jürgs 1991, 46).

Das Schwanken zwischen Extremen ist keine nur fremde Deutung, sondern gehört auch zum Selbstbild, das Romy Schneider in der Öffentlichkeit entwarf:

›Ich bin halt ein Nerverl‹, sagte Romy Schneider über sich. ›Mir ist alles zuzutrauen. Heute bin ich verrückt vor Glück. Morgen will ich mein ganzes Leben umkrempeln. Übermorgen lasse ich mich von Minderwertigkeitskomplexen und Depressionen auffressen. Dann finde ich mich wieder umwerfend, unwiderstehlich, bin das seligste Wesen unter der Sonne.‹ (Lubowski 1987).

Der innere Zwiespalt Schneiders wird teils ihrem Leben als Star, teils ihrer Familiengeschichte angelastet, liefert aber ihrerseits auch eine Erklärung für ihre Beziehung zu Delon und ihre Ehen mit dem Berliner Theaterregisseur Harry Meyen und mit ihrem Sekretär Daniel Biasini, als Bedürfnis nach Liebe und Geborgenheit:

Die fast hektische Suche nach dem eigenen Glück, nach der eigenen Identität, paarte sich mit einer starken Sehnsucht nach Harmonie. Sie habe immer danach gesucht, nach einem Raum der Stille, wo sie mit einem Mann und Partner zurückgezogen leben könne. Doch die Verbindungen mit Männern, die sie einging, erlaubten keineswegs die Partnerschaft, die auf Zuneigung und gegenseitiges Respektieren gründet. Delon, Biasini und andere waren schöne, oft rücksichtslose Männer, zu denen sie gerne aufsah, mit denen sie aber nicht leben konnte. (Borgmann 1982).

So erscheint ihr Leben zum großen Teil als Suche nach einem Selbstbewußtsein, »das Romy Schneider zeit ihres Lebens nie hatte und immer nur in der Bestätigung durch Männer zu finden glaubte. Die Anbetung, ja Vergötterung von Harry Meyen in der Berliner Zeit ist nur so erklärbar« (Jürgs 1991, 122). Ihre Ehen und Liebesbeziehungen laufen nach einem wiederkehrenden, fatalen Muster ab: »Sie scheint glücklich, weil sie bei einem Mann schwach sein darf, den sie für stark hält« (ebd., 118).

In ihrer Auswahl und Einschätzung der Männer - 50 wird behauptet - habe sie sich fast immer getäuscht und ließ sich von ihren Partnern emotional oder auch finanziell ausbeuten. Sie habe sich schwach und abhängig gemacht in der Hoffnung, so die ihr vermeintlich fehlende Stärke bei den Männern zu finden.

Mit dem Wissen der Überlebenden ist es heute leicht, Romy Schneider als zumindest naiv zu verurteilen, weil sie liebesblind nicht gemerkt hat, wie sehr sie wieder einmal [hier von Biasini] ausgebeutet wurde und wie sehr ihr wieder einmal die Sicherheit vor der Kamera im Alltag fehlte. [...] Sie selbst hat es natürlich nicht so empfunden, und für sie zählte nur das Gefühl. (Jürgs 1991, 200–201).

Nicht in dieser Weise oder in der Arbeit, auch im Alkohol- und Medikamentenmißbrauch suchte Romy Schneider Halt und eine Flucht vor den eigenen Problemen und Widersprüchen.

Schlaflosigkeit plus Panik verführen Romy zu Mißbrauch von Alkohol, Tabletten, Schmerzmitteln, Schlafpulvern, Pep-Pillen, die während der Arbeit als auch im dürftigen Privatleben vorübergehende Selbstsicherheit vermitteln. Die Maßlosigkeit ihres Erfolgs paart sich mit dem Unvermögen, Erreichtes zu genießen. Mutter, Geliebte und Monument zugleich ergeben Überforderung und dauerhafte Hochspannung, die einen Nervenzusammenbruch unumgänglich machen. Die Intensität ihrer Emotionen nimmt rasant zu, erweist sich zu drehfreier Zeit als selbstzerstörerisch-verzettelnd, in der Interpretation ihrer zahlreichen Rollen jedoch als beispiellose Sensibilität. (Knef 1983, 180).

Die Widersprüchlichkeit, die auf irgendeine Weise immer bei Filmstars zu finden ist, nimmt bei Romy Schneider - ähnlich wie bei Marilyn Monroe oder vielen Popstars - drastische Formen an, die sich als extreme Überforderung oder sogar als Selbstzerstörung und Todessehnsucht deuten lassen. Die Spekulationen bei ihrem Tod, daß sie Selbstmord begangen habe, stellten sich jedoch schnell als falsch heraus. Dennoch halten viele ihre exzessive und zerrissene Lebensweise für eine Art langsamer Selbstzerstörung:

Es war kein Selbstmord. Aber der Tod war ihr willkommen. Sie hatte keine Kraft mehr. Mit noch nicht einmal 44 Jahren. (Senfft 1992, 10).

Auch ohne medizinischen Befund wissen alle ihre Freunde, woran sie gestorben ist: an gebrochenem Herzen. (Chimelli 1982).

Romy Schneider war unlebbar für sich und deshalb auch unlebbar für andere. An den Seilen, die man ihr spannte, hielt sie sich nicht fest, sondern schlüpfte unter ihnen durch, und wenn sie dann in unbekanntem Gelände stand, kam die Angst wieder, der gehetzte Blick, der Griff nach dem Halt, der in Wirklichkeit keiner war. Tabletten. Alkohol. Affären. Sie wollte immer alles und immer alles gleichzeitig. (Jürgs 1991, 271).

Insbesondere die neueren Biographien betonen ihre Rolle als Opfer. Jürgs und Schwarzer stellen sie als Leidtragende dar, die durch ihre Familie, durch ihre verschiedenen Männer und Liebhaber sowie durch die Filmindustrie und die Medien ständig geschädigt wurde. Jürgs arbeitet in seiner quasi-fiktionalisierten Lebensgeschichte mit vielen Andeutungen über die finanzielle, emotionale und sexuelle Ausbeutung von Romy Schneider:

Die Widersprüchlichkeiten im Wesen der Romy Schneider werden besonders deutlich in Momenten von Spannungen, von Umbrüchen, wenn sie wieder mal auf irgendeiner Klippe gestrandet ist, die doch lange schon zu erkennen war. [...] Oft erschreckte sie Freunde durch eine radikale Ichbezogenheit, in der sie alles um sich herum vergißt - und im nächsten Moment beweist sie eine geradezu rührende Selbstlosigkeit, ein Unterordnen den Bedürfnissen und Sorgen der anderen. [...] Sie ist eitel und selbstironisch zugleich, trägt heute teure Modellkleider und teuren Schmuck und morgen ein T-Shirt und Jeans. Sie will erkannt, aber nicht belästigt werden. [...] Schamlos und verklemmt, weinerlich schwach und unbesiegbar zäh, chaotisch und diszipliniert – alle Beschreibungen passen auf Romy Schneider, alle sind irgendwann richtig, und alle sind irgendwann falsch. Sie wurde ausgebeutet, vor allem finanziell, aber sie hat auch ausgebeutet, vor allem emotional. (Jürgs 1991, 245f.).

In Alice Schwarzers Schneider-Biographie, die sieben Jahre später erschienen ist, trifft man viele der damals neuen und vielleicht auch überraschenden oder skandalösen Einsichten über Romy Schneider wieder. Nun erscheinen sie aber meist als gesichertes Wissen, was teilweise allerdings auch durch Schwarzers Interviews und Gespräche mit Schneider belegt wird. Auch sie stellt Schneiders Gespaltenheit in den Mittelpunkt, deutet sie aber auch als ein individuelles oder familienbedingtes Problem und darüber hinaus als viel mehr: als eine typische Folge der Verinnerlichung eigentlich unvereinbarer Anforderungen an sie als Frau. Diese äußerten sich bei Romy Schneider in Form von Selbstvorwürfen, einem Gefühl von Minderwertigkeit und vor allem im Gefühl der Selbstbeobachtung und -kontrolle. Sie habe eine Idealvorstellung von sich als Frau, als Tochter, als Schauspielerin, als Mutter aufgebaut, die sie als »die andere« bezeichnete und der sie nie genügen konnte:

Sie ist immer da. Sie, das ist die andere. Mit ihren Augen starrt sie in die Nacht. Sie beschimpft mich, sie lacht, sie weint. Sie hat immer eine Hand auf meiner Schulter. Sie paßt immer auf mich auf. Sie wirft mir alle Fehler vor, einmal, zweimal, dreimal. Ich werde sie nie los. (Seydel 1988, 231).

Darin sieht Schwarzer eine Erklärung für Romy Schneiders »unlebbares« Leben, das durch die vielen privaten Schicksalsschläge immer schwieriger wurde. »Die Andere« kennzeichne aber auch einen typischen und verheerenden Rollenkonflikt für Frauen:

Nein, sie hat sich nicht umgebracht. Denn es ist unvorstellbar, daß eine Romy Schneider gegangen wäre ohne dramatischen Abschiedsbrief. Aber: sie hat sich umbringen lassen. Zu viele mörderische Faktoren auf einmal haben ihr die Kraft zum Weiterleben geraubt: der Schmerz um David, die Folge der Nierenoperation, die Schwächung durch zwanzig Jahre Hungerkuren, der Alkohol, die Überdosis Tabletten – und die Überdosis Weiblichkeit.

Diese – nicht zuletzt von den eigenen Müttern – von früh an eingehämmerten Minderwertigkeitsgefühle. Diese – nicht zuletzt durch die eigenen Daddys – erlittenen Demütigungen und Übergriffe. Diese Fluchten vor der Realität in Traumwelten. Diese (Selbst-)Bestrafung für ›unweibliches‹ Verhalten und ›männliche‹ Ambitionen. – Das ist die Andere. Sie ruft die Eine, ihre zu freie Hälfte, lebenslang zur Ordnung und engt sie ein. (Schwarzer 1998, 210).

Im Verhältnis zu den Männern und zur Sexualität wird auch Romy Schneiders innere Ambivalenz deutlich. Einerseits begab sie sich wohl immer wieder in emotionale Abhängigkeitsverhältnisse zu Männern: Vom Vater Wolf Albach-Retty über den ›Daddy‹ Blatzheim, Delon, Meyen, Biasini zu den verschiedenen Liebschaften mit bekannten und weniger bekannten Männern scheint es eine seltsame Kontinuität zu geben. Auf der anderen Seite zeigte Romy Schneider eine teils verblüffende Freiheit und Offenheit in ihrer Partnerwahl und in ihrem Liebesleben; die

Affäre mit Bruno Ganz oder ihr provokativer Flirt mit Burkhardt Driest vor laufender Kamera einer Talkshow sind vielleicht die auffälligsten Beispiele.

In bezug auf ihren Beruf und auch in der Sexualität erlaubte sie sich schon lange ›männliche‹ Freiheiten – und wird dafür nicht etwa nur bewundert, sondern auch verachtet; und das nicht selten ausgerechnet von den Männern, die davon profitieren. [...] Über Romys sexuelle Freiheiten zerfetzten sie sich alle das Maul. Dabei verhielt sie sich nicht anders, als so mancher Mann es tut (und so mancher Star sowieso). (Schwarzer 1998, 167).

Allerdings sei nicht der Wunsch nach Emanzipation oder Freiheit die Motivation dafür, sondern Unsicherheit und »Angst vor dem Alleinsein«, wie Schneider selbst zugegeben habe (Schwarzer 1998, 168).

Die Produktion eines Films ist für Romy Schneider wie eine Liebesaffäre. Wenn der Regisseur sie während der Dreharbeiten nicht betrügt, sie also ernst nimmt, spielt sie für ihn in einem fast hypnotischen Zustand. Im Schutz von guten Rollen fühlt sie sich dann auch nackt geborgen. Noch stärker ist ihre sinnliche Ausstrahlung später auf der Leinwand zu spüren, wenn sie während der Aufnahmen auch eine echte Romanze erlebt [...]. Es spricht sich allerdings herum in Filmkreisen, daß eine Produktion mit Romy Schneider reibungsloser verläuft, wenn ein junger Mann zur Hand ist, der sich intensiv um die Hauptdarstellerin kümmert, auch nach Drehschluß.

Wenn die letzte Klappe gefallen ist, das Produkt Romy Schneider also im Kasten, verabschieden sich die von der Produktion geheuerten jungen Männer. Es war nett, Madame. Und Romy Schneider greift dann in ihrer Enttäuschung wieder zu ihren altbewährten Fluchthilfen Alkohol und Tabletten. Mit den Tabletten hat sie wohl während der Meyen-Ehe angefangen, und später glaubt sie ohne Optalidon gar nicht mehr drehen zu können. Ende der siebziger Jahre ist sie, ohne es je zugeben zu können, im medizinischen Sinne tablettensüchtig. (Jürgs 1991, 139f.).

Ein anderes Element ihres Images, das erst in den neuen Biographien betont wird, ist die Ambivalenz ihrer Sexualität. Auf der einen Seite als das fast willenlose Objekt und Opfer der Männer dargestellt (emotional und sexuell abhängig), erscheint sie aber auch, teilweise eine aktive, ›männliche‹ Weiblichkeit auszuleben.

Was heute in den neunziger Jahren als Trend in der Frauenbewegung beschrieben wird – daß die Frau selbst begehrt, auf die Männer zugeht und nicht mehr wartet, bis sie begehrt wird –, hat Romy Schneider immer schon gelebt. Wer ihr gefiel, den versuchte sie zu erobern. (Jürgs 1991, 199).

Eine weitere Facette wird in den Komplex Sexualität und Weiblichkeit hineingebracht, insofern als die Biographen Andeutungen und explizite Hinweise auf Romy Schneiders Bisexualität ausbreiten. So bei Jürgs:

Zwischendurch, nach enttäuschenden Affären mit jungen Männern, gibt es immer wieder Phasen, in denen sie sich bei Frauen bestätigen will: ›Ich bin halt‹, sagt Romy Schneider einmal, ›ein rechtes Mischimaschi.‹ Bei ihren Eroberungen verhält sie sich so, wie sie es von den Männern erlebt hat: Neben ihren flüchtigen Abenteuern, mal mit der Ehefrau eines Masseurs, mal mit einer Kostümbildnerin, will sie morgens nicht aufwachen, die müssen vorher das Haus verlassen haben. Eine große Zuneigung, von der nur wenige Vertraute wußten, bestand zwischen Romy Schneider und Simone Signoret [...]. (Jürgs 1991, 140).

Jürgs ergeht sich in Andeutungen, und die Suche nach der unbekannten Frau, die angeblich Romys letzte große Liebe gewesen sein sollte, läuft ins Leere. Bei Schwarzer dagegen wird das Thema Bisexualität nüchtern und selbstverständlich abgehandelt. Es wird eher nebenbei erwähnt und in bezug auf Schneiders Gefühlsleben relativiert, das – wie Schwarzer es darstellt – vor allem durch mangelndes Selbstwertgefühl und das Bedürfnis nach Bestätigung von vermeintlich starken Männern bestimmt wurde.

Die öffentliche Diskussion über ihre lesbischen Affären bringt eine neue Dimension, die zu ihren Lebzeiten nicht zum Starimage gehörte. Darin zeichnet sich nicht nur eine Veränderung im Romy-Bild ab, sondern vor allem eine Verschiebung im öffentlichen Diskurs über Sexualität in den achtziger und neunziger Jahren. In Zeiten, in denen kaum eine deutsche Filmkomödie ohne Schwule auskommt, in denen homosexuelle Liebesbeziehungen in der LINDENSTRASSE wöchentlich vorgeführt werden, in denen sich deutsche Fernsehprominente bis hin zu Inge Meysel ›outen‹, ist es auch nicht mehr schockierend, daß die ehemalige Sissi wohl gelegentlich Affären mit Frauen hatte.

4.7 Ein gebrochenes Image

Auch die neuesten Versuche, Romy Schneiders Leben und Filme zu deuten, führen nicht zu einem geschlossenen Bild des Stars. Was bleibt, sind vor allem Rätsel, Widersprüche und Bilder einer zerrissenen, schwierigen Person neben einer Serie von disparaten Rollen und nicht zuletzt und immer wieder ›Sissi‹. Wenn es ein grundlegendes Merkmal von Stars ist, daß sie Konflikte verkörpern und Probleme vorleben, so sieht man bei Romy Schneider, daß das Starimage diese Probleme und Widersprüche nicht immer lösen muß. Im Gegenteil, bedingt durch verschiedene Faktoren bleibt ›Romy‹ als Star und kulturelles Zeichen besonders stark durch ihre innere Gegensätzlichkeit geprägt. Das Image ist auf verschiedene Weise gebrochen und enthält darüber hinaus etliche negative Bestandteile – Leiden, Sucht, Ausbeutung, Unfähigkeit zu leben –, die sich keineswegs als Stoff für Idolisierung oder Nachahmung zu eignen scheinen.

Welche Funktion hat Romy Schneider als Star, und wie ist ihre erhebliche Attraktivität auch nach einer langen Zeit zu erklären? Eine einzige oder einfache Antwort gibt es sicherlich nicht. Einerseits ermöglichen die verschiedenen Momente des Images, daß unterschiedliche Publikumsgruppen ihre eigenen Romy-Images konstruieren. So besteht z. B. auch heute immer noch die Möglichkeit, Romy als Sissi wahrzunehmen, neben der Möglichkeit, sie als einen neuen Frauentypus zu begreifen – je nach Vorlieben primär als erotisch, emanzipiert oder diffizil akzentuiert. Der zentrale Imagebruch ist und bleibt um die Dichotomie der unschuldigen Kindfrau ›Sissi‹ und der reifen, tragischen, schwierigen und erotischen ›Romy Schneider‹ organisiert. Als Star war sie in verschiedenen kulturellen Kontexten – von den fünfziger Jahren bis heute – und in zwei getrennten Starsystemen eingebettet – dem deutsch-österreichischen Unterhaltungsfilm und dem populären französischen bzw. europäischen Kunstfilm –, die unterschiedliche Publika ansprachen. Das Image war nie ganz statisch und hat sich sowohl zu Romy Schneiders Lebzeiten als auch in der posthumen Umdeutung stets mit den historischen Veränderungen des gesellschaftlichen Umfeldes weiterentwickelt. Dadurch werden die früheren Merkmale jedoch nicht aufgehoben oder neutralisiert, sondern sind durch die neueren Momente überlagert worden. So ist das Gesamtimage wesentlich komplexer geworden.

Die Widersprüche im Image werden als die Widersprüchlichkeit in einer Person wahrgenommen. Sogar bei einem scheinbar konsistenten Starimage ist eine gewisse Ambivalenz notwendig: einerseits, um Interesse und Empathie oder Identifikation zu ermöglichen und zu halten, andererseits, um dadurch Konflikte und Schwierigkeiten im (gesellschaftlichen) Leben zu verkörpern. Bei dem zutiefst widersprüchlichen Image von Romy Schneider geht das viel weiter: die Widersprüche dominieren das Image des unglücklichen, tragischen Stars. Daß Celebrities und öffentliche Persönlichkeiten oft als Opfer von selbst- oder fremdverschuldetem Leiden erscheinen, daß Geschichten von Schicksalsschlägen, Intrigen, Katastrophen oder Unglück populär sind, hat nicht nur mit der Lust am fremden Leid oder mit dem Neid des Publikums auf die schönen, reichen, aristokratischen oder berühmten Personen zu tun. Was Figuren wie Romy Schneider (und die historische Prinzessin Elisabeth) mit ihren medialen Persönlichkeiten und Lebensgeschichten repräsentieren, ist nicht zuletzt der Traum vom intensiven, wirklich gelebten Leben. Daß dieses Leben von Glücksversprechen, Triumphen und dem ›übermenschlichen‹ Status der (Film-)Prinzessin gekennzeichnet, aber auch von Tragik, Leiden und vielleicht einen zu frühen Tod überschattet wird, verstärkt nur den Reiz. Die reine Intensität wird erhöht, und der Wunsch nach Glück wird zwar faktisch negiert, als (utopischer) Wunsch jedoch um so intensiver gesteigert. Wie das traurige Ende im Melodram bieten solche Stars und ihre Lebensgeschichten eine eigene Befriedigung, nicht indem sie die Wünsche und Fantasien mit einem Happy-End abspeisen, sondern sie als Sehnsucht intensivieren. Nicht Wunschbefriedigung wird geboten, sondern der »Anspruch auf Befriedigung« wird erhöht (Neale 1994, 164f.). Auch wenn sie nicht mehr ›Sissi‹ sein wollte, konnte Romy Schneider als Star nicht umhin, für ihr Publikum immer noch auf verschiedenste Art eine Märchenprinzessin zu sein: eine Ikone der Intensität, der Wünsche nach Glück und Leidenschaft, an denen sie im eigenen Leben gescheitert ist.

Zitierte Literatur

Anon. (1956) »Romy Schneider. Die Tochter-Gesellschaft«, *Der Spiegel*, Nr. 10, (7.3.56), S. 34–41.

Anon. (1963) »Romy Schneider. Sachte, Mausi!«, *Der Spiegel*. Nr. 11 (13.3.63), S. 79–84.

Anon. (1982) »Tod von Romy Schneider. Widerspruch zwischen Beruf und Leben«, *Neue Zürcher Zeitung*, 2.6.82.

Bartolomei, Martine (1992) *Romy Schneider.* Erlangen: Karl Müller Verlag.

Benichou, Pierre (1981) *Romy Schneider. Ihre Filme, ihr Leben*. München: Heyne.

Bliersbach, Gerhard (1989) *So grün war die Heide ... Die gar nicht so heile Welt im Nachkriegsfilm*. (Gekürzte Ausgabe [Orig. 1985]). Weinheim/Basel: Beltz.

Borgmann, Wolfgang (1982) »Das Phänomen Romy. Typisch für ihre Zeit?«, *Stuttgarter Zeitung*, 19.6.82.

Botti, Giancarlo (1992) *Romy, c'est la vie. Bilder aus den Pariser Jahren*. München/Paris/London: Schirmer-Mosel.

Caprio, Temby (1999) *Women's Film Culture in the Federal Republic of Germany: Female Spectators, Politics and Pleasure from the Fifties to the Nineties.* Diss. University of Chicago.

Cargnelli, Christian/Palm, Michael (Hrsg.) (1994). *Und immer wieder geht die Sonne auf. Texte zum Melodramatischen im Film.* Wien: PVS.

Chimelli, Rudolph (1982) »Gestorben an gebrochenem Herzen. Die Schauspielerin Romy Schneider wurde beim Briefeschreiben vom Tod überrascht / Ein Leben mit Erfolgen und Schicksalsschlägen«, *Süddeutsche Zeitung*, 1. 6. 82.

Cinerama Filmgesellschaft mbH (o. J. [1974]) *Romy Schneider, Michel Piccoli: Trio Infernal* [Presseinformation]. München.

Dotzauer, Gregor (1988) »Ein Bild von einer Frau. Romy Schneider als ›Spaziergängerin von Sans-Souci‹«, *Frankfurter Allgemeine Zeitung*, 25. 3. 88.

Europa Filmverleih G.m.b.H., Hrsg. (o. J.) *Boccaccio '70.* Hamburg.

Gerber, Françoise/Arnould, Françoise (1988) *Romy Schneider.* Bergisch Gladbach: Lübbe.

Hanck, Frauke/Schröder, Pit (1980) *Romy Schneider und ihre Filme. Mit Beiträgen von Alfred Nemeczek u. a.* München: Goldmann.

Heimgärtner, Sabine (1982) »Starkult ohne Stars. Filmfestival in Karlsbad / Romy Schneiders letzter Film«, *Frankfurter Allgemeine Zeitung*, 11. 8. 82.

Herzog Filmverleih, Hrsg. (o. J.) *Monpti [Presseheft].* München: Herzog-Filmverleih, Zentral-Presse- und Werbeabteilung.

Herzog-Filmverleih – Zentral-Presse- und Werbeabteilung, Hrsg. (o. J. [1955]) *Sissi. Presseheft.* München: Herzog-Filmverleih.

Höllger, Christiane/Jürgs, Michael (1981) »Im Moment bin ich ganz kaputt ...«, *Der Stern*, Nr. 181 (23. 4. 81).

Jeremias, Brigitte (1974) »Der Film ›Trio Infernal‹. Tüten mitbringen«, *Frankfurter Allgemeine Zeitung*, 22. 11. 74.

Jungheinrich, Hans-Klaus (1982) »Nicht leben können. Zum Tod von Romy Schneider«, *Frankfurter Rundschau*, 1. 6. 82.

Jürgs, Michael (1986) »Das Schicksal der Romy Schneider«. In: *Romy Schneider. Letzte Bilder eines Mythos. Mit Texten von Christiane Höllger u. a.* Hrsg. von Robert Lebeck. Schaffhausen: Edition Stemmle, Verl. ›Photographie‹, S. 9–15.

– (1991) *Der Fall Romy Schneider. Eine Biographie.* München: Liest.

K. B. (1962) »Die ›neue‹ Romy«, *Der Telegraf*, 13. 6. 1962.

Knef, Hildegard (1983) *Romy. Betrachtung eines Lebens. Mit einem Bericht von Curt Riess »Letztes Gespräch mit Romy«.* Hamburg: Knaus.

Lebeck, Robert (1986) *Romy Schneider. Letzte Bilder eines Mythos. Mit Texten von Christiane Höllger u. a.* Schaffhausen: Edition Stemmle, Verl. ›Photographie‹.

Lubowski, Bernd (1987) »Der bittere Ruhm der Romy Schneider. Mit verbundenen Augen am Abgrund«, *Hamburger Abendblatt*, 1. 6. 87.

m.f. (1970) »Sterben im Luxus-Badetempel. Derays Film ›Swimming-pool‹ mit Romy Schneider und Alain Delon«, *Frankfurter Allgemeine Zeitung*, 13. 7. 1970.

Marschall, Susanne (1997) »Sissis Wandel unter den Deutschen«. In: *Idole des deutschen Films. Eine Galerie von Schlüsselfiguren.* Hrsg. von Thomas Koebner. München: edition text + kritik, S. 372–383.

Neale, Steve (1994) »Melodram und Tränen«. In: *Und immer wieder geht die Sonne auf. Texte zum Melodramatischen im Film.* Hrsg. von Christian Cargnelli und Michael Palm. Wien: PVS, S. 147–166.

Neuhoff, Eric (1980) *Romy Schneider.* Paris: Solar.

Pommier, Silviane (Hrsg.) (1983) *Romy Schneider. Album photos.* Paris: Ed. PAC.

Radway, Janice A. (1984) *Reading the Romance. Women, Patriarchy, and Popular Literature.* Chapel Hill/London: Univ. of North Carolina Press.

Riess, Curt (1990) *Romy Schneider.* Rastatt: Moewig.

Schneider, Ute (1984ff.) »Romy Schneider – Schauspielerin«. In: *CINEGRAPH. Lexikon zum deutschsprachigen Film.* Hrsg. von Hans-Michael Bock. edition text und kritik.

Schwarze, Michael (1982a) »Die unglückliche Kaiserin. Zum Tode von Romy Schneider«, *Frankfurter Allgemeine Zeitung*, 1.6.82.

– (1982b) »Eine, die allen gehörte. Romy Schneiders letzter Film ›Die Spaziergängerin von Sans Souci‹«, *Frankfurter Allgemeine Zeitung*, 25. 10. 82.

Schwarzer, Alice (1998) *Romy Schneider. Mythos und Leben*. Köln: Kiepenheuer & Witsch.

Schwarzkopf, M. v. (1982) »Romy Schneider. Sie wollte nicht nur Sissy sein«, *Die Welt*, 1. 6. 82.

Seeßlen, Georg (1992a) »Ein deutsches Orgasmustrauma«. In: *Zeitmaschine Kino. Darstellungen von Geschichte im Film*. Hrsg. von Hans-Arthur Marsiske. Marburg: Hitzeroth, S. 65–79.

– (1992b) »Eine Geschichte vom Mädchen, das Frau werden wollte. Zum 10. Todestag von Romy Schneider am 29. Mai«, *epd Film*, 5/92, S. 10–14.

Senfft, Heinrich (1992) »Die Hatz war unerträglich«, *Die Zeit - Zeitmagazin*, 29. 5. 92.

Seydel, Renate (Hrsg.) (1988). *Ich, Romy. Tagebuch eines Lebens*. München: Langen Müller.

Seydel, Renate (1990) *Romy Schneider. Bilder ihres Lebens*. München: Schirmer-Mosel.

Steenfatt, Margret (1989) *Eine gemachte Frau. Die Lebensgeschichte der Romy Schneider*. (2. Aufl.). Hamburg: Kellner.

Teampress Presseagentur, Hrsg. (o. J.) *Constantin-Film bringt DER SWIMMINGPOOL*. München: Teampress.

Ufa-Filmverleih, Hrsg. (o. J. [1957]) *Sissi - Schicksalsjahre einer Kaiserin. Presseheft*. München: Ufa-Filmverleih.

Wagner, Friedrich A. (1962) »Erotische Episoden. ›Boccaccio 70‹ mit Anita Ekberg, Romy Schneider und Sophia Loren«, *Frankfurter Allgemeine Zeitung*, 7. 8. 1962.

5. James Dean – der ewige Teenager

5.1 Star und Ikone

Nimmt man Art und Umfang der Alltagspräsenz, die Anzahl von Bild- und Textdarstellungen als Maßstab, dann ist James Dean (wie vielleicht sonst nur Marilyn Monroe) *der* Star schlechthin – allerdings eine Filmstar fast ohne Filme. Als er mit 24 Jahren am 30. September 1955 bei einem spektakulären Autounfall ums Leben kam, hatte er gerade mal drei Filme beendet, aber nur der erste – JENSEITS VON EDEN – war einige Monate zuvor in den Kinos mit großem Erfolg angelaufen und wurde zur Grundlage seiner Starkarriere.

Wären seine darstellerische Intensität und die (wenigen) Rollen nicht so prägnant und würden sie nicht so deutlich mit seinem sonstigen Image übereinstimmen, könnte man bezweifeln, ob Dean überhaupt als Filmstar zu bezeichnen ist. Die anhaltende Wirkung basiert im hohen Maße auf seiner Erscheinung in Bildern – Starporträts, Standfotos aus den Filmen, vor allem aber gesondert angefertigte Fotoserien –, die inzwischen fest im kulturellen Gedächtnis verankert sind. Zudem ist über kaum einen Star so viel geschrieben worden (zur Übersicht vgl. Hofstede 1996; Wulff 1990b). Auf viele Anekdoten und prägende Details seines Lebens stößt man immer wieder, aber sie werden in vielfältigen Varianten erzählt und oft völlig unterschiedlich bewertet (vgl. Bourget 1983, 8–10). Je mehr man über ihn liest, je öfter man unterschiedliche Versionen der ›wahren Geschichte‹ erfährt, um so deutlicher wird es, daß das ›Geheimnis‹ seiner Wirkung, in der Unbestimmtheit seines Images liegt. Bereits kurz nach seinem Tod begann eine ausufernde Legendenbildung, die ›James Dean‹ zum Mythos werden ließ mit einer Fülle von widersprüchlichen, eher symbolischen Bedeutungen, hinter denen die historische Person zunehmend verschwand. Als ›Bild‹ einer Haltung und vor allen bestimmter Gefühle, war und ist Dean bis heute immer wieder Projektionsfläche für die Identitätssuche neuer Generationen von Jugendlichen.

Daß sein Starimage mehrdeutig ist, heißt aber nicht, daß es völlig willkürlich oder beliebig wäre. Erst recht nicht für seine Anhänger, und bei Dean nahm die Verehrung ausgesprochen kultische Formen an. Aber auch die ›gemäßigten Fans‹, die vielleicht nur sein Bild an die Wand hängen, sich besonders von seinen Filmen angesprochen fühlen, etwas aus dem breiten Angebot an Merchandising-Produkten kaufen oder allenfalls seinen Gesichtsausdruck oder seinen Kleidungsstil nachahmen, wählen bewußt und gefühlsmäßig gerade ihn aus dem fast grenzenlosen Angebot an Stars und Celebrities. Dabei muß das Spektrum an verschiedenen Bedeutungs*angeboten* keineswegs ausformuliert oder verbal faßbar sein, es kann sich auch – und das ist hier der Fall – als Ausdruck einer bestimmten Gefühlslage oder in Form von emotional wirksamen und symbolischen ›Bildern‹ äußern.

Worin bestehen die Bedeutungen von James Dean? Er ist der Rebell, der ewige Jugendliche, der Method-Actor, ein narzißtischer, schwieriger, im Umgang oft sehr egoistischer und unangenehmer Mensch, depressiv, homosexuell, bisexuell, einer, der sein Leben lang unter dem frühzeitigen Tod seiner Mutter litt, immer auf der Suche nach Liebe, selbst aber unfähig zur Liebe war etc. Die ihm zugewiesenen Eigenschaften und Merkmale vermitteln in der Tat ein sehr diffuses Gesamtbild, wie die folgende kleine Auswahl an Stellungnahmen verdeutlicht:

> To his generation, and for all film historians, Dean will always represent the ultimate rebel, the symbol of self-pitying youth, rebelling against the insecurity and loneliness in his own soul. (Morella/Epstein 1971, 96).
>
> Phänomen oder nicht, James Dean wurde der sagenumwobene Held der Jugend. Er war die Personifizierung der Einsamkeit, Frustration und Ängste der Jugend. (Roth 1987, 59).
>
> [...] einerseits war Jimmy ein gefühlvoller Idealist, der eine Welt der Vollendung durch das verbindende Mittel der Liebe anstrebte. Verzweifelt suchte er nach einem Zufluchtsort, wo er seinen Kopf hinbetten konnte ohne die Angst, daß ihn die Zerstörer von Illusionen zertrampelten. Andererseits war er ein krasser Individualist, ein Realist im grundlegendsten Sinne des Wortes, der glühend sein Recht verteidigte, in der ihm zusagenden Art zu leben, und es strikt ablehnte, auch nur ein Bruchteil seines Rechtes, zu tun, zu sein, zu fühlen und zu denken, wie es ihm gefiel, aufzugeben. (Bast 1957, 182).
>
> Dean's behaviour was erratic, certainly: intense and impulsive one moment, dismissive and distant the next. The hip street-smart movie star never managed to overcome the insecure, Midwestern farm boy; the two co-existed, but never peaceably. As Dean himself said, ›I'm a serious-minded and intense little devil – terribly gauche and so tense I don't see how people can stay in the same room as me. I know I couldn't tolerate myself ...‹. (McCann 1991, 154f.).
>
> He was never more than a limited actor, and he was a highly neurotic young man – obviously sick, and he got more so. His face was very poetic – wonderful, and very painful, full of desolation. (Kazan, zit. in Spoto 1996, 165).
>
> Fierce and lovable, wild and gentle, obdurate and pliant, gauche and graceful, straight and gay, artless and calculating – he was and remains all things to everyone. (Spoto 1996, 275).

Die Beurteilung hängt stark vom Verhältnis zu ihm ab, von dem, was man in ihm sehen will. Um als Projektionsfläche fungieren zu können, sind Starimages als idealisierte Bilder der Identität zwar prinzipiell widersprüchlich, aber selten in diesem Ausmaß. Anders als bei vielen klassischen Stars (man denke etwa an John Wayne) kann bei Dean der Prozeß der Idolisierung also kaum an definierten Normen, Werten oder einem erkennbaren Gesamteindruck ansetzen, muß sich vielmehr an emotional und assoziativ mehrdeutigen ›Quellen‹, an Bildern, Ausdrücken und Gesten orientieren. Dean ist eine Ikone – reine Oberfläche – war Resultat und Ausdruck der fortschreitenden Modernisierung in den fünfziger Jahren, in der alte Werte sich auflösten, bevor neue entstanden. Seine Rebellion ist eine gefühlsmäßige, die durch die Suche nach Anerkennung und Identität geleitet ist; sie ist keine Opposition und folgt keinem Konzept. Die jungen Stars der fünfziger Jahre lebten Strategien der Individualisierung in Form von Imagebildung vor, und Dean schaffte Bilder, die eine solche Funktion bis heute haben. Es ist kein Zufall, daß die ›Rebellen‹ der Fünfziger ihren ›Stil‹ – Kleidung, Habitus, Verhaltensweisen, sogar Gesichtsausdrücke – gegenseitig kopierten. So soll sich Marlon Brando an Montgomery Clift orientiert haben, Dean an Brando, Elvis, Bob Dylan und viele andere Popstars wiederum an James Dean (vgl. McCann 1991, 7, 19).

5.2 Die Biographie

Die Lebensgeschichte von Dean ist schon oft erzählt worden. Allerdings scheint das nicht zu reichen, denn es kommen ständig neue Versionen hinzu. Teils, weil der Kontext sich ändert und unterschiedliche Perspektiven – etwa auf Deans sexuelle Präferenzen – eine veränderte Bedeutung bekommen. Teils aber, weil Dean trotz der intensiven Schilderung seiner Person, seiner Arbeit als Schauspieler und seines Lebens weiterhin rätselhaft, uneindeutig bleibt. Die folgenden Daten gelten aber als relativ gesichert:

Am 8. Februar 1931 geboren, wuchs er zunächst in Fairmount (Indiana) auf, einer typischen Kleinstadt im mittleren Westen. 1935 zog die Familie nach Kalifornien. Der Tod seiner Mutter 1939, zu der er eine sehr enge Beziehung hatte, hinterließ bei dem Achtjährigen – mehreren Berichten zufolge – das Gefühl verlassen worden zu sein; eine entscheidende »Verletzung« (Kazan, zit. in Königstein 1977, 67), die häufig als ein Schlüssel zu Deans Leben und Persönlichkeit gesehen wird. Da der Vater, ein Zahntechniker, allein war und die Schulden für die Krankenhauskosten abarbeiten mußte, verbrachte Dean die folgenden Jahre bei Verwandten auf einer Farm in Indiana, wo er ein einzelgängerisches, aber sonst völlig normales Leben bis zum Schulabschluß führte. Er studierte zunächst an einem kleinen College und an der Universität von Kalifornien (UCLA), brach das Studium aber ab, um sich mit Werbespots und kleinen TV- und Filmrollen als Schauspieler zu versuchen.

1951 ging Dean nach New York. Er hoffte, hier bessere Entwicklungsmöglichkeiten auf der Bühne und beim Fernsehen zu finden. Außerdem wollte er an dem berühmten »Actors' Studio« von Lee Strasberg Schauspielunterricht nehmen. Dort lernte er Marlon Brando und Montgomery Clift kennen, die er bewunderte und imitierte. Er bekam mehrere Rollen im Fernsehen und spielte in zwei Bühnenstücken: *See the Jaguar* und *The Immoralist* (1954). Bereits in den Fernsehspielen, die nur zum Teil erhalten und wenig bekannt sind, sollen sein Schauspielstil, seine typisches Rollenbild und seine Manierismen voll entwickelt gewesen sein (vgl. Hofstede 1996, 7; Vineberg 1991, 189–191). Er war sehr ehrgeizig und wollte unbedingt ein Star werden.

Dean pflegte sein Image als begabter, aber schwieriger und exzentrischer Schauspieler sowohl in den Rollen als auch privat. Allgemein gilt er inzwischen als bisexuell, aber die vielen Gerüchte um seine sexuellen Extravaganzen machen es unmöglich, Wahrheit und Legende zu trennen. Die Versionen reichen, von der Behauptung, daß es »lächerlich« sei, ihn als homosexuell zu bezeichnen, bis hin zur Bezeichnung als einen »bisexuellen Psychopathen« (Royston Ellis, zit. in Howlett 1979, 253). Auch über seine heterosexuellen Liebesaffären herrscht wenig Einigkeit. Sogar die Beziehung zur Schauspielerin Pier Angeli (Anna Maria Pierangeli), die in den meisten Biographien als die einzige große Liebe Deans gilt, wird in einer anderen Fassung als übertriebene Hollywood-Legende und Publicity-Trick geschildert (vgl. Spoto 1996, 183–191).

Insgesamt entsteht das Bild eines ehrgeizigen, unsicheren jungen Manns, eines leidenschaftlichen Schauspielers, der risikoreich lebt, schnelle Autos liebt, die Mode und den Lebensstil der jugendlichen Aussteiger sowohl übernimmt als auch prägt, sich ›cool‹ gibt, sensibel und verletzlich, aber auch arrogant, extrem selbstbezogen und verschlossen ist, ständig an seine Karriere und sein Image denkt, zugleich gern provoziert und ›aneckt‹ – oft nur um die Reaktion der Menschen zu testen. Da aber große Anteile seines Privatlebens offensichtlich genauso ›gespielt‹ und ›inszeniert‹ sind wie seine Filmrollen, bleibt die ›wahre‹ Persönlichkeit von James Dean vage und unergründlich.

Durch die Theaterarbeit und durch die Bemühungen seiner Agentin Jane Deacy wurde schließlich Hollywood auf den jungen, noch weithin unbekannten Schauspieler aufmerksam. So erhielt er seine erste große Rolle in Elia Kazans Film JENSEITS VON EDEN (EAST OF EDEN). Die Dreharbeiten begannen Mitte 1954 und als der Film im April 1955 in die Kinos kam, wurde er schnell zu einem aufsehenerregenden Erfolg. James Dean war plötzlich ein Star und ein sehr gesuchter Darsteller mit besten Zukunftsaussichten geworden. Im März 1955 begannen schon die Aufnahmen für den nächsten Film mit Dean in der Hauptrolle, DENN SIE WISSEN NICHT, WAS SIE TUN (REBEL WITHOUT A CAUSE von Nicholas Ray) und ab Mai stand er in seinem dritten Film GIGANTEN (GIANT) unter der Regie von George Stevens vor der Kamera.

Als die beiden letzten Filme in die Kinos kamen, war Dean bereits tot. Immer schon von hohen Geschwindigkeiten fasziniert, beteiligte er sich häufig an Motorrad- und Autorennen, wenn er gerade keinen Filmvertrag hatte, der ihm das untersagte. Am 30 September 1955, als er von Los Angeles aus auf dem Weg zu einem Wettkampf weiter im Norden von Kalifornien war, kam es zu dem für Dean tödlichen Unfall. Obwohl der genaue Hergang nicht rekonstruiert werden konnte, ist es recht eindeutig ist, daß es sich um einen Unfall handelte, was aber nicht verhinderte, daß es die wildesten Spekulationen darüber gab. Der Kult um Dean und seinen Tod setzte sofort ein. Fans schrieben unzählige Briefe, Tausende kamen zum Begräbnis, das Autowrack wurde zuerst ausgestellt, dann in Einzelteile zerlegt und stückweise als Reliquien verkauft, Fanclubs entstanden, manche Fans erfanden die Legende, daß er noch lebte und vereinzelt gab es sogar Selbstmorde. Neben solchen extremen Formen des Fanverhaltens gab es auch einen breiten Starkult um Dean unter Jugendlichen. Dieser war zwar keineswegs so spektakulär, aber beständiger und bildet die Basis für die bis heute anhaltende Wirkung sowie für das Merchandising mit Dean-Artikeln, das über die Jahre Millionen umgesetzt hat.

5.3 Drei Filme

Nur drei Filme begründeten eine Weltkarriere, wobei viele Menschen - so beispielsweise auch Andy Warhol - meinten, daß bereits ein einziger für Deans Starruhm ausgereicht hätte (zit. in Howlett 1979, 10).

JENSEITS VON EDEN *(1955)*

Seine Rolle in JENSEITS VON EDEN war in mehrerer Hinsicht für Dean prägend. Er spielt hier einen von zwei Brüdern, ein Einzelgänger, der die Achtung und Liebe seines strenggläubigen, autoritären Vaters sucht und zugleich gegen dessen Bevorzugung des anderen, angepaßten Bruders rebelliert. Zudem erwies sich die Zusammenarbeit mit Elia Kazan als Regisseur sehr wichtig, da dieser eng mit dem ›method acting‹ assoziiert war und Deans spezifischen Schauspielstil förderte. Der Film basiert auf den letzten Teil des gleichnamigen Romans von John Steinbeck. Für das Drehbuch wurde die Handlung allerdings weitgehend auf die Konflikte in der Familie und die Liebesgeschichte zugespitzt.

Zu Beginn sieht man Cal (James Dean) einer Frau durch die Straßen einer Kleinstadt folgen, die - wie es sich herausstellt - Kate heißt und ein Bordell besitzt. Er lungert vor ihrem Haus herum. Er will mit ihr sprechen, wird abgewiesen und läßt ihr ausrichten, daß er sie hasse. Cal fährt gemeinsam mit seinen Bruder Aron (Richard Davalos) und dessen Freundin Abra (Julie Harris) zu einem Kühlhaus, das der Vater (Raymond Massey) gerade kauft hat, um mit Eiskühlung Salat von seiner Farm bis zur Ostküste zu transportieren. Der Vater begrüßt Aron und Abra liebevoll, behandelt Cal aber verächtlich und macht ihm mal wieder Vorwürfe, weil er die Nacht über weggeblieben war. In einem Anfall von Wut und Traurigkeit wirft Cal Eisblöcke aus dem Kühlhaus. Am Abend versucht der Vater, Cal zur Rede zu stellen und läßt ihn aus der Bibel lesen. Cal tut dies auf eine Weise, die den Vater zur offenen Wut reizt: »Du fühlst keine Reue, Du bist schlecht, von Grund auf schlecht!« Aron scheut den Konflikt und geht. Cal versucht beim Vater, etwas über seine angeblich tote Mutter zu erfahren, da er glaubt, daß sie lebt und den Vater verlassen hat. Der Vater gesteht es ein, will aber nicht weiter darüber sprechen.

Cal versucht erneut, mit Kate zu sprechen, wird aber unsanft hinausgeworfen. Vom Sheriff erfährt er, daß Kate tatsächlich seine Mutter ist. Cal bemüht sich um die Liebe des Vaters und hilft mit großen Einsatz beim Verladen des Salats. Doch das Projekt erweist sich als Reinfall, da der Zug unterwegs aufgehalten wird und die gesamte Ladung verdirbt. Die Familie ist finanziell ruiniert.

Um die Familie zu retten, will Cal mit Termingeschäften den Verlust wieder gutmachen. Er spekuliert darauf, daß Amerika in den Ersten Weltkrieg eintreten wird und die Preise für Bohnen steigen werden. Um an die dafür erforderliche Investitionssumme zu gelangen, nimmt er erneut Kontakt zur Mutter auf. Sie ist schließlich zögernd bereit, ihm das Geld zu leihen. Kurz darauf kommt die Nachricht vom Kriegseintritt.

Cal trifft Abra, die auf Aron wartet, auf dem Rummelplatz. Sie kommen sich näher und Abra vertraut Cal an, daß sie zweifelt, ob sie zu Aron paßt, da er zu gut und zu idealistisch sei. Sie küssen sich, schrecken aber vor den eigenen Gefühlen zurück.

Cal will dem Vater das verdiente Geld zum Geburtstag schenken. Bevor dieser aber das Päckchen annehmen kann, platzt Aron mit der Nachricht dazwischen, daß er und Abra bald heiraten werden. Der Vater ist begeistert, es ist für ihn das »schönste Geschenk«. Die Annahme von Cals Geld dagegen lehnt der Vater als unmoralischen Kriegsgewinn kategorisch ab. Cal ist verzweifelt und umarmt ihn weinend, der aber steif und abweisend bleibt. Cal stürzt aus dem Haus. Als Abra ihn trösten will, kommt Aron dazu und beschimpft ihn. Cal will ihm »die Wahrheit zeigen« und führt ihn zur Mutter im Bordell. Vor Verzweiflung meldet sich Aron daraufhin als Kriegsfreiwilliger. Der Vater eilt zum Bahnhof, kann aber nur noch hilflos zusehen, wie sein ›guter‹ Sohn betrunken im Truppentransportzug abfährt. Er bricht mit einem Schlaganfall zusammen.

Ein Arzt teilt Cal und Abra mit, daß der Vater gelähmt bleiben wird. Der Sheriff weist auf die Geschichte von Kain und Abel hin, und rät Cal, er solle wie Kain irgendwo »jenseits von Eden« hinziehen. Abra redet mit dem kranken Vater und fleht ihn an, Cal ein Zeichen seiner Liebe zu geben. Der Vater überwindet sich schließlich und bittet seinen Sohn, ihn zu pflegen.

Bereits mit dem im Titel signalisierten Bezug zu einem populären Roman und dem Namen eines bekannten Regisseurs – Kazan war durch Filme wie GENTLEMANS'S AGREEMENT (1947), A STREETCAR NAMED DESIRE (1951), VIVA ZAPATA! (1952) und ON THE WATERFRONT (1954) als Spezialist für sozial engagierten Dramen angesehen – hatte der Film gute Marktchancen, auch wenn die Hauptrolle von einem noch unbekannten Schauspieler übernommen wurde. Zudem bot die Handlung alle Elemente für einen publikumswirksamen Film und gab Dean vielfältige Möglichkeiten, sich zu profilieren. Inhaltlich sowie von der Erzählperspektive her steht Cal eindeutig im Mittelpunkt. Die Kamera zeigt das Geschehen zwar nicht aus seinem Blickwinkel, aber die Erzählperspektive ist eng an ihn gebunden: nur was er erlebt, wird gezeigt. Gerade die gebrochene Figurenzeichnung – seine Selbstzweifel und Unsicherheiten – machen ihn zum Sympathieträger. Die dramatische, Geschichte ermöglicht den Schauspieler/innen – vor allem Dean – extreme Gefühlszustände zu zeigen und zielt direkt auf die Emotionen der Zuschauer/innen. Generell war der Vater-Sohn-Konflikt für die fünfziger Jahre ein hochaktuelles Thema in der Öffentlichkeit, das hier im Kontrast zwischen dem jungen Dean und dem in Charakter und Spielweise gegensätzlichen Raymond Massey (Vater) sowie der Einbeziehung des Kain und Abel-Motivs wirkungsvoll umgesetzt wurde. Denn Cals positive Zeichnung wird besonders durch die Konfrontation mit dem ungleichen Bruder, dem angeblich guten Aron, der sich als puritanisch, kalt und egozentrisch entlarvt, noch gesteigert.

DENN SIE WISSEN NICHT, WAS SIE TUN *(1955)*

Deans zweiter Film, in dem er wieder einen jungen Rebellen spielte, schloß direkt an sein sich bereits abzeichnendes Image an. Im Unterschied zu dem historisch zurückliegenden Geschehen in JENSEITS VON EDEN spielt dieser Film in der Gegenwart und bezieht sich direkt auf das Problem der ›aufständischen‹ Jugendlichen der fünfziger Jahre. Die Idee geht ursprünglich auf eine psychologische Studie zurück: der Arzt Dr. Robert Lindner hatte bereits 1944 unter dem Titel *Rebel Without a Cause* einen authentischen Fall von Jugendkriminalität geschildert. Warner Bros. kaufte die Rechte, aber das erste Drehbuch wurde nicht realisiert (zur Produktionsgeschichte vgl. Behrens 1990, 253–256). Als gegen Mitte der fünfziger Jahre das Thema in den Medien immer mehr Beachtung fand und der Regisseur Nicholas Ray einen Film darüber drehen wollte, kam man wieder auf das Skript zurück. Ray hatte seine eigene Vorstellungen und bereits einen eigenen Drehbuchentwurf, der im Lauf der Produktion von vier verschiedenen Autoren ausgearbeitet wurde (Dalton 1984, 167). Aus Lindners Beschreibung eines jugendlichen Psychopathen war nun ein junger Held geworden, der von seinen Eltern und fast allen anderen mißverstanden wird; nur der Titel blieb.

Der Film ist unmittelbar auf die dramatische Geschichte des Protagonisten Jim Stark (James Dean) konzentriert. Bereits im Vorspann wird er eingeführt, als er offensichtlich betrunken auf der Straße liegt und einen Spielzeugaffen mit einem Stück Zeitungspapier zudeckt. Auf der Polizeiwache wird er mit einigen anderen Jugendlichen verhört: Judy (Natalie Wood), die Schwierigkeiten mit ihrem Vater hat und von zuhause weggelaufen ist, und John, genannt ›Plato‹ (Sal Mineo), der vernachlässigte Sohn reicher Eltern, der – an seinem Geburtstag allein gelassen – Hunde erschossen hatte. Als Jims Eltern ihn abholen, werden die Probleme auch seiner Familie offenkundig: der Vater (Jim Backus) ist ein Pantoffelheld, von seiner streitsüchtigen Frau (Ann Doran) sowie der dominanten Schwiegermutter unterdrückt. Die eigentlichen Konflikte werden aber nicht ausgetragen, und die Familie zieht immer wieder um, wenn Jim in Schwierigkeiten gerät. Er sucht Orientierung, wie er einem verständnisvollen Polizisten erzählt, und glaubt »in so einem Zirkus« nicht erwachsen werden zu können. Vor allem will er niemals so werden wie sein Vater. Daher kann er es nicht ertragen, wenn jemanden ihn »Hasenfuß« nennt, und gerät immer wieder in Prügeleien.

Am nächsten Tag ist Jim zum ersten Mal in der neuen Schule. Es kommt zur Konfrontation mit der Halbstarken-Bande um Buzz, Judys Freund. Sie wollen den Neuen mit einer Prügelei »einführen«. Buzz zersticht die Reifen von Jims Wagen. Doch Jim will Ärger vermeiden und läßt sich nicht provozieren. Erst als man ihn einen Feigling nennt, stellt er sich einem Messerkampf mit Buzz, den er auch gewinnt. Buzz fordert ihn darauf hin zu einem »Hasenfußrennen« (»Chickie run«) heraus, das am abend stattfinden soll.

Zuhause überrascht er seinen Vater, der aus Angst vor seiner Frau auf dem Boden kniet und in aller Eile Scherben aufnimmt. Jim fragt ihn, ob ein Mann seine Ehre verteidigen muß und wie er sich verhalten solle. Der Vater weicht umständlich aus. Jim fährt zum Treffen. Buzz und Jim sollen in gestohlenen Wagen auf eine Klippe zurasen; wer zuerst aussteigt, hat verloren. Jim kommt rechtzeitig frei, Buzz bleibt mit seinem Ärmel am Türgriff hängen und stürzt in den Tod.

Jim versucht, mit seinen Eltern zu reden. Er will sich der Polizei stellen. Sie raten ihn davon ab. Von seinem Vater verlangt er Verständnis und Unterstützung, aber dieser versagt wieder. Er greift den Vater an, verläßt dann wütend und verzweifelt das Haus. Draußen trifft er Judy, die ihre Familie verlassen will. Die beiden kommen sich näher und fahren zusammen zu einer verlassenen Villa. Auch Plato kommt dazu und berichtet, daß die Bandenmitglieder hinter Jim her sind, da sie glauben, er hätte sie bei der Polizei verraten. In einer kurzen Idylle spielen sie

Familie; Plato schläft ein, Jim und Judy erkunden das Haus und gestehen sich ihre Liebe. Schließlich findet die Bande ihr Versteck. Es kommt zum Kampf, und Plato erschießt einen von ihnen. Er flieht ins nahe gelegene Planetarium. Jim und Judy folgen ihm. Inzwischen ist die Polizei eingetroffen und hat das Gebäude umstellt. Jim redet mit Plato, der in Panik ist und kann ihn etwas beruhigen. Dabei nimmt er heimlich das Magazin aus der Pistole. Er überredet Plato schließlich, mit hinauszugehen und sich zu stellen. Als plötzlich die Scheinwerfer aufleuchten, zieht Plato aus Angst die Waffe und wird von den Polizisten erschossen. Jim ist von Trauer überwältigt. Sein Vater tröstet ihm und verspricht, in Zukunft zu ihm zu stehen. Jim stellt Judy seinen Eltern vor und sie fahren zusammen weg.

Deans Image war in seinen Grundzügen festgelegt, aber dieser Film in Zusammenhang mit seinem Tod machte ihn endgültig zur Kultfigur des ›Rebellen‹. DENN SIE WISSEN NICHT, WAS SIE TUN stellte sich auch posthum als ideales Starvehikel für Dean heraus. Dazu hat sicherlich beigetragen, daß die drei Jugendlichen und vor allem Jim Stark die einzig entwickelten Figuren sind, während die Eltern in ihrer Zeichnung sich auf klischeehafte ›Abziehbilder‹ reduzieren. Und die Psychologie der erzählten Geschichte – mißverstandene Jugendliche brauchen nur Verständnis – ist ebenso oberflächlich wie die stark vereinfachte Kausalität wenig überzeugend: Judys Vater fühlt sich durch ihre stark ödipal gefärbte Sexualität bedroht und weist sie ab, deshalb läuft sie weg und geht zur Bande; Platos Eltern sind nie da und geben ihm keine Liebe, also erschießt er Hunde und sucht in Jim einen Ersatzvater. Um die Handlung zu begründen, machen sich diese Simplifizierungen aber – zumindest während der Rezeption des Films – kaum bemerkbar, insbesondere, da die Aufmerksamkeit auf Jim konzentriert ist. So wirkt das neurotische Verhältnis seiner Eltern zueinander wie eine Karikatur der Ehe, ist trotz dieser Überspitzung dennoch stimmig und bietet die Folie, vor der Jims komplexeren Gefühle, sein Leiden und seine Verzweiflung glaubhaft entwickelt werden. Aber auch leisere Emotionen kommen zur Geltung, vor allem in den Szenen, in denen die Jugendlichen unter sich sind. Wenn sie sich gegenseitig das Verständnis geben, das sie bei den Eltern vermissen, oder in den Szenen der Annäherung und Liebeserklärung zwischen Jim und Judy, kommen kleine utopische Momente zum Vorschein. Aus heutiger Sicht wirken gerade diese Szenen bisweilen etwas kitschig überzogen und die Gefühlswallungen der Jugendlichen bisweilen recht sentimental, ebenso wie die Kritik an der Elterngeneration als Rückgriff auf die üblichen Stereotypen erkennbar wird. Zur Entstehungszeit fielen solche Vereinfachungen aber nicht ins Gewicht. Gerade in den fünfziger Jahren, der Blütezeit des Familienmelodrams, war die Überzeichnung der Figuren ein häufig eingesetztes und publikumswirksames Mittel.

Auch die Filmgestaltung wirkt heute zum Teil übertrieben. Zunächst war der Film als Schwarzweißproduktion geplant, aber nach den ersten Drehtagen bekam Ray ein größeres Budget und die Anordnung, auf Farbe und Breitwandformat umzustellen. Beides wird effektvoll eingesetzt. Der Film ist nicht mehr vorstellbar ohne den kräftigen Farbakzent von Deans roter Jacke: Sie hebt ihn hervor und wird zudem dramaturgisch eingesetzt – er zieht sie an, als er zum Kampf mit der Bande aufbricht, gibt sie zum Schluß Plato, der im sinnlosen Kampf stirbt. Außerdem bekommen die Farben eine symbolische Funktion: »Rot steht in diesem Film für

Leben, Rebellion und Leidenschaft, während das kräftige Blau Isolation, Kälte und Tod symbolisiert.« (Behrens 1990, 263). Das Breitwandformat setzt nicht nur die Beziehungen der Figuren untereinander in räumliche Verhältnisse um, sondern betont zusätzlich die Kameraführung - so beispielsweise starke Unter- und Obersicht sowie gekippte Perspektiven in vielen Szenen und sogar eine komplette Drehung um die Kameraachse, die Jims Sicht reproduziert, als er kopfüber auf dem Sofa liegt. Diese formalen Mitteln, die die inneren Zustände der Figuren visualisieren, sind nicht untypisch für den Filmstil der Zeit. Denn neben der Orientierung auf ein junges Publikum als Zielgruppe war dies ein Versuch der Filmindustrie der wachsenden Fernsehkonkurrenz zu begegnen, in dem die technische Überlegenheit des Kinofilms, mit seinen visuellen Attraktionswerten (Farbe, Breitwand) und der weitaus höheren Realitätsillusion gegen das kleine, schwarz-weiße und vergleichsweise unscharfe TV-Bild ausgespielt wurde. Im Fall von DENN SIE WISSEN NICHT, WAS SIE TUN ging dieses Kalkül auf.

GIGANTEN *(1956, George Stevens)*

Deans letzter Film ist aus mehreren Gründen kein für ihn typischer Film. Er spielt hier neben den bereits etablierten und sehr populären Stars Elizabeth Taylor und Rock Hudson eine zwar pointierte und wichtige Nebenrolle. Manche Elemente seines Images sind auch hier zu finden - wieder ist er ein Einzelgänger, ein Ausgeschlossener, der Liebe und vor allem Anerkennung sucht -, aber insgesamt geht die Figur weit über seine bisherige Charakteristik hinaus. Sie hätte vielleicht ein Schritt zur Rollenerweiterung und zu einer Karriere als wandelbarer Charakterdarsteller sein können, aber dazu kam es nicht. Deans posthumes Image ging in andere Richtungen, und war bereits weitgehend festgelegt, bevor GIGANTEN überhaupt in die Kinos kam. Der Film lief sehr erfolgreich, trug aber letztlich wenig zur Dean-Legende bei.

Der Film basiert auf einem Bestseller, der gleichnamigen Familiensaga von Edna Ferber, und ist mit mehreren Protagonisten, divergierenden Handlungssträngen und einer Dauer von über drei Stunden sehr breit angelegt. Elizabeth Taylor spielt Leslie, eine junge Frau aus einer alteingesessenen Familie in Virginia, die den reichen Rancher Bick Benedict (Rock Hudson) heiratet. In Texas wird sie mit einer unkultivierten, aber reichen Welt konfrontiert, die von Geld und sozialen Spannungen beherrscht ist. Nicht nur die mexikanischen Landarbeiter, auch ärmere Amerikaner wie Jett Rink (James Dean) werden herabwürdigend behandelt. Als Bicks Schwester bei einem Reitunfall umkommt, erbt Jett ein kleines Stück Land. Er versucht, eher schlecht als recht, darauf eine Ranch einzurichten, statt dessen aber stößt er auf Öl und wird zu einem der reichsten Männer der Stadt. Unterdessen nimmt die Familiengeschichte der Benedicts den größten Raum ein. Die nächste Generation wächst heran, nicht ohne Probleme, Spannungen und kleine Dramen. Der größere Konflikt ist aber der zwischen Jett Rink und den Ranchern, die sich für die gehobene Gesellschaft halten. Nach dreißig Jahren ist Jett ein extrem wohlhabender, angeberischer, aber immer noch einsamer Mann, und dazu noch Alkoholiker. Aus all den Träumen ist am Ende nichts geworden: Die Benedict-Kinder gehen eigene Wege und wollen die Ranch, für die Bick gelebt hatte, nicht mehr übernehmen; Jett bleibt der einsame Außenseiter, der zwar Geld, aber keine Anerkennung findet und am Ende in Selbstmitleid zergeht.

Deans Rolle ist auf den ganzen Film bezogen eine sehr kleine – insgesamt nur etwa 20 Minuten (McCann 1991, 159f.) –, nimmt aber eine Schlüsselposition im Verhältnis zur zentralen Thematik, der sozialen Ausgrenzung, ein. Darüber hinaus bot sie Dean die Möglichkeit, sehr unterschiedliche Seiten einer Persönlichkeit sowie den Wandel im Lauf des Alterns zu demonstrieren. Die Arbeitsweise vom Regisseur George Stevens, der primär auf epische Breite, üppige Produktionswerte und zeitaufwendige Dreharbeiten setzte, kam Dean allerdings wenig entgegen, da er hier weniger Gelegenheit hatte, Emotionen auszuspielen. Seine stärksten Momente sind in der ersten Hälfte des Films, wenn er gestisch die Hemmungen und Hoffnungen des unterprivilegierten Rancharbeiters vermittelt.

Weniger überzeugend ist seine Darstellung des protzigen, neureichen Ölmoguls. Auch wenn er im Vergleich zu den selbstgefälligen und elitären Ranchern zeitweilig sympathische Züge hat, und sein Streben, ›es ihnen zu zeigen‹ verständlich ist, bleibt die Figur sehr zwiespältig. Er ist rassistisch und entwickelt vor allem keine positive Perspektive, will nur das haben, was die anderen schon hatten: Geld und Macht. Der Rebell erscheint hier als ewiger *parvenu*, der nur von Neid und einem unstillbaren Hunger nach Anerkennung getrieben ist. Die Figur hat zwar nuanciertere und komplexere Anlagen, wird aber in der Geschichte zu wenig differenziert – insbesondere der Schlußmonolog, der Rinks unerfüllte Wünsche nach Liebe verdeutlicht, ist als Erklärung für die menschliche Tragik eher dürftig und recht platt. Auf Deans Image hatte der Film kaum Wirkungen; nur einzelne Einstellungsfolgen – insbesondere einige Szenen mit Elizabeth Taylor – gehören zum Kanon der Dean-Bilder, die lange nachwirken. Bezeichnenderweise sind es gerade solche, die ihn als den sensiblen Außenseiter zeigen, und so die größte Übereinstimmung mit seinem sonstigen Image aufweisen.

5.4 Imageschwerpunkte

Der Fall Dean verdeutlicht, wie stark Starimages von den unterschiedlichen und sich verändernden Präferenzen der Publika abhängig und damit auch historisch stets in Bewegung sind. Dean ist nicht nur zu unterschiedlichen Zeiten unterschiedlich beliebt – »Es gibt Wellen der Deanophilie«, stellt Wulff (1990a, 9f.) fest –, sondern auch die Art der Rezeption variiert: eine erste Welle der Idolisierung ist Ende der fünfziger Jahre schon wieder vorbei und die späteren zeigen nicht mehr dieselbe extreme Beziehung zwischen Fans und dem Idol. Auch machen sich historisch bedingte Veränderungen und Verschiebungen in den jeweiligen Bedeutungszuweisungen bemerkbar.

Im folgenden soll den zentralen Momenten seines Images genauer nachgegangen werden: Dean als Repräsentant des ›rebellischen‹ Jugendlichen, seine Einbindung in die Diskurse über Sexualität und Geschlecht sowie seinem Schauspielstil. Darüber hinaus werden die biographischen Schilderungen und die charakteristischen Fotos von ihm als integraler Teil des Starimages untersucht.

Die Jugendrebellion

Kaum ein Wort wird in Zusammenhang mit Dean so oft gebraucht wie »der Rebell«. Die erste, sehr intensive Rezeption in der zweiten Hälfte der fünfziger Jahre hing eng mit dieser Rolle zusammen. Gerade in dieser Zeit bildete sich zum ersten Mal eine eigene Jugendkultur heraus, die sich vor allem über Haltungen und Lebensstil, Musik, Kleidung und äußere Erscheinung, Auflehnung, Nonkonformismus und allgemein abweichendes Verhalten ausdrückte. Die Ursachen sind vielfältig, haben ihre Wurzeln aber in der fortschreitenden gesellschaftlichen Modernisierung. In der Folge des Zweiten Weltkriegs entwickelte sich eine neue Form der Industrie-, Angestellten- und Konsumkultur, die in Tempo und Auswirkung einer Umwälzung gleichkam und die alten Werte obsolet machte, an der Oberfläche aber als Fortschritt und Glücksversprechen erschien. Zudem waren die fünfziger Jahre durch ein äußerst konservatives Klima gekennzeichnet: Kommunistenhetze, Eisenhower-Ära, Harmonie-Bestrebungen bis hin zur starken Bestätigung der Kleinfamilie und einer eigentlich überkommenen Frauenrolle etc. Der ›kalte Krieg‹ zementierte die politischen Verhältnisse und beförderte mit der nuklearen Aufrüstung ein konstantes, wenngleich oft nur latentes Gefühl der Bedrohung und Sinnentleerung. Hinter dem Schein einer ›heilen Welt‹ waren längst Prozesse im Gang, die erst Ende der sechziger Jahre aufbrachen und in den unterschiedlichen Formen einer breiten Protest-Bewegung explizit politische Formen annahmen. In den fünfziger Jahren bestanden die Vorboten dieser Entwicklung in einer noch unpolitischen und weitgehend unreflektierten Jugendkultur und einer Aufweichung alter Regeln des Verhaltens, der Moral und der Sexualität. Vor allem in den USA war die neue Teenager-Kultur gerade durch die relativ privilegierte Jugend der stark gewachsenen ›middle class‹ und das Verschwinden der Arbeiterkultur geprägt. Wohlstandsdenken, erheblich erweiterte, scheinbar unbegrenzte Freizeit-, Mobilitäts- und Konsummöglichkeiten waren Ausgangspunkt und Voraussetzung für die junge Generation, um Sinnfragen zu stellen, gesellschaftliche und familiäre Autorität zu hinterfragen und eine eigene Kultur – und sei es eine, die auf Anomie basierte – zu entwickeln. Kennzeichnend dafür ist der Umstand, daß der Begriff ›Teenager‹ erst in der Nachkriegszeit gebräuchlich wurde, da es bis dahin keinen Begriff für diesen besonderen Lebensabschnitt zwischen Kindheit und Erwachsensein gab (vgl. Spoto 1996, 263). Dieser Hintergrund formt die Jugendrebellion, die den Kontext für James Deans Image ergibt, und grenzt ihre Äußerungsformen zugleich ein.

Dean war nicht die erste Rebellenfigur und DENN SIE WISSEN NICHT, WAS SIE TUN nicht die erste Darstellung der ›Jugendrevolte‹. Vielmehr gab in diesen Jahren eine Reihe von Filmen, die Kriminalität und Entfremdung in der jungen Generation thematisierten (vgl. McGee/Robertson 1982). Diese waren ernsthafte Versuche, an der breiten öffentlichen Diskussion produktiv teilzunehmen, ihnen ging es aber auch darum, das für die Filmindustrie immer wichtigere jüngere Publikum anzusprechen, das die Zielgruppe für die folgenden ›Teen-Exploitation‹-Filme wurde (vgl. Considine 1985, 182f.; Doherty 1995).

Insbesondere DER WILDE (THE WILD ONE, 1954) von Laslo Benedek mit Marlon Brando als Anführer einer Motorrad-Gang hatte für großes Aufsehen und kontroverse Diskussionen gesorgt. Im Vergleich damit scheint DENN SIE WISSEN NICHT, WAS SIE TUN weitaus harmloser, da die Handlung nicht unter Außenseitern und Randgruppen, sondern in der bürgerlichen Mittelschicht stattfindet. Aber genau darin lag die eigentliche Bedrohung der neuen Jugendkultur: es waren gerade die ›Kinder aus gutem Hause‹, die anfingen, all das abzulehnen, wofür die Eltern lebten. Obwohl DENN SIE WISSEN ... am Ende die Familie bestätigt und die Probleme löst, waren vor allem die gezeigten Konflikte zwischen den Generationen und die Sympathie, die den jugendlichen Protagonisten entgegengebracht wurde, für die damalige Situation durchaus brisant.

Die Rebellion äußert sich weniger in der Gesetzesübertretung und den unsinnigen Mutproben – einem Messerkampf, dem ›Hasenfußrennen‹ mit gestohlenen Autos –, die die ›Halbstarken‹ betreiben, als in der Konfrontation mit den Eltern, sofern diese überhaupt anwesend sind. Platos Eltern leben getrennt; die Mutter ist dauernd verreist und läßt ihn in der Obhut einer Haushälterin. Vom Vater bekommt Plato nur gelegentlich einen Unterhaltsscheck, nicht einmal einen Brief. Jims zänkische, dominierende Mutter und der weiche, ›unmännlich-feige‹ Vater taugen nicht als Vorbilder. Sie verstehen ihn nicht, bieten Allgemeinplätze, wenn er Hilfe braucht, und sorgen sich mehr um ihr gesellschaftliches Ansehen als um sein Verlangen nach Halt und Werten. Auch Judy fühlt sich von ihren Eltern allein gelassen. So wundert es nicht, wenn sie sich zusammentun und hilflos versuchen, selbst ›Familie‹ zu spielen.

Die rebellischen Momente im Film gehören Dean. Wenn er sich gegen die Eltern auflehnt, sie wegen ihrer Konformität und Heuchelei anklagt, trifft er den Nerv des jugendlichen Publikums. Höhepunkt ist der Streit mit den Eltern nach dem ›Hasenfußrennen‹, etwa in der Mitte des Films. Als Buzz dabei umkommt, will Jim die Verantwortung übernehmen und sich der Polizei stellen. Die Eltern denken pragmatisch, wollen alles verschweigen, und die Mutter beschließt, daß die Familie wieder wegziehen soll. Jim dagegen geht es um die Wahrheit, sie sich treu zu sein und einmal im Leben das richtige zu tun. Die Rollen sind seltsam verteilt. Jim, der um Rat bittet, ist der einzige, der eigentlich weiß, was er will und was richtig ist. Erfüllt von jugendlichem Idealismus und dem Wunsch, richtig und falsch, gut und böse klar trennen zu können, ist er der einzige, der bereit ist, Verantwortung zu übernehmen. Eigentlich will er gar nicht elterlichen Rat, sondern hofft auf Bestätigung der moralischen Werte – die sie zwar immer propagieren, aber selbst nicht befolgen. Hierin versagen sie jedoch kläglich und lassen ihn mit seinen Problemen allein.

Die ›Rebellion‹ liegt in der emotionalen Ebene, äußert sich primär in der schauspielerischen Darstellung sowie der Inszenierung und weniger im Dialog. Die Auflehnung ist in Deans Stimme zu spüren, wenn er schreit oder mit verkrampfter Kehle die Worte herauspreßt, und an seinem Gesicht und seinem Körper ablesbar, wenn er auf die Worte der Eltern reagiert oder ihnen hilflos zuhören muß. Ray nutzt dabei intensiv die Möglichkeiten des Breitwandformats, der Rauminszenierung und der Kameraperspektive (Neigung und Ober- bzw. Untersicht), um durch die Position der Figuren auch ihre Beziehungen zueinander zu verdeutlichen. Die meiste Zeit sind zwei oder alle drei gleichzeitig im Bild, nur in den entscheidenden Augenblicken, dann aber meist in langen Einstellungen, zeigt die Kamera Deans Gesicht in Nahaufnahme, um seine Gefühle zu verdeutlichen. Typisch für Deans Schauspielstil, ist, wie er den Moment zeigt, als Jim von unterdrückter Verzweiflung zur Wut übergeht. Zwischen den Eltern stehend schaut er die Mutter an, bittet aber fast bewegungslos, mit gefaßter Stimme und ohne ihn anzuschauen den Vater mehrmals um eine Antwort. Als dieser zusammengekauert schweigt, bricht es aus Jim heraus: mit einer plötzlichen, aber fließenden Drehung wendet er sich dem Vater zu, greift ihm beim Revers des Bademantels, zieht ihn hoch und zerrt ihm in einer weiten, ausholenden Kreisbewegung – durch einen Schnitt und die gleitende Kamerabewegung unterstützt – ins Wohnzimmer, wo er ihn zum Boden wirft. Mit dramatischer Musik und den grell-lauten Stimmen der Figuren unterlegt, ist es der entscheidende Wendepunkt der Handlung und zugleich der emotionale Höhepunkt der Rebellion.

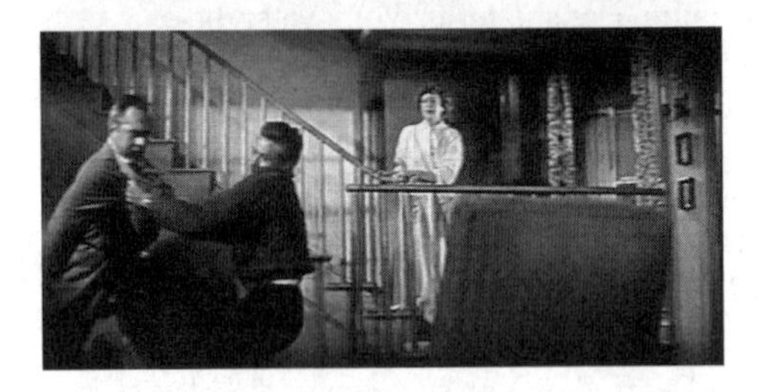

Mit seinem intensiven Beharren auf überzeugenden und verläßlichen Werten, klagt er die Elterngeneration der fünfziger Jahre an, die zwar Wohlstand und Frieden, aber zugleich eine enge, inhaltslose und biedere Gesellschaft der Doppelmoral geschaffen hatte. Die Anklage ist aber auch ein Hilferuf, und der Film bie-

tet als Antwort nur ein unglaubwürdiges und konservatives Happy-End: Jim und Judy sind ein Paar, die Familie wird wiederhergestellt und der schwache Vater gelobt, sich zu bessern. Dieser Schluß ist seitdem oft bemängelt worden, wurde als Anpassung an die Familienideologie und Hollywoods Drang zum versöhnlichen Ende bewertet. Genau genommen, ist die Rebellion der Jugend hier keine gerichtete Opposition, sondern eine Forderung. Daß sie kein Programm hat, wird schon im Titel angekündigt. Aber sie lehnt sich auch nicht wirklich gegen gesellschaftliche oder väterliche Autorität auf, sondern nur gegen die, die von den Jugendlichen nicht ernst genommen werden kann. Jim Stark will nichts anderes, als daß sein Vater ein ›wirklicher‹ Vater wird, kein ›Pantoffelheld‹, der sich Konflikten entzieht, sondern einer, der zu seinen Worten steht und ihm hilft, den richtigen Weg für sich zu finden. Die Auflehnung der Teenager verlangt nicht, daß das traditionelle Ideal der patriarchalischen Familie verändert wird, sondern, daß es *realisiert* wird. Die Ambivalenz der in Dean und in der Figur Jim Stark verkörperten Wünsche hat François Truffaut bereits 1956 beschrieben:

> In James Dean findet sich die heutige Jugend wieder, weniger aus den stets genannten Gründen Gewalt, Sadismus, Hysterie, Pessimismus und Brutalität als aus anderen, unendlich einfacheren und alltäglicheren: Aufrichtigkeit der Gefühle, ungebrochene Phantasie, Lauterkeit der Moral, die nichts mit der gängigen Moral zu tun hat, sondern viel strenger ist, die ewige Lust der Jugend an Kraftproben, am Rausch, Stolz und Bedauern bei dem Gedanken, ›außerhalb‹ der Gesellschaft zu stehen; Weigerung und Wunsch, sich zu integrieren und schließlich Annahme oder Ablehnung der Welt, wie sie ist. (zit. in Roth 1987, 60).

In der damaligen Zeit jedoch wurde diese zwiespältige Rebellion selten so ausgewogen betrachtet. Sowohl die heftige Ablehnung von Filmen wie DER WILDE und DENN SIE WISSEN NICHT, WAS SIE TUN durch große Teile der älteren Generation, als auch ihre Popularität unter Jugendlichen und der Kult um die Stars deuten darauf hin, daß sie wirklich als Herausforderung der Gesellschaft erlebt wurden. In diesem Generationskonflikt ging es um die Ansprüche der Jugend, um ihre Suche nach Sinn, nach einer eigenen Identität oder wenigstens nach intensiven Erlebnissen. Der Ort, an dem die Konflikte ausgetragen wurden, war zum großen Teil die entstehende Subkultur, die sich in der Mode, der Musik und dem Habitus der Jugendlichen niederschlug. Die Provokation lag häufig in Details, die mittlerweile normal, heute kaum mehr nachvollziehbar sind. Daß Brandos Lederjacke in THE WILD ONE herausfordernd wirkte, kann man vielleicht gerade noch nachempfinden, der symbolische Wert von Deans roter Windjacke aus DENN SIE WISSEN NICHT, WAS SIE TUN, die eine Zeit lang nicht nur modisch, sondern fast synonym mit einer aufmüpfigen Jugend war (Wulff 1990a, 16), läßt sich nur noch abstrakt fassen. Popstars wie Brando, Dean und Elvis oder die Beatles und die folgenden Rockstars bis hin zu den Punks waren immer wieder für die Jugendlichen bedeutsam und für die Eltern erschreckend, weil sie gerade in ihrer Kleidung, den Frisuren, ihrer Art zu reden und sich zu bewegen, die tradierten Werte sichtbar ablehnten. Sie setzten sich über die internalisierten Regeln der älteren Generation – Anstand,

Höflichkeit, Manieren und Haltung – hinweg. Jims Status als Rebell ergab sich nicht nur aus der Intensität seiner Sinnssuche, sondern – stärker noch – daraus, daß er die Eltern anschreit und sich auch sonst ›nicht benimmt‹.

Deans außerfilmisches Image geht noch stärker in diese Richtung. Es gibt kaum eine Biographie, die nicht etliche Anekdoten enthält, wie Dean sich ›daneben‹ benahm, jemanden beleidigte, grunzte und stammelte oder andere Menschen einfach ignorierte. Schon seine nuschelige Sprechweise und seine Körpersprache waren eine Provokation. Auch soll er oft nicht nur lässig, sondern ausgesprochen schmutzig gekleidet gewesen sein. Hier kamen drei Faktoren zusammen: Deans Persönlichkeit und eigene Umgangsformen, eine gewisse durch die ›Beatniks‹ beeinflußte Lebensweise, die auch sein Vorbild Marlon Brando pflegte, und eine sehr bewußte und kalkulierte Imagebildung. Dean trat gern als *enfant terrible* auf, besonders wenn er glaubte, dadurch einflußreichen Hollywood-Persönlichkeiten imponieren zu können. Die berühmte Klatsch-Journalistin Hedda Hopper berichtet über ihre erste Begegnung mit Dean:

> Das neueste Genie kam im Aufzug eines Penners hereingeschlürft und lümmelte sich, ohne einen Ton zu sagen, ans andere Ende des Tisches. Mit dem Fuß zog er sich sodann einen zweiten Stuhl heran und legte in aller Seelenruhe seine Füße darauf. Während er es sich bequem machte, taxierte er mich abschätzend aus dem Augenwinkel. Dann stand er wieder auf, um sich die gerahmten Fotos der Warnerstars anzuschauen, die hinter ihm an der Wand hingen. Er wählte eines davon aus, spuckte den porträtierten Schauspieler aufs Auge, zog sein Taschentuch heraus und wischte den Speichel wieder ab. Anschließend rülpste er wie eine ausgehungerte Hyäne. (zit. in Hyams 1993, 159).

Er konnte sich aber auch anders verhalten. Kurz nach dieser Begegnung, nachdem JENSEITS VON EDEN erschienen war und eine positive Öffentlichkeitsarbeit erforderlich war, traf sich Dean wieder mit ihr, benahm sich gesittet und erfüllte alle Erwartungen. Dieses Verhalten war völlig bewußt und zielgerichtet eingesetzt (vgl. Hyams 1993, 189), aber wahrscheinlich keineswegs künstlicher als das erste. Seine Strategie ging jedoch auf, und er gewann die Kolumnistin als eine einflußreiche Gönnerin, die seine Karriere förderte.

Erst wenn man sich vergegenwärtigt, wie die ältere Generation noch ein Jahrzehnt später auf die Beatles und die protestierenden Studierenden reagierten (obwohl sie aus heutiger Sicht vollkommen brav aussehen), kann man einschätzen, wie provokativ solche äußerliche Rebellion in den fünfziger Jahren wirkte. Auch bei den angeblich ›durchpolitisierten‹ Sechzigern basierten nicht nur die interne Gruppenidentifikation der Jugendlichen, sondern auch viel von deren gesellschaftlicher Sprengkraft noch auf der Abweichung von erwarteten Verhaltensmustern und ihrer äußere Erscheinung. Streit mit den Eltern über die Länge der Haare, die Kürze der Röcke, die geflickten Jeans und die saloppen Umgangsformen ebenso wie das vehemente Infragestellen überkommener Werte ist ein sich in den Äußerungsformen historisch zwar wandelndes, aber beständiges Moment der menschlichen Entwicklung. Den ›Rebellen ohne Anlaß‹ in den fünfziger Jahren, die zum ersten Mal eine derartige Jugendkultur sichtbar formierten, ging es gerade um Fragen der Lebensform, die sich direkt in den abweichenden Moden und in ihrem Verhalten ausdrückte. Erst vor diesem Hintergrund wird James Deans Status als prototypische Rebellenfigur ersichtlich (vgl. Wulff 1990a, 20).

Schauspielstil

James Dean wird häufig neben Marlon Brando als ein Hauptvertreter des ›Method Acting‹ im Film genannt. Dean hat in New York das ›Actors‹ Studio‹ von Lee Strasberg zumindest gelegentlich besucht, aber es gibt sehr unterschiedliche Einschätzungen, wie oft er anwesend war und wieweit er an den Übungen teilnahm. Strasberg hatte eine eigene, an Stanislawski orientierte Methode des Schauspiels entwickelt, die seit den dreißiger Jahren einen großen direkten und indirekten Einfluß auf Theater und Film ausgeübte. Bis heute folgen viele bekannte Charakterdarsteller/innen – u. a. Paul Newman, Ben Gazzara, Lee Remick, Rod Steiger, Joanne Woodward, Dustin Hoffman – dieser Tradition. Allerdings ist mit dem Erfolg und der Verbreitung der ›Methode‹ auch die Bedeutung dieses Begriffs schnell sehr diffus geworden. Gerade im Fall eines Schauspielers wie Dean machen die Techniken dieser Schule nur einen Teil des Darstellungsstils aus. Es ist sogar fraglich, ob Dean überhaupt ein ›method actor‹ im engeren Sinn ist. Wieviel er bei Strasberg gelernt hat, läßt sich nicht feststellen. Indirekte Einflüsse über den Regisseur Elia Kazan, der auch aus dieser Tradition kam, und durch Deans Imitation von Brando waren wahrscheinlich stärker. So wird man in der Theorie von Stanislawski und Strasberg keinen Schlüssel zu Deans Präsenz als Schauspieler finden. Ausschlaggebend ist vielmehr, daß sich in dieser Zeit ein neuer, nur bedingt am ›Method Acting‹ angelehnter Schauspielstil entwickelte, der Elemente wie Emotionalität, Improvisation, Körpereinsatz, psychologisch wirksame Pausen und eine vermeintlich natürlichere Sprechweise umfaßte.

Eine Grundidee der ›method‹ ist, daß die Schauspieler das sogenannte ›affektive Gedächtnis‹ – ihre Erinnerungen an erlebte Gefühle – als Basis für die Realisierung einer Figur nutzen sollten (vgl. Naremore 1988, 197). In der populären Rezeption, aber auch von vielen Darsteller/innen wurde dies so verstanden, als sollten sie ihre eigentlichen, wirklichen Emotionen vorführen und sich in die Figur ›hineinleben‹. Daß Strasberg genau das Gegenteil lehrte und gerade den bewußten, völlig kontrollierten Einsatz der Gefühle betonte (vgl. Larue/Zucker 1990, 301) änderte nichts daran. Die emotionale Figurendarstellung durch Dean und andere wurde vom breiten Publikum als besonders authentisch, wirklich und wahr angesehen.

Wenn man den Erinnerungen von Deans Freunden und Kollegen glauben darf, trifft es auch weitgehend zu, daß Dean völlig in seine Rollen aufging und weniger kontrolliert sein affektives Gedächtnis aktivierte, als spontan seine eigenen Gefühle ausdrückte. Demnach war die Identität zwischen ›Person‹ und ›Rolle‹, die vom Starsystem meistens systematisch gefördert wurde, im Fall von Dean tatsächlich weitergehend vorhanden als bei vielen anderen Starschauspieler/innen.

Confusion, frustration, a feeling of disconnection from people, depression and a fundamental distrust of anyone's motives – these characterized James Dean more and more from the spring of 1954 [als EAST OF EDEN gedreht wurde]. [...] To set forth this actor's complex character is not to diminish him; rather, it helps to explain his artless ability to project both disaffection and the desire for love, both a diffuse pain and an inarticulate longing for love and acceptance. He was indeed, as Dizzy Sheridan [eine Freundin von Dean] had said, ›a bottomless well – no love was enough.‹ (Spoto 1996, 161).

Daß Deans Persönlichkeit exakt mit der zu spielenden Rolle übereinstimmte, war schon bei der Besetzung entscheidend:

[...] Kazan was convinced that he had the actor he needed. He later said, ›I chose Jimmy because he *was* Cal, the younger brother. There was no point in casting further. Jimmy was it. He had a grudge against all fathers. He was vengeful. He had a sense of aloofness and of being persecuted.‹ (Gilmore 1975, 88).

Kazan tat alles, um die Kongruenz mit der Figur und die spontane, emotionale Interaktion der Darsteller/innen zu fördern. So mußten Dean und Richard Davalos, der im Film den ›guten‹ Bruder Aron spielt, während der Dreharbeiten ein Zimmer teilen, damit Spannungen und eine Art Haß-Liebe zwischen beiden im Privaten wie vor der Kamera entstand. Übereinstimmend wird berichtet, daß Dean die elementare Technik des Schauspiels nicht beherrschte (vgl. McCann 1991, 140; Spoto 1996, 164). Statt dessen agierte er aus der Situation, ›aus dem Bauch‹ heraus. Seine Mitspielerin in JENSEITS VON EDEN Julie Harris dagegen war eine sehr professionelle Schauspielerin, die das ›method acting‹ perfekt beherrschte. Sie konnte auf solche Improvisation eingehen und damit ein kreatives Zusammenspiel entstehen lassen. Für einen traditionellen Akteur wie Raymond Massey, der den autoritären Vater spielte, war Deans Art zu spielen eine einzige Zumutung. Obwohl er Dean persönlich zunehmend weniger schätzte, nutzte Kazan Deans eher instinktives, distanzloses Spiel geschickt aus, um so viel wie möglich aus ihm und den anderen herauszuholen. Der Regisseur beschreibt die Arbeit mit Dean auf wenig schmeichelhafte Weise:

Directing him was like directing the faithful Lassie. I either lectured him or terrorized him, flattering him furiously, tapped him on the shoulder, or kicked his backside. He was so instinctive and so stupid in many ways – and most of all I had the impression of someone who was a cripple inside. (zit. nach Spoto 1996, 165).

Kazan nutzte auch die Tiefe Antipathie zwischen Dean und Massey aus, um die komplizierten Beziehung zwischen Vater und Sohn im Film eine besondere Echtheit zu verleihen:

So I let Jimmy say his lines the way he wanted – just because it irritated Massey! Would I do anything to stop that antagonism? No – I increased it, I let it go! It was the central thing of the story. What I photographed was the absolute hatred of Raymond Massey for James Dean, and of James Dean for Raymond Massey. That was precious. No director could get it any other way. (zit. nach Spoto 1996, 164).

So wird häufig erzählt, daß in der Szene am Eßtisch, als Cal zur Strafe aus der Bibel lesen muß und er, um den Vater zu ärgern, betont leise, viel zu schnell und wiederholt - trotz gegenteiliger Ermahnungen - die Versnummern mitliest, Dean auf Kazans Anweisung unflätige Schimpfwörter vor sich hin murmelte, damit der konservative Massey tatsächlich in Wut geriet (vgl. Martinetti 1979, 101). Auch am Höhepunkt des Films, als Cal mit einem Geldgeschenk die Liebe des Vaters gewinnen will und dieser ihn kalt abweist, ließ Kazan die unterschiedlichen Arbeitsweisen der Schauspieler aufeinanderprallen. Dean agierte stark emotional und spontan, ohne sich am Drehbuch zu halten, auch in dieser Szene:

> [...] wie so oft fand Dean seine plastischste Ausdrucksform, indem er seinen ganzen Körper einsetzte. Kazan: ›er war schrecklich gespannt und aufgeladen. Und als er dann loslegte, hatte man den Eindruck, als ob an einem Faden gezupft worden wäre, und er begann zu hüpfen. Als er hinter dem Rücken seines Vaters das Geld fallen ließ, machte er »Aaaaahhh« und drehte sich herum, seine Arme gespenstisch von sich gestreckt wie eine Puppe.‹
>
> Auch diese Szene wurde in der endgültigen Version gedreht, ohne den bedauernswerten Massey von ihr zu unterrichten. Als Dean heulend auf ihn losging und ihn umarmen wollte, war seine erschreckte Reaktion vollkommen spontan und echt. (Howlett 1979, 119f.).

Ob Dean ganz so naiv spielte, wie derartige Anekdoten suggerieren, ist allerdings fraglich. Detaillierte Analysen seiner Filmauftritte deuten eher darauf, daß er die Figurendarstellung sehr bewußt gestaltete und die Improvisation gezielt die Intention des Films unterstützte (Larue/Zucker 1990; McCann 1991; Vineberg 1991). Entscheidend ist eher, wie seine Darbietung im Film vom Publikum aufgenommen wurde. Aus heutiger Sicht wirkt vieles übertrieben, stilisiert, fast peinlich oder komisch. Der Film macht einen sentimentalen Eindruck und gerade die emotionale Intensität in Deans Ausdruck scheint oft überspitzt zu sein. Was mittlerweile als ›zu viel‹ und gekünstelt wirkt, wurde jedoch

zeitgenössisch als besonders natürlich und echt wahrgenommen.

Generell und insbesondere bei der Jugend änderten sich in den fünfziger Jahren die Formen der Subjektivität und ihre Äußerungen. Es wurde zumindest in Teilen der Gesellschaft auch für Männer eher akzeptabel, Gefühle - Verzweiflung, Zerrissenheit, Verletzbarkeit und Sinnlosigkeit - zu zeigen. Nicht nur die Erfahrung der Subkultur, der ›Beat Generation‹, gingen in diese Richtung (vgl. Braudy 1996), sondern auch die allgemeinen Erwartungen an männliches Verhalten betonten zunehmend Sensibilität und Empfindung. Gleichzeitig wurden traditionelle Definitionen von Männlichkeit im Sinne von Individualismus, Konkurrenz, physische Stärke und Gewaltbereitschaft in der modernen Gesellschaft der Büros und Vorstädte obsolet (vgl. Wexman 1993, 167–170). Vor diesem Hintergrund wird die Publikumswirksamkeit von Deans ausdrucksstarker Spielweise verständlich.

Was als Authentizität und emotionale Intensität wahrgenommen werden kann, sind aber letztlich filmische und darstellerische Zeichen - »performance signs« (Dyer 1979, 151ff.) -, die nur in Zusammenhang mit Codes und Konventionen eine Bedeutung haben. Im System des Films der fünfziger Jahre und des ›method acting‹ wurden bestimmte schauspielerische Äußerungen als Ausdruck der inneren Wahrheit der Figur/des Darstellers verstanden. Sie wurden zu Zeichen der Authentizität (»markers of authenticity«, Dyer 1982, 19). Dazu gehören eine alltägliche, oft nuschelnde oder sogar unverständliche Sprechweise, auffällige Pausen, sich überlappende Dialoge, eine betonte körperliche Lässigkeit - herumlungern, sich kratzen etc. -, scheinbar natürliche Reaktionen etc. Kritiker, die sich am traditionellen theatralischen Schauspiel festhielten, taten diese Eigenarten als einen »slouch and mumble«-Stil (Lümmeln und Nuscheln) ab. Überwiegend wurden solche Techniken aber als neue Möglichkeit begrüßt, die psychischen Zustände der Figuren wahrhaft zu zeigen. Daß Elemente der nonverbalen Kommunikation hier hervortreten, ist kein Zufall, denn es ging ja - wie in den James Dean-Figuren - sehr oft darum, durch Mimik, Körpersprache und Stimme das verständlich zu machen, was sie nicht sagen können (für Beispiele, wie Dean innere Zustände in physische umsetzt, vgl. Vineberg 1991, 192–195). Gerade im Ensemble-Spiel der Akteur/innen wird das Verhältnis der Figuren zu einander - das oft von deren fehlerhaften oder nicht vorhandenen Kommunikation bestimmt ist - plastisch dargestellt. In fast allen Szenen zwischen Cal und seinen Eltern in JENSEITS VON EDEN wird deren Unfähigkeit, einander zu verstehen oder aufeinander zuzugehen, durch solche Mittel sichtbar gemacht. Die Beziehungen und die Gefühle - insbesondere Cals Verlangen nach Liebe und Anerkennung - sind in der räumlichen Inszenierung, der Körperhaltung und Mimik deutlich wahrnehmbar.

Dieser zumindest scheinbar direkte Ausdruck der Innerlichkeit macht das Spiel authentisch und unterstützen die angenommene Identität von Star und Figur. Gerade darin hat Deans Art des Schauspiels für Jugendliche identifikationsfördernd gewirkt. Im Selbstverständnis der Teeenager spielte gerade die Aufrichtigkeit und Unmittelbarkeit der Gefühle eine wichtige Rolle in deren Absetzung von der Heuchelei, Konventionalität und Anpassung der Elterngeneration. Ob Dean ein geschickter Schauspieler war, oder wirklich nur sich selbst spielen konnte, ist dabei nicht relevant. Für seine Wirkung als Star war ausschlaggebend, daß diese Gleichsetzung von Person und Rolle funktionierte:

James Deans Identifikation mit seinen Charakteren war total. Motivation und Handlung gingen ineinander über. Selbstverkörperung und blinde Identifikation wurde *die* Merkmale des neuen Stars. Heranwachsende, genauso wie Schauspieler, haben noch nicht entschieden, wer sie sein wollen [...], und sich selbst zu spielen, sich als einen Anderen darzustellen, ist die bevorzugte Art der Wiedererschaffung eines Jugendlichen. Jimmy stellte nicht nur sich selbst dar, sondern auch *uns*. (Dalton 1984, 8).

Sexualität und Geschlechterrolle

Geht man von den Biographien aus, treten Sexualität und Männlichkeit als zentrale Elemente in Deans Bedeutung als Star hervor. Aus den stark differierenden Meinungen und angeblichen Fakten wird jedoch deutlich, daß gerade diese Aspekte kaum exakt zu bestimmen sind.

Daß James Dean bisexuell war, wird teils abgestritten oder heruntergespielt. Dalton z. B. macht zwar Andeutungen, daß Dean auch homosexuelle Erfahrungen hatte, wertet sie aber gleich ab: »Jimmy liebte das Experiment, um seine Rollen so wahrheitsgetreu wie möglich zu spielen [gemeint ist die Rolle eines Homosexuellen im Theaterstück *The Immoralist*], aber deshalb zu behaupten, er sei schwul, ist lächerlich.« (Dalton 1984, 131). Manche Geschichten über Dean werden als Legende abgetan: So hat sein Freund Bill Bast ausgerechnet, daß Dean hundert Jahre alt hätte werden müssen, um mit all denen zu schlafen, die das behaupten (vgl. Howlett 1979, 252). Nach wieder einer anderen Version habe Dean homosexuelle Beziehungen unterhalten, aber möglicherweise nur sofern sie seiner Karriere dienlich waren (vgl. Hofstede 1996, 9). Am anderen Ende des Spektrums wird Dean als Strichjunge denunziert oder von Kenneth Anger als »menschlicher Aschenbecher« tituliert, der seine männlichen Liebhaber gebeten haben soll, ihre Zigaretten auf seiner Brust auszudrücken (vgl. Dalton 1984, 131; McCann 1991, 152f.; Spoto 1996, 101). Die Schilderungen von Deans Leben und Liebesleben bei Spoto (1996) und Hyams (1993), die auf persönliche Erinnerungen der Autoren sowie vieler Freunde und Bekannten Deans basieren sollen, liegen in etwa in der Mitte zwischen all diesen verschiedenen und sich widersprechenden Variationen. Demnach war Dean durchaus von Männern wie von Frauen angezogen, und betrachtete wohl seine vielen, meist sehr kurzfristigen Beziehungen als Probierfeld, um seine Attraktion für andere zu testen und Lebenserfahrung zu gewinnen. Sie gehörten auch zu seinem Image als Außenseiter und Nonkonformist. Dieses Bild entspricht am ehesten dem jetzigen Stand des »allgemeinen Wissens« um Dean, das aber durchaus unsicher ist: »Vieles wird Legende sein, wirklich verbürgt ist nichts« (Wulff 1990a, 21).

Die Bedeutung, die seine Sexualität vor allem in den letzten Jahrzehnten bekommen hat, hängt deutlich mit dem aktuellen Diskurs über Sexualität und Geschlecht und der wachsenden Akzeptanz von Homosexualität zusammen. Zu Deans Lebzeiten wäre es unmöglich gewesen, offen darüber zu sprechen. Gerüchte kursierten natürlich, auch über Deans Idole Brando und Clift, aber die Öffentlichkeit war noch weitgehend von Strategien der Repression beherrscht. In Hinblick auf Deans Person und Lebensgeschichte, ist die auf seine Bisexualität gerichtete Aufmerksamkeit ohnehin überbewertet, denn Narzißmus scheint sein Haupttrieb gewesen zu sein: »whatever Jimmy's personal or sexual pastimes, he was most of all obsessed with himself and his career« (Spoto 1996, 135). Kulturell gesehen und in Hinblick auf sein Starimage, ist die biographische Wahrheit unerheblich. Denn sobald seine sexuellen Präferenzen in der Öffentlichkeit diskutiert werden, gehören sie zum Image.

In seiner Untersuchung über die historische Rezeption Deans stellt Hans Jürgen Wulff (1990, 21–23) fest, daß über dessen Bisexualität oder, allgemeiner formuliert, über seine Androgynität erst in den siebziger Jahre explizit in der Öffentlichkeit gesprochen wurde, auch wenn sie wesentlich früher in der schwulen Subkultur nachweisbar sind. Dies kann jedoch auch Resultat der Tabuisierung sein: nicht alles, was aus dem öffentlichen Diskurs ausgeschlossen ist, wird deshalb nicht wahrgenommen. Daher bleibt die Rekonstruktion dieser Aspekte von Deans Image notwendigerweise spekulativ.

Auch wenn sie damals nicht offen artikuliert werden konnte, war die Androgynität, die heutzutage als integraler Bestandteil zu seinem Image gehört – und nach David Bowie etc. fast zu einem routinemäßigen Aspekt von Popstars geworden ist –, mindestens latent als Teil seiner Ausstrahlung bedeutsam. Da gerade die jungen Rebellen der fünfziger Jahre als Ausdruck einer neuen Männlichkeit auftraten, war ihre Abweichung von tradierten Vorstellungen und die Integration von weicheren, passiveren, ›weiblicheren‹ Eigenschaften signifikant. Zu dieser Zeit wurde es aber nicht als explizite Androgynität wahrgenommen, vielmehr als ein erweitertes oder verändertes Männlichkeitsideal, wie Wulff betont (1990a, 22). Montgomery Clift, der seine Liebe zu Männern geheim hielt, und Marlon Brando, der in der Öffentlichkeit weniger zurückhaltend war, aber ein ausgesprochen ›männlich-proletarisches‹, machohaftes Image pflegte, repräsentierten in erster Linie Bilder einer neuen heterosexuellen Männlichkeit. Das war noch in den sechziger Jahre auch bei Dean der Fall, da weder die Bisexualität, noch die homoerotischen Subtexte der Filme – vor allem in der Beziehung zwischen Plato und Jim in DENN SIE WISSEN NICHT, WAS SIE TUN – offen thematisiert wurden.

Die früheren Generationen männlicher Helden zeigten – nicht ohne Brüche und Spannungen – tendenziell ein weitaus gesichertes Bild der Männlichkeit. Freilich gab es Varianten und manche Rollen loteten explizit die Grenzen aus. Am frappierendsten ist vielleicht Gary Coopers Rolle neben Marlene Dietrich in MOROCCO (1930, v. Sternberg), aber auch manche Auftritte von Cary Grant lassen sich so verstehen (vgl. Britton 1986). Auch wenn die Filme der dreißiger und vierziger Jahre mit den Geschlechterrollen in dieser Weise ›spielten‹, stellten sie sie kaum grundlegend in Frage. Stars wie Gable, Bogart, Grant, Wayne und die vielen anderen repräsentierten trotz aller Unterschiede ein Idealbild des souveränen, starken, notfalls gewaltbereiten Mannes. Bogart ist häufig ein gebrochener Held, aber gerade dadurch und in der zynischen Härte, die er in seinen berühmtesten Filmen zeigt, ist er ›typisch männlich‹. Das heißt vor allem, daß er seine Gefühle unter Kontrolle hat und sie nur indirekt nach Außen preisgibt. Mit der jungen Generation männlicher Stars in den fünfziger Jahren war es auf einmal anders: Gefühle (über-)deutlich zu zeigen wurde geradezu ihr Markenzeichen.

Bei Dean trifft das zweifellos zu: seine Art zu spielen, die Rollen als unsicheren, in der Identitätskrise steckenden Jugendlichen sowie sein außerfilmisches Image projizieren ein Bild von einem heranwachsenden Mann, der seine Gefühle freien Lauf läßt bzw. von ihnen beherrscht ist. In JENSEITS VON EDEN wird das von den ersten Einstellungen an sichtbar: Cal hockt zusammengesunken am Straßenrand, wartet bis seine Mutter, die ihn nicht kennt, vorbeigeht, schaut ihr mit einer Mischung aus Angst und Schmerz hinterher und folgt ihr, abwechselnd laufend und zaghaft anhaltend, bis sie in ihr Bordell außerhalb der Stadtgrenze hineingeht. Dort lungert er herum, ist vom Lachen einer anderen Bordellbesitzerin verunsichert, wirft – da er seine Gefühle nicht anders äußern kann – einen Stein aufs Haus. Als der Rausschmeißer ihn daraufhin fragt, was er will, druckst er herum, die Hände tief in den Taschen gestopft und die Schultern hochgezogen, scharrt mit den Füßen, schaut unruhig hin und her und bittet stammelnd, »Ich möchte sie gerne sprechen«, nur um kurz darauf zu sagen, »Bestellen Sie ihr, ich hasse sie.« Es ist eine Figur, die nicht weiß, was sie will, die von widersprüchlichen Gefühlen hin und her gerissen wird, die sich nicht artikulieren kann und sichtlich leidet. Cal ist also in jeder Hinsicht das Gegenbild eines selbstsicheren männlichen Helden. Diese Darstellung setzt sich konsequent im Rest des Films fort.

Auch in DENN SIE WISSEN NICHT, WAS SIE TUN ist der Protagonist weit davon entfernt, ein John Wayne zu sein. Auch er leidet, zeigt seine Unsicherheit und sein Verlangen nach Liebe, ist von Angst und Aggression beherrscht, die er nur körperlich äußern kann – etwa als er mit den Fäusten wild auf den Schreibtisch auf der Polizeiwache einhämmert –, obwohl er in anderen Situationen weint und offen, wenn auch etwas zaghaft, über seine Gefühle redet: »Ich möchte einen Tag mal erleben ... an dem ich nicht ganz durcheinander bin ... einen Tag, an dem ich nicht das Gefühl habe, daß ich mich schämen muß. Einmal möchte ich wissen, wo ich zuhause bin.« Fast paradoxerweise – denn er hat eine panische Angst davor, von irgendjemanden für einen Angsthasen oder einen Pantoffelhelden wie seinen Vater gehalten zu werden – ist es gerade seine Fähigkeit, Gefühle zuzulassen und sie zu äußern, die ihn zu einem neuen Typus des Helden macht. Dieser Charakterzug bringt ihm die Bewunderung von Plato und die Liebe von Judy, die ihre Vorstellungen von einem Mann verdeutlicht:

Judy: Was für einen Menschen wünscht sich wohl ein Mädchen?
Jim: Einen Mann.
Judy: Ja. Aber einen Mann, der sehr lieb und zärtlich ist, wie du bist. Und jemand, der nicht wegläuft, wenn man ihn braucht. Deine Freundschaft zu Plato, den keiner versteht. Das nenne ich Charakter.

Nicht zufälligerweise ist diese Einschätzung von Jim – die einer Definition der veränderten Männerrolle gleichkommt – in der Szene eingebettet, in der Judy, Jim und Plato in der verlassenen Villa ›Mama, Papa, Kind‹ spielen. Was Judy hier formuliert, ist ein Katalog von Eigenschaften, die eine neue partnerschaftliche Männerrolle als Familienvater in der Nachkriegszeit definieren soll. Der Mann muß nach wie vor stark sein, aber diese Stärke soll ihm auch ermöglichen, sanft zu sein und Schwächen in sich und anderen zu akzeptieren (Mellen 1977, 215).

In Hinblick auf Männlichkeit ist der Film jedoch zwiespältig. Es wird beispielsweise schon in Jims Gespräch mit einem verständnisvollen Polizisten in der Anfangssequenz offenkundig, daß die Aufforderung, zu kämpfen und keine Angst zu zeigen, ihm von außen aufgezwungen wird. Er muß mutig sein, um zu beweisen, daß er nicht ›verweichlicht‹ und ›verweiblicht‹ ist, wie sein Vater (der in einer etwas überdeutlichen Szene in einer Schürze gekleidet voller Angst vor seiner Frau herumkriecht). Jim ›spielt‹ dann den ›richtigen Mann‹, aber es wird dabei klar, daß diese eine aufgesetzte Rolle ist. Allerdings wird nicht weniger deutlich gezeigt, daß Jim sie voll erfüllen kann: er besteht die Mutproben. Mehr noch, da er sie eigentlich nicht nötig hätte, sondern als aufgezwungene Forderungen durchschaut, ist er die einzige männliche Figur im Film, die halbwegs selbstbestimmt handelt. Zwar kann er die Situationen nicht auswählen, in die er gerät, handelt aber dann bewußt, verantwortungsvoll und unerschrocken, und ist darin kaum anders als ein klassischer Westernheld.

Als Männer sind die Dean-Figuren also genauso ambivalent wie in ihrer Charakteristik als Rebellen. Dem traditionellen Männerbild werden einige Eigenschaften – vor allem Emotionalität (die sich allerdings manchmal in Selbstmitleid äußert) – hinzugefügt, aber es bleibt durchaus noch innerhalb der Grenzen der patriarchalischen Definition. Die Filme führen die Sozialisation der Protagonisten vor. Sie schildern, daß der jugendliche Rebell Erwachsen wird, und zeigen auch, wie er seine Männerrolle annimmt: er beweist seinen Mut (in DENN SIE WISSEN NICHT, WAS SIE TUN), er spielt bzw. übernimmt die Vaterrolle (gegenüber Plato im selben Film, gegenüber dem nun schwachen und pflegebedürftigen Vater am Ende von JENSEITS VON EDEN) und vor allem gewinnt er als richtiges, wenn auch modifiziertes ›Mannsbild‹ das Mädchen, das ihm zur Seite steht und sich ihm wohl auch unterordnen wird (in beiden Filmen). Die Familie und auch die Geschlechterverhältnisse werden im Lauf der Filme geläutert, aber am Ende restauriert. In DENN SIE WISSEN NICHT ... wird sogar ein latenter Subtext der Homosexualität entwickelt, aber durch den Tod von Plato wieder eliminiert. In den Worten des homosexuellen Darstellers Sal Mineo, war Plato

> the first gay teenager in films. You watch it now, and everyone knows about Jimmy, so it's like he had the hots for Natalie and me. Ergo, I had to be bumped off, out of the way. (zit. in McCann 1991, 151).

Die Filmerzählung schildert auf diese Weise den Prozeß, in dem Jim verschiedene mögliche Männerrollen ausprobiert und dadurch in die gesicherte Identität hineinwächst, die ihm mit seinen Eltern versöhnt und ihn ermöglichen wird, mit Judy eine eigene Familie zu gründen. Solche ideologische Durcharbeitung und Harmonisierung ist typisch für Filme und Starimages, allerdings bleibt offen – und nur so ist die lang anhaltende Popularität von James Dean zu erklären – welche Bedeutungen für das Publikum relevant sind, die bevorzugte Version am Schluß, oder die verschiedenen und zum Teil kritischen, die auf dem Weg zum Happy-End entwickelt werden.

Bild und Ikone

Fast 25 Jahre nach seinem Tod ist James Dean immer noch ein Star. Seine Filme sind auf Video erhältlich und werden gelegentlich im Fernsehen gezeigt, jedoch sind diese kaum die primären Medien für seine heutige Starwirkung. Auffällig ist die Anzahl der Publikationen über Dean. Noch auffälliger ist, wie viele davon ganz oder überwiegend Bildbände sind, und welche Stellung seine Person im Vertrieb von Postern und Bildpostkarten einnimmt. Auch erscheint sein Bildnis immer wieder in der Werbung. Visuell ist Dean fast kontinuierlich präsent, und er hat einen sehr hohen Bekanntheitsgrad. Allerdings stimuliert er nicht mehr die Art extreme Reaktion, die in den ersten Jahren nach seinem Tod fast weltweit aufkam. So ist Hans Jürgen Wulffs These einleuchtend: »Dean ist eher so etwas wie eine neutrale Ikone, die sich in den Köpfen festsetzt, von versteckter Präsenz und unbestimmter Bedeutung« (Wulff 1990a, 10).

Von Dean gibt es sehr viele Fotos, wie ein Blick in die Bildbände zeigt. Aber es fällt dabei auch sehr schnell auf, daß sich die Bilder häufig ähneln. Bekannt und massenhaft verbreitet sind manche Bilder aus den Filmen oder Standbilder aus dem Werbematerial: den Vater anflehend aus JENSEITS VON EDEN; in der roten Windjacke und Jeans an einem Auto oder an der Wand gelehnt, die Hände an den Hüften, aus DENN SIE WISSEN ...; verzweifelt die Hände der Kamera entgegengestreckt aus der Schlußsequenz von demselben Film; als ›Gekreuzigter‹ – die Arme über einer Flinte gehängt, die quer über seinen Schultern liegt – oder lässig im Auto ausgestreckt mit Cowboy-Hut und Stiefeln als Jett Rink in GIGANTEN. Noch bekannter dürften aber die Porträtfotos sein – die »Torn Sweater-Serie« – sowie Bilder aus den Straßen von New York von Roy Schatt (Schatt 1984) und das ›Times Square‹-Bild von Dennis Stock, das Dean im übergroßen Mantel mit aufgeschlagenem Kragen zeigt, wie er mit hochgezogenen Schultern durch den Regen stapft (dieses Motiv ist auch durch das Aquarell »Boulevard of Broken Dreams« von Helnwein bekannt).

In den Bildern ist Dean häufig allein oder durch die räumliche Anordnung von den anderen Personen getrennt. Viele sind aus einer leichten Untersicht aufgenommen; Dean schaut selten in die Kamera. Licht und Schatten betonen die Konturen seines Gesichts und verstärken den Ausdruck. Typische Formen der Mimik sind u. a. der Blick von unten, der eine gewisse Schüchternheit suggeriert, die leicht hochgezogenen Augenbrauen, die Sorgen und Verletzlichkeit andeuten, der nach unten gesenkte Kopf und der insgesamt angespannte, ernste und teils melancholische Gesichtsausdruck. Die Augen wirken expressiv, zum Teil leidend, reserviert und abschätzend. Wenn man die Fotos in Zusammenhang mit dem allgemeinen Image und dem Wissen über Dean betrachtet, bieten sich einige Interpretationen an. Man sieht einen empfindsamen, unsicheren, emotionalen Menschen, der vermutlich einsam ist. Der Rebell ist genauso darin zu sehen wie der Verletzte, der Liebe und Bestätigung sucht. Er ist der einsame Wolf in der Großstadt, der empfindsame Individualist. Wenn man aber weiß, daß Dean die Fotoaufnahmen sorgfältig inszenierte, ständig seine Mimik und Gestik übte und z. B. unzählige Filmrollen verbrauchte, indem er sein eigenes Spiegelbild immer wieder in Nahaufnahmen fotografierte, ist man vielleicht eher geneigt, nur den narzißtischen Schauspieler wahrzunehmen.

Was die Bilder denen bedeuten, die sie heute kaufen und an die Wand hängen, ließe sich höchsten durch aufwendige Umfragen klären, wobei immer noch fraglich ist, ob man an die tiefer liegenden Motivationen herankäme. Welche Attraktion kann Dean für heutige Teenager haben? Es liegt nah, daß er ein Schönheitsideal repräsentiert. Dabei ist häufiger bemerkt worden, daß er weniger eine Schönheit ist, als eine attraktive Variante des Durchschnittlichen:

> Son visage répond à un type physiognomonique dominant, cheveux blonds, traits réguliers. De plus, la mobilité de ses expressions traduit admirablement la double nature du visage adolescent, encore incertain entre les mines de l'enfance et le masque de l'adulte. [...] le visage de James Dean est ce paysage toujours changeant où se lisent les contradictions, les incertitudes, les élans de l'âme adolescente. On comprend que ce visage soit devenu un visage drapeau, et qu'il soit déjà imité, notamment dans ce qu'il a de plus imitable: la chevelure, le regard. (Morin 1984, 177).

Deans Gesicht, mit klar geschnittenen, markanten aber noch sanften, geschmeidigen Zügen, ist ausdrucksstark und photogen: »From every angle, the face took on a different look. Energy seemed to move every molecule of his skin. ›It was a poetic face,‹ Kazan insists.« (Gilmore 1975, 87).

In Anbetracht der langen Reihe von Jugendidolen seit Dean, die sich oft an ihn orientiert haben und in der Öffentlichkeit meist mit ihm verglichen werden, liegt es nah, ihn als Prototyp für eine gewisse weichere, empfindsame, aber auch intensive und energische Männlichkeit zu betrachten, die sich schon im Gesicht, im Bild ausdrückt. Sie scheint mit vielen jüngeren Hollywoodstars – natürlich vor allem Leonardo DiCaprio – wieder voll im Trend zu liegen. Demnach kann Dean – auch unabhängig von den Filmen– als Bild, als Ikone für eine Form von Männlichkeit funktionieren, die noch, oder wieder, aktuell ist. Dean als erotisches Objekt, als Auslöser der Schwärmerei – das wäre eine Erklärung für seine Popularität bei Mädchen. Allgemeiner gibt die Mischung aus Verletzlichkeit und Überheblichkeit, Leiden und Stärke, die man aus seinem Gesicht herauslesen kann, bestimmten Befindlichkeiten der Jugend einen Ausdruck: »Man identifiziert sich heute vielleicht weniger als früher mit dem Rebellentum Deans als mit seiner Zerrissenheit, dem Gefühl, daß man unfertig ist und noch nicht weiß, wo man hingehört, was werden soll.« (Fuchs 1986, 113).

5.5 Der Kultstar

Nach Deans Tod fürchtete der Produzent Jack Warner, daß die beiden fertiggestellten aber noch nicht im Verleih befindlichen Filme nur Verlust bringen würden, denn, wie er meinte, »Niemand wird ins Kino gehen, um eine Leiche zu sehen« (Howlett 1979, 227). Ein anderer Studio-Boss soll die Lage besser eingeschätzt und bemerkt haben: »Great career move, kid.« (McCann 1991, 162).

Der Tod von James Dean löste einen Fan-Kult aus, wie man ihn seit dem Begräbnis von Rudolph Valentino nicht gekannt hatte und der heute nur durch die Reaktion auf den Tod von Prinzessin Diana übertroffen wurde. Nach dem Unfall wurde Deans Leiche nach Fairmount, Indiana, transportiert, wo er am 4. Oktober

1955 beerdigt wurde. 3000 Leute reisten zu dieser entlegenen Kleinstadt, um daran teilzunehmen. Innerhalb kurzer Zeit organisierten sich fast weltweit Dean-Fangruppen. Allein in den USA zählten diese verschiedenen Fanclubs 3 800 000 Mitglieder (vgl. Sinclair 1984, 124).

Tausende von Briefen wurden an Dean adressiert und an Warner Bros. geschickt. Auch ein Jahr nach seinem Tod gingen bis zu 8000 Briefe pro Monat ein, und drei Jahre später bekam er immer noch mehr Fanpost als irgendein lebendiger Star. Sehr viele der Briefe baten um ein Foto oder ein Souvenir, andere waren so geschrieben, als würde er noch leben. Noch 1996 bekam das Studio wöchentlich etwa 500 Briefe, die mit Dean zu tun hatten (vgl. Hofstede 1996, 19). Fans schrieben auch andere Schauspieler/innen aus Deans Filmen an oder belagerten ihre Häuser, in der Hoffnung von ihnen etwas zu bekommen, das Dean berührt hatte. Die Suche nach Souvenirs und Andenken ging so weit, daß Fans und Geschäftemacher Deans Wohnungen in Hollywood und New York plünderten (vgl. Dalton 1984, 225). Das Autowrack wurde öffentlich ausgestellt, angeblich zu Zwecken der Verkehrserziehung. Für 25 Cents dürfte es angeschaut werden, für weitere 25 Cents dürften die Besucher sich auf den Fahrersitz setzen. Etwa 800 000 Eintrittskarten sollen verkauft worden sein (vgl. Hoberman/Rosenbaum 1982, 50). Über die Jahre sollen so viele Autoteile als Reliquien verkauft worden sein, um 17 solcher Porsches bauen zu können (vgl. Arens 1989, 33).

Obwohl das Studio wenig tat, um den Kult um Dean zu fördern, außer die Fanpost zu verwalten, waren andere weniger zurückhaltend (vgl. Howlett 1979, 228). Die Klatschpresse verbreitete die verschiedensten Geschichten und Spekulationen. Auch Schlager wurden über ihn geschrieben. Bald blühte der Souvenirhandel und vertrieb alles: von ›echten‹ Stücken aus seinem Grabstein bis hin zum Kaugummipapier der angeblich von Dean gekauten Kaugummis (vgl. Sinclair 1984, 124). Aber auch seriösere Produkte wie rote Windjacken, Büsten von Dean, T-Shirts, Kaffeetassen, Feuerzeuge etc. mit Bildern des Stars wurden und werden immer noch weltweit verkauft.

Eine von der seiner Familie gegründete James Dean-Stiftung besitzt jetzt die Rechte an den Namen und seinen Bildern. Seit 1984 verwaltet die Firma CMG Worldwide (Curtis Management Group) die Vermarktungsrechte für die Dean Foundation, die schätzungsweise etwa 2 Millionen Dollar jährlich an Lizenzgebühren und Merchandising-Einnahmen einbringen (vgl. Hyams 1993, 290). Daher wundert es nicht, daß ›James Dean‹ häufig zum Objekt juristischer Auseinandersetzungen wird. 1992 hatte noch die Firma Warner Bros., die sich auf einem Vertrag mit Dean von 1954 berief, einen Prozeß geführt, um die Rechte für sich zu sichern, aber die Familie und die Stiftung erhielten vor Gericht recht. 1999 gibt es einen laufenden Rechtsstreit zwischen der Dean-Stiftung und McDonalds Australien, da diese Firma einen Dean-Double in der Fernsehwerbung einsetzte, der Motive aus Fotoserien von Roy Schatt nachahmte (vgl. James Dean Foundation 1999).

Manche Fans, insbesondere in den ersten Jahren, weigerten sich, an Deans Tod zu glauben. Es gab Gerüchte, er sei vom Unfall entstellt, aber noch am Leben, er habe sich versteckt, sei in Rußland oder einem buddhistischen Kloster etc. Andere Versionen bezogen sich auf den Okkultismus: er sei wiedergeboren, Fans würden auf spiritistischen Weise mit ihm kommunizieren und dergleichen. Von einem Heft mit derartigen Geschichten wurden 500 000 Exemplare verkauft (vgl. Dalton 1984, 227).

Eine weitere typischere Form des Fanverhaltens ist die Imitation des Idols. Manche Fanklubs veranstalteten Wettbewerbe, bei denen es darum ging, wer Dean am ähnlichsten sehe. Viele Fans und Jugendlichen imitierten Dean im Alltag: seine Kleidung und vor allem seine Frisur, aber auch seine Gesten waren massenhaft zu sehen. Als Mode-Trendsetter ist Dean bis heute wirksam, wie die Werbung etwa für Jeans wiederholt gezeigt hat.

Es gibt viel Spekulation darüber, ob Dean dieselbe Wirkung gehabt hätte, wenn er nicht so jung gestorben wäre. Humphrey Bogart bemerkte: »Dean died at just the right time. Had he lived, he'd never have been able to live up to his publicity.« (zit. nach Spoto 1996, 256). Einiges spricht für diese Einschätzung. Abgesehen davon, was vielleicht noch aus dem Schauspieler geworden wäre, oder eben nicht, war es der Tod, der Dean zum Idol machte. Der Tod hält ein Bild fest. Als Erscheinung bleibt James Dean ewig auf den Stand der Filme und den Fotoserien ›eingefroren‹. Andererseits, für den Star oder Celebrity ist der Tod nicht endgültig; vielmehr setzte mit dem Tod das Leben von James Dean als Mythos erst recht ein. Wie John Fiske in bezug auf Elvis schreibt, »Der Tod wirft den Körper auf den offenen Markt« (1993, 19), oder wie Johannes von Moltke präzisiert, »Der Tod wirft das *Image* auf den offenen Markt« (1997, 3). Gemeint ist, daß der Tod das Starimage zum Ort der diskursiven Auseinandersetzungen erhebt. Es geht um Formen des populären Wissens, die sich um einen Star organisieren, und ihn zum Kampfplatz um seine Bedeutung macht. Darin äußern sich auch gesellschaftliche Faktoren: Dean wird zum Kultobjekt, weil er den Generationskonflikt verkörpert, weil er als Modell für die Gestaltung der eigenen Gruppenidentität dient. Diese kann sich in Mode und Nachahmung äußern, oder sich zu den skurrileren, kultischen Formen steigern, in denen sich aber auch für die Fans reale Gefühle von Macht und Ohnmacht, Mitmachen und Widerstand äußern. Der tote Star wird zur Ikone, deren Bedeutung und Wert erst in der Rezeption von den Verehrer/innen und von der Gesellschaft insgesamt ständig neu bestimmt wird.

Dean ist neben Marilyn Monroe und Elvis Presley exemplarisch für solche Prozesse. Monroe ist auch zur allgemeinen Ikone geworden. Ihr Image ist auch nach ihrem Tod durch Spekulation über ihre Ermordung, durch neue Information über ihre Beziehungen zu den Kennedys etc. ergänzt und verändert worden, aber ihre spezifischen Bedeutung als Sexsymbol der fünfziger Jahre ist weitgehend verlorengegangen (vgl. Dyer 1986, 19–66). Ähnlich wie Dean, drückt sie jetzt allgemeinere Befindlichkeiten aus, vielleicht auch Nostalgie für eine im Rückblick unschuldigere Zeit. Deans Rebellentum und Monroes ›natürliche‹ Sexualität haben an Bedeutung verloren, die diffusen Sehnsüchte, die sie zum Ausdruck bringen, sind aber noch aktuell. Dabei zeigt sich Dean noch etwas wirksamer: seine Erscheinung verkörperte schon immer stärker einen Stil, der leicht nachzuahmen ist, und dieser Stil hing eng mit Grundgefühlen des Erwachsenenwerdens zusammen, die etwas weniger historisch spezifisch sind. In der stärker politisierten Ära der Protestbewegung war Dean als Ikone wenig geeignet, seitdem die Konflikte der Jugendlichen sich wieder vornehmlich in der Familie oder als Lebensstil artikulieren, ist Deans Bild wieder weit verbreitet (vgl. Wulff 1990a). Bei Elvis hingegen hat sich vor allem die Kultfunktion erhalten. Bis heute gibt es unzählige Elvis-Fans, die – noch organisiert oder individuell – ihr Idol verehren, imitieren und in Legenden weiterleben lassen, während bei Dean diese Form des Starkults stark nachgelassen hat. Über die Gründe kann man nur spekulieren. Ein Faktor ist, daß Elvis stärker vom ›normalen‹ abweicht und eher durch ausgefallenere, weniger in den Alltag zu integrierende Ausdrucksformen – sei es Musik und Performance oder Kleidung und Erscheinung – geprägt ist als Dean, der im nachhinein als wesentlich gemäßigter erscheint. Alle drei Stars haben gemeinsam, daß sie als Pop-Ikone funktionieren: als äußeres Bild bündeln und fokussieren sie verschiedene, zum Teil sehr unterschiedliche Gefühle und subjektive Empfindungen und dienen so den Fans als Projektionsfläche. Daher hängt ihre Bedeutung und Funktion eng mit der jeweiligen historischen Rezeption zusammen, die unterschiedliche Elemente im Image aktiviert. Im Wandel vom Kultstar zur allgemeinen Ikone ist Dean repräsentativ für die Abhängigkeit des Starimages vom Publikum und Kontext.

5.6 Der Jugendstar ›Jimmy Dean‹

Eingangs wurde die These aufgestellt, Dean sei eine Ikone, seine Starwirkung hänge damit zusammen, daß er primär als Bild, als reine Oberfläche funktioniere. Jetzt kann vielleicht präziser formuliert werden, in welchen Zusammenhängen das geschieht.

Gerade, weil er zwar mit einigen Bedeutungskomplexen assoziiert wird, jedoch kaum feste Bedeutungen besitzt, sondern als Gestus, Gesichtsausdruck, als Körper, als Haltung wirkt, konnte er immer wieder in den letzten 25 Jahren als Idol, Image, Sexsymbol, Werbeträger, Trendsetter und Schönheitsideal benutzt werden. Dean, der schon mit der ersten Hauptrolle ein ›Instant Star‹ war, wurde erst recht nach seinem Tod ein Kultstar, ein Lifestyle-Star, ein Generationsstar.

Als Generationsstar deutet Dean aber auch auf eine historische Entwicklung in den Medien und im Starsystem hin: die Tendenz zur steigenden Differenzierung, die zu dieser Zeit anfing und bis heute anhält. Dean wurde, eher zufällig als geplant, zu einem der ersten Zielgruppenstars. Die Entstehung der Jugendkultur in der Nachkriegszeit und der Wandel in der Filmindustrie sowie auf dem Filmmarkt verliefen parallel. Seitdem werden Filme und Stars überwiegend gezielt, allerdings mit gemischtem Erfolg, für ein jugendliches Publikum entworfen, das inzwischen den wichtigsten Marktsektor ausmacht. Dean, mit der scheinbaren oder wirklichen Spontaneität und emotionalen Unmittelbarkeit seines Schauspiels, mit seinen Posen und Gesichtsausdrücken, mit der Rolle des Rebellen, der geliebt werden will, traf den Nerv dieses neuen Publikums, genau zu einer Zeit, als die Filmindustrie einen solchen Star brauchte. Daß er immer wieder und immer noch als Jugendidol funktioniert, zeigt jedoch, daß sein Image nicht nur durch die Situation der fünfziger Jahre geprägt ist.

Als Lifestyle-Star, der eine bestimmte Mode nicht nur in Kleidung, sondern auch im Habitus, in der Art, sich zu bewegen und überhaupt sich zu äußern, dient er als Rollenmodell. Zugleich verdeutlicht er das Aufkommen einer neuen Medienkultur. Noch ist er ein Filmstar, aber auch der Prototyp für die folgenden Popstars, die zunehmend in anderen Medien, vor allem in der Musik, oder in mehreren Medien gleichzeitig präsent sind. Diese Tendenz hält bis heute an. Die Musik, als scheinbar unmittelbarer Ausdruck von Gefühlen und Stimmungen, entspricht gerade spezifischen Bedürfnissen der Jugend. Zugleich hat sie keine festgelegte Bedeutung und ist für verschiedene Interpretationen offen. So wurde Dean ein Star, weil er die Subjektivität der Jugend ausdrückte, aber eher in seiner Erscheinung und den damit assoziierten Emotionen als in festgelegten Bedeutungen. Daraus erklärt sich möglicherweise die Langlebigkeit von Dean als Star. Als Ikone läßt er sich nach Bedarf neu definieren und einsetzen. Er ist genauso für eine starke emotionale Anlehnung geeignet - wie in der intensiven Kultrezeption der ersten Jahre -, als auch für eine diffuse Wirkung als attraktives Gesicht, als Model für Imitation und Mode oder als Formel für Gefühle der Melancholie, Selbstsuche etc. Gerade die oft unscharfen, unartikulierten Gefühle der Jugend lassen sich auf ein solches Starimage projizieren, weil es weniger innere Werte oder Ideologien repräsentiert als unbestimmte emotionale Äußerungsformen. Gerade die Tatsache, daß sein Image letztlich offen ist, aber Zeichen und Ausdruck zu sein scheint, macht Dean zu einer idealen Ikone im Zeitalter des Popstars.

Zitierte Literatur

Arens, Axel (1989) *James Dean. Photographien.* München: Schirmer/Mosel.

Bast, William (1957) *James Dean. Idol einer Jugend.* München: Paul List Verlag.

Behrens, Volker (1990) »Rebellen, Jeans und Rock'n'Roll - Neue Formen von Jugendprotest und Sozialkritk: - ...DENN SIE WISSEN NICHT, WAS SIE TUN (1955)«. In: *Fischer Filmgeschichte*, Bd. 3: 1945-1960. Hrsg. von Werner Faulstich und Helmut Korte. Frankfurt am Main: Fischer, S. 252-270.

Bourget, Jean-Loup (1983) *James Dean.* Paris: Henri Veyrier.

Braudy, Leo (1996) »No Body's Perfect: Method Acting and 50's Culture«, *Michigan Quarterly Review*, 35, 1, S. 191-215.

Britton, Andrew (1986) »Cary Grant: Comedy and Male Desire«, *CineAction!*, 7 (December '86), S. 37-51.

Considine, David M. (1985) *The Cinema of Adolescence.* Jefferson/London: MacFarland.

Dalton, James (1984) *James Dean. Seine Filme - sein Leben.* München: Heyne.

Diedrichsen, Diedrich (1985) »Das erste sexy Knuddeltier?«, *Der Spiegel*, 30.9.85.

Doherty, Thomas (1995) »Teenagers and Teenpics, 1955-1957: A Study of Exploitation Filmmaking«. In: The Studio System. Hrsg. von Janet Staiger. New Brunswick, N.J.: Rutgers University Press, S. 298-316.

Dyer, Richard (1979) *Stars.* London: BFI.

- (1986) *Heavenly Bodies. Film Stars and Society.* Houndsmills/London: MacMillan.
- (1982) »A Star is Born and the Construction of Authenticity«. In: *Star Signs. Papers from a Weekend Workshop.* Hrsg. von Christine Gledhill. London: BFI Education, S. 13-22.
- (1986) *Heavenly Bodies. Film Stars and Society.* Houndsmills/London: MacMillan.

Fiske, John (1993) »Elvis: Body of Knowledge. Offizielle und populäre Formen des Wissens um Elvis Presley«, *Montage/AV*, 2/1/1993, S. 19-51.

Fuchs, Wolfgang (1986) *James Dean. Spuren eines Giganten. Eine Dokumentation.* Berlin: TACO.

Gilmore, John (1975) *The Real James Dean.* New York: Pyramid Books.

Hoberman, J./Rosenbaum, Jonathan (1982) »The Idolmakers«, *American Film*, 8, 3 (December), S. 48–55.

Hofstede, David (1996) *James Dean: A Bio-Bibliography*. Westport: Greenwood Press.

Howlett, John (1979) *James Dean. Eine Bildbiographie*. Hamburg: Rowohlt.

Hyams, Joe/Hyams, Jay (1993) *James Dean. Der einsame Rebell. Eine persönliche Erinnerung*. Köln: vgs Verlagsgesellschaft.

James Dean Foundation (1999) Internetseite: www.jamesdean.com/german/gephoto.html.

Königstein, Horst (1977) *James Dean*. Hamburg: Cecilie Dressler Verlag.

Larue, Johanne/Zucker, Carole (1990) »James Dean: The Pose of Reality? *East of Eden* and the Method Performance«. In: *Making Visible the Invisible: an anthology of original essays on film acting*. Hrsg. von Carole Zucker. Metuchen, N. J./London: Scarecrow, S. 295–324.

Martinetti, Ronald (1979) *Die James Dean Story*. München: Heyne.

McCann, Graham (1991) *Rebel Males: Clift, Brando and Dean*. London: Hamish Hamilton.

McGee, Mark Thomas/Robertson, R. J. (1982) *The J. D. Films: Juvenile Delinquency in the Movies*. Jefferson, N. C./London: McFarland & Co.

Mellen, Joan (1977) *Big Bad Wolves. Masculinity in the American Film*. New York: Pantheon.

Moltke, Johannes von (1997) »Statt eines Editorials: ›...your legend never will‹: posthume Starimages«, *Montage/AV*, 6/2/1997, S. 3–9.

Morella, Joe/Epstein, Edward Z. (1971) *Rebels. The Rebel Hero in Films*. New York: Citadel.

Morin, Edgar (1984) *Les stars*. o. O.: Galilée.

Naremore, James (1988) *Acting in the Cinema*. Berkeley/Los Angeles/London: University of California Press.

Roth, Beulah/Roth, Sanford (1987) *James Dean*. Köln: Taschen.

Schatt, Roy (1984) *James Dean. Ein Porträt*. München: Schirmer/Mosel.

Sinclair, Marianne (1984) *Wen die Götter lieben. Idole des 20. Jahrhunderts*. Hamburg: Rowohlt.

Spoto, D'onald (1996) *Rebel: The Life and Legacy of James Dean*. New York: Harper Collins.

Vineberg, Steve (1991) *Method Actors. Three Generations of an American Acting Style*. New York: Schirmer's Books.

Wexman, Virginia Wright (1993) *Creating the Couple: Love, Marriage, and Hollywood Performance*. Princeton, N. J.: Princeton University Press.

Wulff, Hans J. (1990a) »Deanophilie: Bemerkungen zu einem Idol im Wandel der Zeiten«, *Kinoschriften* 2, S. 7–31.

– (1990b) »James Dean: A Bilbiography of Books About His Life and Career«, *Film Theory*, No. 26 (April), S. 41–45.

6. Götz George: Film- und Theaterschauspieler, Fernseh-Serien-Star, Actionheld und Charakterdarsteller

6.1 Problematisierung

> Schimanski – dieser Name steht für Muskeln, Schnauzbart und für einen Typ, der gut aussieht und der auch mal hart rangeht. Schimanski alias Götz George – in der Mixtur aller ARD-Tatorte ist dieser WDR-Kommissar nicht nur Salz, sondern auch Haar in der Suppe. Schimanski – das ist einer, der provoziert. (Mayr 1984).
>
> Er gilt als kaltblütig und rücksichtslos. Doch unter der harten Schale [...] steckt ein weicher Kern. (Anon. 1984).
>
> Man nennt ihn schon den Rambo von Berlin, wo er vor fünfzig Jahren geboren ist, und den Rockerkommissar von Duisburg, wo er als Schimanski nach dem Rechten sieht. Dabei kann er [...] ganz schön ›link‹ sein, gemein, brutal, tückisch. (Jansen 1988).

»Rüpelkommissar«, »Schmuddel-Bulle«, »Ruhrpott-Rambo«, aber auch: »ein sanfter Macho, vital, brutal, sentimental«, ein »moderner Robin Hood der Großstadt«, der sich mit großem körperlichen Einsatz für die Schwachen, die Kinder, die Frauen, die sozial Unterprivilegierten engagiert – diese und ähnliche Formulierungen kennzeichnen die Presseberichte über den unkonventionellen TATORT-Kommissar Horst Schimanski. Sein bisweilen rüdes Auftreten, das für einen deutschen TV-Kriminalbeamten (Anfang der achtziger Jahre noch) ›unpassende‹ Outfit – Parka, T-Shirt und Jeans statt Regenmantel, Jackett und Krawatte –, die Alkohol- und Prügelexzesse, sein insgesamt etwas anrüchiger Lebenswandel als viriler Single und die bis dahin im Fernsehen ungewohnte Vorliebe für Worte wie »Scheiße« oder »Vögeln« waren von der ersten Sendung an Gegenstand heftigster Angriffe, die immer wieder seine vorzeitige Absetzung forderten. Dennoch oder gerade wegen dieser Normabweichungen erwiesen sich die zwischen 1981 und 1991 vom WDR ausgestrahlten insgesamt 29 Schimanski-TATORTE als außerordentlich erfolgreich, brachten aufsehenerregende Einschaltquoten und machten ihren Protagonisten zu einem der populärsten deutschen Fernseh-Polizisten. Zwei der TATORT-Folgen konnten sich zudem mit großem Erfolg als Kinofilme durchsetzen, bevor sie als Teil der Serie auch im Fernsehen gezeigt wurden (ZAHN UM ZAHN, 1985 / TV-Premiere: 1987 und ZABOU, 1987 / TV-Premiere: 1990).

Für Götz George, der beim Start der Serie schon eine beachtliche Karriere als vielseitiger Theater- und Filmschauspieler aufzuweisen hatte und auch in mehreren Fernsehproduktionen zu sehen war, bedeutete diese Rolle den Durchbruch als Star, wenn auch mit einer auf den deutschen Sprachraum begrenzten Reichweite. Die ›Schimanski-Jacke‹ wurde ebenso zum Verkaufsschlager wie sich seine jugendliche, herb-männliche Ausstrahlung erfolgversprechend für Werbezwecke einsetzen ließ. Und die Widersprüchlichkeit des impulsiven, bisweilen brutalen, zugleich aber auch hilfsbedürftigen bis sentimentalen Draufgängers mit dem ›proletarischen Appeal‹ bot hinreichend Stoff für scharfe Attacken in der Tagespresse einerseits sowie für glorifizierende Starporträts mit entsprechenden Hintergrundberichten in den Publikumszeitschriften und Fanpublikationen andererseits. Im Gegensatz zu den ansonsten üblichen Klatschgeschichten über Affären und intime Details aus dem Privatleben der Stars standen und stehen bei Götz George hier aber überwiegend die von ihm verkörperten Rollen im Mittelpunkt.

1987 brachte beispielsweise die Zeitschrift *Cinema* den Sonderband *Die drei Machos der Leinwand* heraus, in dem Schimanski/George in eine Reihe mit den Hollywoodstars Sylvester Stallone und Arnold Schwarzenegger gestellt wurde. Im Jahr darauf erschienen gleich zwei Titel: *Das große Schimanski-Buch* von Becker/Jaeger und *Götz George – Schauspieler und Superstar* von Berndt Schulz, der 1993 eine weitere George-Darstellung publizierte. Mit einem ähnlich breiten Interesse bezog Heiko R. Blum 1989 in *Götz George – Seine Filme, sein Leben* auch die Kinofilme sowie seine sonstigen TV- und Theaterrollen in die Würdigung mit ein. 1997 erschien die vierte erweiterte Auflage seines Buches unter dem Titel *Götz George – Das liebenswerte Rauhbein*. Als vorerst letzte größere Publikation folgte 1997 *Horst Schimanski – Das Große Buch für Fans* von Frank Goyke und Andreas Schmidt, und das Düsseldorfer Filmmuseum widmete dem Schauspieler George 1997 gar eine kleine Ausstellung. Die »Schimanski-Tatort-Hits« wurden als Schallplatte, CD oder Kassette noch einmal gesondert vermarktet, und der Fernsehkommissar avancierte daneben zum Protagonisten mehrerer Romane: George/ Huby 1986, Padberg 1987, Gies 1987 und 1988 (ausführlicher dazu Villwock 1991). Beliebtheitsumfragen zeigten zudem eine breite Akzeptanz nicht nur beim jüngeren männlichen Publikum, sondern vor allem auch bei den weiblichen Zuschauern, die Schimanski/George zum »Traummann Nummer eins« erkoren (vgl. Anon. 1985). Die Figur war derart populär, daß mit dem letzten Schimanski-TATORT im Dezember 1991 sich auch in den seriösen Blättern eine gewisse Wehmut breitmachte. So resümierte beispielsweise *Der Spiegel*:

> Und, Horst, im Vertrauen: Bist ein guter Bulle, aber besonders helle biste ja nicht. Nur: Verglichen mit den anderen TV-Kriponasen, ob die nun Stoever heißen oder Derrick oder Kottan, ob die in München, in Wien oder in Miami ermitteln – im Vergleich, Horst, warst Du ein starker Typ. Jetzt, kurz vor Schluß, geht das auch den anderen auf. ›Mit großem Können, viel Professionalität und der richtigen Strategie‹, schreibt *Die Welt*, hast du ›reüssiert‹ [...]. Plötzlich fällt der *Frankfurter Allgemeinen* auf, daß ›einer wie Schimanski selten ist im deutschen Fernsehen‹, und deshalb muß man ›ihn pflegen‹. ›Komm zurück, Schimmi‹, fleht das *Zeit-Magazin*. (Mussal 1991).

Und die *Frankfurter Allgemeine Zeitung* sah in dem Spielerisch-Märchenhaften des letzten Schimanski-TATORTS, der mit seinem Drachenflug über Duisburg ausklingt und bei dem er sein Lieblingswort »Scheiße« gleich mehrfach in die Luft schreien darf, gar ein Stück künstlerischer Befreiung:

> Dieser letzte Schimanski-Krimi hatte jede Verbissenheit hinter sich gelassen, rief locker die alten Topoi noch einmal ab: Mit der Frittenschale in der Hand tapste der Held ins Gourmetrestaurant. Seine Jacke erschien als altbekanntes Markenzeichen. Kriminaloberrat Königsberg grüßte als Rentner mild und väterlich. Die Bestechungssumme fand sich in einem Handke-Bändchen ›Kurzer Brief zum langen Abschied‹, das Kommissar Haverkamp, der Vorgänger, dem Illiteraten Schimmi einst geschenkt hatte. Und Thanner enttarnte sich endgültig als fieser Spießer. [...] In diesem Feuerwerk von Selbstreferenz und freier dramaturgischer Assoziation wurde Schimanski endgültig überreal in einem Sinne, wie ihn André Breton für den Surrealismus und seinen Glauben an die ›Allgewalt des Traums, an das absichtsfreie Spiel des Gedankens‹ definiert hat. Daß für Schimanskis letztes Gefecht zuvor eine mollige Polizeipsychologin als Gegnerin aufgebaut wurde, zeugt noch einmal vom Sinn des Produktionsteams für Symbole: Die Zeit der harten Männer ist abgelaufen. Psychologie ersetzt das Fühlen, so wie die Sachbearbeitung das Handeln ersetzt. Schimanski weiß um die bittere Wahrheit des Urteils, das der schicke Kollege Jahnke über ihn fällt: ›Dieser Mann paßt nicht mehr in unsere Zeit.‹ Fast zeitgleich mit der Sowjetunion hat uns Horst Schimanski, der letzte proletarische Held, verlassen. (Schümer 1991).

Finale aus TATORT: DER FALL SCHIMANSKI, 1991

Von anderen Autoren mit ähnlicher Argumentation bereits in den Rang einer ›Kultfigur‹ erhoben, sollte Horst Schimanski nach einer sechsjährigen Pause als TATORT-Kommissar dann tatsächlich an seinen alten Wirkungsort – nunmehr als reaktivierter Einzelkämpfer für die schwierigen, mit den üblichen Polizeimethoden nicht zu lösenden, Fälle – zurückkehren (sein ständiger Partner Thanner, der Schauspieler Eberhard Feik, war 1993 gestorben). Im November 1997 strahlte die ARD drei Folgen einer neuen Schimanski-Serie aus: DIE SCHWADRON, BLUTSBRÜDER und HART AM LIMIT. Ein Jahr später – von Ende Oktober bis Anfang Dezember 1998 – folgte mit MUTTERTAG, RATTENNEST und GESCHWISTER die vorerst letzte Staffel. Weitere sind angekündigt.

Da Götz George sich von Beginn an in die Schimanski-Rolle aktiv eingebracht und diese in den charakteristischen Merkmalen – von der sozial engagierten, meist emotional bestimmten Handlungsweise, dem ruppigen Auftreten bis hin zur typischen Mimik, Gestik und ›nuscheligen‹ Sprechweise – weitgehend geprägt hat, schien hier der u. a. bei den TATORT-Kinofilmen ZAHN UM ZAHN und ZABOU groß herausgestellte Slogan »Götz George ist Schimanski« mehr als nur ein publikumswirksamer Werbespruch zu sein.

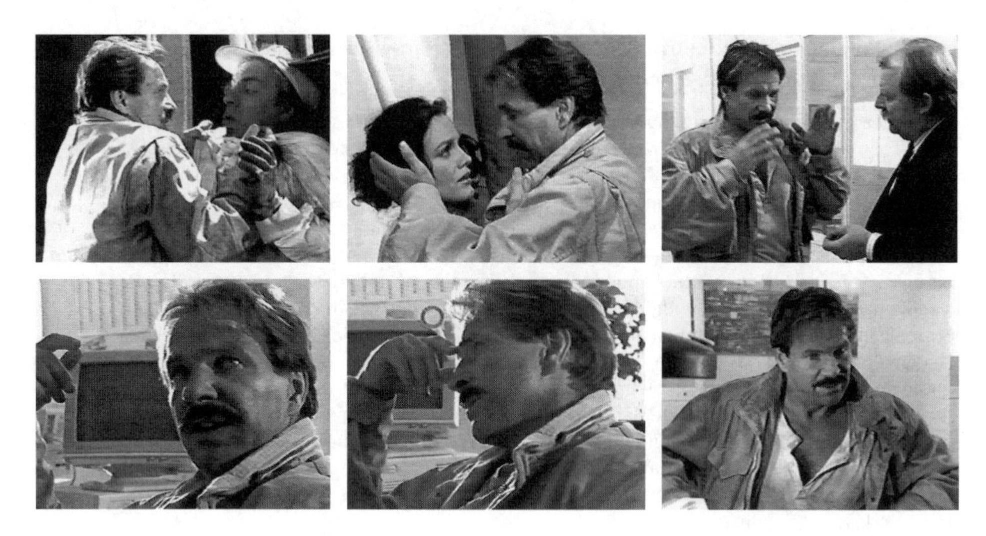

TATORT: DER FALL SCHIMANSKI, 1991

Für das Publikum ohnehin als untrennbare Einheit der fiktiven und realen Person George/Schimanski wahrgenommen, gab es auch in der Presse entsprechende Äußerungen. So wurde George beispielsweise im *Tagesanzeiger* in diesem Sinne zitiert:

Die Schizophrenie war von Anfang an da, aber nicht bei mir, sondern beim Publikum. Ich weiß schon noch, wer ich bin. [...] Vielleicht färbt der Schimanski manchmal auf mich ab, man kann die Grenzwerte nicht so auseinanderhalten. (Berg 1988).

Und die *Münchner Abendzeitung* (Hübner 1988) meinte: »Ihn selbst gibt es fast nicht mehr: Götz George, das ist Schimanski.« Gemäß den mittlerweile verstärkten Versuchen Georges, sich von diesem all zu engen Image zu lösen, titelte der *Münchner Merkur* ein Jahr später: »Der sanfte Götz George: Er spielt nur den wilden ›Tatort‹-Mann« und berichtete aus einem Interview mit dem Schauspieler:

Nach dem Motto, ein Bäcker backt Semmeln, aber er wird doch selbst kein Brötchen, meint Götz George: ›Ich spiele den Schimanski, weil das mein Beruf ist. Der einzige Beruf, den ich will – das einzige, was ich gelernt habe. Aber deswegen muß man mich doch nicht mit dem Schimanski identifizieren. Ich bin weit von ihm entfernt. (Schmidt-Zesewitz 1989).

Dennoch konnten sich diese Ineinssetzung sowie die damit für viele Kritiker einhergehende Geringschätzung der schauspielerischen Leistung mehrere Jahre beharrlich halten, obwohl George bereits vor sowie während der TATORT-Phase und besonders danach einige weitere Fernsehserien und Kinofilme realisierte, in denen er seine Qualitäten als wandlungsfähiger Charakterdarsteller überzeugend unter Beweis stellte.

Generell vermittelt die glaubwürdige, fast authentisch wirkende Darstellung der Schimanski-Figur den ›zwingenden Eindruck‹ einer bruchlosen Identität von verkörperter Rolle und der privaten Person Götz George – trotz der offensichtlichen Widersprüche. Denn im Gegensatz zum proletarischen Ruhrpott-Image, dem fußballbegeisterten Biertrinker und ›Curry-Wurst-Esser‹ Horst Schimanski, der mit den Reglements des Polizeialltags und den gesellschaftlichen Umgangsformen so seine Probleme hat, dem Antiintellektuellen, der schwierige Fremdworte nach Möglichkeit meidet, stammt Götz George keineswegs aus dem Ruhrgebiet und schon gar nicht aus ›kleinen Verhältnissen‹. Als (zweiter) Sohn des berühmten Schauspielerehepaars Heinrich George und Berta Drews, aufgewachsen in einem Berliner Villenvorort, genoß er alle Vorzüge, die ein gutbürgerliches, behütetes und der Kunst verpflichtetes Elternhaus mit sich bringt.

6.2 Die Frühphase

Bereits als Elfjähriger gab Götz George (Jahrgang 1938) sein Bühnendebüt am Berliner »Hebbel-Theater«, übernahm – noch als Schüler – weitere (kleinere) Rollen am »Schiller-Theater« und erhielt 1953 In WENN DER WEISSE FLIEDER WIEDER BLÜHT (Hans Deppe) neben Willy Fritsch, Paul Klinger, Magda und Romy Schneider seine erste, wenn auch winzige, Filmrolle. In der Filmkomödie IHRE GROSSE PRÜFUNG (1954, Jugert) hatte er als aufmüpfiger Schüler bereits ein größeres Betätigungsfeld, das er parallel zu seiner Schauspielerausbildung im ›Ufa-Nachwuchsstudio‹ bei Ilse Bongers (1955–1958) in weiteren Engagements deutlich ausbauen konnte: In dem DEFA-Film ALTER KAHN UND JUNGE LIEBE (1955, Heinrich) verkörperte er den Sohn eines alten Flußschiffers, der seine erste Liebe erlebt und sich gegen den beherrschenden Vater durchsetzen muß. Und in Alfred Weidemanns SOLANGE DAS HERZ SCHLÄGT (1958) traten bereits einige u. a. für die Schimanski-Figur typische Merkmale – die kräftige, sportliche Statur, das sympathische Lächeln, die ›hingenuschelten‹, bisweilen schwer verständlichen Sätze – deutlicher hervor. Doch zunächst konzentrierte sich Götz George wieder auf die Theaterarbeit und spielte unter Heinz Hilpert (1958–1963) am Göttinger »Deutschen Theater« zahlreiche klassische und moderne Bühnenrollen. Gastspiele und Theatertourneen schlossen sich an. Daneben war er mit wachsender Beachtung durch Kritik und Publikum in zahlreichen Filmrollen zu sehen. Für seine Darstellung des jungen ›Boxers mit Herz‹ in JACQUELINE (1959, Liebeneiner) erhielt er 1960 als bester Nachwuchsschauspieler das »Filmband in Silber« (Bundesfilmpreis) und im Jahr darauf den »Preis der deutschen Filmkritik«.

Aus den vielen eher konventionellen und politisch unverbindlichen Komödien, Liebes-, Kriminal- oder Actionfilmen dieser Jahre, in denen Götz George als einer der Hauptdarsteller agierte, fallen vor allem zwei Filme von Wolfgang Staudte durch ihr zeitkritisches Engagement heraus: In KIRMES (1960) spielt er den jungen Wehrmachtsdeserteur Robert Mertens, der in den letzten Kriegstagen von den Bewohnern seines Heimatdorfes aus Opportunismus, Feigheit und Angst vor Repressalien in den Tod getrieben wird. 15 Jahre später – in der noch jungen Bundesrepublik – wird seine verscharrte Leiche zufällig entdeckt und führt gezwungenermaßen zu Reaktionen der Beteiligten, die zwischen peinlicher Berührtheit und offensiver Verteidigung ihres damaligen Verhaltens einem ›Vaterlandsverräter‹ gegenüber schwanken.

In HERRENPARTIE (1964) spielt George den Studenten Herbert Hackländer, der – fast 20 Jahre nach Kriegsende – den Männergesangverein seines Vaters auf eine Ferientour durch Jugoslawien begleitet. Auf der Rückfahrt verirren sie sich in der Einsamkeit der Berge Montenegros. Ihr Bus streikt, da der Tank leer ist. In einem nahegelegenen Dorf suchen sie Hilfe. Das gemütvolle Begrüßungslied der beleibten Herren in ihren Urlaubsshorts und offenen Hemden »Grüß Gott mit hellem Klang, Heil deutschem Wort und Sang« läßt das Mißtrauen der ausschließlich weiblichen Dorfbewohner in offene Feindschaft umschlagen, da – wie sich herausstellt – die Männer während des Krieges von deutschen Soldaten umgebracht wurden. Die Situation eskaliert auf beiden Seiten, und nachdem weder joviale Freundlichkeit, halbherzige Entschuldigungsgesten noch Geldangebote etwas nützen, fallen die älteren Herren in die militärischen Verhaltensweisen ihrer verdrängten Vergangenheit zurück. Nur der junge Hackländer, der diesen Wandlungsprozeß ständig mit bissigen Bemerkungen kommentiert und um Verständnis für das Verhalten der Frauen wirbt, unterstützt von einem nachdenklich gewordenen Sangesbruder sowie einer jungen Jugoslawin, können schließlich die drohende Katastrophe verhindern.

Die Filme paßten wenig in die öffentliche Vergessensstrategie der sogenannten Vergangenheitsbewältigung und waren an der Kinokasse absolute Mißerfolge. Obwohl von konservativer Seite heftig bekämpft und auch von vielen linken Rezensenten bei grundsätzlicher Zustimmung zum Tenor der Filme aufgrund der politischen Unentschiedenheit (mit zum Teil recht fragwürdigen Argumenten) abgelehnt, konnte sich George damit als ›begabter Nachwuchsschauspieler‹ auch bei den vehementen Kritikern der üblichen ›Konjunkturfilme‹ etablieren. Breitere Popularität hingegen brachten ihm die vielen formal und inhaltlich recht anspruchslosen Filme dieser Jahre und hier besonders seine Darstellung des jungen tapferen Kämpfers für das Gute in den Karl-May-Western DER SCHATZ IM SILBERSEE (1962, Reinl) und UNTER GEIERN (1964, Vohrer) etc. 1962 wurde er mit dem »Goldenen Bambi« der Zeitschrift *Bild+Funk* ausgezeichnet – als Preis für den beliebtesten Schauspieler.

Spätestens zu diesem Zeitpunkt zählte Götz George zur Gruppe der meistbeschäftigten Jungdarsteller des deutschen Films, dem eine große Karriere prophezeit wurde. In diesem Sinne schrieb etwa die *Welt am Sonntag:*

> Götz, Sohn des großen Heinrich George, ist Schauspieler geworden. Wie sein Vater. Wie seine Mutter Berta Drews. [...] Sein Berlinale Film ›Mensch und Bestie‹ mag umstritten bleiben. Aber: Götz George ist über ›Nachwuchs‹ hinaus. Er tritt nun, 25 Jahre alt, eine große Nachfolge an.

Und bezogen auf seine darstellerische Leistung in dem erwähnten Film von Erwin Zbonek (1963) – eine deprimierende Kain und Abel-Geschichte vor dem Hintergrund des KZ-Terrors an der Ostfront –, seine hier gezeigte Vitalität, die es im deutschen Film ansonsten nicht mehr gäbe, sowie seine »schauspielerische Leidenschaft« hieß es:

DER SCHATZ IM SILBERSEE, 1962

> Ja wir wagen die Prognose, daß dieser Götz George eines Tages zu den Auserwählten seiner Generation zählen wird. Dazu allerdings hat er ein schweres Handicap zu überwinden: Er ist der Sohn eines großen Vaters. Götz George muß den Schatten von Heinrich George überspringen. Das ist eine Tat, eine titanische Kraftleistung, um so mehr, als der Vater des jungen Götz ›größtes und einziges Vorbild‹ war. [...] Verbrennt er – ehe er die Zeit gehabt hat, so zu reifen, daß man ihn objektiv mit Heinrich George vergleichen kann und dabei die Beziehung Vater-Sohn vergißt? Man möchte es nicht glauben: denn wer der Bühne so verbunden ist wie Götz George, den kann selbst der Film nicht leicht verschleißen. (Anon. 1963).

Diese von Beginn an in der Presse sowie von George selbst immer wieder beschworene übermächtige Vaterfigur des 1946 in einem russischen Internierungslager an den Folgen einer Operation gestorbenen Heinrich George sollte den Sohn als Vorbild und Maßstab auch weiterhin begleiten. So sprach man mit Blick auf diese Verbindung von dem »ererbten schauspielerischen Urtalent« und bescheinigte Götz George »komödiantische Urkraft«. Bezogen auf die kraftstrotzenden Figuren, mit denen der Vater berühmt geworden war, wurden als weitere Attribute des Sohnes seine kräftige Statur und die gute körperliche Verfassung betont, die es ihm ermöglichten, auch gefährliche Stunts ohne die üblichen Doubles selbst zu übernehmen.

Nach dem international besetzten, aber künstlerisch belanglosen Abenteuer-Kriegsfilm HIMMELFAHRTSKOMMANDO EL ALAMEIN (BRD/Italien 1969) und einer minimalen Nebenrolle in dem politisch ambitionierten LE VENT D'EST / OSTWIND der Group Dziga Vertov (1970), einer französisch-italienisch-deutschen Gemeinschaftsproduktion, war Georges *Film*karriere zunächst beendet. Der ›Neue Deutsche Film‹ hatte für einen Publikumsliebling aus ›Opas Kino‹, dessen Image zudem durch den sympathischen, sportlichen jungen Mann geprägt war, keine Verwendung mehr. George konzentrierte sich in diesen Jahren wieder aufs Theater und verstärkt auf die Fernseharbeit, die er bereits 1957 mit der TV-Bearbeitung von Georg Kaisers gleichnamigen Schauspiel *Kolportage* von 1924 (SWF 25. 7. 57) begonnen und seitdem neben den primären Film- und Theateraktivitäten in den unterschiedlichsten Rollen und Genres kontinuierlich gepflegt hatte. Neben weiteren TV-Theaterfassungen agierte er beispielsweise in PETER SCHLEMIHLS WUNDERSAME GESCHICHTE (ZDF 1967), gemeinsam mit seiner damaligen Frau Loni von Friedl in dem turbulenten Ehekrieg MATCH (ZDF 1968), in mehreren Spionage- bzw. Kriminalserien wie DIAMANTENDETEKTIV DICK DONALD (ZDF, 13 Folgen, 1971), den Dreiteilern 11 UHR 20 (ZDF 1970) und DER ILLEGALE (ZDF 1974). In dem Dokumentarbericht VERMUTUNGEN ÜBER FRANZ BIBERKOPF (SFB 1977) übernahm er – wie sein Vater fast 50 Jahre zuvor in BERLIN ALEXANDERPLATZ (1931, Jutzi) – die Rolle des Titelhelden. Hinzu kamen ab 1970 mehrere Auftritte in der ZDF-Serie DER KOMMISSAR sowie dem ARD-Konkurrenzprodukt TATORT.

Erst 1977 erhielt Götz George in Theodor Kotullas AUS EINEM DEUTSCHEN LEBEN wieder eine Hauptrolle in einem Kinofilm als Franz Lang alias Rudolf Höß: In einer strengen, tableauartigen und fast dokumentarisch wirkenden Szenenabfolge werden Stationen aus dem Lebensweg des (späteren) Auschwitz-Kommandanten geschildert – vom nationalistisch geprägten Jugendlichen, pflichtbewußten Kriegsfreiwilligen, obrigkeitshörigen Arbeiter und Freikorpsmann, der wegen eines befohlenen Fememordes ins Gefängnis kommt, wieder entlassen sich als Bauer versucht, auf höheren Befehl verheiratet wird und schließlich in der SS aufgrund seiner Zuverlässigkeit schnell Karriere macht, bis hin zum treusorgenden Familienvater, der als Schreibtischtäter für den Tod von vier Millionen Menschen verantwortlich ist.

Gerade die betonte Normalität dieser Biographie eines stets gehorchenden, kleinbürgerlichen Bürokraten und Massenmörders, für den Menschen nur Zahlenkolonnen oder »Einheiten« sind, war denn auch Gegenstand der überwiegend positiven Reaktionen in der Öffentlichkeit. Uraufgeführt im »Internationalen Forum des jungen Films« (1977) wurde er übereinstimmend als »Höhepunkt« oder gar als »bester«, zumindest aber als wichtigster deutscher Beitrag apostrophiert, mit dem steuermindernden Prädikat »besonders wertvoll« versehen und erhielt 1978 den Bundesfilmpreis.

AUS EINEM DEUTSCHEN LEBEN, 1977

Ungeachtet des relativ geringen Erfolgs an der Kinokasse überschlugen sich die Kritiken fast und hoben einerseits die kühle, distanziert-nüchterne und gerade darin so überzeugende Inszenierung der »Normalität des Bösen« hervor, eben nicht als singuläres Phänomen eines mordenden Psychopaten, sondern als das beklemmende Psychogramm eines ganz gewöhnlichen deutschen Technokraten und Spießers, gefangen in Begriffen wie Ehre, Pflichterfüllung, Befehl und Gehorsam. Andererseits wurde das exakt auf diese Wirkung hin ausgerichtete emotionslose Spiel seines Hauptdarstellers betont. Eine kleine Zitatauswahl aus der Fülle entsprechender Stellungnahmen mag dieses belegen: So konstatierte etwa die *Bayerische Staatszeitung*:

Sehr sparsam spielt Götz George als Franz Lang den gutartig tumben deutschen Bären, den Eingleis-Denker, der immer noch einen über sich weiß. Um so unheimlicher sein Zuwachs an Sicherheit, an Eigenautorität, an Haltung, die mit den ›Erfolgen‹ wächst. (Seidenfaden 1978).

Und die *Saarbrücker Zeitung* zeigte sich zunächst erstaunt über die »gewagte Besetzung« dieser Rolle mit George aufgrund seines »Netten-Junge-Images«:

Aber wie souverän hier dieser Schauspieler [...] die beinahe gespenstische Normalität eines Massenmörders nachvollzieht, wie ruhig und glaubwürdig er noch das Ungeheuerlichste darzustellen weiß – das ist eine imponierende Leistung. (Beckert 1978).

Für andere Rezensenten war es gerade die (bewußte) Auswahl des Schauspielers mit dem positiven Image, die verdeutlichte, daß es Kotulla offensichtlich »nicht darum ging, Rudolf Höß als mordendes Monster, als sadistischen Finsterling darzustellen«, wie beispielsweise der *Kölner Stadtanzeiger* (Thissen 1977) hervorhob. Auch für die *Westdeutsche Allgemeine* (Hanck 1977) lag in dieser Kombination der entscheidende Punkt:

Kotullas Film und vor allem sein Hauptdarsteller Götz George, der hier zweifellos in seiner reifsten, diszipliniertesten Leistung zu sehen ist, machen das Unvorstellbare – so paradox es klingen mag – vorstellbar.

Einige Monate vorher war u. a. ein heftig umstrittener, aber außerordentlich erfolgreicher Film in den Kinos angelaufen, der in anderer Form, vor allem aber mit entgegengesetzter Intention ebenfalls diese Phase deutscher Geschichte thematisierte: Die im wesentlichen aus historischen Aufnahmen kompilierte »Film-Biographie« HITLER – EINE KARRIERE von Joachim C. Fest und Christian Herrendoerfer (Uraufführung 8. 7. 77). Wurde hier der deutsche Faschismus im Sinne der längst überwunden geglaubten personalisierten Deutungen zum Ergebnis eines charismatischen, machtbesessenen Demagogen und seiner ebenso dämonischen Mitverschwörer, erlag man also ein weiteres Mal der Faszination und Massenwirksamkeit Adolf Hitlers und zugleich der Suggestivkraft des entsprechend ästhetisierten »Dokumentarmaterials«, so sahen viele Rezensenten in Kotullas kühl-distanzierter Beschreibung der ganz normalen, fast alltäglichen Karriere eines peniblen »Buchhalters des Todes« die längst fällige und überzeugende Antwort auf »jene gemeingefährliche Rehabilitierung faschistischer Massenmörder« (Bär 1977). Während allerdings dieses »erschütterndste Moment in deutscher Nachkriegs-Filmgeschichte« (Feldmann 1977) an bayerischen Schulen nicht zugelassen wurde, konnte bezeichnenderweise die HITLER-›Dokumentation‹ ungehindert im Geschichtsunterricht gezeigt werden. Hans-Otto Wiebus (1979) kommentierte diese Entscheidung mit folgenden Worten:

> Diese Kenntlichmachung als eines *nicht* pervertierten, sadistischen Menschen, geht den Gutachtern aber offensichtlich zu weit. Sie halten es lieber mit Fest, sie wollen den Faschismus beschrieben sehen als das dämonische Machwerk einiger hybrider Monster in Menschengestalt.

Für Götz George bedeutete der Film wesentlich mehr als nur die Rückkehr auf die Kinoleinwand oder ›nur‹ die Anerkennung seiner schauspielerischen Fähigkeiten. So wurde sein Engagement von mehreren Rezensenten als eine Art ›Wiedergutmachung‹ verstanden für die recht zweifelhafte Rolle, die der Vater in mehreren offenen NS-Propagandafilmen spielte (u. a. HITLERJUNGE QUEX 1933, JUD SÜSS 1940, KOLBERG 1945). Vor allem aber hatte er hiermit – jenseits seines bis dahin vorherrschenden Images als sympathischer ›sunny boy‹ oder Actionheld – sich als ernstzunehmender Charakterdarsteller der entsprechend engagierten Öffentlichkeit anempfohlen.

6.3 Kultfigur Schimanski

Am 28.6.81 traten der Kriminalhauptkommissar Horst Schimanski und sein Kollege Christian Thanner (Eberhard Feik) in der TATORT-Folge DUISBURG-RUHRORT ihren Fernsehdienst beim WDR an. Sie lösten damit den bedächtigen, in jeder Hinsicht korrekten und gerade darin bisweilen etwas steril wirkenden Vorgänger Haverkamp (Jörg Felmy) ab. Vor allem bezüglich des neuen Betätigungsfelds von Götz George wurde dieser ›Amtswechsel‹ in der Presse recht unterschiedlich kommentiert: So meldete – fast ein Jahr vor Ausstrahlung des ersten Schimanski-TATORTS – die *Münchner Abendzeitung*: »Der Raufbold wird Kripo-Beamter: Götz George, Filmschurke und Frauenheld, steht ab nächstem Frühjahr als Tatort-Fahnder vor der Kamera«, der dort einen »kumpelhaften 40jährigen Polizisten« mimen solle, »der im Kohlenpott auf Mördersuche geht.« (Anon. 1980). Und der Theaterkritiker Friedrich Luft (1981) kam nach einer eingehenden Würdigung der Schauspielkunst des Vaters und einem positiven Vergleich mit den bisherigen Bühnenleistungen des Sohnes (»das Roß aus gutem Stall«) zu dem Ergebnis: »Man drückt ihm die Daumen«. Bereits die zahlreichen Kritiken zur ersten Folge DUISBURG-RUHRORT wiesen die für die ›Kunstfigur‹ Schimanski generell kennzeichnende polarisierende Wirkung auf: Der Rezensent der *Berliner Morgenpost* (30.6.81) meinte etwa, »das Kommissar-Talent Götz George« stolpere als »plebejischer Rabauke [...] in einer Mischung von coolem Ruhrpott-Colombo und aggressiver Kumpel-laß-jucken-Type« von Klischee zu Klischee, die TATORT-Serie verkomme damit »immer mehr zum Sympathie-Wettbewerb und zur Charakterstudie unterschiedlichster Kommissar-Typen: Eß-, Trink-, Schlaf- und Beischlafgewohnheiten des duften Kumpels von nebenan« (zit. nach Goyke/Schmidt 1997, 52).

Die *Berliner Zeitung* charakterisierte den neuen Kommissar als »einen schlampigen Typ«, der »ganz einfach schlechte Manieren« habe, unbeherrscht sei, Beschuldigte tätlich angreife und gar ausländerfeindlich sei (30.6.81, zit. nach Goyke/Schmidt 1997, 52). Mehrfach wurden auch echte Kriminalkommissare bemüht, um die Realitätsferne der Handlung und der dargestellten Polizeimethoden zu belegen. Kam die *Frankfurter Allgemeine* – »Duisburger Düsternis mit wenigen Lichtblicken« (30.6.81, zit. nach Goyke/Schmidt 1997, 53) – ebenfalls zu einem rundum ablehnenden Ergebnis, so war die Stellungnahme in *Die Welt* bei einem zunächst ähnlichen Grundtenor zumindest verhaltener:

Wer den Action-Krimi mag, mit harten Männern und heißen Miezen, ist bestens bedient. Zumal, da TV-Novize Schimanski sich als Jerry Cotton für Arme geriert. Der Mann ist nicht nur Held, er ist auch Maulheld, ausgestattet mit den neuesten Redensarten der Subkultur zwischen Rhein und Ruhr. (Tiedje 1981).

Angesichts der bereits nach den ersten Folgen mit entsprechenden Argumenten prophezeiten Absetzung der Serie wurde von mehreren Seiten betont:

Es wäre allerdings schade, wenn Schimanski seinen vorzeitigen Abschied nehmen müßte. Denn trotz aller Ecken und Kanten ist er doch ein kräftiger Farbtupfer auf der doch sonst so tristgrauen Fernseh-Kommissar-Palette. (Zetler 1982).

Mit vergleichbarer Stoßrichtung sah die *Frankfurter Rundschau* (30.6.81) gerade in der Milieuechtheit und der betonten Durchschnittlichkeit der handelnden Charaktere die entscheidenden positiven Elemente:

Dieser Schimanski ist kein großer Denker, sondern eher Aktionist. Wie er seine Mahlzeiten zu sich nimmt, wie er trinkt, wie er sich überall zwischen Musik-Berieselung und Lärmkulisse bewegt, das ist absolut überzeugend; man nimmt ihm alles ab: Die Poker-Bekanntschaften, die bewegte Vergangenheit, den Jähzorn, die weiche Seele und die große Sehnsucht nach allem möglichen. Selten hat man in einem Krimi so viel Milieu gesehen. Deshalb war man auch gar nicht vorrangig an der Lösung des Falles interessiert, sondern eher an Details, an Lebensgeschichten und Reaktionen. Was die Darstellung der Polizei betrifft, so gelten die als unterhaltsam empfundenen häufigen Hinweise auf die Hierarchie und der betont barsche Befehlston der Vorgesetzten wohl als unverzichtbar. Aber endlich einmal sah man hier eine Polizei, die auch nicht intelligenter ist als der Durchschnittsbürger. Nimmt man noch die Handvoll wirklich hübscher Gags hinzu, dann bedauert man diesmal, daß sich die ARD-Sender bei der ›Tatort‹-Produktion abwechseln. (zit. nach Goyke/Schmidt 1997, 52)

Ähnlich wie hier angelegt, hob auch *Der Spiegel* die Unterschiede der neuen TATORT-Folgen des WDR zu der bisherigen Primärausrichtung der gesamten Serie sowie seiner eher gesetzten und bisweilen auch schrulligen Kommissare hervor: Etwa »Bayerns Kommissar Veigl (Gustl Bayrhammer), der eine Dackelliebe mit grantelnder Menschenfreundlichkeit verband«, oder »der Essener Haverkamp (besonderes Kennzeichen: die spröde Liebe des Muffels zu seiner Geschiedenen)«, bei denen »zumeist Verbrecher der besseren Kreise aus Geld- oder Lebensgier mordeten«. Nach einer belustigten Darstellung der Empörungswelle in den meisten Blättern über den sich »durchrempelnden Maulhelden und Alternativ-Bullen« Schimanski – laut *Abendzeitung* eine »Kreuzung aus Bernhardiner und Kläffpinscher« –, stellte man zunächst fest, daß die neue Mannschaft Schimanski und Thanner ihre »Ganoven eher im proletarischen Milieu« suche:

Der von dem ›Tatort‹-Neuling Hajo Gies spannend und atmosphärisch dicht gedrehte ›Duisburg-Ruhrort‹ spielt unter Binnenschiffern und deren gefrusteten Frauen, der Kommissar füllt sich in Kneipen obergäriges Bier ein und zeigt einer Kellnerin des Nachts, an welchen Körperstellen er tätowiert ist. [...] Doch selbst wenn man von Schimanskis lässigem Lebenswandel absieht – ›Duisburg-Ruhrort‹ hat Anflüge von Unausgewogenheit, die der steril gewordenen ›Tatort‹-Reihe nur guttun könnten. Da gibt es das Türken-Problem, samt den blutigen Stellvertreterkriegen ihrer rechtsradikalen Exilanten, und da kommentiert Schimanski, als er marxistische Bücher des Ermordeten sichtet, daß der schwerlich hätte Lehrer werden können. Man ist ja schon froh, wenn ein TV-Kommissar so was noch sagen kann, ohne gleich mit einer Dienstaufsichtsbeschwerde rechnen zu müssen. (Anon. 1981).

Dominierten also zunächst die ablehnenden Stellungnahmen, so verschob sich mit den weiteren Folgen und ihrer offensichtlichen Resonanz beim Fernsehpublikum der Grundtenor schrittweise hin zu einer ambivalenten bis enthusiastisch positiven Sehweise, so daß die durchgängig vorhandenen negativen Stimmen im Zuge der generellen Veränderung der Rezeptionsgewohnheiten zunehmend in die Minderheit gerieten. So wurde beispielsweise die 19. Schimanski-Folge: MOLTKE (WDR 28.12.88, Hajo Gies,) mit dem »Adolf-Grimme-Preis« ausgezeichnet und signalisierte damit bereits die wachsende Anerkennung auch innerhalb der Fachöffentlichkeit.

Neben diesem allgemeinen Gewöhnungsprozeß war sicherlich ein weiterer zentraler Grund für den Meinungsumschwung, daß die tragenden Figuren sich in Wechselwirkung mit den öffentlichen Reaktionen weiterentwickelten und Schimanski in einigen Folgen deutlich ›gemäßigter‹ wirkte. Zudem wurde häufig die Pressekritik an seiner Rolle spontan als ironisierende Zuspitzung in die Dialoge aufgenommen – etwa wenn sein Kriminalrat ihm vorhält: »Du bist ja so dreckig, und gewöhn' dir mal ein vernünftiges Deutsch an!« (DER UNSICHTBARE GEGNER, WDR 7.3.82), oder wenn Thanner eine Strichliste über die ausufernde Verwendung von Schimanskis Lieblingswort »Scheiße« führt (SPIELVERDERBER, WDR 8.6.87).

Generell wollte man nach Aussage des Produktionsteams im Rahmen der bereits betagten TATORT-Serie bewußt »etwas Neues« machen. Die Grundkonzeption der Schimanski-Figur ging auf ein Exposé des Produzenten Bernd Schwamm zurück (nach eigener Aussage) und wurde besonders von Hajo Gies, dem Regisseur der meisten dieser TATORT-Folgen, gemeinsam mit George und anderen weiterentwickelt. Für die Besetzung des Schimanski mit George war interessanterweise seine Darstellung in AUS EINEM DEUTSCHEN LEBEN ausschlaggebend, da er hier »eine unsympathische Figur menschlich nachvollziehbar machte«, wie Gies in einem Interview hervorhob. Weiter betonte er, daß eine tendenzielle Provokation nicht nur durchaus beabsichtigt, sondern integraler Bestandteil des zugrundeliegenden formal-inhaltlichen Konzepts war. Jenseits der üblichen Fallaufklärungen nach Art der gewohnten »Whodunits« sollten andere Wege beschritten werden und die Person des oder der Ermittler im Erzählkontext eine neue – individuellere – Funktion erhalten:

Nach unseren Intentionen sollten Privatleben und berufliches Leben des Kommissars eins werden. Nicht der Fall selbst sollte geschildert werden, sondern das Verhältnis der handelnden Personen – hier Schimanski und Thanner – zu dem Fall und den verdächtigen Personen. Das war das Neue an Schimanski. (Goyke/Schmidt 1997, 224).

Verbunden damit war u. a. eine »konsequent subjektive Erzählweise«, die das Geschehen immer aus dem Blickwinkel Schimanskis oder Thanners wiedergibt, sowie die Konzeption des bei aller Freundschaft gegensätzlich charakterisierten Kommissar-Duos: Schimanski, der unangepaßte, emotional betroffene und impulsive, zu Überreaktionen neigende Gerechtigkeitsfanatiker und der spießerhafte ›Schlips und Anzug-Typ‹ Thanner als die äußerlich rational geleitete, auf die Vorschriften pochende, aber jähzornige Komplementärfigur. Neben dem in mehreren Folgen agierenden väterlichen Kriminalrat Karl Königsberg (Ulrich Matschoss) wurde die Gruppe vom dritten Schimanski-TATORT an zeitweilig um den holländischen Kommissar-Kollegen Hännschen (Chiem van Houweninge) ergänzt, der die Handlung u. a. mit seinem spezifischen Witz bereicherte und für mehrere Folgen auch als Autor verantwortlich war.

Am Beispiel des achten Schimanski-TATORTS, der am 22. 7. 1984 erstmals ausgestrahlt wurde, soll dem Erfolgsgeheimnis der Serie und damit auch der Schimanski-Figur konkreter nachgegangen werden.

Fallanalyse ZWEIERLEI BLUT

Wie an der folgenden Beschreibung ablesbar, läßt sich der Handlungsablauf in zehn Abschnitte oder Sequenzen unterteilen. Die grafische Darstellung gibt darüber hinaus die Möglichkeit, den Zeitablauf sowie die kontextuelle Einbindung der einzelnen Sequenzen genauer zu verfolgen:

Sequenz 1/Exposition: Thanner wohnt bei Schimanski. Die Stimmung ist gereizt. Schimanski verläßt genervt die Wohnung und geht zu einem Fußballspiel des MSV-Duisburg. Das Spiel ist zu Ende. Während die Besucher zum Ausgang strömen, kommt es zu einer Rangelei unter den Zuschauern. Thanner trifft auf Schimanski: Ein Toter ist gefunden worden.

Sequenz 2/Erste Spuren: Thanner bei der Leiche. Er befragt die Zuschauer: Ein »Rocker« blutete am Arm, aber keiner hat etwas Genaueres gesehen. Schimanski und eine hübsche junge Kollegin vom Erkennungsdienst, Frl. Klein (Despina Pajanou), werten die Aufzeichnung der Überwachungskamera aus. Frl. Klein soll daraus Standfotos anfertigen. Schimanski und Thanner resümieren: Am Tatort wurde ein Stilett gefunden. Der Tote hatte keine Papiere bei sich. Einer der jugendlichen MSV-Fans ist verdächtig, er muß am Arm verletzt sein. Schimanski ermittelt in einer MSV-Kneipe.

Sequenz 3/Rivalen: Frl. Klein im Fotolabor beim Entwickeln. Schimanski platzt herein. Er versucht mit ihr zu flirten. Sie, selbstbewußt, gibt sich distanziert. Gemeinsam betrachten sie die Fotos. Thanner kommt mit dem Laborbericht: Todesursache war nicht der Messerstich, sondern Genickbruch. Außerdem sind am Tatort zwei unterschiedliche Blutgruppen gefunden worden. Der Täter muß also eine Stichverletzung davongetragen haben. Frl. Klein wendet sich ostentativ Thanner zu und lädt ihn zum Essen ein.

Sequenz 4/Arbeitsteilung: Thanner recherchiert bei Fr. Schobert, der Besitzerin einer Reinigung, die sich auf die Veröffentlichung des Opferfotos hin gemeldet hat: Der Tote, der Italiener Antonio Vecchiaverde, war ihr Geliebter und arbeitete im Stadion. Ihre beiden arbeitslosen Söhne, Fiete und Kurt, konnten den ›Itaker‹

nicht leiden. Schimanski am Flipper in einer Kneipe auf der gegenüberliegenden Straßenseite. Kurt und andere MSV-Fans feiern. Schimanski versucht ihr Vertrauen zu gewinnen, muß 'ne Runde ausgeben. Thanner betritt die Kneipe. Fiete warnt die anderen vor ihm. Kurt, der einen Armverband trägt, flieht in die Toilette. Than-

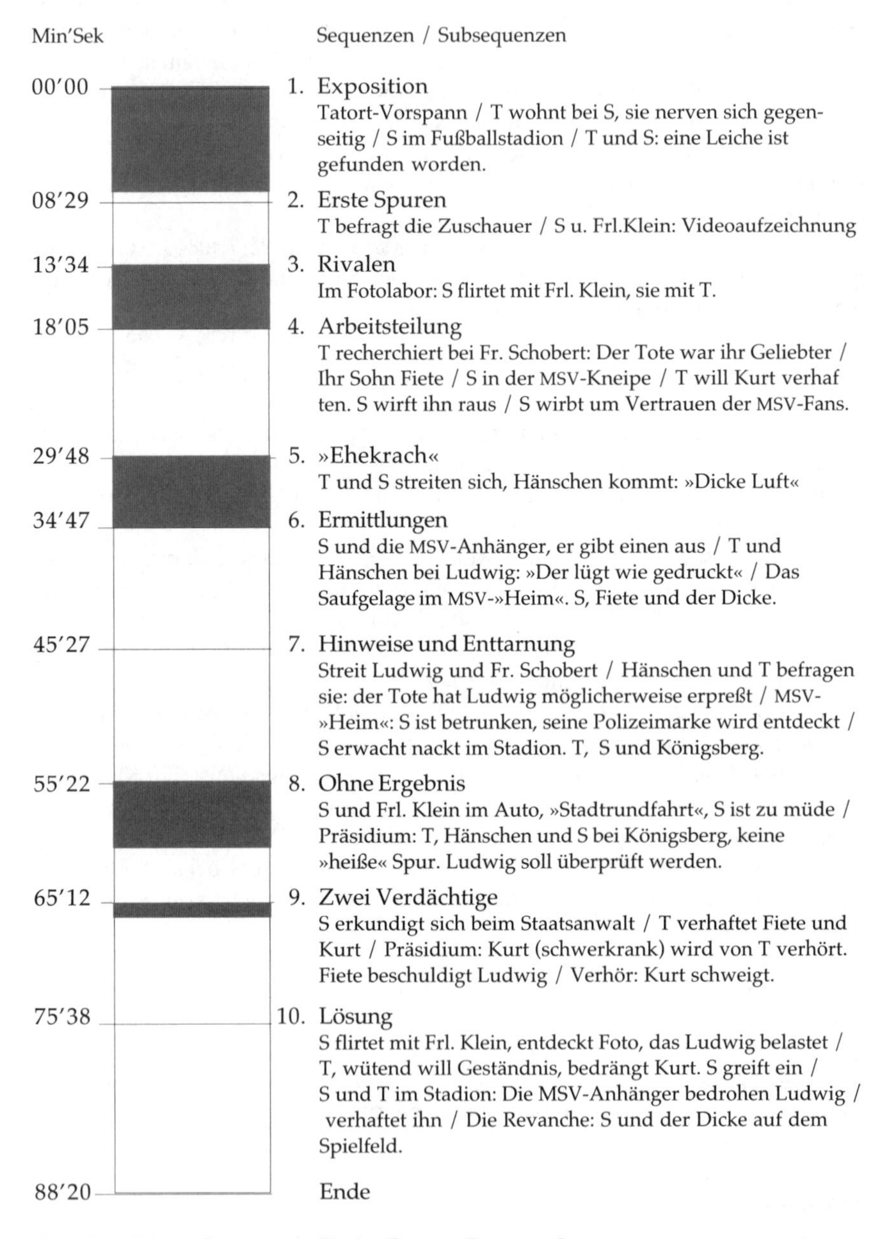

Funktionalisierte Sequenzgrafik des TATORTS ZWEIERLEI BLUT
(gestrichelte Partien = private Konflikte)

ner folgt ihm. Dort trifft er auf Schimanski, der Kurt nicht festgehalten hat, um seine Tarnung zu wahren. Zum Schein wirft er Thanner raus. Schimanski spielt den Helden und prahlt mit seiner aktiven Fußballervergangenheit. Die Jugendlichen bleiben mißtrauisch.

Sequenz 5/»Ehekrach«: Thanner bei Essensvorbereitungen in der Küche. Schimanski kommt. Thanner ist wütend, macht ihm Vorwürfe, daß er seinen Hauptverdächtigen (Kurt) hat entwischen lassen und will nicht für ihn kochen. Hännschen kommt dazu: »Dicke Luft!«. Er hält den Stadionverwalter Ludwig für höchst verdächtig.

Sequenz 6/Ermittlungen: MSV-Fans spielen Fußball und werden von anderen Jugendlichen dabei behindert. Schimanski greift ein und setzt drei der Störer außer Gefecht. Er, der »Opa«, soll mal wieder einen ausgeben. Sie kaufen groß ein. Thanner und Hännschen im Stadion. Sie befragen Ludwig in seinem Büro. Antonio war zwar bei ihm beschäftigt, aber für seinen Tod hat er auch keine Erklärung. Hännschen: »Der lügt wie gedruckt.« Schimanski und die Jugendlichen bringen die Bierkästen in ihr »MSV-Heim«. Schimanski versucht, etwas über Kurt herauszubekommen. Der »Dicke«, seit Kurts Verschwinden ihr neuer Anführer, ist mißtrauisch. Schimanski muß eine Flasche Schnaps auf ex trinken.

Sequenz 7/Hinweise und Enttarnung: Thanner und Hännschen beobachten, wie Ludwig von Frau Schobert vor die Tür gesetzt wird. Hännschen befragt Frau Schobert: Antonio hat Ludwig offenbar erpreßt, da dieser im großen Stil Ausländer für Schwarzarbeit vermittelt. Im »MSV-Heim« wird weiter getrunken. Schimanski ist bereits »hinüber«. Der »Dicke« stellt ihm ein Bein, Schimanski fällt hin und verliert dabei seine Dienstmarke. Abblende – Aufblende: Schimanski liegt nackt, mit blutverschmiertem Gesicht im leeren Fußballstadion und erwacht. Königsberg beobachtet ihn von der Tribüne aus. Thanner versorgt Schimanskis Gesichtsverletzung. Königsberg bestellt alle für den nächsten Morgen zum Rapport.

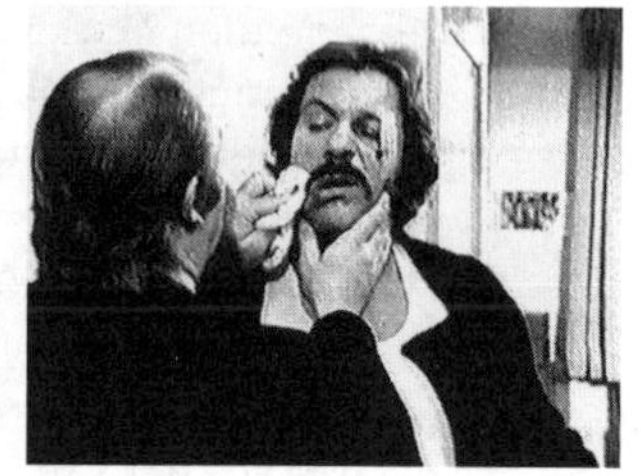

Sequenz 7

Sequenz 8/Ohne Ergebnis: Nacht. Schimanski kann nicht mehr schlafen. Er will mit jemandem reden, doch Thanner schnarcht. Schließlich überredet er Frl. Klein, ihn mit ihrem Wagen abzuholen und durch die nächtliche Stadt zu fahren. Am nächsten Morgen: Hännschen und Thanner warten im Präsidium auf Schimanski, der endlich eintrifft. Sie gehen zu Königsberg. Der Fall ist noch völlig unklar: Während Thanner fest von Kurts Schuld überzeugt ist, nimmt Schimanski diesen in Schutz, und Hännschen verweist darauf, daß Ludwig ein Motiv habe.

Sequenz 9/Zwei Verdächtige: Schimanski erkundigt sich beim Staatsanwalt über das Strafmaß für illegale Arbeitsvermittlung: Ludwig hätte durchaus ein Motiv und, wie Schimanski im nachfolgenden Gespräch mit diesem bestätigt findet: Ludwig wurde tatsächlich erpreßt. Fr. Schobert und Fiete holen Kurt aus seinem Versteck, da seine Armwunde sich entzündet hat. Thanner verhaftet die Brüder und läßt sie ins Präsidium bringen. Während Fiete, bewacht von Hännschen, auf dem Flur warten muß, wird der offenbar schwerkranke Kurt zur Vernehmung abgeführt. Fiete stößt Drohungen gegen Ludwig aus. Thanner verhört Kurt, der ihn aber nur mit glasigen Augen anstarrt und beharrlich schweigt. Thanner wird wütend.

Sequenz 10/Lösung: Schimanski und Frl. Klein. Er flirtet mit ihr, begutachtet ihre Arbeit und entdeckt ein Foto, das Ludwig schwer belastet. Verhör: Die Blutanalyse spricht gegen Kurt, der aber hat offensichtlich starke Schmerzen und schweigt weiter. Thanner will ihn zu einem Geständnis zwingen und bedrängt ihn. Schimanski greift ein und läßt Kurt auf die Krankenstation bringen. Er zeigt Thanner das Foto: Ludwig muß es gewesen sein! Schimanski und Thanner im Büro von Ludwig. Der Raum ist verwüstet. Von der Zuschauertribüne aus beobachten sie die MSV-Fans, die Ludwig drohend vor sich her treiben. Sie greifen ein und konfrontieren Ludwig mit dem belastenden Foto. Die Jugendlichen beschreiben schließlich den Tathergang. Ludwig nutzt die Gelegenheit zur Flucht, wird aber eingekreist und schließlich von Thanner festgenommen. Schimanski hat mit dem »Dicken« noch eine Rechnung zu begleichen: Er drängt ihn vor sich her aufs Spielfeld und zwingt ihn, sich auszuziehen. Kamera-Rückfahrt in Supertotale, Tatort-Abspann, Ende.

Die eigentliche Kriminalhandlung ist, gemessen an vielen inhaltlich und formal aktionsreicheren Schimanski-Fällen, vergleichsweise wenig spektakulär. Und zweifellos handelt es sich in Handlungslogik und Spannungsaufbau um eine der eher durchschnittlichen Folgen der Serie, die aber alle hierfür kennzeichnenden Merkmale aufweist und zudem mit 53% eine sehr hohe Einschaltquote brachte. Hajo Gies, einer der »Väter« der Schimanski-Figur, der neben dem ersten und letzten Schimanski-TATORT bei neun weiteren Regie führte, war in dieser Funktion auch für ZWEIERLEI BLUT verantwortlich, ebenso wie Felix Huby als Autor mehrere Folgen begleitete. Neben der Kernmannschaft Götz George und Eberhard Feik (als Thanner) sind auch Chiem van Houweninge als Hännschen und Ulrich Matschoss als ihr freundschaftlicher, zugleich aber auch kritischer Chef Karl Königsberg beteiligt. Der Co-Autor, Fred Breinersdorfer, der seine einzige Drehbucharbeit in dieser Reihe unter das Schimanski-Motto »Scheiße« stellt, beschrieb die »ungewöhnliche« Produktionsweise folgendermaßen:

> Unter der Regie des Producers Hartmut Grund vereinigte sich ein Ensemble von Chaoten. Eine atemberaubende Erfahrung. Huby und ich haben im Prinzip statt drei Fassungen drei unterschiedliche Drehbücher geschrieben, die Hajo Gies als Regisseur als Steinbruch benutzte, um einen Film herzustellen, den ich als Autor – zumindest am Anfang – allenfalls an den Namen der handelnden Personen, nicht aber an unserer Exposition erkannt habe. Es gehört zu den Verdiensten von Hartmut Grund, das angewandte Chaosprinzip in der Filmwirtschaft durchgesetzt zu haben. (zit. nach Goyke/Schmidt 1997, 234).

Nach dem üblichen TATORT-Vorspann sieht man in einer Folge von längeren Naheinstellungen zunächst eine sich bedächtig dahinschleppende Schildkröte formatfüllend durchs Bild ziehen und darauf Thanner, der liebevoll mit ihr spricht; dann Schimanski, auf dem Sofa liegend. Er blickt erstaunt auf, um sich schließlich wieder genervt seiner Zeitung zuzuwenden.

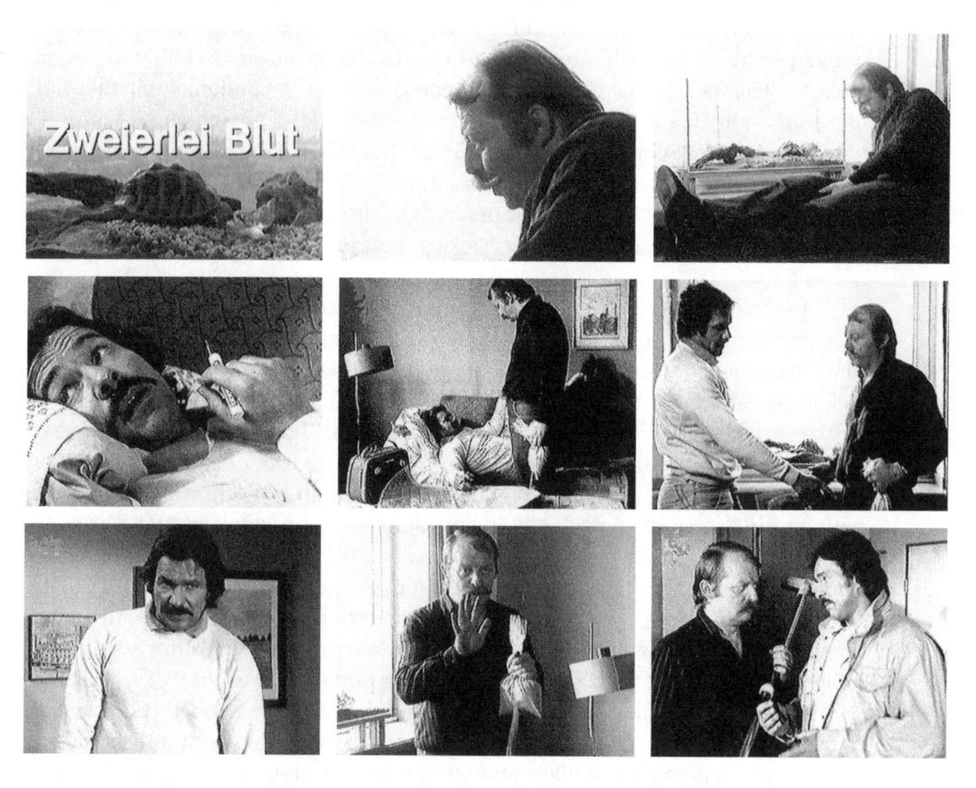

Eingangssequenz

Halbnahe: Thanner spielt, über das Glasgehege halbliegend gebeugt, mit seinen Schildkröten, steht auf, geht an Schimanski vorbei, der Zeitungsanzeigen durchsieht, und kommt mit einer Sandtüte in der Hand zurück. Schimanski: »Sag mal, kannst Du nicht 'mal was Vernünftiges tun?« Die Tüte ist offenbar beschädigt und hinterläßt auf dem Teppich eine entsprechende Spur. Thanner füllt den (restlichen) Sand ins Gehege. Schimanski weist ihn auf das Malheur hin und meint, mühsam beherrscht: »Das hier ist *meine* Wohnung!« Thanner ergreift pflichtschuldig den Staubsauger, doch Schimanski steht im Weg und verläßt schließlich wütend die Wohnung. Thanner schaltet augenblicklich den Staubsauger aus und wendet sich wieder seinen Tieren zu. Es klingelt. Der Staubsauger wird erneut angeschaltet und Thanner öffnet: Schimanski, der seinen Schlüssel sucht. Thanner bietet ihm großzügig seinen an. Schimanski macht ihm klar, daß er sich endlich eine Wohnung suchen müsse. Er hätte bereits mehrere Annoncen herausgesucht. Thanner, gereizt: »... ist klar, ich gehe!« Schimanski, müde: »Daran glaub' ich nicht mehr.« Die Wohnungstür schlägt zu. Schimanski atmet erleichtert auf, deckt als erstes das Gehege mit Zeitungen ab. Es klingelt wieder. Es ist Thanner, der sich beklagt, daß er ja nun keinen Schlüssel mehr habe. Schimanski greift wortlos in die Tasche, holt den Schlüssel hervor, während Thanner bereits seine Bleibe zurückerobert und die Schildkröten wieder von den Zeitungen befreit. Die Wohnungstür wird erneut zugeschlagen. Schimanski ist gegangen. Thanner lächelt und macht es sich gemütlich. Im Bademantel, mit frisch gewaschenen Haaren, bereitet er fröhlich pfeifend den Fernsehabend vor, stellt die zubereiteten ›Schnittchen‹ auf den Tisch, überfliegt dabei die angestrichenen Annoncen und murmelt: »Das könnte ihm so passen!« Ein Fußballspiel wird übertragen. Auch Schimanski ist unter den Zuschauern. Er lächelt vom Bildschirm aus Thanner zu und feixt: »Dicker, Thanner, ha, ha!« Thanner ist empört: »Knallkopp!« ...

Diese gut viereinhalbminütige Eröffnungssequenz mußte auf den unvorbereiteten Fernsehzuschauer, der mit einem spannenden Kriminalfilm rechnete und dem statt dessen eine launig vorgetragene konfliktreiche Männerfreundschaft präsentiert wird, höchst irritierend wirken. Doch damit nicht genug: Es dauert noch weitere fast drei Minuten, bis die Geschichte mit Thanners Eintreffen im Stadion und dem Beginn der Ermittlungen sich der Ausgangserwartung nähert. Für den ›Schimanski-Fan‹ dagegen war es ein fast schon vertrautes Eintauchen in eine bekannte Welt: Neben dem auch beruflich immer etwas gespannten Verhältnis der Freunde Schimanski und Thanner waren die Bezüge zu vorherigen Folgen offensichtlich. Hatte sich Schimanski etwa im TATORT 3: DER UNSICHTBARE GEGNER (WDR 7.3.82) aus Sicherheitsgründen bei Thanner einquartiert, zum Leidwesen von dessen Ehefrau, so war dieser in der fünften Folge: KUSCHELTIERE (WDR 12.12.82) aus der ehelichen Wohnung hinausgeflogen und hatte sich in Folge 6: MIRIAM (WDR 3.4.83) bei Schimanski häuslich eingerichtet – nicht ohne die chaotische Lebensweise des Wohnungsinhabers ständig mit seiner Häuslichkeit und Ordnungsliebe nörgelnd zu konfrontieren. Die aus dieser unfreiwilligen Männer-Wohngemeinschaft resultierenden Konflikte der beiden geraten bereits hier zu einer durchaus amüsanten Karikatur des üblichen Ehealltags, so daß ihr Vorgesetzter ironisch fragt, wann sie denn endlich ihr Verhältnis legalisieren lassen wollten. Ähnlich selbstreferentielle Bezüge lassen sich in der gesamten Serie feststellen und sind durchgängig auch für ZWEIERLEI BLUT prägend (vgl. Sequenzgrafik, in der die Handlungsteile markiert sind, in denen private Konflikte den eigentlichen Kriminalfall überlagern):

Während Schimanski im weiteren Verlauf der Eingangssequenz in der Menge der Fußballfans das Stadion verläßt und nur Augen für eine junge Dame hat – die neue Kollegin Frl. Klein, wie sich dann herausstellt –, wird er von Thanners Wagen fast gerammt. Schimanski: »Was machst du denn hier? Ich denke, du kümmerst dich um die Wohnungsanzeigen.« Thanner, ebenso vorwurfsvoll: »Was machst du denn hier? Ich denke, du bist bei der Leiche.« und da Schimanski erstaunt nachfragt: »Die Leiche, die immer da ist, wenn du ins Stadion gehst!« Frl. Klein vom Erkennungsdienst stellt sich vor. Schimanski nutzt sofort die Gelegenheit, legt den Arm um sie und gibt sich dabei betont dienstlich. Während beide im Hintergrund verschwinden, beginnt Thanner mit den Befragungen der Augenzeugen.

Etwas später (Ende Sequenz 2), nachdem Schimanski und Frl. Klein mit einem Vertreter der »Trachtengruppe« – wie Schimanski den sich mit rassistisch gefärbten Sprüchen hervortuenden uniformierten Beamten bezeichnet – das vorliegende Videomaterial durchgesehen haben, beginnt er mit der Kollegin einen recht eindeutigen Flirt (Sequenz 3). Doch sie läßt ihn erst einmal abblitzen und erklärt, sie hätte keine Lust, für ihn Spaghetti zu kochen. Thanner kommt mit neuen Informationen und meint, Schimanski solle das Foto des Toten der Presse übergeben und damit etwas gegen sein negatives Image tun – zu Frl. Klein gewandt, grinsend: »Wissen Sie, er hat nämlich ein ausgesprochen schlechtes Verhältnis zur Presse, frech, vorlaut und nie nach Vorschrift und präpotent ... und dann ist er immer scharf ...«. Schimanski widerspricht scherzhaft, außerdem habe er eine Verabredung und setzt sich demonstrativ neben Frl. Klein. Doch diese ergreift nun ihrerseits die Initiative. Sie wendet sich Thanner zu, entfernt betont zärtlich einen Fussel von seiner Jacke und fragt mit sanfter Stimme: »Mögen Sie Spaghetti? ... ich kenn da ein paar Rezepte ... schmeckt ihnen bestimmt«, derweil sie behutsam seinen Schal ordnet. Beide lächeln Schimanski zu und verlassen den Raum. Schimanski, scheinbar in das Opferfoto vertieft, bleibt allein zurück: »Auf Polizistinnen ist eben kein Verlaß!«

In der folgenden Sequenz 4 – Schimanski und Thanner sind gerade vor der Wäscherei angekommen – will Schimanski wissen, ob denn etwas mit Frl. Klein gewesen sei. Thanner bleibt eine eindeutige Antwort schuldig und wendet sich dem Laden zu. Schimanski, grinsend: »Frag doch gleich mal, ob nicht ein Zimmer frei geworden ist!« Zunächst aber stehen die Ermittlungen wieder im Vordergrund: Thanner befragt Frau Schobert und ihren Sohn Fiete, Schimanski recherchiert in der gegenüberliegenden Kneipe bei den MSV-Fans. Als Schimanski den Tatverdächtigen Kurt entwischen läßt und den ›Bullen‹ Thanner zum Schein verprügelt, um sich bei den Jugendlichen anzubiedern, eskalieren die Spannungen der Freunde.

Wieder zu Hause in Schimanskis Wohnung (Sequenz 5) kommt es zu einem heftigen Streit, der mit allen dafür charakteristischen Details launig als »Ehekrach« zelebriert wird:

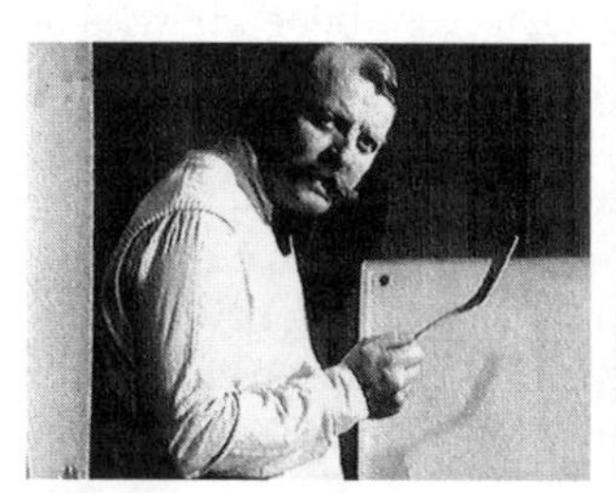
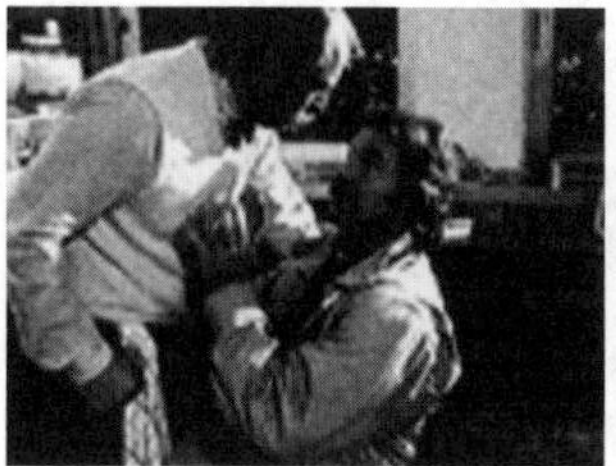

Sequenz 5

Thanner in der Küche bereitet das Essen vor. Schimanski kommt, öffnet wortlos den Kühlschrank, nimmt eine Scheibe Wurst und lächelt vorsichtig: »'n Abend«. Thanner baut sich vor ihm auf: »Die ist eigentlich für's Brot gedacht!« und schlägt mit dem Fuß die Kühlschranktür zu. Schimanski versucht zu vermitteln. Thanner wird noch wütender und wirft ihm vor, daß der Fall längst geklärt wäre. Schimanski reagiert cool, will ihn beruhigen und lenkt ab: »Wann gibt's denn Essen?« Doch Thanner, außer sich vor Wut, räumt wild gestikulierend den bereits gedeckten Tisch wieder ab: »Hier gibt's kein Essen für dich!«. Als Schimanski ungerührt darauf verweist, daß es schließlich seine Wohnung sei, will Thanner mal wieder gehen, legt die Küchenschürze ab, holt seinen Koffer und nähert sich der Tür. Es klingelt, aber Schimanski soll gefälligst selbst öffnen, da es ja seine Wohnung sei. Es ist Hännschen, der mit zwei Tüten beladen die Wohnung betritt. Er hat Wein dabei. Sein fröhliches Geplauder bricht plötzlich ab: »Dicke Luft?!« Die Kontrahenten sehen sich betreten an. Hännschen hat eine neue Spur, die Thanner offenbar übersehen hat. Schimanski steht auf: »... Sind ja richtige Superbullen, der eine läßt den Täter laufen, der andere 'nen Zeugen«, nimmt das Bettzeug von der Couch, geht ins Nebenzimmer und schließt die Tür. Für gut 20 Minuten dominiert jetzt wieder der Kriminalfall: Hännschen und Thanner befragen den Stadionverwalter Ludwig, etwas später Frau Schobert und kommen zu dem Verdacht, daß der Tote Ludwig erpreßt hat. Schimanski versucht derweil, das Vertrauen der MSV-Fans zu gewinnen, besäuft sich mit ihnen, wird enttarnt und erwacht nackt im Stadion (Sequenz 6 und 7).

Die ständige Verknüpfung von privater und beruflicher Ebene, von eher nebensächlich-belustigenden Details und Kriminalfall wird in der folgenden Sequenz 8 noch einmal gesteigert: Es ist Nacht. Schimanski kann nicht schlafen. Er ist offensichtlich noch immer (oder schon wieder?) betrunken und möchte mit jemandem reden. Doch Thanner schnarcht, und die Schildkröten erweisen sich als wenig interessierte Gesprächspartner. Schimanski ruft Frl. Klein an, die schließlich bereit ist, ihn mit dem Wagen abzuholen. Nach einer längeren Stadtrundfahrt schlägt sie vor, zu ihr zu gehen. Schimanski ist zunächst begeistert, will dann aber doch weiter durch die Nacht gefahren werden. Der frühmorgendliche Duisburger Hafen. Frl. Klein steht allein am Pier. Schimanski steigt mühsam aus dem Wagen. Frl. Klein, mit deutlicher Ironie: »... werd' ich nie vergessen, eine Nacht mit Schimanski am Rhein. Genau so habe ich mir das vorgestellt!« Schnitt – Präsidium: Thanner und Hännschen warten auf Schimanski, der sich verspätet hat. Sie wollen schon gehen. Schimanski kommt schließlich. Auf dem Treppenabsatz begrüßt er einen dort mit Reparaturarbeiten beschäftigen Maurer mit einem freundschaftlichen Stubs in die Seite, so daß er die Kelle fallen läßt. Termin beim Chef Königsberg: Thanner und Hännschen betreten den Raum, wobei dieser versehentlich die Tür vor Schimanski zuschlägt und für ihn erst erneut öffnen muß. Sie sollen sich setzen. Hännschen rückt sich einen Stuhl zurecht, auf dem wie selbstverständlich Schimanski Platz nimmt. Der zweite Versuch Hännschens, eine Sitzgelegenheit zu finden, wird in ähnlicher Weise durch Thanner vereitelt, so daß er schließlich resignierend mit dem Tisch vorlieb nimmt. Königsberg hält ihnen eine Standpauke: Schimanskis »Kontakt mit der Jugend, der außer Suff und Prügel« offenbar keine Ergebnisse gebracht habe, und Thanner, der außer einem vagen Verdacht gegen Kurt auch nichts in der Hand habe. Nur Hännschen kann eine konkretere Spur vorweisen (Ludwig). Beim Verlassen des Gebäudes verabschiedet sich Schimanski vom Maurer, dem erneut die Kelle aus der Hand fällt, um in der Sequenz 9 – Schimanski stürmt wieder die Treppe hinauf – hier kurz stehenzubleiben und dem nun auf alles gefaßten Maurer einfach nur zuzulächeln.

Die mit fast 30% der Gesamtlaufzeit vertretenen, von den privaten Konflikten der Protagonisten beherrschten Handlungsteile lockern den eigentlichen Kriminalfall auf und lassen diesen zeitweilig sogar vollständig in den Hintergrund treten. Ebenso wie die kleinen eingestreuten, sehr spontan wirkenden Gags suggerieren sie Authentizität, ein hautnahes Miterleben des Alltags der Protagonisten. Sie vermitteln dem Zuschauer das Gefühl persönlicher Vertrautheit und steigern zugleich den Unterhaltungswert, auch wenn viele der zunächst unmotiviert erscheinenden Details nur vom eigentlichen Stammpublikum zugeordnet werden können. So ist etwa der Beginn der Sequenz 9, in der Schimanski mit einem kleinen asiatischen Mädchen in der Straßenbahn sitzt (seiner Pflegetochter, wie er erklärt) und anschließend den Staatsanwalt befragt, nur in Kenntnis von KUSCHELTIERE (Folge 5) verständlich: Schimanski, Thanner und Hännschen geraten hier – auf der Spur eines merkwürdigen Todesfalls – an eine zwielichtige holländische Agentur, die asiatische Kinder gegen hohe Summen an wohlhabende Adoptionsinteressenten vermittelt. Eines dieser Kinder, ein kleines Mädchen, wird am Schluß des Films bei Schimanski in Obhut gegeben, der soeben erfahren hat, daß Thanner bei ihm wohnen wird. Schimanskis Kommentar: »Wir haben ein Kind, Thanner!« In der unmittelbar nach ZWEIERLEI BLUT gesendeten Folge 9 (RECHNUNG OHNE WIRT, WDR 9.12.84) taucht das Mädchen wieder auf und begleitet Schimanski anfangs bei seinen Ermittlungen.

Eine ähnliche – zwischen Protagonisten und Publikum identifikationsfördernde – Funktion haben die freundschaftlichen Frotzeleien zwischen Thanner und Hännschen, in denen die üblichen Stammtischvorurteile spöttisch aufgegriffen werden. Bezeichnet ihn Thanner in Anspielung auf seine Nationalität etwa in Folge 3 (DER UNSICHTBARE GEGNER) scherzhaft als »Tulpenzwiebel« und muß er auch sonst für das gängige Bild vom Holländer (Holzschuhe, Käse, Camping) herhalten, so kontert das gutmütige Hännschen mit trockenem Humor durch entsprechend spitze Bemerkungen zur deutschen NS-Vergangenheit. Diese spielerische »Konfrontation« wird in der Sequenz 6 wieder aufgenommen, als beide den Stadion-Verwalter in seinem Büro vernehmen und dieser Thanner fragt, ob er schon einmal mit Türken gearbeitet habe. Thanner entgegnet mit Blick auf Hännschen: »Nee, mir reichen die Holländer.«

Auch die zeitweilige Umkehrung der vertrauten Charaktere ist in diesem Sinne – als amüsantes Spiel mit den Vorerwartungen des (kundigen) Zuschauers – zu verstehen: Schimanski, der das um sich verbreitete Chaos ansonsten zu lieben scheint, erregt sich über Thanners Unordentlichkeit, seine mehrfach ausgelebte Anziehungskraft auf das weibliche Geschlecht scheint an Wirkung verloren zu haben, und er, der impulsive und nicht gerade zimperliche Draufgänger, muß den korrekten, überwiegend rational handelnden Thanner bremsen und den schwerkranken Kurt vor Thanners Aggressivität schützen.

Imagefaktoren und Starqualität

Diese am Beispiel von ZWEIERLEI BLUT festgestellten Merkmale lassen sich mit entsprechenden Modifikationen auch in den vorherigen und späteren Folgen der Serie feststellen. Zwar gibt es je nach Buchautor und Regisseur deutliche Unterschiede etwa im Realitätsbezug des zugrundeliegenden Kriminalfalls, seiner Gewichtung zur Präsentation des Privatlebens sowie im Spannungsaufbau und in der Charakterisierung der Protagonisten. Serienbedingt sind es aber Variationen innerhalb eines relativ engen Spektrums. Bei allen qualitativen Schwankungen der Drehbücher lassen sich zusammenfassend folgende Faktoren als zentral für den trotz der anfänglich scharfen Presseattacken sich über zehn Jahre haltenden Erfolg feststellen. Neben der für TV-Serien ansonsten nicht gerade typischen Realitätsnähe der Sujets sowie der meist überzeugenden Milieuechtheit der Darstellung war hierfür die spezifische Personenkonstellation besonders des Kommissar-Duos Schimanski – Thanner ausschlaggebend:

- Die bis dahin ungewohnte Hervorhebung der privaten Befindlichkeiten und Gefühle der Handelnden, ihre erkennbare Normalität im Verhalten und in der betonten Umgangssprachlichkeit der Dialoge – eben die individualisierte Zeichnung als reale Menschen mit ihren jeweiligen Vorzügen, Schwächen und auch den Mißerfolgen einschließlich der dafür wesentlichen, beiläufig eingestreuten amüsanten Nebensächlichkeiten;
- das bevorzugte Milieu der kleinen Leute mit ihren häufig zeitnahen Problemhintergründen;
- die Vertrautheit vermittelnden Anspielungen auf frühere Folgen sowie eine vielfach befreiende (Selbst-)Ironie in Handlung und verbaler Aussage.

Die Kunstfigur Schimanski als die tragende Person der Serie, das daraus resultierende Image und die Starqualität des Schauspielers Götz George sind also primär in diesem Kontext zu sehen. Denn erst im Rahmen der entsprechend aufgebauten Handlung sowie in der Interaktion mit seinen Mitstreitern erhält er die notwendige Kontur. Ein ähnliches Zusammenwirken komplementärer Faktoren ist zwar auch für viele andere Starkarrieren bedeutsam, im Fall Schimanski/George waren diese Momente aber ausschlaggebend für die Herausbildung des Starstatus. Der Seriencharakter ermöglichte darüber hinaus, inhaltliche und formale Anpassungen an die sich verändernden Publikumspräferenzen sowie einzelne Facetten des insgesamt auffallend widersprüchlichen Schimanski-Images hervorzuheben, zu nivellieren oder auch gezielt zu erweitern. Darin liegt ein Grund, daß die für das Starphänomen generell kennzeichnende tendenzielle Ablösung des im Rezeptionsprozeß konstruierten Starimages von den gespielten Rollen und den Hintergrundinformationen hier besonders deutlich in Erscheinung tritt.

Untersucht man beispielsweise unter diesem Aspekt die zahlreichen Folgen der Serie als isolierte einzelne, in sich geschlossene Geschichten, so wird deutlich, daß viele der konstituierenden Charakteristika – das ungehemmte Liebesleben, der lässige Umgang mit Vorgesetzten und den Dienstvorschriften, die Alkohol- und Prügelexzesse auf der einen und die bis zur Sentimentalität gehende Empfindsamkeit auf der anderen Seite – keineswegs durchgängig vorhanden, häufig sogar gegensätzlich pointiert sind oder auch gänzlich fehlen. Die extrem polarisierende Wirkung der Schimanski-Figur bei Serienbeginn ist ohnehin nur noch aus dem historischen Kontext heraus zu erklären. So läßt sich die heute kaum mehr nachvollziehbare Aufregung über den in jeder Weise unkonventionellen Kriminalbeamten Anfang der achtziger Jahre in erster Linie auf den scharfen Kontrast zu den gewohnten, durch und durch asexuellen, ›väterlichen‹ und immer korrekten, TV-Kommissaren wie »Derrick« und »Der Alte« zurückführen. Daneben gab es mit Rücksicht auf die zum Teil heftigen Pressereaktionen immer wieder Bemühungen, Outfit, Rede- und Handlungsweise Schimanskis zu zügeln – Relativierungsversuche, die von der Kritik sorgsam registriert wurden: An der Folge 5: KUSCHELTIERE beispielsweise stellte *Die Welt* (14.12.82) nach einer positiven Würdigung von Regie, Schnitt und »psychologischer Feinzeichnung« – »rein künstlerisch markiert dieser Film unter den derzeitigen deutschen Krimis absolute Spitze« – heraus:

> Von Kommissar Schimanski, dem Möchtegern-Aussteiger, ist zu melden, daß er zusehends verbürgerlicht: er schlägt nur noch zu, wenn er moralisch dazu ›berechtigt‹ ist, und die Mädchen kriegt er nicht mehr ins Bett, sie lassen ihn nach den ersten Küßchen stehen. Dafür beginnt sein bisher so solider Kollege Thanner auszuflippen. (zit. nach Goyke/Schmidt 1997, 73).

Und bezogen auf die Folge 6: MIRIAM konstatierte die *Berliner Morgenpost* (6.4.83): »Der zunächst so umstrittene Hauptkommissar Schimanski wird mehr und mehr sympathisch. In ›Miriam‹ benahm er sich fast gesittet und zeigte sogar menschliche Gesten.« (zit. nach Goyke/Schmidt 1997, 77). Daß hierbei neben dem generellen Gewöhnungsprozeß auch die Veränderung der Rezeptionsweisen für die heutige vergleichsweise unspektakuläre Wahrnehmung bestimmend ist, thematisierte u. a. Frank Junghänel anläßlich der erneuten Ausstrahlung von DUISBURG-RUHRORT Ende 1996:

> Vor 15 Jahren kam Horst Schimanski, um das Fernsehen zu verändern. Der Kriminalkommissar als ungewaschener, ungehobelter und unausgeschlafener Beamter wider Willen war eine bis dahin ungesehene Person im Programm. [...] Kaputte Stadtteile, kaputte Menschen und über allem ein Grauschleier aus Industriemief, Resignation und Aggression – Kritiker nannten das gern ›soziale Genauigkeit‹. Und das war es auch. Heute, nach der Konsumierung Hunderter chromglänzender Wohnzimmer in Fernsehfilmen aller Genres, nach Dutzenden Staffeln voller schicker Darsteller, fällt die spröde, authentische Ästhetik des ersten Schimanski-Krimis doppelt auf. Gedreht mit Originalton, harten Schnitten, völlig ohne Filmmusik, kann der Film als Dokument einer inzwischen nahezu ausgestorbenen TV-Kultur gelten. Fernsehen als Spiegel des Lebens und nicht als Lebensersatz. Verändert haben sich jedoch nicht nur Schauplätze, Gesichter und Machart der Filme. Verändert haben sich auch die Sehgewohnheiten. Eine derart undurchsichtige und unspektakuläre Geschichte, wie die Schimanski-Premiere, würde heute nach zehn Minuten weggezappt. (Junghänel 1996).

Trotz entsprechender Variationen und Entwicklungstendenzen lassen sich die zentralen imageprägenden Faktoren mehr oder weniger deutlich in allen Folgen feststellen:

- So ist etwa die starke körperliche Präsenz im Spiel Georges generell vorhanden (und vor allem auch für seine sehr unterschiedlichen früheren und späteren Film- und Fernsehrollen kennzeichnend).

- Neben dem lässigen Umgang mit den Dienstvorschriften und dem tiefen Mißtrauen Machthierarchien gegenüber sowie dem unbedingten Gerechtigkeitssinn gerade im Interesse derer, die sich nicht wehren können, ist in diesem Zusammenhang ebenso die große Bedeutung der (Männer-)Freundschaften und zugleich sein recht zwiespältiges Verhältnis zu den Frauen zu nennen.
- Schimanski ist kein Intellektueller, der lange das Für und Wider abwägt, sondern ein energiegeladener, aus dem Gefühl heraus handelnder »Macher«, ungeeignet für die bürokratische Schreibtischermittlung, der mit vollem Einsatz für die Gerechtigkeit auch jenseits der formalisierten, in Gesetze gefaßten Form kämpft und dabei zwangsläufig die Grenzen der Legalität übertreten muß;
- ein »menschlicher Mann« und liebenswerter Kumpel (Alice Schwarzer, zit. nach Blum 1997, S. 10ff.), unfähig zu längerer Bindung und zu flüchtigen Affären neigend.
- Den Freunden hält er die Treue auch dann noch, wenn diese das in sie gesetzte Vertrauen nicht rechtfertigen wie in GRENZGÄNGER, RECHNUNG OHNE WIRT, MIRIAM, ZABOU u. a.
- Seine Sympathie gilt in erster Linie den gesellschaftlichen Randgruppen, den Gestrandeten, zu kurz Gekommenen, in die Illegalität Abgerutschten, dem Milieu, aus dem er (laut filmischer Biographie) selbst stammt.

Von daher ist es nicht erstaunlich, daß die Schimanski-Figur sowohl in ihrer ausgelebten sexuellen Freizügigkeit als auch in dem starken sozialen Engagement allgemein als die Verkörperung der in den sechziger Jahren beginnenden gesellschaftlichen Gegenbewegungen gilt. War hier doch alles vereinigt, was aus konservativer Sicht der Alternativ-Szene zugerechnet wurde: Infragestellung überkommener Autoritäten und tiefgreifende Staatsverdrossenheit, wie sie sich in der Antiatom-, Friedens- und Umweltbewegung äußerten, bei den Hausbesetzern, Spontis, Rockern, Punkern und Aussteigern aller Art – nach der vielzitierten Einschätzung von Georg Seeßlen eben ein »Held der Kohl-Ära«, der uns vormacht, »wie es ist, ohne Utopie zu leben, nur mit einem gewissen Grad an Unbestechlichkeit«. So kam etwa die *Süddeutsche Zeitung* (12.1.83) in ihrer scharfen Ablehnung dieses »Musterexemplars der ›Pissoir-Kultur‹« zu der im Kern durchaus zutreffenden Feststellung, daß mit diesem neuen Kommissar (ähnlich wie bei seinem österreichischen Pendant »Kottan«) die »kulturrevolutionäre Phase« des Fernseh-Krimis eingeleitet würde:

> ›Kommissar Schimanski‹ verkörpert das ›Progressive‹ sozusagen in Reinkultur. Er trägt die Uniform der Alternativen (Jeans, Parka und Turnschuhe), er spricht nuschelnd und meist in der Fäkalsprache, er ist rüpelhaft und geil [...]. ›Kommissar Schimanski‹, ein Beamter des höheren Dienstes, hält sich weder an das Gesetz noch an Dienstvorschriften, er ist für jede Ferkelei gut, seine Beamten-Kumpane stehen ihm in nichts nach, ihre Vorgesetzten sind Idioten – alle zusammen schmuddelig und extrem ordinär. Die grün-rote Alternativ-Szene läßt grüssen. (zit. nach Goyke/Schmidt 1997, 8).

In der Tat traf das Schimanski-Image das Lebensgefühl großer Bevölkerungsgruppen der achtziger Jahre und bot mit all seinen Facetten eine ideale Projektionsfläche für die mehr oder weniger politisch gesehene Fiktion einer zu verändernden, gerechteren Gesellschaft. Denn hier engagierte sich (noch) jemand ohne jegliche Rücksicht auf die eigene Karriere und bisweilen auch mit Brachialgewalt für den Traum von einer freieren und besseren Welt, die viele der mittlerweile etablierten und desillusionierten ›Alt-68er‹ sowie letztlich alle von der Realität enttäuschten bereits als nicht opportun oder unerreichbar abgeschrieben hatten. Diese Lesart ›funktionierte‹ natürlich auch weitgehend befreit von den genannten politischen Bezügen und dürfte in dieser Form gerade für die Masse des Publikums bestimmend gewesen sein – als Rebell gegen alles Autoritäre und zugleich als männliches Wunschbild mit einer erwiesenermaßen starken Wirkung auf die weiblichen Zuschauer. *Der Spiegel* (17/96) brachte dieses in seiner saloppen Art auf folgenden Nenner:

> Nach Herzenslust das Wort Scheiße hören, sich zum Robin Hood der Bierseligen und Verladenen aufwerfen, den Verstand in die Fäuste legen, Vorgesetzten die Verachtung zeigen, Weiber flachlegen – Mackers geheime Macken lassen sich nun mal nur mit dem Duisburger Hauptkommissar ausleben. (zit. nach Goyke/Schmidt 1997, 14).

Sicherlich waren diese Image-Momente ausschlaggebend für den breiten und anhaltenden Erfolg, wobei der ›Mythos Schimanski‹ in der Zeichnung des ›gebrochenen‹ Helden, der auch verlieren kann und bisweilen an der Realität verzweifelt, wesentlich zur Glaubwürdigkeit der Figur beitrug. Gerade hierin aber ist (bei prinzipieller Konstanz) über die Jahre hinweg eine deutlich veränderte Akzentuierung festzustellen, die offensichtlich auch mit Blick auf die Einbeziehung jüngerer Publikumsgruppen erfolgte. Äußerte sich die Charakteristik des Macho mit Herz und einer tiefen Verletzlichkeit in den ersten Folgen vorwiegend in der Art und Weise, wie er Hindernisse aus dem Weg räumt und sich selbstlos für die Unterlegenen einsetzt, als in den erzählerischen Zusammenhang eingebettete Handlungselemente, so treten sie gegen Ende der Serie immer offener als ausgespielte Einzelmomente in den Vordergrund. Kennzeichnend dafür sind u. a. ZAHN UM ZAHN 1985 und ZABOU 1987, die sich auch als Kinofilme durchsetzen konnten, und vor allem die neue Schimanski-Staffel ab 1997. Die hier häufig handlungsbeherrschenden Action- und Prügelexzesse sowie die ausführlich zur Schau gestellte sentimentale Verzweiflung (etwa an Thanners Grab in DIE SCHWADRON) sind häufig nur noch durch das erhöhte Maß an beigegebener Selbstironie erträglich. Die Ambivalenz der Schimanski-Figur von betonter Männlichkeit bis hin zu einer narzißtischen Selbstdarstellung seines muskelbepackten Körpers auf der einen, das Engagement für die Schwachen und seine Sensibilität bis hin zur Wehleidigkeit auf der anderen Seite kennzeichnen diese Entwicklung zunehmend als auf den Thrill reduziertes Gefühlskino mit spektakulären Aktionen und einem allenfalls noch recht vagen gesellschaftlichen Anspruch.

Inwieweit die forcierte Verlagerung auf Action und Sentiment allerdings eine überzeugende Antwort auf den Entsolidarisierungsprozeß der letzten Jahre, auf die ›kälter‹ und brutaler gewordene gesellschaftliche Wirklichkeit ist und zugleich den veränderten Rezeptionsgewohnheiten des Fernsehpublikums Rechnung trägt – wie Hajo Gies, George und andere aktuelle Beteiligte in ihren Statements hervorheben – mag dahin gestellt sein (vgl. u. a. Blum 1997, 12f.). Die professionelle Kritik zumindest reagierte auf die neue Schimanski-Staffel überwiegend mit bissiger Ironie und vermißte eine echte inhaltlich-qualitative Weiterentwicklung statt der gegebenen, von der ursprünglichen Differenziertheit befreiten Schimanski-Figur als »entleerte Wiederholung« alter Muster. In der *Frankfurter Allgemeinen Zeitung* beispielsweise hieß es unter der Überschrift »Wiederkehr des Gleichen«:

Er ist lange fort gewesen. Nicht so lange, daß er Frauen nicht mehr küssen würde wie ausgehungert. Auch nicht so lange, daß er vergessen hätte, wie sehr ihm getrocknetes Blut im Mundwinkel steht. Und daß man sich ab und zu in den Schritt greifen soll, damit man als ganzer Kerl durchgeht. [...] Noch immer hat er, das zeigt er gerne – auch da hat sich gar nichts geändert – Haare auf der Brust, aber ein ziemlich empfindsames Herz darunter. (Eisenhauer 1997).

Auch die *Berliner Zeitung* meinte zu DIE SCHWADRON – dem »schnellgeschnittenen Brutalo-Clip mit abstrusem Showdown« – es stimme schon ein wenig traurig,

wie sehr diese Figur dem alten Schimanski gleicht, dem die 68er viel Moral und ein wenig Anarchie ins Drehbuch diktierten. Kein Bruch, keine Überraschung trübt seine Wiederkehr. Als hätte er in einer stillgelegten Kohle-Grube einen langen Winterschlaf gehalten, tritt der ewige Schimi ins Freie, streift sich den grauen Parka über und beginnt, sein Revier zu markieren – indem er hier und da eine Tür eintritt. Zack bumm, einfach so. [...] Am Schluß ist Schimis Gesicht wie immer schweiß- und blutverkrustet und der Parka schön dreckig. Faust auf Faust, hart ganz hart, forever. (Gehrs 1997a).

Einige Tage später titelte das Blatt: »Scheiße – was sonst« und ergänzte: »Er ist sich treu geblieben. [...] Da wird vermöbelt, geschossen, verwundet, daß es allenfalls für Rambo-Fans eine Freude ist« (Gehrs 1997b). Die *Süddeutsche Zeitung* stellte mit den Worten von Hajo Gies fest: »Der neue Schimanski ist weitgehend der ›alte‹« und resümierte:

Er hat sechs seiner legendären Parkas im Schrank hängen, das ist witzig, er nimmt hilflos stammelnd Abschied an Thanners Grab, das ist ergreifend, und er hat noch immer eine tadellose Figur auch in der Unterhose, das ist eindrucksvoll. Er recherchiert in einer Geschichte [...], die nicht bis ins letzte und auch nicht bis ins vorletzte Detail überzeugt, aber sehr aufwendig und fernsehüblich inszeniert ist: brutal; schnell; laut. (Knopf 1997).

Und die *Frankfurter Rundschau* widmete der »insgesamt unbefriedigenden Reihe« des »neuen« Schimanski eine kleine Glosse:

Alle Persönlichkeit ist auf ein Accessoire reduziert: Der Parka, das bin ich. Und wenn er nicht sprachlos den Kopf schüttelt, stößt er sein Lieblingswort hervor: Scheiße. Eine der komplexesten Figuren, die sich das deutsche Fernsehen geschaffen hat, ist hier zur Unkenntlichkeit verstümmelt worden. Ein Absturz, wie er schlimmer nicht sein kann. Vergessen wir's. (Hauschild 1997).

Auch hier ist es interessant, daß sich diese anfängliche Enttäuschung und Aufregung mit den weiteren Folgen, besonders der zweiten Staffel (1998) wieder relativierte und man durchaus auch positive Seiten an der veränderten Schimanski-Figur entdeckte.

Nachdem Götz George in den sechziger Jahren besonders mit den Staudte-Filmen KIRMES (1960) und HERRENPARTIE (1964) sowie seiner Rolle in Kotullas AUS EINEM DEUTSCHEN LEBEN (1977) als ernstzunehmender Charakterdarsteller sich bei der Kritik erfolgreich durchsetzen konnte, aber in der breiten Öffentlichkeit damit kaum Beachtung fand, war es also gerade der tendenzielle Rückgriff auf sein bereits überwundenes Image des sportlichen Draufgängers und Frauenhelden, der ihm als Schimanski zur Starqualität verhalf.

6.4 Charakterdarsteller: Mehr als Schimanski

Bereits ab 1986/87 häuften sich die Presseberichte, in denen Götz George sich freimütig über ein baldiges Ende der Kultfigur Schimanski äußerte. Zwar standen hier die schlechten Drehbücher, das zu geringe Produktionsbudget und die sich haltende Kritik an dem »Rüpel-Kommissar« im Vordergrund, maßgeblich dafür dürfte aber das für den Schauspieler George viel zu enge Schimanski-Image gewesen sein. In diesem Sinne übernahm er parallel zu den TATORT-Folgen in mehreren TV-Produktionen, Theaterengagements und einigen Kinofilmen immer wieder betont andere Rollen.

So stand er 1981 während der Salzburger Festspiele als Danton in Georg Büchners gleichnamigem Theaterstück unter der Regie von Rudolf Noelte wieder auf der Bühne. Nach einigen weiteren Theaterrollen war er beispielsweise 1986/87 als der einfältige Chlestakow gemeinsam mit Eberhard Feik (als Stadthauptmann) in Gogols *Der Revisor* und 1990 – wieder mit Feik – in der Titelrolle von Tschechows *Platonov* zu sehen. Die Kritiken zu diesen beiden Auftritten waren allerdings verhalten bis ablehnend, da man meinte, den populärenTV-Kommissaren diese ungewohnten Rollen nicht abnehmen zu können. Daneben wurden hier die gerade bei Theaterkritikern weitverbreiteten Vorurteile den Massenmedien Fernsehen und Film gegenüber spürbar, wonach ein erfolgreicher TV-Star unmöglich ein guter Theaterschauspieler sein könne. Mehr Erfolg hatte Götz George mit seinen Kinofilmen dieser Jahre:

In dem Actionthriller ABWÄRTS (1984, Schenkel) spielt George den in einer Lebenskrise stehenden Geschäftsmann Jörg, dessen forsches Macho-Gehabe in einer existentiell bedrohlichen Ausnahmesituation Stück für Stück demontiert wird. Vier Personen sitzen nachts in einem defekten Hochhauslift fest: Jörg, der seine berufliche und private Mittelmäßigkeit mit selbstherrlicher Arroganz kaschiert, seine junge Kollegin und Geliebte Marion, die seinen Posten übernehmen soll und sich bereits von ihm abgewandt hat, der jungendlich-provozierende Möchtegern-Aussteiger Pit, der sich mit Gelegenheitsarbeiten über Wasser hält, sowie ein älterer Buchhalter, der bereits ausgestiegen ist und sich mit dem Inhalt des Firmentresors absetzen will. Marion beginnt einen recht eindeutigen Flirt mit Pit, den dieser erwidert, so daß die verschiedenen Versuche von Pit und Jörg, die Anwesenden zu retten, zu einem lebensgefährlichen Zweikampf der Rivalen werden. Nachdem er maßgeblich mitgeholfen hat, die drei anderen in Sicherheit zu bringen, stürzt Jörg ab. Obgleich die Charaktere in ihrer Motivation psychologisch recht flach angelegt sind, überzeugte der Film besonders durch die schauspielerische Leistung (Götz Georges) und brachte George einen zweiten Bundesfilmpreis, das »Filmband in Gold«, ein.

Nach den beiden Schimanski-Kinofilmen unter der Regie von Hajo Gies ZAHN UM ZAHN 1985 und ZABOU 1987, die herausragende Kassenerfolge wurden, war George in DIE KATZE (1988, Graf) zwar wieder im vertrauten Genre, aber dieses Mal auf der Gegenseite als kaltblütiger Geiselgangster zu sehen, der mit der Polizei ›Katz und Maus‹ spielt. Als strategischer Kopf einer Bankräuberbande dirigiert er mit Hilfe modernster Kommunikationstechnik von einem Hotelzimmer aus seine beiden Komplizen, die in der gegenüberliegenden Bank die Angestellten als Geiseln genommen haben, um Lösegeld zu erpressen. Und in der im Nachkriegsberlin zwischen Trümmergrundstücken, Schwarzmarktgeschäften, dubiosen Eckkneipen und einem nostalgischen Tanzsaal spielenden deutsch-deutschen Koproduktion DER BRUCH (1989, Beyer) wechselte George vollständig das Rollenfach: In der wehmütigen Tragikomödie, die ihren Reiz aus den liebevollen Milieu- und Detailschilderungen sowie dem exakt darauf abgestimmten Spiel der Darsteller bezieht, ist George der schmierige Galan und windige Kleinganove Graf, der gemeinsam mit zwei Komplizen einen recht dilettantischen Bankeinbruch begeht.

Im selben Jahr kam ein weiterer Film in die Kinos, BLAUÄUGIG (1989) von Reinhard Hauff, in dem George seine erstaunliche Wandlungsfähigkeit erneut unter Beweis stellte: Ähnlich wie in den beiden o. g. Staudte-Filmen (1960, 1964) mit zeitkritischer Intention die jüngste deutsche Vergangenheit thematisiert wurde, spielt der Film im Argentinien der Militärjunta der siebziger Jahre mit ständigen Rückbezügen zum deutschen Faschismus. Götz George, hier der Deutsch-Argentinier Johann Neudorf, der – als Kind tschechischer Eltern selbst Opfer des NS-Terrors geworden – unbekümmert das Militärregime mit Waffen für die brutale Unterdrückung des Volkes beliefert. Als seine erwachsene Tochter sich in einen jungen, von den Behörden gesuchten, Argentinier verliebt, dessen ›Verbrechen‹ darin bestehen, den Ärmsten der Armen medizinische und humanitäre Hilfe zu leisten, wird sie von der Junta verschleppt und schließlich ermordet. Neudorf erfährt, daß sie schwanger war und vor ihrem Tod einen Jungen zur Welt gebracht habe. Auf der Suche nach seinem Enkel gerät auch er in die Mühlen von Erniedrigung, Brutalität und Folter und wandelt sich vom Mitläufer und Profiteur zum aktiven Gegner.

Obwohl der Film aufgrund seiner politischen Stoßrichtung und/oder der »leidenschaftslosen« Regie, die »einen engagierten Film zum gutgemeinten Ärgernis« mache (Kühn 1989), Gegenstand z. T. heftigster Angriffe war, wurde vielfach Georges »schauspielerische Ausdruckskraft« hervorgehoben. So meinte die *Münchner Abendzeitung* (Ponkie 1989), er spiele »diese panische Bedrängnis [...] mit einer atemberaubenden Nähe« und es sei seine »beste Rolle seit dem KZ-Kommandanten Höß« in Kotullas AUS EINEM DEUTSCHEN LEBEN (1977). Und *Die Welt* resümierte: »Götz George hat in diesem politischen Film endlich auch den Schimanski abgelegt. Er ist ein sehr ernsthafter und auch sehr guter Schauspieler, mit Gespür für die Zerissenheit im Charakter seiner Figur.« (Weber 1989).

Die hier bereits angelegte Imageausweitung konnte George in seinen zahlreichen Film- und Fernseharbeiten der folgenden Jahre kontinuierlich weiterentwickeln, wobei der Bekanntheitsgrad als Fernsehstar und die erwiesene Publikumswirksamkeit ihm die Möglichkeit gaben, die Rollen gezielter als zuvor auszusuchen und mit der ihm eigenen körperbetonten Präsenz und schauspielerischen Intensität zu modifizieren. Neben den weiteren Schimanski-TATORT-Folgen bis 1991 und spezifischer Zuspitzung der aktionsreichen Facetten der Figur in der Schimanski-Staffel ab 1997 erfolgte die Ausdifferenzierung seines Images durch die Ausgestaltung betont komischer Charaktere einerseits und die ebenso überzeugende Darstellung ernster Rollen andererseits. Mit dieser zeitlich parallelen und betont konträren Rollenausprägung stellte George bei Publikum und Kritik erneut seine herausragende Ausdrucksvielfalt als Schauspieler unter Beweis und festigte seine Qualität als Film- und Fernsehstar.

6.5 Satiren und ernste Rollen

Wurden diese Bemühungen, die Dominanz des Schimanski-Images aufzubrechen, bis einschließlich BLAUÄUGIG (1989) aufgrund der vergleichsweise geringen Resonanz an der Kinokasse überwiegend nur von der professionellen Kritik registriert, so gelang George mit der politischen Satire SCHTONK (1992, Dietl) auch in dieser Hinsicht der Durchbruch beim breiten Publikum. Bereits in den TATORT-Folgen zuvor war in seiner Interpretation der Schimanski-Figur ein Ausloten der Rollengrenzen u. a. in Richtung der selbstironischen, bisweilen komischen Seite zu bemerken, das im lustvollen Ausspielen absurder Situationen etwa im letzten TATORT (1991) seinen vorläufigen Höhepunkt fand. Und in dem TV-Fünfteiler SCHULZ & SCHULZ (1989–1993, Ilse Hofmann, Nico Hofmann), dessen ersten beiden Folgen im Dezember 1989 bzw. im März 1991 vom ZDF ausgestrahlt wurden, war George – noch parallel zu den TATORT-Sendungen – in einer zeitkritischen Komödie über die unterschiedlichen Befindlichkeiten der Ost- und Westdeutschen in einer Doppelrolle zu sehen. Die Zwillinge Wolfgang und Walter Schulz, nach Kriegsende getrennt, haben zwar denselben Beruf, leben aber in völlig verschiedenen Welten: Der agile Wolfgang als erfolgreicher Werbemanager in Hamburg, der bedächtige und betont häusliche Walter als Betriebsgrafiker in Stralsund. Noch vor dem Mauerfall treffen sie sich im Osten und tauschen aus einer Laune heraus für ein paar Tage die Rollen. Wolfgang entwirft im Stil der Waschmittelwerbung SED-Slogans und verhilft nach anfänglichen Schwierigkeiten damit seinem Bruder zu einem gehobenen Posten in der Bürokratie, und Walter führt in Hamburg Wolfgangs Kaffeewerbung durch rote Fahnen als Werbegag zum Erfolg. Die weiteren Folgen der Serie – nunmehr nach der Grenzöffnung spielend – nutzen diesen Ausgangspunkt zu parodistischen Seitenhieben in beide Richtungen, auf die rücksichtslosen Wessis, entwurzelten Ossis, Wendehälse, Hardliner, opportunistischen Stasi-Spitzel und skrupellosen Geschäftemacher. Die Kritiken waren verhalten bis freundlich und lobten überwiegend Georges schauspielerisches und komödiantisches Talent, mit dem er die gegensätzlichen Charaktere überzeugend verkörperte und damit »seinem Publikum in Erinnerung rief, daß in ihm weit mehr steckt als ein ›Schimanski‹« (Anon. 1989).

Mit dem auch international beachteten Kinofilm SCHTONK, der die *Stern*-Affäre über die angeblichen Hitler-Tagebücher zum Anlaß für eine temperamentvolle, etwas überdrehte, aber treffsichere Satire nimmt, konnte George die ihm bereits sehr früh in seiner Schauspielerkarriere bescheinigte »komödiantische Urkraft« (s.o.) noch deutlich steigern und wesentlich zu dem vergleichsweise großen Kinoerfolg beitragen. Trotz des noch vorherrschenden ›Rauhbein‹-Images nahm man ihm diese Facette seines Ausdrucksvermögens uneingeschränkt ab, so daß er sich damit auch als Darsteller komischer Rollen bei Publikum und Kritik endgültig etabliert hatte. In Anknüpfung an den schmierigen Schürzenjäger, großkotzigen Angeber und stümperhaften Kleinganoven Graf in DER BRUCH spielt George hier eine nicht minder schillernde Persönlichkeit: den glücklosen Reporter Hermann Willié, immer auf der Suche nach einer Sensation, mit der man groß herauskommen könne. Willié, ein mäßig intelligenter Spießer mit dem unbedingten Drang zum Höheren – willfährig, wenn er etwas erreichen will, autoritär und anmaßend, wenn er sich überlegen wähnt – erwirbt die schrottreife Jacht Hermann Görings, um diese einer großen Hamburger Illustrierten für eine Titelgeschichte anzubieten. Doch die Chefetage ist zunächst weder daran noch an weiteren von Willié herbeigeschafften NS-Devotionalien interessiert. Über seine neue Geliebte, Frau von Hepp, die ältliche Enkelin des Reichsmarschalls, die er zunächst unterwürfig umwirbt und – nachdem er sein Ziel erreicht hat – mit herrischem Ton herumkommandiert, erhält er Zugang zu den höchsten Kreisen der ›Ewiggestrigen‹. Auf einem prunkvollen ›Kameradschaftsempfang‹ lernt er Fritz Knobel (Uwe Ochsenknecht) kennen, der gerade den Versammelten ein auf mysteriöse Weise aufgetauchtes Tagebuchheft Adolf Hitlers als kostbare Reliquie präsentiert hat. Knobel – je nach Bedarf auch Dr. oder Prof. Dr. Knobel – kann ihm gegen eine höhere Summe weitere Bände der angeblichen Hitler-Tagebücher beschaffen. Willié wittert seine Chance, überzeugt mit Beharrlichkeit schließlich die Illustrierte von der Bedeutung dieses Fundes und erhält das Geld für den Ankauf. Knobel macht sich an die Arbeit und stellt zunächst nur einige ›Originale‹ her, denen mit Teesud, Bügeleisen und Toaster das notwendige Alter und die erforderlichen Gebrauchsspuren gegeben werden. Die sehr privaten Äußerungen des Führers lassen Willié und die Chefredaktion vor Ehrfurcht erschauern. Da mehrere Gutachten die Echtheit der Handschrift Hitlers zweifelsfrei bestätigen, kann Knobel die gestiegene Nachfrage kaum noch bewältigen. Willié – auf dem Höhepunkt seines Erfolges – entläßt seine ›faltige‹ Geliebte, deren Protektion er jetzt nicht mehr braucht, kostet seinen Triumph in vollen Zügen aus und läßt sich trotz leiser Zweifel von den Kollegen auf einer Pressekonferenz stürmisch feiern. Derweil setzt sich Knobel, dem der Deal zu heiß geworden ist, mit Ehefrau und der Geliebten ins Ausland ab. Der Schwindel fliegt schließlich auf: Ein neues Gutachten belegt, daß die Tagebücher auf Nachkriegspapier geschrieben wurden. Aber auch davon läßt sich Willié nicht beeindrucken. Für ihn ist das vielmehr der überzeugende Beweis dafür, daß Hitler noch lebt. Während er mit seiner frisch renovierten Jacht den Hafen verläßt, um den ›Führer‹ zu suchen, nähern sich bereits zwei Polizeiboote ...

Beide, George und sein schlitzohriger Partner Ochsenknecht zeigen sich in Höchstform bis zum bitteren Ende, wobei George vor allem durch das lustvolle Ausspielen der verschiedenen, häufig abrupt wechselnden Gemütszustände und Verhaltensweisen seiner Figur überzeugt. Dafür entwickelt er in Mimik, Gestik und Sprechweise eine Reihe charakterisierender Details, etwa den falschen, asthma-

Gemütszustände (SCHTONK, 1992)

tisch wirkenden, nervösen Zwischenatmer Williés, immer wenn er aufgeregt ist, seine schmierige Diensteifrigkeit auf der einen und das Auskosten der Macht auf der anderen Seite, das dümmlich-listige Grinsen, wenn er meint, im Vorteil zu sein etc. Besonders auf der für ihn triumphalen Pressekonferenz am Schluß des Films, als ihm offensichtlich selbst schon Zweifel an der Haltbarkeit seines Erfolgs bzw. der Echtheit der Tagebücher gekommen sind, vermittelt sein Gesichtsausdruck im raschen Wechsel Momente des höchsten Glücks mit an Irrsinn grenzender Selbstverliebtheit sowie Spuren des Zweifelns bis hin zu panischer Angst, die allerdings sofort wieder von der allgemeinen Begeisterung überlagert wird. In diesem Sinne stellte die *Frankfurter Allgemeine Zeitung* fest:

> Auch Götz George als Reporter, ein geschniegelter Gernegroß, der sich streckt und spreizt, hat dann seine stärksten Momente, wenn er nicht den Macho herauskehren muß [...], sondern zum Häuflein Unglück zusammenfällt. Panik und Triumph verschatten dann seine Züge und hellen sie einen Wimpernschlag später wieder auf. Die Fallhöhe, über der dieser Mann balanciert, spiegelt sich in seinem Gesicht. (Seidel 1992).

Ähnlich begeistert äußerten sich auch die meisten anderen Blätter und hoben sowohl die »für eine deutsche Komödie ungewohnte Leichtigkeit«, mit der die Geschichte präsentiert wird, hervor als auch »das bisweilen fast burleske« Spiel der beiden Hauptakteure. So schrieb beispielsweise die *Tageszeitung*:

> Das Publikum kann sich an einem großartigen George ergötzen, der als herrlich pomadiger Willié ›mit Akzent auf dem e‹ und mit gespreiztem Habitus auch dem letzten Zuschauer beweist, daß er ganz anders sein kann als Schmuddelkommissar Schimanski. Brillant auch die Metamorphose Ochsenknechts, als Knobel, dem bodenständigen Konterpart, der eine verteufelte Ähnlichkeit mit Hitlers Erscheinungsbild annimmt, je mehr er seine eigene Identität verliert. (Jaspers 1992).

Parallel zur Ausformung dieser Imagevariante engagierte sich George – wie bereits erwähnt – mit ähnlicher Überzeugungskraft in dem konträren Rollenfach, indem er auch ernstere, bisweilen sogar tragische Figuren spielte. So präsentierte er sich zwischen 1992 und 1994 – also etwa gleichzeitig mit der TV-Zeitsatire SCHULZ & SCHULZ (1989–1993) – dem Fernsehpublikum als ökologisch orientierter Unternehmensberater in der Kriminalserie MORLOCK. Zum Teil ebenfalls in der deutsch-deutschen Situation spielend, geht es hierbei um Atommüll, Umweltprobleme, Wirtschaftskriminalität bis hin zum Waffenhandel. Und in dem unmittelbar auf SCHTONK folgenden (allerdings qualitativ nicht vergleichbaren) Kinofilm ICH UND CHRISTINE (Peter Stripp) über eine ›unmögliche Liebe‹ spielt George eine älteren Arbeiter, der eine 20 Jahre jüngere Journalistin liebt.

1995 kamen gleich mehrere Produktionen in die Kinos bzw. auf die Bildschirme, in denen die Imageausweitung in beide Richtungen besonders augenfällig wurde: In der dreiteiligen Zeitsatire DAS SCHWEIN (Ilse Hofmann), die im März 1995 ausgestrahlt wurde, war George als Macho und rücksichtsloser Aufsteiger zu sehen, der sich bei seinem Weg in die höchsten gesellschaftlichen Kreise für keine Gemeinheit zu schade ist. Obwohl der von ihm verkörperte Stefan Stolze skrupellos jede Gelegenheit zum eigenen Vorteil nutzt, gelingt es George, die Figur mit einer gewissen Sympathie auszustatten, der sich der Zuschauer nicht entziehen kann:

> [...] 40 Jahre seines Lebens, von 1950 bis 1990, bekommt der Zuschauer vorgeführt, erlebt, wie so einer es vom kleinen Zuhälter zum Unternehmer und Verdienstkreuzträger schafft. Ohne jeden Skrupel, aber mit ungeheurem Charme setzt Stolze sich durch, scheut weder kriminelle Machenschaften noch Schonung seiner Freunde. Die Frauen liegen ihm ohnehin zu Füßen, und er benutzt sie auf seinem Weg nach oben. Obwohl Stolze ein unglaublicher Fiesling ist, amoralisch und egozentrisch, ist er am Ende immer der Gewinner. (Bittner 1995).

In der einige Monate später folgenden TV-Komödie DER KÖNIG VON DULSBERG (Petra Haffter, Juli 1995) spielt er einen biederen Senatsdiener mit weitergehenden Ambitionen und in dem »schrillen Derbspaß aus dem Rotlicht- und Bunte-Presse-Milieu« (Canzler 1995) DER MANN AUF DER BETTKANTE (Oktober 1995, Eichhorn) verkörperte er einen stadtbekannten Zuhälter, der sich für eine höhere Summe die Liebesnacht mit einer attraktiven Journalistin erkauft:

> Ein heiter harmloses Nichts – aber sehr unterhaltsam dank seines Hauptdarstellers Götz George. Imposant wie das Kraftpaket in Gockel-Pose durch die Gegend stolziert, sehenswert das Luden-Outfit in Leder, mit Goldkettchen und Tätowierung. [...] Götz George ist in jeder Szene anzumerken, welchen Spaß ihm die Krawall-Rolle als Supermacho bereitet hat. (Presler 1995).

Bereits einige Wochen zuvor hatte er in dem ambitionierten TV-Thriller DER SANDMANN (Nico Hoffmann) als erfolgreicher Autor, Ex-Häftling und vermeintlicher Serienmörder Harry Kupfer Aufsehen erregt, und mit seiner nuancenreichen Darstellung des Massenmörders Fritz Haarmann in dem Kinofilm DER TOTMACHER

(November 1995, Karmakar) erhielt George höchste, auch internationale, Anerkennung (Silberner Löwe, Venedig, Bundesfilmpreis). Auf die wenig überzeugende und sehr schnell wieder abgesetzte ›space-opera‹-Parodie DIE STURZFLIEGER (Dezember 1995, Bringmann), in der er einen stotternden Replikanten spielt, folgte im März 1996 die turbulente TV-Satire TOTE STERBEN NIEMALS AUS (Jürgen Goslar) mit George in einer Doppelrolle als Penner und als der Fuhrunternehmer Benno Kutowski, der unverschuldet zum Sozialfall wird. Ganz unten angelangt, gelingt es ihm – unter Anleitung eines stellungslosen, aber beim Sozialamt äußerst erfolgreichen Schauspielers –, durch gezieltes Auftreten und entsprechende äußere Erscheinung sich auf Staatskosten zu einem guten Auskommen zu verhelfen. Mit dem TV-Spionagethriller DAS TOR DES FEUERS (1996, Heidelbach), in dem er seine Fähigkeit, auch extrem gefährliche Stunts selbst auszuführen, erneut demonstrieren konnte, meldete sich George im selben Jahr als ungestümer Actionheld beim Publikum zurück und erinnerte damit an sein mittlerweile etwas in den Hintergrund getretenes Schimanski-Image. Hier ist er zwar nicht der unangepaßte Kriminalhauptkommissar, sondern Harry Kowa, der Bodyguard eines hohen Politikers, aber nicht weniger eigenwillig, schlagkräftig und durchsetzungsfähig.

Seine permanente Medienpräsenz und offenbar gezielte Koinzidenz verschiedenster Rollen waren bereits Ende 1995 derart auffallend, daß viele Kritiker die erstaunliche Arbeitswut, darstellerische Intensität und Breite des Schauspielers Götz George thematisierten. So hieß es etwa in der *Berliner Zeitung*:

> Ob Kino oder Fernsehen: Götz George steht im Dauerstreß. Erst Anfang September wurde er bei den Filmfestspielen in Venedig für seine Darstellung des Massenmörders Fritz Haarmann in ›Der Totmacher‹ mit dem ›Silbernen Löwen‹ ausgezeichnet. Nur knapp einen Monat später ist der 56jährige nun erneut als Serienkiller in dem Thriller ›Der Sandmann‹ [...] zu sehen. [...] Nur drei Tage später taucht der Publikumsliebling wieder am Bildschirm auf. Bei RTL schlüpft er als ›Der Mann auf der Bettkante‹ [...] in die Rolle eines Zuhälters. (Anon. 1995).

Ähnlich wie in SCHTONK die komödiantisch-satirische Imageausprägung Georges auch qualitativ kulminiert, steht DER TOTMACHER als herausragendes Beispiel für seine Fähigkeit der ›leisen Töne‹, mit sparsamen Mitteln auch tragische Charaktere zu verkörpern. Als Kammerspielfilm konzipiert, ist der Aktionsradius der Figuren auf einen einzigen, spartanisch eingerichteten Vernehmungsraum beschränkt und sind die Handelnden im wesentlichen auf zwei Personen reduziert. Haarmann (George) hat bereits die Morde an über 20 jungen Männern gestanden und wird von einem Psychiater befragt, der über seine Zurechnungsfähigkeit zu befinden hat. Als wortloser Dritter im Raum befindet sich nur noch ein Stenograph. Handlungsablauf und Dialoge folgen den Gerichtsprotokollen des historischen Falls. Der Film verzichtet also auf alle spektakulären, publikumsträchtigen Attribute und ist doch bei fast zwei Stunden Gesamtlänge in jeder Sekunde fesselnd. Hauptgrund dafür ist das variationsreiche, sehr intensive Spiel Georges, das von einer präzisen, unaufdringlichen Kamera maßgeblich unterstützt wird:

> Die Kamera umkreist den Tisch: keine sauberen Zirkel wie auf einer Eisbahn; eine elliptische Bewegung beschreibend, dem Redetempo angemessen, Sekundenbruchteile verharrend, in diskreter Distanz. [...] läßt die Bartstoppeln, die Ekzeme im Gesicht von medikamentöser Ru-

higstellung erzählen; der Winkel, in dem die Kamera beim Gegenschuß über die Schulter blickt, registriert noch das kleinste Lippenzucken und ein kaum merkliches Spiel der Augenbrauen. Wie explodierende Leuchtspurmunition wirkt da ein Augenflackern, wie Sprengladungen detonieren Regungen im Gesicht. Die Worte irrlichtern durch den Raum, verhaken sich, die Sätze schweißen Widersprüche zusammen, reißen Abgründe auf, und Augen, Mund und Hände interpunktieren, konterkarieren, überlagern das Gesagte. (Körte 1995).

Obwohl ständig von grausamen Morden detailliert berichtet und die perverse Seite des Massenmörders eindringlich verdeutlicht wird, gelingt es George - so paradox es klingen mag - Haarmann bei aller Abscheu, die seine Taten hervorrufen, als Menschen mit seinen kleinen Freuden, Schwächen und monströsen Widerwärtigkeiten dem Zuschauer nahezubringen:

George, schwitzend unter Druck, mit eitrigen Pickeln, schlechten Zähnen und schweren Händen, arbeitet sich ab an sich selbst. Er spielt den Haarmann so naiv und verschlagen, daß man nie weiß, ob er nun seinen Schwachsinn oder seine kriminelle Energie nur markiert. George spielt einen Selbstdarsteller. Es ist die Rolle seines Lebens. (Peitz 1995).

Ausdrucksvarianten (DER TOTMACHER, 1995)

Das empfundene Grauen wird nicht gezeigt, entsteht vielmehr ausschließlich im Bewußtsein des Betrachters - unmittelbarer und plastischer als es jede bildliche Darstellung vermag. Für den Schauspieler Götz George war die Rolle des brutalen Mörders mit dem kindlichen Verstand, dem ständigen Wechsel von Phasen unglaublicher Naivität, Größenwahns und aufblitzenden Irrsinns, sich anbiedernd, um Anerkennung und Zuneigung bemüht und im nächsten Moment mit wachsender Begeisterung die Zerstückelung der Leichen detailliert beschreibend, *die* große Herausforderung, die sein Image als Charakterdarsteller endgültig abrunden sollte. So kam beispielsweise *Der Spiegel* zu dem Ergebnis:

> Der Groß-Mime Götz George, aus ›Schimanski‹, ›Schtonk‹ und ›Das Schwein‹ für seine monomanische Intensität bewundert und gefürchtet, strebt hier in der Haarmann-Rolle allem Anschein nach den totalen schauspielerischen Triumph an: die Unterwerfung des Kinos unter die Herrschaft seines Genuschels, Geheuls, seines hysterischen Lachens, seines irrlichternden Blicks. (Festenberg 1995).

Der größte Triumph dürfte für George allerdings der Umstand gewesen sein, daß fast alle Rezensenten (zu recht) die qualitative Nähe seines Spiels zu seinem großen Vorbild, den Vater Heinrich George, ausdrücklich hervorhoben.

Ist im nachhinein Georges Rolle in dem TV-Actionthriller DAS TOR DES FEUERS vom November 1996 als Beginn der Reaktivierung des Schimanski-Images zu werten, so nahm er diese für die Herausbildung seiner Star-Qualität zentrale Imagevariante in der neuen Schimanski-Reihe (1997 und 1998) in geballter Form wieder auf. Gleichzeitig sorgte er mit den weiteren Kinofilmen für die Festigung des nunmehr recht breiten Images als höchst wandlungsfähiger, in den unterschiedlichsten Rollen überzeugender Schauspieler:

In der ›Sittenkomödie‹ über den Schwabinger ›Medien-Klüngel‹ ROSSINI – ODER DIE MÖRDERISCHE FRAGE, WER MIT WEM SCHLIEF (1997, Dietl) spielt er mit selbstironischer Larmoyanz den streßgeplagten, desillusionierten Filmregisseur Uhu Zigeuner und in der ›Diebeskomödie‹ DAS TRIO (1998, Huntgeburth) ging die kokettierende Demontage seines Primärimages als viriler, betont männlicher Mann soweit, daß er mit gleicher Überzeugungskraft einen alternden Schwulen darstellte. Als Kommissar Bernie Kominka in dem ›Kriminalmelodram‹ SOLO FÜR KLARINETTE (1998, Nico Hofmann) waren denn auch nur noch vage Anklänge an seine sonstigen Rollen in diesem Metier zu spüren. In ähnlicher Weise erinnerte seine Darstellung des Box-Idols der fünfziger Jahre, des älteren Bubi Scholz (der junge Scholz wird von Benno Führmann gespielt), der zum tragischen Mörder geworden war, in dem TV-Zweiteiler DIE BUBI SCHOLZ STORY (1998, Richter) allenfalls noch in der kräftigen Statur, der für ihn typischen Sprechweise, Mimik und Gestik an die Charakteristika seiner früheren Macho-Figuren. Vor diesem Hintergrund ist der von ihm verkörperte ›Todesengel von Auschwitz‹, der KZ-Arzt Josef Mengele, in dem fiktiven ›Gerichtsthriller‹ NICHTS ALS DIE WAHRHEIT (Roland Suso Richter), der im September 1999 in die Kinos kam, als erneute Herausforderung zu verstehen, den mit AUS EINEM DEUTSCHEN LEBEN (1977) und DER TOTMACHER begonnenen schauspielerischen Balanceakt der menschlichen Darstellung von ›menschlichen Bestien‹ weiter zu forcieren. Ob allerdings – neben dem zweifellos beeindruckenden Spiel Georges – die behauptete kritische Sicht auf die jüngere deutsche Geschichte hier überzeugen kann, ist abzuwarten.

6.6 Zusammenfassung und Bewertung

Verglichen mit den dominanten US-amerikanischen Starkarrieren erscheint Götz George durch die Parallelität, mit der er sich als Film- *und* Fernsehstar behaupten konnte, zunächst als ein Sonderfall, ist aber durchaus typisch für die enge Verbindung von Film- und Fernsehproduktion der deutschen Medienlandschaft und steht damit exemplarisch für viele deutsche Starbiografien der letzen 30 Jahre.

Nach einer bereits beachtlichen Karriere als Theater-, Fernseh- und vor allem Filmschauspieler erreichte George erst als Fernseh-Serien-Held Horst Schimanski Anfang der achtziger Jahre Starstatus für ein jüngeres Publikum. Mit den zahlreichen Kinofilmen und weiteren Fernsehproduktionen gelang es ihm, diese Qualität mit einer erstaunlichen Imagedifferenzierung – Komödiant mit ironischer Überzeichnung des etablierten Primärimages, Charakterdarsteller in ernsten Rollen und immer noch ›jugendlicher‹ Actionheld – erheblich auszubauen und damit sowohl für ein breites Publikum als auch spezielle Publika seine öffentliche Popularität entsprechend zu erweitern: Nach einer 1996 durchgeführten Emnid- Erhebung über den Bekanntheitsgrad deutscher und internationaler Stars unter 14- bis 49jährigen Bundesbürgern führte Götz George diese Liste mit 96% der Nennungen an. Der Zweitplazierte, Uwe Ochsenknecht, folgte mit 89% und die Hollywood-Stars Jodie Foster und Julia Roberts auf dem dritten Rang mit jeweils 86% (vgl. *TV Movie* 30.3.96). Zwei Jahre später, Anfang 1998, wurde George in einer Forsa-Umfrage, in der 1000 Bundesbürger eine Bewertung zu 50 bekannten Persönlichkeiten abgeben konnten, zum »größten lebenden Idol der Deutschen« gekürt, vor dem amtierenden Bundespräsidenten Roman Herzog, Uschi Glas u.a. (ap-Meldung, vgl. *Braunschweiger Zeitung* 16.4.98).

Ausschlaggebend für den Durchbruch von Götz George als Star (und für den relativ lang anhaltenden Erfolg der Schimanski-TATORTs generell) waren nicht nur seine Verkörperung des unangepaßten TV-Kommissars, sondern ebenso die spezifischen kontextuellen Faktoren: Die Konturierung der Figur im Spiel mit dem Komplementär-Partner Thanner, den weiteren Charakteren sowie insgesamt Intention und Zeitbezug der Serie. Die bisweilen launigen, selbstironischen Streitereien der gegensätzlichen Freunde Schimanski – Thanner (und Hännschen), ihre Erfolge und Mißerfolge im Polizeialltag, ihre Stärken, kleinen Schwächen und Fehler vermittelten das Bild normaler – vertrauter – Mitmenschen und ließen den eigentlichen Kriminalfall zeitweilig völlig in den Hintergrund treten. Gerade diese Verbindung von herausgehobener Präsentation der privaten Befindlichkeiten der Handelnden mit betonter Milieuechtheit der Darstellung und dem Aufgreifen virulenter sozialer Problemstellungen traf das Lebensgefühl besonders der damals 20- bis 40jährigen. Eine ähnliche Mischung aus Unterhaltungselementen und einem mehr oder weniger gesellschaftskritischen Anspruch war zwar auch für viele der TATORT-Sendungen zuvor kennzeichnend, aber in dieser geballten und häufig bewußt provozierenden Form für deutsche TV-Unterhaltung zu diesem Zeitpunkt durchaus innovativ.

Als kompromißloser Gerechtigkeitsfanatiker und ›proletarischer‹ Kämpfer für die Schwachen, Kumpel und Draufgänger zugleich, Macho auf der einen, anlehnungsbedürftig und gefühlvoll bis hin zur Wehleidigkeit auf der anderen Seite bot die in jeder Weise unkonventionelle Schimanski-Figur zudem eine breite Palette an Projektionsmöglichkeiten für Jugendliche und Junggebliebene beiderlei Geschlechts. In der betont männlichen Ausstrahlung, seiner ausgelebten sexuellen Freizügigkeit und dem antiautoritären sowie aktionsfreudigen Habitus war Kommissar Schimanski *die* zentrale Alternative zu den bis dahin dominierenden väterlich-bedächtigen, häufig recht ›schrulligen‹, politisch und sexuell abstinenten TV-Kommissaren wie ›Der Alte‹, ›Derrick‹ und vielen anderen. Angesichts der in den siebziger Jahren beginnenden gesellschaftlichen Restaurationstendenzen taugte die Figur zudem für die Abarbeitung aufgestauter Ohnmachtsphantasien oder – politisch diffuser – als bedingungslose Rebellion gegen falsche Autoritäten, die emotional betroffen nur aus dem Gefühl handelte und sich trotz minimaler Erfolgsaussichten immer wieder und notfalls mit Brachialgewalt für die gerechte Sache einsetzte.

Neben der typischen, halb hingeworfenen, nuschelnden Sprechweise, den hervorstechenden blauen Augen, seiner gesamten physischen, durchtrainierten Erscheinung haben die von George verkörperten Figuren bei aller Bandbreite seines entfalteten Rollenrepertoirs doch einige konstante Merkmale. Ob er nun das antiintellektuelle ›Rauhbein‹ Schimanski, den erfolgshungrigen und dümmlich-bornierten Sensationsreporter Willié, den zwischen Bauernschläue und Debilität schwankenden brutalen Massenmörder Haarmann oder den alternden Boxer Bubi Scholz spielt, ist er immer an der starken körperlichen Präsenz und unverwechselbaren Mimik und Gestik zu erkennen. Gleich, ob es sich um komische, ernste oder tragische Personen handelt, sind es zudem in sich recht widersprüchliche Charaktere, häufig mit mehr oder weniger deutlichen narzißtischen Zügen. Seine überzeugendsten Figuren sind Menschen, die ihre Umgebung und die Mitagierenden überwiegend nur in bezug auf sich selbst wahrnehmen und vielfach gegensätzliche Eigenschaften wie Gefühl und Härte, Nähe und Distanz, Humor und bitteren Ernst in einer Person vereinigen. Das bisweilen große Verständnis für andere, etwa sein Engagement für die Unterprivilegierten, mündet daher mit einer gewissen Zwangsläufigkeit in hilflose Gewaltakte oder in wehleidige Verzweiflung. Darüber hinaus sind fast alle seine Arbeiten aus den achtziger und neunziger Jahren durch ein unterschiedlich starkes zeitkritisches Engagement geprägt.

An Georges Karriere läßt sich außerdem ablesen, daß die für das klassische Starphänomen noch prägende und bewußt forcierte synchrone und diachrone, filminterne und -externe Imagekontinuität mittlerweile an Bedeutung verloren hatte und damit die Etablierung als Schaupielerstar möglich machte. Denn der anfänglich von Kritik und Publikum konstatierten Ineinssetzung von Rolle (Schimanski) und privater Person (George) konnte er durch die engagierte Übernahme von betont anderen Rollen erfolgreich entgegenwirken und sich mit einem erstaunlich variablen Image nicht nur behaupten, sondern seine Starqualität etwa mit SCHTONK und DER TOTMACHER noch deutlich steigern. Sein ständiger Medienwechsel hatte weder einen erkennbaren Einfluß auf die jeweils gespielten Rollen noch negative Auswirkungen auf seine Popularität als Star. Die preiswertere TV-Produktionsweise eröffnete vielmehr Spielräume, um auch weniger erfolgsträchtige Stoffe zu realisieren und gleichzeitig sowohl ein breiteres Publikum als auch einzelne Teilpublika anzusprechen.

Aufgrund dieser Diversifizierung und der inneren Widersprüche seiner Figuren, die George in seinen Fernseh- *und* Filmarbeiten gezielt vertiefen konnte, wird er heute unabhängig von Sozialstatus, Bildungsniveau, Geschlecht und politischen Überzeugungen quer zu den Bevölkerungsschichten in der einen oder anderen Imageausprägung akzeptiert. Seine Massenwirkung als Star spätestens im Laufe der neunziger Jahre resultiert also in erster Linie aus seiner schauspielerischen Qualität, der Intensität und Wandlungsfähigkeit, mit der er die unterschiedlichsten Rollen - komische, ernste und aktionsbetonte - für unterschiedliche Publika glaubwürdig präsentiert. Dementsprechend war das Privatleben von Götz George im Gegensatz zu vielen anderen Starbiographien für die Öffentlichkeit zu keinem Zeitpunkt von besonderer Bedeutung. Weder seine Scheidung von Loni von Friedl (1976), eventuelle Liebesaffären noch sein spektakulärer Badeunfall und der anschließende Gerichtsprozeß erregten mehr Aufmerksamkeit als angemessen oder beeinflußten in irgendeiner Weise das Starimage. Die bereits an den jeweils aktuellen Film- und Fernseharbeiten für eine breite Öffentlichkeit unübersehbar gewordene zeitgleiche Ausprägung unterschiedlichster Imagevarianten wurde zudem durch die fernsehtypischen Wiederholungen älterer Produktionen noch deutlich verstärkt. Besonders 1998 – anläßlich der zahlreichen Würdigungen zu Georges 60. Geburtstag - wurden neben den Schimanski-TATORT-Folgen viele seiner früheren Kinofilme und TV-Produktionen erneut ausgestrahlt. Daß sich Georges Popularität durchgängig bis heute gehalten hat, zeigt eine aktuelle Umfrage unter 900 repräsentativen Kinogängern vom Oktober 1999, in der er gemeinsam mit Franka Potente zum beliebtesten deutschsprachigen Filmschauspieler gewählt wurde (vgl. *Braunschweiger Zeitung* 29. 10. 99).

Zitierte Literatur

Anon. (1963) »Des Vaters Schatten liegt auf Götz George«, *Welt am Sonntag*, 7. 7. 63.
Anon. (1980) »George wird TV-Kommissar«, *Münchner Abendzeitung*, 29. 8. 80.
Anon. (1981) »Maulheld für Miezen«, *Der Spiegel* 28/1981.
Anon. (1984) »Bei Vy wurde George weich«, *tz-München*, 21. / 22. 7. 84.
Anon. (1985) »Der Traummann heißt Schimanski«, *Münchner Merkur*, 26. 4. 85.
Anon. (1989) »Stichproben«, *Bayernkurier*, 16. 12. 89.
Anon. (1995) »Götz George als Killer, Zuhälter und Penner«, *Berliner Zeitung*, 4. 10. 95.
Bär, Willi (1977) »Der Terrorist mit Staatspension«, *Die Tat*, 25. 11. 77.
Becker, Frank / Jaeger, Frank (1988) *Das große Schimanski-Buch*. Bergisch Gladbach.
Beckert, Michael (1978) »Das Böse - ganz normal«, *Saarbrücker Zeitung*, 20. 1. 78.
Berg, Angelika (1988) »Schimi hat nicht Geburtstag«, *Tagesanzeiger*, 15. 7. 88.
Bittner, Helga (1995) »Götz George spielt einen skrupellosen Aufsteiger: ›Das Schwein – eine deutsche Karriere‹«, *Rheinische Post*, 18. 3. 95.
Blum, Heiko R. (1997) *Götz George. Das liebenswerte Rauhbein*. (4. Aufl.). München: Heyne.
Canzler, Bernd (1995) »›Mann auf der Bettkante‹: Leider zu viel Klamotte«, *Berliner Kurier*, 10. 10. 95.
Cinema-Sonderband (1987) *Die drei Machos der Leinwand. Stallone, Schimanski, Schwarzenegger*. Sonderband Nr. 14. Hamburg.

Eisenhauer, Bertram (1997) »Wiederkehr des Gleichen. Der Malocher als revoltierendes Subjekt«, *Frankfurter Allgemeine Zeitung,* 8.11.97.
Feldmann, Sebastian (1977) »Ein Bürokrat des Todes«, *Rheinische Post,* 19.11.77.
Festenberg, Nikolaus von (1995) »In der Höhle der Werwölfe«, *Der Spiegel* 13/1995.
Gehrs, Oliver (1997a) »Der Alte. Nach 6 Jahren Pause spielt Götz George den Schimanski, als wäre nichts passiert. Schade eigentlich«, *Berliner Zeitung,* 4.11.97.
- (1997b) »Scheiße - was sonst. Horst Schimanski ermittelt wieder«, *Berliner Zeitung,* 8./9.11.97.
George, Götz / Huby, Felix (1986) *Schimanski*. München.
Gies, Martin (1987) *Zabou. Götz George ist Schimanski.* München.
- (1988) *Gebrochende Blüten. Götz George ist Schimanski.* München.
Goyke, Frank/Schmidt, Andreas (1997) *Horst Schimanski. »Tatort« Mit Götz George - Das große Buch für Fans.* Köln: Schwarzkopf & Schwarzkopf.
Hanck, Frauke (1977) »Die Katastrophen des Befehls«, *Westdeutsche Allgemeine,* 29.11.77.
Hauschild, Joachim (1997) »Der Parka, das bin ich«, *Frankfurter Rundschau,* 2.12.97.
Hübner, Wolfgang (1988) »Götz - der Held der Ära Kohl«, *Münchner Abendzeitung,* 15.7.88.
Jansen, Peter W. (1988) »Der Rambo von Berlin: Götz George wird 50«, *Baseler Zeitung,* 23.7.88.
Jaspers, Sabine (1992) »Das kommt davon. Helmut Dietls ›Schtonk‹«, *Tageszeitung,* 12.3.92.
Junghänel, Frank (1996) »Der Ur-Schimanski«, *Berliner Zeitung,* 22.10.96.
Knopf, Michael (1997) »Götz von Duisburg«, *Süddeutsche Zeitung* 8./9.11.97.
Körte, Peter (1995) »Über Romuald Karmakars grandiosen Kammerspielfilm ›Der Totmacher‹ mit Götz George«, *Frankfurter Rundschau,* 20.11.95.
Kühn, Heike (1989) »Verspätete Revision einer Verdrängung«, *Frankfurter Rundschau,* 10.10.89.
Luft, Friedrich (1981) »Das Roß aus gutem Stall«, *Die Welt,* 27.6.81.
Mayr, Ruth (1984) »Schimanski soll anders werden«, *Sonntag aktuell,* 25.3.84.
Mussal, Bettina (1991) »Deine Fäuste tanzten für das Gute«, *Der Spiegel* Nr. 52.
Padberg, Julius (1987) *Zahn um Zahn. Götz George ist Schimanski.* (Nach einem Drehbuch von Horst Focks und Thomas Wittenburg). München.
Peitz, Christiane (1995) »Nicht viel, so'n Mensch. Romouald Karmakars furioses Regiedebüt«, *Die Zeit,* 24.11.95.
Ponkie (1989) »Neuer Film in München: Blauäugig«, *Münchner Abendzeitung,* 5.10.89.
Presler, Eckhard (1995) »George als Macho«, *Berliner Zeitung,* 9.10.95.
Schmidt-Zesewitz, Gabriele (1989) »Der sanfte Götz George: Er spielt nur den wilden ›Tatort‹-Mann«, *Münchner Merkur,* 29.5.89.
Schümer, Dirk (1991) »Keinen Bock mehr. Horst Schimanski quittiert den Dienst am Tatort«, *Frankfurter Allgemeine Zeitung,* 31.12.91.
Schulz, Berndt (1988) *Götz George. Schauspieler und Superstar.* Bergisch Gladbach: Bastei-Lübbe.
- (1993) *Götz George*. Wien: Zsolnay.
Seidel, Hans-Dieter (1992) »Narren des Schicksals. Die Hitler-Tagebuch-Affäre als Film: Helmut Dietls ›Schtonk‹«, *Frankfurter Allgemeine Zeitung,* 12.3.92.
Seidenfaden, Ingrid (1978) »›Aus einem deutschen Leben‹«, *Bayerische Staatszeitung/Bayerischer Staatsanzeiger,* 24.2.78.
Tiedje, H. H. (1981) *Die Welt* 30.6.81, zitiert nach Goyke / Schmidt (1997), S. 52.
Thissen, Rolf (1977) »Ein gehorsamer Staatsdiener«, *Kölner Stadtanzeiger,* 19.11.77.
Villwock, Kirsten (1991) *Schimanski - in der Fernsehserie, im Kinofilm, im Roman*. Bardowick: Wissenschaftler Verlag.
Weber, Mirko (1989) »Panzer aus Deutschland«, *Die Welt,* 10.10.89.
Wiebus, Hans-Otto (1979) »Von Bazis und Nazis«, *betrifft: erziehung* 1/1979.
Zetler, Peter M. (1982) »Gegen smarte Superbullen«, *Sonntag aktuell,* 12.12.82.

7. Hanna Schygulla – Der Star des Neuen Deutschen Films

Der ›Neue Deutsche Film‹ der sechziger und siebziger Jahre gilt weitgehend als künstlerisch und politisch ambitionierter Film für ein eher kleines, intellektuelles Publikum. Die Filmemacher waren zum großen Teil vom politisierten Klima der Bundesrepublik, vom ästhetischen Aufbruch gegen ›Papas Kino‹ sowie vom eigenen Selbstverständnis als ›Autoren‹ geprägt und richteten sich gegen das kommerzielle und populäre Kino. Der Aufbau von Stars war nicht intendiert und durch die Produktionsweise und Form der Filme auch oft nicht möglich. Überwiegend als Einzelproduktionen mit knappen Budgets waren sie meist völlig von Fördermitteln abhängig und zudem wenig auf eine emotionale Wirkung ausgerichtet. Daher konnten sich zwei für die Entstehung von Starqualität wesentliche Faktoren – Aufbau einer Rollen- und Imagekontinuität sowie die intensive Interaktion von Publikum und Schauspielern – nur sehr bedingt ausprägen. Wenn die Filme dennoch Stars hervorbrachten, dann waren es meistens die Autoren-Regisseure selbst, die sich in der Öffentlichkeit als besondere, schöpferische Persönlichkeiten exponierten. Zwar gab es auch einige Schauspieler/innen wie Klaus Kinski, Bruno Ganz, Angela Winkler, Jutta Lampe und Eva Mattes, die immer wieder in Filmen der Zeit, oft auch mit wechselnden Regisseuren zu sehen waren und so, wenn nicht Stars, zumindest die »erkennbaren Gesichter« des Neuen Deutschen Films wurden (Elsaesser 1995, 175). Anerkannt waren sie vor allem als Schauspieler, meistens sogar mit einer längeren Theaterkarriere. Mit Ausnahme von Kinski, der neben seinen recht zwielichtigen Figuren in den populären Edgar Wallace-Filmen besonders durch seine spektakuläre und exzentrische Selbstdarstellung bereits vorher sehr bekannt war, standen viele von ihnen in diesen Jahren erst am Anfang einer Filmkarriere. Da für Filmemacher und Publikum vorrangig ihre schauspielerische Leistung von Interesse war, dementsprechend das Privatleben in der Öffentlichkeit kaum Beachtung fand, waren – auch bei einer partiellen Rollenkontinuität – grundlegende Voraussetzungen für die Herausbildung von Starqualität kaum vorhanden.

Bei Hanna Schygulla, vielleicht dem einzigen wirklichen Star des Neuen Deutschen Films, ist das anders. Auch sie ist eher durch die Leinwandrollen als durch ihr Privatleben bekannt, aber gerade die frühe Arbeit mit Fassbinder, die ihre Karriere lancierte und formte, hat ihr zu einem ausgeprägten Image verholfen. Daß

Fassbinder sie zum Star gemacht hat, ist als männlicher Schöpfungsmythos zu werten, ähnlich wie die Behauptung, Josef von Sternberg habe Marlene Dietrich ›erschaffen‹. Richtig ist, daß Fassbinder sie von vornherein als Star und Diva seiner Filme präsentiert und entsprechend in Szene gesetzt hat. Ihr Beitrag zu Fassbinders Filmen und zu ihrem eigenen Image darf aber keineswegs unterschätzt werden; für beide war die Zusammenarbeit prägend. Schygullas Spielweise und ihre Art, sich im Film zu geben, sind wesentlich für die Leinwandpräsenz, die ihre Wirkung in den Filmen von Fassbinder und anderen Regisseuren ausmachte. Obwohl ein Star, bei dem darstellerische Leistung und filmisches Image bestimmend waren, ist Schygulla kein Schauspieler-Star in dem Sinne, daß ihr Renommee auf besonderer Wandlungsfähigkeit oder einem intensiven ›Aufgehen‹ in den Rollen basiert. Vielmehr ist sie immer als ›Hanna Schygulla‹ zu erkennen, und ihr Schauspiel ist gerade durch Distanzierung und Künstlichkeit gekennzeichnet. Manierismen des Sprechens, der Intonation sowie der Bewegung und des Ausdrucks sind bei ihr in fast allen Filmen sehr ähnlich und machen sie in ihren Rollen unverkennbar. Zugleich heben diese Eigenheiten sie gleichermaßen von den anderen Schauspielern und von der Alltagsrealität ab, in eine häufig sehr künstliche Welt.

Der artifizielle, stilisierte Charakter ihres Spiels erzeugt eine Distanz zwischen Rolle und Image, die zur Rätselhaftigkeit, zur Spannung zwischen inner- und außerfilmischem Image als Person führt. Erst die inneren Widersprüche im Image machen den Star mehrdeutig und für das Publikum bedeutsam, halten das Image dynamisch und offen. Bei Hanna Schygulla schaffte schon ihre stilisierte Leinwanderscheinung eine Rätselhaftigkeit um ihre Person, die für ihre Ausstrahlung als Star wesentlich war.

Ihr auf Distanzierung beruhender »schlafwandlerischer Schauspielstil« war in der Arbeit beim ›antiteater‹ sowie in den frühen Fassbinder-Filmen – bis etwa FONTANE EFFI BRIEST, 1974 – bereits entwickelt. Diese Art des Schauspiels stand noch stark unter dem Einfluß von Brecht und Straub/Huillet und war als Verfremdung intendiert. Darüber hinaus erzeugte sie aber eine andere Art Star-Wirkung. In den späteren Filmen – ab DIE EHE DER MARIA BRAUN (1978) – ging die Distanzierung als Verfremdung eine seltsame Verbindung mit einem fast überspitzten Star-Glamour ein, der zugleich als solcher wirkt und ironisch erscheint. Schygulla wird in MARIA BRAUN und noch offensichtlicher in LILI MARLEEN (1980) als ›Star‹ inszeniert. Wenn Fassbinder hier den Inszenierungsstil der Sirkschen Hollywood-Melodramen der fünfziger Jahre oder der Ufa-Filme der vierziger imitiert, dann sorgt er dafür, daß die Imitation als solche auch distanzierend wirken kann. Dieselbe Qualität findet sich auch in der Darstellung von Hanna Schygulla. Sie spielt sowohl die an Lale Andersen angelehnte Filmfigur wie auch den Star. Johannes von Moltke (1994) bezeichnet diesen Doppelcharakter als ›Camp‹-Dimension ihrer Filme. Obwohl der Glamour als solcher wirkt, ist das Gesamtarrangement auch als ›Performance‹ spürbar. So hat Schygulla, obwohl sie keine Starallüren zeigt – wie in der Presse immer wieder betont wird –, durch die Distanz zum Alltäglichen und durch die spürbare Performance-Qualität ihres Spiels etwas vom Charakter einer ›Diva‹. Glamour, ›Göttlichkeit‹ und Außergewöhnlichkeit waren schon immer ein Teil der Starwirkung, die eine Überhöhung des Stars und eine Differenz zum alltäglichen Leben und zur Realität des Publikums erzeugt. Im Fall von Schygulla wird diese Wirkung durch die Selbstreflexivität der Inszenierung gebrochen, aber nicht neutralisiert. Schygulla erscheint als Diva, obwohl ihre Inszenierung und Präsentation gerade die Künstlichkeit dieser Wirkung hervorheben. Die Widersprüchlichkeit wird dadurch intensiviert, daß Schygulla außerhalb des Films mit den Worten Fassbinders »kein Star, nur ein schwacher Mensch wie wir alle« sei (Fassbinder 1992) oder wie die Presse sie eher darstellte, »trotz der großen Erfolge [...] einfach und bescheiden geblieben« ist (Urbschat 1981).

7.1 Die Karriere

Hanna Schygulla, 1943 in Kattowitz geboren und in München aufgewachsen, beschreibt ihren Weg zur Schauspielerin als einen unbeabsichtigten, von einem entscheidenden Zufall geprägten. Nach dem Schulabschluß und einem Aufenthalt als Au-pair-Mädchen in Paris studiert sie zunächst in München. In einer Schauspielschule lernt sie Fassbinder als Mitschüler kennen, bricht die Ausbildung aber wieder ab. Fassbinder, mittlerweile beim Münchner »Action Theater« eingestiegen, holt sie kurz darauf als Ersatz für die ausgefallene Hauptdarstellerin der *Antigone*. Damit begann die für ihre Karriere entscheidende Zusammenarbeit mit Fassbinder (vgl. Fassbinder 1992, 102f.; Schygulla 1981, 26). Das ›antiteater‹, wie es sich kurz danach nannte, wurde schnell von der Arbeitswut und den Ideen Fassbinders dominiert. Auch Schygulla nahm dort eine besondere Funktion ein, einerseits durch ihr Schauspiel, andererseits dadurch, daß sie sich außerhalb der Kollektiv-Ideologie der restlichen Gruppe bewegte. War diese Sonderrolle für die Gruppenarbeit oft problematisch, wie Fassbinder betont (1992), paßte sie doch auf eine Weise zum besonderen Verhältnis der beiden. Schygulla:

> Fassbinder sagt später, ›sie war mein Star von der ersten Probe an‹. Genauso kann ich sagen, er war mein Regisseur von der ersten Probe an. Auch beim Zusammenspielen war's mit ihm wie mit keinem anderen. Davor gab's sowieso nichts und danach eigentlich auch nicht. (1981, 28).

So spielt sie häufig die weiblichen Hauptrollen, als Fassbinder mit dem ›antiteater‹-Team 1969 auch Filme zu drehen beginnt. Die enge Gruppenarbeit, oft durch komplizierte Abhängigkeiten, Eifersucht sowie Unterwerfung und Ausbeutung gekennzeichnet – wie von Fassbinder in WARNUNG VOR EINER HEILIGEN NUTTE (1970) dargestellt – wird allmählich aufgegeben. Obwohl einige der Akteure, darunter auch Schygulla, aus dem ›antiteater‹ dabei bleiben, wird zunehmend an größeren und teils populären Film- und Fernsehproduktionen mit wechselnder Besetzung gearbeitet. Schygulla spielt zentrale Rollen und wird immer mehr auf ein bestimmtes Bild hin entwickelt, das in FONTANE EFFI BRIEST (1974) einen Höhepunkt findet – ein Film, der zugleich das vorläufige Ende der Zusammenarbeit markiert. Das stilisierte, verfremdete Bild dieser Figur bereitet ihr »Unbehagen«, und sie will sich von der »Starre und Wiederholung und Lüge, oder ist es nur ein Danebensein?« entfernen (Schygulla 1981, 31).

Hanna Schygulla unterbricht ihre Filmkarriere und konzentriert sich statt dessen auf Yoga, macht Theater mit Schulkindern und reist als Tramperin durch Amerika. Vier Jahre nach dem Bruch mit Fassbinder meldet er sich abermals und schlägt ihr einen neuen Film vor: DIE EHE DER MARIA BRAUN, der zum internationalen Erfolg wird. Insbesondere in den USA ist die Wirkung groß und Schygulla avanciert zum neuen deutschen Topstar. In der Fernsehserie BERLIN ALEXANDERPLATZ (1980) spielt sie eine wichtige Rolle. Mit LILI MARLEEN, ihrem letzten Film unter der Regie von Fassbinder, setzt sich der internationale Erfolg 1981 fort, der es ihr ermöglicht, anschließend mit den bedeutendsten europäischen Regisseuren wie Schlöndorff, Scola, Godard, Saura, von Trotta, Ferreri und Wajda zu arbeiten. 1984–1986 spielt sie in der amerikanischen TV-Serie PETER THE GREAT, dem Actionfilm DELTA FORCE und der Komödie FÜR IMMER LULU, die aber nicht zu einer Hollywood-Karriere führen. Danach ist sie in verschiedenen, allerdings wenig erfolgreichen, überwiegend europäischen Filmen und Fernsehproduktionen zu sehen. In deutschen Filmen tritt sie kaum mehr auf, denn, wie sie sagt: »Abgesehen davon, daß die Angebote überhaupt spärlich geworden sind, gefallen sie mir in der Mehrheit nicht. Es ist zu mittelmäßig.« (Schumacher 1994). Mit Theaterauftritten, Lesungen und insbesondere Chanson-Abenden ist sie auch nach der Filmkarriere noch künstlerisch präsent geblieben, hat sich aber weitgehend aus der Öffentlichkeit zurückgezogen. Das Angebot, in Helmut Dietls Satire über die Münchner ›Medien-Schickeria‹ ROSSINI (1997) mitzuspielen, lehnt sie ab, aber eine Rückkehr zum Film schließt sie generell nicht aus: »Ich glaube nicht, daß das Restaurant ›Rossini‹ der Ort gewesen wäre, um als Ikone wiederaufzuerstehen. Aber das kann trotzdem plötzlich geschehen, so plötzlich, wie ich vor dreißig Jahren bekannt geworden bin.« (Burger 1997, 5).

Noch ist zwar kein solches Comeback in Sicht, aber Schygulla ist noch immer populär und anerkannt. Ein wesentlicher Grund dafür liegt sicherlich in dem hohen Renommee der mittlerweile zu Klassikern gewordenen Fassbinder-Filme, in denen ihre Starausstrahlung besonders spürbar ist.

7.2 Die »Vorstadt-Marilyn«

LIEBE IST KÄLTER ALS DER TOD *(1969)*

Schygullas und Fassbinders erster langer Film spielt im Kleinganoven-Milieu, das allerdings wenig mit irgendeiner gesellschaftlichen Realität zu tun hat, sondern durch und durch eine Filmwelt repräsentiert – die der amerikanischen Gangster- und Kriminalfilme, gefiltert durch die französischen Nachkriegskrimis. So spielt beispielsweise Uli Lommel einen Killer als Imitation von Alain Delon in DER EISKALTE ENGEL (LE SAMOURAI, 1967, Melville), der wiederum eine Art Bogart-Imitation war. Der ganze Film wirkt wie ein Genre-Zitat, allerdings durch Fassbinders Inszenierung und Filmstil verfremdet.

Die Geschichte ist recht belanglos: Der Zuhälter Franz (Fassbinder) weigert sich, einem Verbrechersyndikat beizutreten, wird gefangengenommen und mißhandelt. Zwischen ihm und Bruno (Uli Lommel), scheinbar ein Mitgefangener, aber eigentlich ein Killer, der im Auftrag des Syndikats handelt, entwickelt sich eine Freundschaft. Franz wird freigelassen und Bruno besucht ihn in München. Während Franz glaubt, daß Bruno sein Freund sei, begeht dieser Verbrechen, die Franz angelastet werden. Nebenbei entwickelt sich eine seltsame Dreiecksgeschichte zwischen Franz, seiner Freundin, der Prostituierten Joanna (Schygulla), und Bruno. In einer Schlüsselszene küßt Bruno im Beisein von Franz Joannas Brust. Sie geht lachend weg, wird aber von Franz geschlagen, da sie seinen Freund Bruno ausgelacht habe. Er fügt hinzu: »Du liebst mich sowieso.« Während Joanna darauf wartet, daß Franz sie heiratet, widmet sich dieser vor allem dem vermeintlichen Freund Bruno. Als die beiden einen Banküberfall planen, verrät Joanna sie bei der Polizei, da sie Franz vor weiteren Verwicklungen schützen, ihn für sich behalten und ihre Träume vom Glück und Liebe gemeinsam mit ihm realisieren will. Bruno hat indessen einen Killer bestellt, der Joanna beim Überfall töten soll. Der Coup gerät völlig durcheinander, Bruno wird von der Polizei erschossen und Franz und Joanna fliehen ins Ungewisse.

Bereits in diesem Film ist Schygullas frühes Image voll ausgebildet. Sie ist die »Vorstadt-Marilyn«, wie sie später diese Rolle selbst treffend charakterisierte, die sich in ihrer Erscheinung wie den Träumen an dem Glamour des Hollywood-Sexsymbols orientiert, jedoch in beidem nur ein schwacher Abklatsch wird, genauso wie die männlichen Figuren abgesehen von den äußeren Attributen wenig von den üblichen Krimi-Helden haben. Gleich bei ihrem ersten Auftritt im Film wird die erotische Komponente betont, als sie im sehr kurzen Rock demonstrativ ihre Nylonstrümpfe auszieht. Sie scheint auch für die beiden Männer nur als Sexualobjekt von Interesse zu sein, das die eigene Identität stets in der Beziehung zum Mann definiert.

Allerdings wird diese passive, objekthafte Qualität der Figur von einer zweiten Dimension ihrer Darstellung überlagert: die Distanz und Eigenständigkeit verbunden mit einer gewissen Gleichgültigkeit, Weltentrücktheit und Undurchsichtigkeit der Figur. Diese zweite Seite der Figur resultiert aus der Spielweise, die typisch für Schygulla wurde, und die ihren Figuren häufig etwas Marionettenhaftes und Artifizielles, aber auch eine gewisse, rätselhafte Tiefe gab. Sie scheint oft unbeteiligt durch die Szenen zu gehen, ›läßt mit sich machen‹, wobei unklar ist, ob dies eine Art Naivität und Passivität ist, oder eher ein sanfter Widerstand und ein Sich-Entziehen aus der tristen Welt um sie herum.

> Während Franz und Bruno Handlungsträger sind, in dem Sinne, daß sie die Handlung der Geschichte durch ihre Taten und Verrichtungen vorantreiben und bestimmen, ist Hanna Schygulla in den meisten ihrer Szenen eher Zeugin, bloß Anwesende, also tendenziell immer ›nur dabei‹ und doch die Hauptperson, da in ihrer Rolle, bzw. ihrem Schauspiel reflexive Momente enthalten sind – als einzige aller handelnden Personen hat sie einen Raum, in dem vor allem nonverbale und emotionale Reaktionen bedeutsam und zu Aspekten ihrer Innerlichkeit werden (Wißmann 1997, 1).

Diese Wirkung wird durch Fassbinders Inszenierung unterstützt, indem er die Figuren frontal vor der Kamera, oft vor einer weißen Wand agieren läßt. So erhält man einen kalten, objektiven Blick auf sie, der aber auch äußerlich bleibt. Die häufig recht langen, statischen Einstellungen betonen die minimalen Gesten und

Ausdrücke, die die Gefühle und auch die sozialen Rollen der Figuren eher andeuten als zeigen. Dieser Filmstil verstärkt Schygullas Darstellungsart – sowohl das Unterspielen als auch die Stilisierung.

KATZELMACHER *(1969)*

Im zweiten langen Film von Fassbinder, KATZELMACHER, einer kalten, gebrochenen Studie über Entfremdung und fehlende Kommunikation in der modernen Gesellschaft spielte Schygulla die zentrale Rolle. Gezeigt wird eine Gruppe von jungen Menschen, die in einer trostlosen Vorstadt ein eintöniges und frustriertes Leben führen. Man sieht sie in Lokalen, in ihren Wohnungen und vor allem, wie sie an einem Eisengeländer angelehnt oder darauf sitzend vor einem Mietshaus an einer lauten Straße ›herumhängen‹. Neid, erstickte Wünsche, gegenseitige Abhängigkeit und Ausbeutung, Selbsttäuschung und das Ausharren in eigentlich unerträglichen Beziehungen bestimmen die Figuren, ihre Handlungen und Reden.

KATZELMACHER ist ein Episodenfilm ohne Hauptperson, aber darin erhält Hanna Schygulla einen Sonderstatus als die einzige Figur, die etwas Bewegung in ihr Leben bringt, obwohl es nur der Wechsel von ihrem bisherigen Geliebten zum griechischen ›Gastarbeiter‹ Jorgos ist. Vor allem im Kontrast zu den anderen Personen, die nur stumpfe Fremdenfeindlichkeit und Aggression als hilflose Reaktion auf ihre Unzufriedenheit und Minderwertigkeitsgefühle entwickeln, wirkt die Schygulla-Figur eher eigenständig und in Ansätzen selbstbestimmt. Trotzdem wird deutlich, daß sie sich selbst täuscht, wenn sie ihre Hoffnung auf eine gemeinsame Reise nach Griechenland mit Jorgos setzt, da er dort Frau und Kinder hat. Wie immer wieder bei Fassbinder, sind es die Hoffnungen und die Wünsche nach Liebe, die die Figuren am Leben erhalten, sie aber gleichzeitig in die Katastrophe führen.

In diesem Film werden die verschiedenen, etwa gleichwertigen Protagonisten auf eine ähnliche, aber mit individuellen Eigenarten und spezifischen Akzentuierungen versehene Art gespielt. Darin sieht man den prägenden Einfluß von Fassbinder und dem im ›antiteater‹ entwickelten Schauspielstil. So ist in vielen Momenten eine Darstellungscharakteristik zu erkennen, die auch für Hanna Schygulla prägend war und in vielen ihrer späteren Filmen zu finden ist. Vor allem ihre monotone, gehauchte Sprechweise und ihre Art, durch Körperhaltung, Sprechen und Mimik, Unbeteiligtsein und Entrücktheit anzudeuten, kennzeichnen sie. Zum Teil war das offensichtlich auf Fassbinders Regie zurückzuführen, denn fast alle der Darsteller in KATZELMACHER verfremden ihre Vortragsweise durch Pausen, langsames Sprechen und ungewohnte Betonung (auch bedingt durch Fassbinders Kunst-Bayrisch). Aber anders etwa als eine ihrer Mitakteurin Irm Hermann, die ihre Dialoge überbetont spricht und bei der jeder Satz sich wie ein Zitat anhört – eine Technik, die auf den Brechtschen V-Effekt zurückgeht –, führen ähnliche Techniken bei Schygulla zu einer Distanzierung, die nicht nur künstlich, sondern auch als glaubwürdiger Aspekt von ihr als ›Person‹ wirkt. Das hat sicherlich auch mit der Weichheit ihrer Stimme zu tun, ihrem »lasziv-schleppenden Tonfall« (M.K. 1970), die wie eine persönliche Eigenart wirken.

Bereits die ersten beiden Filme mit Fassbinder haben also das Image der »Vorstadt-Marilyn« festgelegt, das zunächst für Schygulla bestimmend war. Einerseits die vom Mann abhängige, auf Äußerlichkeiten bedachte, sich selbst als Sexualobjekt präsentierende Figur, zeigt diese Rolle aber auch eine andere, tiefere Seite: die unschuldig-naive, auf Glückserfüllung beharrende und hoffende Frau, die das »Prinzip Sehnsucht« (Rumler 1972, 136) verkörpert. Durch Filmhandlung und Fassbinders Inszenierungsweise beeinflußt, waren diese Rollencharakteristik sowie äußeres Erscheinungsbild und Spielweise primär von Schygulla bestimmt:

Als Vorstadt-Marilyn und somnabules Wesen schritt Hanna Schygulla wie in Trance durch die frühen Fassbinder-Filme, ein Kunstgeschöpf mit gelocktem Haar und dunkel geschminkten Augen. Die an Stummfilmstars erinnernde Stilisierung kam jedoch nicht von Fassbinder, sondern war ihre Erfindung. [Schygulla sagt:] ›In den ersten Filmen konnten wir uns ja selber herrichten. Du ziehst an, was du magst, hat der Rainer gesagt – ihm hat das alles sehr gut gefallen, wie ich mich zurechtgemacht habe. Ich habe mich ja damals wie eine Puppe geschminkt. Wie ferngesteuert ist mir zu mir eingefallen‹. (Hoghe 1993, 52)

Obwohl dieses Image eng mit ihr identifiziert wurde und vielleicht auch gewisse biographische Wurzeln hatte – Marilyn Monroe und Brigitte Bardot waren ihre Idole, als sie siebzehn war (Presber 1988, 29) –, war es aus dem Schauspiel und den Rollen, nicht aus ihrem Leben entstanden. Schygulla bezeichnet diese Figur als das Gegenteil von sich selbst (vgl. Lorenz 1995, 32):

Meine ersten Rollen in den ersten Fassbinder-Filmen haben sich zu mir so ähnlich verhalten wie das Negativ zum Positiv in der Fotografie. Ob in *Liebe ist kälter als der Tod* oder *Katzelmacher* oder *Götter der Pest* oder *Pioniere von Ingolstadt*, immer war ich im Film das ahnungslose Mädchen am Rande der Gesellschaft, das sich nicht so recht ausdrücken kann und auf alles hereinfällt – und im Leben war ich so ziemlich das Gegenteil, eine bildungsüberdrüssige, überintellektualisierte Studentin, die glaubt, zu viel zu durchschauen, um sich überhaupt auf etwas einlassen zu können. (Presber 1988, 20)

Darin aber konkretisierte sich ihre spezifische Leinwandpräsenz, die sie aus der Fassbinder-Riege heraushob und zum Star machte – allerdings mit für diesen Status eher untypischen Verhaltensweisen, wie in der Presse betont wurde:

Nicht zu unrecht wird Schygulla als Anti-Star apostrophiert. Ihre steile Karriere und die damit verbundene Berühmtheit sind ihr nicht sonderlich wichtig, Starallüren hat sie auch nicht. [...] Hanna Schygulla ist, betrachtet man sie nur richtig, einfach ein modernes junges Mädchen, das sich gern modisch kleidet, eine ›liberale Haltung‹ pflegt und gesellschaftlichen Normen gegenüber eine gesunde Skepsis entwickelt hat.« (Engelmeier 1971; vgl. M. K. 1970).

7.3 Die Entwicklung des Images

Waren Schygullas erste Filme durch eine starke Stilisierung gekennzeichnet, eine Tendenz die sich auch in weiteren Arbeiten fortsetzte und sogar noch steigerte, zeigte sie bald, daß sie auch weitaus naturalistischer spielen und dennoch als Hanna Schygulla erkennbar bleiben konnte. Dies wurde bereits bei dem Fassbinder-Film DER HÄNDLER DER VIER JAHRESZEITEN (1971) deutlich, der stilistisch sowie in der realistischen, und zugleich melodramatischen Art der Sozialkritik auch für Fassbinder eine neue Phase des Schaffens einleitete. Ähnlich wie in KATZELMA-

CHER ist sie die einzige Figur, die Mitgefühl und Verständnis für den Außenseiter zeigt, den alle anderen verachten oder ausnutzen. Bei deutlich reduzierten Verfremdungselementen, die zudem in eine auf emotionale Wirkungen angelegte Dramaturgie integriert sind, setzt sie sich dennoch durch ihre distanzierte Darstellung von den anderen Figuren ab.

Eine ganz andere, aber ebenfalls erstaunlich naturalistische Rolle spielte sie unter der Regie von Peter Lilienthal in der TV-Produktion JAKOB VON GUNTEN (1971) nach einem Roman von Robert Walser. Als Direktorin eines Instituts zur Ausbildung von Dienern verkörpert Schygulla in dieser eher tristen und ärmlichen Umgebung die ›Edeldame‹, die Haltung und Menschlichkeit bewahrt. Schygulla, die zwar inzwischen mit anderen Regisseuren gearbeitet hat, aber immer noch von der Zusammenarbeit mit Fassbinder geprägt war, konnte mit diesem historischen Kostümfilm ihr Figurenspektrum deutlich erweitern. Viele Momente ihrer Spielweise sind zwar wiederzuerkennen, in der Wirkung und im gespielten Charakter aber hat sie kaum mehr Ähnlichkeit mit den »Vorstadt-Marilyns« oder den ›proletarischen Vamps‹ der frühen Fassbinder-Filme. Die verlangsamte Sprechweise und die betonte Gestik gehen in der Darstellung auf, statt sie zu verfremden. Die Sanftheit und Entrücktheit der Figur steht in einer direkten Folge von Schygullas bisherigen Rollen. Sie vermittelt auch hier das Gefühl der Distanzierung und des Träumerischen, aber als ›organische‹ Momente, die in der Persönlichkeit, der Erziehung und der Herkunft der Figur begründet sind. Der Film erzeugt eine historische Distanz zu der Lebensweise und den sozialen Verhältnissen, die er zeigt, präsentiert sie aber auf eine realistische Weise.

In der Fernsehserie ACHT STUNDEN SIND KEIN TAG (1972) ist Schygulla ebenfalls in einer realistischen Rolle zu sehen. Weit ab von der kalten und verfremdeten Darstellungsweise seiner früheren Arbeiten präsentiert Fassbinder hier Sozialkritik in Form einer unterhaltsam aufbereiteten Familienserie, die belehren und zugleich emotional bewegen soll, um ein möglichst breites Publikum zu erreichen. Am Beispiel einer Arbeiterfamilie wird ein Querschnitt durch den Alltag, die Lebensweise und die Mentalität der Betroffenen gegeben, wobei Probleme und Ereignisse sowohl in der Werkshalle als auch im privaten Bereich die Handlung prägen. Aufgrund der offenen sozialkritischen Botschaft war die Serie allerdings Gegenstand heftiger Kontroversen in der Presse und wurde nach fünf Folge vom Sender wieder abgesetzt (Roth 1992, 161f.).

Hanna Schygulla spielt die junge Büroarbeiterin Marion, eine sympathische, natürliche und bisweilen etwas mädchenhaft-naiv wirkende, aber selbstbewußte junge Frau mit gesundem Menschenverstand und einem festen Charakter. So bestärkt sie ihren Freund darin, den Ungerechtigkeiten und Problemen auf der Arbeit mit aktivem Widerstand zu begegnen: »Resignieren, das finde ich wirklich das letzte«. Wieder wie in den ersten Filmen mit blondem Lockenkopf, der aber hier deutlich als Perücke erkennbar ist, könnte sie von ihrer äußerlichen Erscheinung her als das Stereotyp ›dumme Blondine‹ durchgehen. Allerdings wird sie realistisch ins Szene gesetzt, ohne die Genre-Anspielungen und die filmische Verfremdung von früher. Sie bewegt sich nicht mehr in einer Welt aus stilisierten Ganoven, sondern in dem naturalistisch gezeichneten, wenn auch dramatisch zugespitzten Arbeitermilieu der Zeit. Auch wird bereits im ersten Auftritt deutlich, daß Marion einen scharfen Verstand hat und sich auch verbal behaupten kann. Dabei ist sie nicht frei von träumerischen Momenten. Wie in ihren früheren Figuren verkörpert Schygulla die Sehnsucht, den utopischen Wunsch nach einem erfüllten Leben. In dieser Träumerei ist noch etwas von der distanzierten Spielweise zu spüren, aber ohne die ansonsten kennzeichnenden Manierismen.

Verschiedene Elemente ihres Starimages, wie die charakteristischen Widersprüche Natürlichkeit/Künstlichkeit und Intellekt/Gefühl, werden also aufgegriffen, aber auf eine neue Art verwendet. Einerseits tritt die artifizielle Qualität ihres Schauspiels deutlich hervor, andererseits wird ihre Natürlichkeit betont. So beschreibt beispielsweise *Der Stern* ihre Spielweise mit folgenden Worten: Sie setzt ihre »magischen Verwandlungskünste ganz sparsam, aber mit nachtwandlerischer Sicherheit« ein, sie war »immer ein wenig melancholisch, immer ein wenig verträumt, mit einer Ausstrahlung, die sie ihrer Ehrlichkeit verdankte« und als Schauspielerin und Mensch sei sie eine »gescheite Naive, ein intellektueller Instinktmensch« (Elten 1973). Die eher naturalistische Spielweise reduziert die Distanz zwischen diesen Polen, läßt ›rundere‹, aber auch konventionellere Figuren entstehen, ohne Schygullas Image grundsätzlich zu ändern.

Die Tendenz zu einer realistischeren Darstellungsweise war aber nur eine Ausprägung in dieser Phase ihrer Entwicklung. In anderen Filmen wird die Stilisierung dagegen konsequent weiterentwickelt und noch deutlich verstärkt. Kennzeichnend dafür sind vor allem die beiden Fassbinder-Filme DIE BITTEREN TRÄNEN DER PETRA VON KANT (1972) und FONTANE EFFI BRIEST (1974). Obwohl in Plot, Milieu und handelnden Personen sehr unterschiedlich, haben sie wesentliche inhaltliche und formale Gemeinsamkeiten. In beiden Fällen geht es um das Thema Zerstörung und Selbstzerstörung in Liebesbeziehungen, das in sichtbar künstlich gestalteten Szenen durch eine hochgradig stilisierte Darstellungsweise präsentiert wird. In DIE BITTEREN TRÄNEN ... entwickelt Schygulla eine neue Variante des proletarischen Vamps – zielstrebig, selbstsicher, hart und eigennützig –, die die Liebe der älteren Modedesignerin Petra von Kant ausnutzt, während sie als die Titelheldin in FONTANE EFFI BRIEST in konsequenter Fortsetzung ihrer früheren Rollen eine prototypische Fassbinder-Opferfigur verkörpert.

Ihre hervorstechenden Eigenschaften, Sanftheit, träumerische Sehnsucht und Entrücktheit, sind stark ausgeprägt und bekommen durch die historische Dimension von Figur und Handlung in FONTANE EFFI BRIEST eine neue Qualität. Insbesondere die prägenden sozialen Zwänge, die rigiden Konventionen von ›Moral‹, ›Haltung‹ und ›Ehre‹, zeigen Effi Briest als ein Opfer der Gesellschaft, wobei Schygullas Darstellung diese Wirkung erheblich intensiviert. Die Werktreue der Verfilmung besteht aber nicht nur in der wörtlichen Übernahme von Romanpassagen als Dialog oder Kommentar, sondern vielmehr in der Art, wie Fassbinder eine untergegangene Welt und die Mentalität des 19. Jahrhunderts reproduziert. Trotz der deutlich spürbaren Distanz haben die Filmfiguren plastische und nachvollziehbare Konturen als Menschen, die man auch emotional versteht. Gedehnt wirkende, statische Einstellungen von Personen, die sie genau im Raum und in ihren gegenseitigen Beziehungen positionieren, zeigen die Starrheit und Förmlichkeit der Gesellschaft, die unbewußt funktionierenden Zwänge, die die Personen bis ins Innere formen und bestimmen.

Die filmische Form lenkt die Aufmerksamkeit auf die Figuren, also auf ihre oft minimalen Bewegungen und Gesichtsausdrücke. Schygullas charakteristische Spielweise kommt voll zur Geltung, wirkt allerdings in diesem Ambiente weniger verfremdend, da ihre Künstlichkeit als Teil der damaligen Umgangsformen verstanden werden kann. Auch ihre Art zu sprechen – mädchenhaft, sanft gehaucht, monoton – unterstützt die gestelzte, historisch gewordene Sprache Fontanes und fügt sich in die Gesamtgestaltung ein. Ähnliches läßt sich von der Bildebene des Films sagen, die gleichzeitig Schygulla als Star und Effi Briest als Romanfigur präsentiert. Besonders prägnant wird dies an dem eingeblendeten Porträt von Schygulla als Effi, das ihre puppenhafte Schönheit hervorhebt. Die ovale Vignette des Bildes deutet auf eine historische Konvention der Porträtphotographie. Zugleich betonen Bildform und die lockigen Haare ihr Gesicht, während das Licht es auf eine Art hervorhebt und glamourisiert, die den Starporträts in Hollywood sehr ähnelt (vgl. Moltke 1994, 96). Daher ist es nicht erstaunlich, daß eben dieses Bild mehrfach als Illustration in Besprechungen des Films auftaucht. Es ist zur Ikone für den Film und für Schygullas Effi-Figur geworden.

Obwohl vieles unterkühlt und mechanisch wirkt, gibt es auch Momente, in denen Effis Situation mit betonter Emotionalität geschildert wird. Zentral dafür ist die Einstellungsfolge, nachdem sie ihre kleine Tochter wiedersehen durfte, die ihr nach dem ›Fehltritt‹ weggenommen wurde und die ihr nun als ›Fremde‹ entgegentritt. Effi rebelliert gegen die ›Tugend‹, die Unterdrückung der Gefühle und klagt in einem langen Monolog ihren Ex-Mann an: »Er ist klein, und weil er klein ist, ist er grausam. [...] Ein Streber war er, sonst nichts.« Eine zweieinhalbminütige Großaufnahme zeigt ihr Gesicht, während sie spricht. Dabei wird auf eine für diesen Film ungewohnte Art zur emotionalen Teilnahme angeregt und zugleich Effis Schönheit sowie ihre starke Persönlichkeit hervorgehoben.

Obwohl sie sich schuldig fühlt und leidet, sieht sie klar, was mit ihr geschehen ist und wer die eigentliche Schuld trägt: »Mich ekelt vor was ich getan habe, aber mehr noch ekelt mir vor eurer Tugend. Weg mit Euch!« Allerdings leitet ihr Ausbruch auch ihr Ende ein: Effis Krankheit und ihr Tod. Ähnlich wirksam – wenn auch in der monotonen, fast unbeteiligten Vortragsweise gegensätzlich pointiert – ist nur Effis letzte Rede, nachdem sie jeglichen Widerstand aufgegeben hat und den anderen Recht gibt. Die Tragik ihrer Einsicht in die eigene Niederlage, gar in die eigene Vernichtung wird durch diese betont nüchterne Darstellung noch gesteigert.

Hanna Schygulla selbst sah ihre Darstellung der Effi Briest zunächst sehr kritisch. Schon während der Dreharbeiten gab es Meinungsverschiedenheiten zwischen ihr und Fassbinder über die Interpretation der Rolle. Sie wollte »den dramatischen Kampf eines heißen jungen Wesens zeigen, das in die Kälte getrieben wird«, während Fassbinder den »Erstickungstod in spitzenbesetzter graziöser Umgebung« in den Mittelpunkt stellte (zit. in Penkert 1985, 8). Schon seit DIE BITTEREN TRÄNEN DER PETRA VON KANT empfand sie die eigene Stilisierung im Film immer unerträglicher, da sie das Gefühl hatte, ein »ferngesteuerte Puppe« zu sein (Koch 1983, 95). Dieser Eindruck verstärkt sich bei EFFI BRIEST:

> Als ich den fertigen Film sehe, gehe ich nach Hause und weine. Bin ich so leblos geworden? Was rüberkommt, ein lächelndes Kindergesicht mit traurigen Augen, ein artiges Stimmchen, zu hoch, zu fern, um wahr zu sein. Ein dressiertes Wesen, das eine gute Partie gemacht hat, und dahinter erstickt ein Mensch. (Schygulla 1981, 31).

Daß aber genau diese Wirkung die Stärke des Films ausmacht, hat sie erst später erkannt:

> Das war ja auch so eine Geschichte, wie jemand in eine Lähmung reinkommt, weil er sich zu sehr angepaßt hat und dann so 'nen langsamen Erstickungstod da stirbt und dann konnte ich es speziell wegen der Stimme auch überhaupt nicht ertragen. Und jetzt, wie ich es wiedergesehen habe, habe ich mir gedacht, eigentlich ist es wieder [wie bei DIE BITTEREN TRÄNEN ...] so, daß genau das was da so unerträglich ist dran, – daß es so monoton dahingeht und dadrunter ist so ein Vibrieren und man spürt, da will was ganz woanders hin und ist immer festgehalten, immer in diesem Korsett drin, immer nett, – und das fand ich jetzt gut. (Koch 1983, 95).

Aus der damaligen Situation heraus war sie nicht mehr bereit, derartige Rollen zu spielen und suchte Distanz zu der strapaziösen und zunehmend fraglichen Arbeits- und Lebensweise der Fassbinder-Gruppe, zu der sie nie im engeren Sinne gehört hatte (vgl. Fassbinder 1992; Henrichs 1973). Sie zog die Konsequenzen und brach mit Fassbinder. Über die Gründe schrieb sie damals:

> Um diesen Kern [Fassbinder] lagern die anderen als abhängige Teile. Wo Abhängigkeit ist, gibt es Unterwerfung und Benutzung. Wer benützt hier alles wen? Um diese Frage drückt man sich. Alle zusammen produzieren sie ein Weltbild, *sein* Weltbild. [...] Der Mythos Fassbinder hat den Mythos Schygulla hervorgebracht: der Engel vom Hinterhof, die Vorstadtmarilyn, die Somnabule aus Niemandsland. Sie ist eine Puppe, die sich regt – eine brauchbare Erfindung, um etwas vorzuführen, wenn wir uns als Apparat mit Seele begreifen. Oft bin ich diese Puppe gewesen. Zuletzt habe ich sie in »Bibi« auf der Bühne mißmutig vor mir hergetragen. Jetzt will ich sie niederlegen. (Henrichs 1973, 14).

Gerade als die Zeitschrift *Stern* mit einem Titelbild auf die gewachsene Bedeutung ihrer Filme aufmerksam machte und der große Kassenerfolg von EFFI BRIEST sich abzeichnete, stieg sie aus dem Filmgeschäft aus. Sie wollte der Übermacht des Images und des Star-Seins entkommen: »Da gab es diese öffentliche Person von mir, die mochte ich nicht, die bereitete mir Übelkeit, die wollte ich loswerden.« (Nagel 1979). Sie legte eine Pause zur Selbstfindung ein – Amerikareise, Yoga, Malen – und drehte in den folgenden Jahren nur zwei Kino- und einige Fernsehfilme. Die Trennung von Fassbinder und auch der vorläufige Abbruch einer Karriere, die sie gerade berühmt gemacht hatte, wurde von der Öffentlichkeit mit etwas Verwunderung wahrgenommen. Allerdings bestätigte dieser Schritt die Eigenständigkeit, Unkonventionalität und Wagemut, die zu ihrem Image als ›Antistar‹ gehörten (vgl. Esser 1974; Kochanowski 1974; Komosa 1974). So wurde festgestellt:

Endlich hat das deutsche Kino wieder einen Star, nur: Dieser Star macht den üblichen Rummel nicht mit. [...] wenn sie durch die Straßen geht, ohne Make-up, ohne extravagante Kleidung, dann erkennt sie keiner. Sie lebt überhaupt nicht so, wie man es von einem Star erwartet. (Heyn 1974).

In einem anderen Blatt wurde unter der Überschrift »Ein Star wählte die Unsicherheit« ausführlicher über ihre Karriere, ihre Rollen und ihr Image berichtet:

»Ich bin auf der Suche nach meinem Ich«, sagt die dreiunddreißigjährige Hanna Schygulla, eigenwillige Aktrice der deutschen Bühnen- und Fernseh-Szene. [...] die Zeit mit Fassbinder ist aus und vorbei. »Ich bin froh, daß ich diesen Schritt damals gewagt habe«, sagt die Schauspielerin. »Er war einfach fällig. Ich spielte immer diese Leute mit ihren festgelegten Schicksalen, die ihre Umgebung nicht abstreifen konnten. Jetzt bin ich auf Entdeckungsreise zu mir selber«. Auch äußerlich hat sich Hanna Schygulla von ihrem früheren Ich getrennt. Auffallend, unübersehbar und doch auch ein wenig kühl, fast somnambul, so bewegte sie sich früher durch die Straßen, die Cafés und die Studios von München. Die tausend Locken, die den Kopf puppenhaft umkräuselten, ließen das herbe Gesicht mit dem Schmollmund fast herzförmig erscheinen. Ein süßes Mädchen mit deutlicher Unlust zum Leben. So schlenderte sie auch durch die vielen Fassbinder-Produkte [...]. Nun hat Hanna Schygulla auch ihr früheres Image abgelegt. Das Haar ist glatt und lang. Es gibt das Gesicht mit den hellen Augen, den nur wenig nachgezeichneten Lidern frei. Der rosig makellose Teint verrät ein Leben in frischer Landluft. Das Zimmer mit Telefon im Pfarrhaus, eine flüchtige Bleibe in München, ein Gebrauchtwagen – mehr irdische Annehmlichkeiten möchte Hanna Schygulla gar nicht haben. Sie lebt ohne Freund, feste Bindungen scheut sie. Sie »klammert« sich nicht gerne an. »Beim ›Klammern‹, da verliert man doch nur«. Die Reise der Hanna Schygulla zum eigenen Ich scheint noch weit zu sein. (Köhler/Wiese 1977).

Auch der ›Antistar‹ funktionierte, zumindest in dieser Zeit, durchaus als Star. Nicht nur ihre Filme, auch ihre Lebensweise und ihr Aussehen waren durchaus von Bedeutung. Gerade die Ablehnung des üblichen Starrummels und des Jet-Set-Lebens trugen zu ihrer Prominenz bei. Obwohl ihre Wendung zur Selbstfindung in der Presse zum Teil ironisch behandelt wurde, war sie auch durchaus zeitgemäß, und nicht nur für die ›Alternativ‹-Kultur ihrer Generation kennzeichnend. Wie Fassbinder von den Anfängen des ›antiteaters‹ in der Münchener Szene zu einem anerkannten Vertreter des künstlerischen Films und sogar teilweise des Fernsehens avancierte, war seine ehemalige Hauptdarstellerin auch zum Star geworden, der nicht nur durch die Filmrollen, sondern auch durch ein entsprechendes öffentliches Image zu seiner Zeit paßte.

7.4 Der internationale Durchbruch

Die nächste Phase in Schygullas Karriere läßt sich auf eine für viele Starbiographien typische Art einleiten – durch eine Anekdote:

Wieder zu hause [nach der Amerikareise], klingelt das Telefon: »Hier ist der Rainer.« Ich frage, »Welcher Rainer?« Er sagt: »Na, der Rainer, dumme Frage. Ich habe einen Film für dich, den kannst du, glaube ich, schon machen.« Ich sage: »Schön, daß du anrufst. Ich habe in den letzten Monaten öfter daran gedacht, daß es wieder an der Zeit wäre.« Vier Jahre sind vergangen – vier Jahre Pause. Wir machen »Die Ehe der Maria Braun«. Die Leute sagen, »Sie waren wunderbar als *Eva* Braun«. (Schygulla 1981, 34).

Mit diesem Film (Die Ehe der Maria Braun 1978) und dem zwei Jahre später erschienenen Lili Marleen war Schygulla nicht nur eindeutig wieder Fassbinders Star, sondern galt auch international, vor allem in Frankreich und den USA, als *der* neue deutsche Filmstar. Der große Erfolg dieser beiden Fassbinder-Filme sowie der Arbeiten von Wenders und Herzog war maßgeblich für die etwa zu diesem Zeitpunkt verstärkt einsetzende internationale Rezeption des Neuen Deutschen Films. Daß sie gerade im Vergleich zum Mainstream-Hollywoodfilm dieser Jahre ästhetisch innovativ waren, trug zweifellos zu der großen Beachtung bei. Daneben aber dürften auch die Anlehnung an die Formen des populären Unterhaltungsfilms, insbesondere an die Melodramen von Douglas Sirk, sowie die Wirkung der Hauptdarstellerin Hanna Schygulla, die hier als Star inszeniert und vermarktet wurde, wesentlichen Anteil an der breiten Popularität der Filme gehabt haben.

Die Ehe der Maria Braun *(1978)*

Die im Filmtitel bereits herausgestellte Maria Braun ist eindeutig die tragende Figur des Films und bietet der Schauspielerin Schygulla optimale Möglichkeiten, sich zu exponieren. Sie spielt eine Frau mit Sexappeal, die zugleich eigenständig, selbstbewußt und - in der Geschäftswelt - erfolgreich ist. Darin liegt ein Hauptteil der Attraktivität der Figur (auch als aktuelle Interpretation der Frauenrolle). Daß ihr Privatleben - die Ehe und Liebe, für die sie lebt - letztlich nur eine Illusion und Selbsttäuschung ist, bringt das pathetische, melodramatische Moment in die Rolle und verleiht dem Film seine kritische Tiefe. Daß die Figur zudem auch als Allegorie auf Nachkriegsdeutschland verstanden wurde, brachte eine weitere, historische Dimension in die Rezeption hinein (vgl. Elsaesser 1996, insbes. 102–104; Kaes 1987, 75–105).

Zweiter Weltkrieg an der ›Heimatfront‹: Maria heiratet während eines Bombenangriffs den Soldaten Hermann Braun. Am nächsten Tag muß er schon zurück an die Front. Nach Kriegsende wartet sie auf ihn und glaubt unbeirrbar an seine Rückkehr, obwohl es heißt, er sei tot. Sie sucht sich Arbeit als Animierdame in einer nur für US-Soldaten zugelassenen Bar. Dort freundet sie sich mit dem schwarzen GI Bill an, und bald erwartet sie ein Kind von ihm. In diesem Moment kommt Hermann, aus der russischen Gefangenschaft entlassen, überraschend nach Hause. Als es zu einer Rangelei zwischen den Männern kommt, erschlägt Maria Bill mit einer Flasche. Hermann nimmt die Schuld auf sich und geht ins Gefängnis. Inzwischen ist die Zeit der Währungsreform, und Maria nutzt die neuen wirtschaftlichen Möglichkeiten, mit dem Ziel, eine Existenz aufzubauen und (auch im übertragenen Sinn) ein Haus für Hermann und sich zu bauen. Sie begegnet dem Industriellen Oswald im Zug, gewinnt seinen Respekt und läßt sich von ihm als Dolmetscherin und persönliche Referentin einstellen. Mit ihrer Risikobereitschaft und ihrem taktischen Geschäftssinn bestimmt sie bald den Erfolg der Firma wesentlich mit. Oswald verliebt sich in sie, und Maria läßt sich auf eine Beziehung mit ihm ein, allerdings mit Einschränkungen, da ihre Liebe weiterhin nur Hermann gilt. Oswald, der krank ist und nur noch eine begrenzte Lebenserwartung hat, trifft mit Hermann im Gefängnis eine Abmachung: Hermann soll nach seiner Entlassung ihm bis zu seinem Tod Maria überlassen. Dafür werden Hermann und Maria seine Erben. Maria, die davon nichts weiß, ist völlig bestürzt, als Hermann nach seiner Freilassung ins Ausland geht. Sie lebt aber weiterhin für den Moment seiner Rückkehr. Erst als Hermann nach Oswalds Tod zurückkommt und sie mit ihrer Ehe endlich beginnen will, erfährt Maria durch Oswalds Testament von dem Arrangement. In diesem Moment – sie zündet sich gerade eine Zigarette an – kommt es zu einer für die Beteiligten tödlichen Gasexplosion. Maria hatte vorher – absichtlich oder nicht? – den Gashahn am Herd offen gelassen.

Marias Gefühle und Handlungen sind letztlich immer auf die Liebe zu ihrem Ehemann Hermann Braun konzentriert, der aber bis auf wenige Tage nicht an ihrem Leben teil hat. Die Ehe der Maria Braun ist eine Form der »Imitation of Life«, die Fassbinder in Anlehnung an die Melodramen Sirks zum Thema machte. Glück und Liebe erscheinen nur als (utopische) Hoffnung, die den Figuren zwar einen Lebenssinn in der Zukunft versprechen, zugleich aber dessen Realisierung in der Gegenwart blockieren. Wichtig an der Figur der Maria ist, daß sie ihr Schicksal selbst zu bestimmen scheint. Sie geht zielstrebig und nüchtern vor, auch in ihren Beziehungen zu den Männern, die sie für ihre Zwecke zu nutzen weiß. Gegenüber Bill und Oswald, die als warmherzig und sympathisch dargestellt werden, verhält sie sich keineswegs völlig kalt, aber sie läßt sich nicht von ihren Gefühlen leiten, sondern von ihrem langfristigen Ziel. Nur in ihrer Beziehung zu Hermann, dem allein ihre ›Liebe‹ gilt, ist sie ganz Gefühl, und es ist bezeichnend, daß sie darin irregeleitet wird – von Hermann und Oswald hinters Licht geführt. Auch scheint es, daß diese Liebe nur so lange Bestand hat, als sie in die Zukunft projiziert wird. Als sie real werden könnte, kommt es zur Einsicht in die wirklichen Hintergründe und zum Tod.

Die Trennung von Gefühl oder Menschlichkeit und egoistischer, instrumenteller Vernunft ist das Leitprinzip von Marias Erfolg und – im übertragenen Sinne – auch des bundesdeutschen ›Wirtschaftswunders‹. Aus dieser Sicht betrachtet, verkörpert sie gerade das Kritikwürdige, Unlebbare, ja Unmenschliche am wirtschaftlichen Erfolg und am Wiederaufbau der Adenauerzeit. Diese Bezüge zur realen historischen Situation werden vor allem durch Toneinblendungen hervorgehoben, beispielsweise die beiden Adenauer-Reden zur Wiederbewaffnung und die Übertragung der Fußballweltmeisterschaft am Schluß. Maria kann zwar nicht erkennen, daß sie gerade durch ihr Beharren auf der zukünftigen Liebe mit Hermann sowie ihr zielgerichteter, rationaler Umgang mit den Menschen verhindert, im eigentlichen Leben das mögliche Glück zu gewinnen. Aber eben diese Zielstrebigkeit, Hartnäckigkeit und Stärke, die sie immer wieder demonstriert, machen sie auch wieder sympathisch. Die starke Frau, auch wenn sie an der Männerwelt und am eigenen Anpassungswunsch letztlich scheitert, wird zu einer gebrochenen, aber auch sehr positiven Figur.

Vor allem diese Eigenschaften machen die Figur zu einer Schlüsselrolle in Hanna Schygullas Starkarriere. In ihrer Art zu sprechen sowie ihrer gesamten Spielweise ist sie auch hier unverkennbar, und die Thematisierung von Widersprüchen oder Sehnsucht – in diesem Fall von zukunftsgerichteten oder unmöglichen Wünschen – war für fast alle ihre Filme charakteristisch. Neu ist jetzt aber, daß sie über weite Strecken die bestimmende ist, die die Initiative ergreift und auch die Männer – mit Ausnahme von Hermann – nach ihrer Pfeife tanzen läßt. Auch wenn sie ihre sinnliche Ausstrahlung gezielt einzusetzen weiß, ist Maria Braun, die »Mata Hari des Wirtschaftswunders«, weit von der »Vorstadt-Marilyn« entfernt. Der Kritiker Wolf Donner bemerkte dazu:

> Hanna Schygulla ist eine kluge Frau und auf der Leinwand ein starker, unverwechselbarer Typ, aber sie ist nicht unbedingt eine große Schauspielerin. Ihr Charme, ihre Natürlichkeit, der kindlich-einfältige Singsang ihrer Sprache, die töricht-naiven Blicke, das ›liebe‹ Schygulla-Lächeln, das ist nicht sehr wandlungsfähig, hat aber eine intensive, warme Ausstrahlung. Eine neue Tonlage kam in der ›Maria Braun‹ dazu: Sex, Ironie und eine ungeahnte Härte, wenn's nötig war. (zit. in Penkert 1985).

Sicherlich spielt die historische Situation – die Nachkriegszeit mit Frauenüberschuß, ›Trümmerfrauen‹ und erhöhter Arbeitstätigkeit für Frauen – bei dieser »ungeahnten Härte« der Figur eine Rolle. In vielen Szenen geht sie planmäßig vor, um ihr Schicksal zu bestimmen und sich in schlechten Zeiten durchzusetzen. So kauft sie auf dem Schwarzmarkt ein Kleid, um die Arbeit als Bardame zu bekommen, und besorgt gleichzeitig für ihre Mutter eine Flasche Korn, damit diese »den Kummer über ihre Tochter« ertragen kann, die dabei ist, planmäßig zum ›Amiflittchen‹ zu werden. Sie geht sehr direkt und aktiv – ›männlich‹ – vor, wenn sie Bill und Oswald für sich gewinnen will. Sie ist auch durchaus in der Lage, sich gegen Belästigungen und Zoten zu wehren, etwa wenn sie einen amerikanischen Soldaten dazu bringt, sich bei ihr zu entschuldigen oder einen zudringlichen Betrunkenen im Zuge abkanzelt. Historisch paßt dieses Bild einer unabhängigen und durchsetzungsfähigen Frau zur Nachkriegszeit, in der die Männer fehlten und die Frauen so selbstständig sein konnten oder mußten.

Die Figur der unabhängigen, starken Frau war aber auch für die siebziger Jahre hoch aktuell. Ihre Eigenständigkeit und ihr Selbstbewußtsein, die sich daraus entwickeln, daß sie für sich – und für den inhaftierten Hermann – arbeitet, plant, bestimmt und zielgerichtet handelt, emanzipieren sie von der herkömmlichen Frauenrolle. Als der Mann ihrer Freundin ihr bewundernd sagt, »Du hast dich gemacht, Mädchen«, nimmt sie diese Redewendung wörtlich auf: »*Ich* habe mich gemacht.« Weit vom normalen Rollenstereotyp der passiven, vom Mann bestimmten Frau, ist sie die aktive, die die Handlung bestimmt. So stellt sie auch bei Oswald das Verhältnis richtig, nachdem sie zum ersten Mal mit ihm geschlafen hat: »Ich möchte nicht, daß Sie denken, Sie hatten was mit mir. Denn die Wahrheit ist, daß ich etwas mit Ihnen habe.« Obwohl ein solches Bild der Unabhängigkeit und Selbstbestimmung durchaus als positives Modell dient, so werden auch die ›Kosten‹ der Emanzipation gezeigt: die männlich-kapitalistische Trennung von rationalem Geschäft und privatem Gefühl, die für Maria Braun tödlich wird. Sie entfremdet sich selbst: Geld, Besitz, Macht, Glücksaufschub ersetzen das Leben. Schygulla macht die Gebrochenheit der Figur in überzeugender Weise deutlich – nicht nur in dramatischen Momenten der Verzweiflung, sondern oft durch kleine Pausen, mit einem Blick oder einem Augenaufschlag, wie etwa, als Hermann noch im Gefängnis ihr Geld – also das ganze Leben, das sie für ihn geführt zu haben glaubt – ablehnt. Sie veranschaulicht z. B. auch die Selbstbeherrschung von Maria und gleichzeitig die Erstarrung ihrer Gefühle nachdem Hermann weggegangen ist, nur in der Art, wie sie auf die Tasten der Rechenmaschine haut.

Gerade dieses differenzierte und präzise Spiel Schygullas sowie die attraktiven, positiv bewerteten Aspekte der Figur dürften maßgeblich zum Erfolg des Films und seines Stars beigetragen haben. Der Film lebt davon, daß Schygulla – trotz der kritischen oder verfremdeten Momente – als eine intelligente, selbstsichere, unabhängige Frau glaubwürdig wirkt. Daß sie zutiefst widersprüchlich ist und konträre Eigenschaften von Härte und Zynismus bis hin zu Idealismus und Realitätsferne in sich vereint, vertieft den Gesamteindruck einer starken Frau, statt ihn zu negieren.

Mit der selbstbewußten, emanzipierten, keinesfalls gefühlskalten Maria Braun in Fassbinders Erfolgsfilm ›Die Ehe der Maria Braun‹ spielte sich Hanna Schygulla nicht nur in Deutschland, sondern auch in Amerika in die allererste Reihe der deutschen Stars. Sie ist wohl die in ihrer Generation bekannteste deutsche Filmschauspielerin. In Amerika war man von der jungen, blonden Frau, die stets ein Hauch aus Melancholie und kühler Klugheit zu umwehen scheint, so begeistert, daß sie mit ihrer Rolle als ›Maria Braun‹ für den Oscar nominiert wurde. (EB 1980).

Schygulla selbst weist auf die kritische Seite der Figur und die Unterschiede zwischen ihr und die Rollen, die sie spielt:

›Effi Briest‹, ›Maria Braun‹ und ›Lili Marleen‹, das sind meine tragischen Schwestern. So könnte ich sein, aber so will ich nicht sein. Effi Briest ist ein Mensch, der nach außen hin so lange ja sagt, sich im Inneren aber verweigert, bis sie davon krank wird und stirbt. Maria Braun ist ein Mensch, der das eigentliche Leben so lange auf später aufschiebt, bis es zu spät ist und nichts übrigbleibt als eine falsche Vorstellung vom Glück. Und in ›Lili Marleen‹ macht eine Frau Karriere, weil sie alles in ein Lied zwängt, das von der Liebe singt, die sie selbst nicht hat, und mit dem Hakenkreuz hat sie sich arrangiert, weil sie, wenn nötig, ein Auge oder gleich beide zudrückt. Alle drei Rollen stellen Frauen dar, die sich tragisch festgefahren haben, was ich hoffentlich noch nicht habe und auch nicht tun werde. (Schygulla, zit. in Presber 1988, 21).

Lili Marleen *(1980)*

Lili Marleen war der letzte gemeinsame Film mit Fassbinder und markiert gewissermaßen den Höhe- und Endpunkt ihrer Zusammenarbeit. Schon die Arbeit an Die Ehe der Maria Braun war für alle Beteiligten wenig erfreulich gewesen, und Fassbinder soll dabei wenig Interesse am Film und seinem Star gehabt haben (vgl. Elsaesser 1996, 97f.). Bei Lili Marleen war der konservative Filmproduzent Luggi Waldleitner, der die Rechte am gleichnamigen Lied und an einem Drehbuch über das Leben der Sängerin Lale Andersen besaß, an Schygulla herangetreten, die durch Die Ehe der Maria Braun zu einem auch kommerziell erfolgversprechenden Star geworden war. Schygulla sagte zu, aber mit der Bedingung, daß Fassbinder die Regie führe. So kam die unwahrscheinliche Zusammenarbeit zwischen Fassbinder und Waldleitner und zwischen Fassbinder und seinem ehemaligen Star zustande, die den Film ermöglichte. Der Film selbst ist – wie Thomas Elsaesser in einer nuancierten Analyse zeigt – durch die hochkomplexe Überlagerung und Interaktion zahlreicher Widersprüche bestimmt (vgl. Elsaesser 1996, 149–173). Hanna Schygulla steht als Star und in der Verkörperung der Willie, einer fiktionalisierten Version von Lale Andersen, die also wiederum ein Star ist, im Mittelpunkt. Durch die Geschichte dieser Figur soll vor allem eine kritische, aber auch emotional wirksame Sicht auf die Verbindungen zwischen Politik und Unterhaltung, Krieg und Alltagsleben, Wünsche und Mitläufertum, Sehnsucht und Tod zu vermitteln.

Ähnlich wie Die Ehe der Maria Braun ist Lili Marleen eine differenzierte, analytische Studie über Menschen und ihre Geschichte, aber auch insofern ein Genre-Film, als er zentrale Elemente des Revuefilms, der Filmbiographie und des Melodrams miteinander verbindet. Der Film versucht darüber hinaus, die kritische Hinterfragung der Geschichte sowie ihrer Figuren auf eine eingängige und emotional wirksame Art zu vermitteln. Die Figur der Willie, die historische Biographie Lale Andersens und Schygullas Darstellung tragen wesentlich dazu bei:

> Überhaupt ist dies ein Film der verschwimmenden Positionen, die Personen bleiben fremd, moralisch ambivalent, überraschend in ihren Reaktionen. Willie macht mit Hilfe und zu Gunsten der Nazis Karriere – sie sagt immer: ›Das ist doch nur ein Lied‹ – und liebt weiter ihren jüdischen Freund Robert, für den sie einen Film über Naziverbrechen aus Polen herausschmuggelt. (Roth 1992, 246).

Die hier angesprochene Ambivalenz der handelnden Personen ist u. a. auf produktive Meinungsverschiedenheiten zwischen Schygulla und Fassbinder zurückzuführen: Während Fassbinder die Willie als eine Frau sah, die Karriere um jeden Preis machen will, betont Schygulla die emotionale Seite der Liebesgeschichte. Wie sie beschreibt, gibt es auch hierein eine auffallende Parallele zu Die Ehe der Maria Braun, insbesondere zu dem mehrdeutigen, offenen Schluß, da Fassbinder einen eindeutigen Selbstmord Marias favorisierte, während Schygulla meinte, die Figur sei eine, die immer weitermachen würde (vgl. Koch 1983, 94). Nicht weniger ambivalent ist das Lied »Lili Marleen«. Einerseits drückte es die Sehnsucht der Soldaten nach Frieden und nach einem Wiedersehen mit ihren Geliebten aus. Dabei erinnert das melancholische Lied auch an den Tod, so daß Goebbels es »die Schnulze mit dem Totentanzgeruch« nannte. Andererseits ließ die Popularität des Liedes und der Sängerin sich auch vom Regime einsetzen und propagandistisch nutzen.

Die zwiespältige Funktion der populären Massenkultur im ›Dritten Reich‹ wird im Film vor allem durch die Montage verdeutlicht, die Willies Auftritt im »Wunschkonzert« und die brutalen Kampfszenen an der Front gegenüberstellt (vgl. Bathrick 1994, Elsaesser 1996, 149–173). Aber auch die filmische »Heraufbeschwörung« der Star-Aura von Willie/Schygulla und ihres Liedes zeigt diesen historischen Hintergrund. Häufig wurde Fassbinder sogar vorgeworfen, daß er das NS-System und seine Inszenierungskünste unkritisch reproduziert habe und er damit ebenso der Faszination des Nationalsozialismus verfallen sei. Auch funktioniere die Strategie der Distanzierung in diesem Film und bei diesem Thema nicht. Aber erst, indem der Film die Verknüpfung von Massenunterhaltung und faschistischer Ästhetik sichtbar und spürbar macht, kann es die fatale Attraktion dieses Herrschaftssystems bis hin zu der im Krieg endenden Todessehnsucht begreifbar machen: »By conjuring up rather than distanciating its kitsch, *Lili Marleen* seeks to explode from within the premises of its own identifications.« (Bathrick 1994, 50). Dazu gehört, daß Hanna Schygulla als Star – und als ›Willie‹, als Lale Andersen, als ›Lili Marleen‹ – inszeniert wird. Der Glamour des Stars beherrscht den Film, auch wenn er durch die Wendungen der melodramatischen Handlung und durch die Gebrochenheit der Figur relativiert wird.

Die Inszenierung von Starpräsenz fällt vor allem in Willies Auftritten auf. Mehrfach und in sehr unterschiedlichen Arrangements singt Hanna Schygulla das Lied – nach Meinung einer Kritikerin (Wortmann 1981) »um nichts schlechter als Lale Andersen oder Marlene Dietrich«. Dabei wird sie immer wieder in Nah- und Großaufnahmen gezeigt, von der Kamera umkreist, durch leichte Untersicht oder eine Ranfahrt hervorgehoben und mit entsprechender Beleuchtung, Schminke und Kleidung als schön und glamourös hervorgehoben. Diese bewußte Übernahme der Starinszenierung funktioniert auf verschiedenen Ebenen: sie verdeutlicht, wie die Sängerin als Teil der Unterhaltungsmaschinerie im Nazi-Staat vorgeführt wird; sie zitiert oder reproduziert als ›Pastiche‹, wie eine Starschauspielerin eine melodramatische Figur im klassischen (Hollywood- oder Ufa-) Kino verkörpert und sie bringt Hanna Schygulla als Star und Schauspielerin auf die Leinwand.

Die Dimension der sichtbaren ›Performance‹, die schon immer bei Schygulla vorhanden war, erhält hier, wo sie einen Star spielt, eine neue Qualität. Was in den früheren Filmen vor allem als Distanzierung spürbar war, als Sichtbarmachen der Rolle und der Rollenhaftigkeit allen Verhaltens, wurde schon in EFFI BRIEST und MARIA BRAUN komplexer. Hier erreicht diese Tendenz in der herausgehobenen Inszenierung des Stars einen Höhepunkt und verstärkt zugleich die reale Starwirkung Schygullas, die u. a. den großen Erfolg in den USA erklärt. Inhaltlich und bezogen auf Schygullas Rollen zeigt sich in LILI MARLEEN und DIE EHE DER MARIA

BRAUN eine tendenzielle Kontinuität mit ihrem früheren Image. In beiden Fällen verkörpert Schygulla wieder Sehnsucht und Naivität, aber nun in Verbindung mit Durchsetzungskraft und Stärke.

Daß Schygulla gerade mit diesen beiden Filmen internationale Starqualität erreichte, zeigt sehr deutlich den Widerspruch zum Selbstverständnis des Neuen Deutschen Films, das nicht unbedingt auf Breitenwirkung gerichtet war. Das Verhältnis der deutschen Filmemacher zum Publikum stellte sich in dieser Zeit oft gespalten dar (vgl. Elsaesser 1989, insbes. Kap. 4–6). Die meisten lehnten es ab, die populären Mechanismen des Unterhaltungskinos zu nutzen. Produziert wurde vorrangig für kleinere, spezielle Publika, so daß nur in wenigen Fällen – hauptsächlich mit den Arbeiten der ›Starregisseure‹ wie Fassbinder, Wenders und Herzog – überhaupt ein größeres oder gar internationales Publikum erreicht werden konnte. Daher ist Hanna Schygulla als Starschauspielerin auch eine Ausnahme geblieben, und es ist kein Zufall, daß sie nach LILI MARLEEN und dem endgültigen Bruch mit Fassbinder fast nur noch in ausländischen Filmen zu sehen war.

Ihre internationale Karriere ergab sich direkt aus dem amerikanischen Erfolg der beiden Fassbinder-Filme, und die Presse dort hatte keine Hemmungen, sie als Star und nicht nur als Schauspielerin zu feiern. Nach DIE EHE DER MARIA BRAUN, der ihr eine Oskar-Nominierung brachte, jubelte der Kritiker Lawrence O'Toole: »Hanna Schygulla ist das ungewöhnlichste erotische Ding, das seit Marlene Dietrich auf uns zugekommen ist.« (zit. nach Urbschat 1981, 3). In dieser Weise wurde der Film in den USA auch vermarktet: die Anzeigen zeigten Schygulla als Maria Braun in einer – für den Film recht untypischen – erotischen Pose, als sie, spärlich in schwarzer Unterwäsche bekleidet, ihr Strumpfband aufmacht. Allerdings wurde auch auf ihr Können als Schauspielerin hingewiesen: Laut der *New York Times* war es »sehr gut möglich, daß Hanna Schygulla die faszinierendste schauspielerische Leistung des Jahres geboten hat« und für die *Los Angeles Times* war sie »atemberaubend und ungeheuer talentiert« (zit. in Voss 1980).

7.5 Die neue europäische Frau

Schygulla blieb auch nach ihrem Durchbruch zum internationalen Star eine ernsthafte Schauspielerin, die sich immer wieder auf Rollenwandel und Wagnisse einließ, im Film und manchmal auch auf der Bühne. Nach dem Erfolg von DIE EHE DER MARIA BRAUN, als schon über Hollywood-Engagements spekuliert wurde, spielte sie – allerdings recht gut bezahlt – in einer Theaterfassung von Dostojewskis *Der Idiot* und ging damit auf Tournee (Fründt 1980, 34; 160). Daß es keinen Sinn habe, ihr eine Rolle anzubieten, »die sie rein menschlich nicht weiterbringt«, hat Fassbinder 1981 in seiner Abrechnung mit ihr festgestellt (Fassbinder 1992, 114). Eine gewisse Eigenwilligkeit gehört zu ihrem Image, auch im positiven Sinn:

> Ihre Biographie sieht sie als eine Abfolge von Haltungen, glaubt, daß sie weitergekommen, nie stehengeblieben ist. Wo Routine spürbar wird, klinkt sie sich aus. (Faber 1986, 17).
>
> An Mut mangelt es der Schygulla in der Tat nicht. Sie stürzt sich immer wieder auf Rollen, die fast konträr zu ihrem Charakter wirken. (Alexander 1986).

Auch die Möglichkeit, aus der Starkarriere auszusteigen, wie nach EFFI BRIEST, hat sie immer wieder ins Gespräch gebracht, insbesondere als sie stärker in den Starrummel einbezogen wurde (vgl. EB 1980).

Nach den großen Erfolgen von MARIA BRAUN und LILI MARLEEN ging man in der Öffentlichkeit davon aus, daß sie die Titelrolle in Fassbinders nächstem Film LOLA bekommen würde – die *Vogue* hatte schon im voraus eine Fotoserie mit ihr in Anlehnung an Marlene Dietrich als Lola-Lola gebracht (Fründt 1980, 36) – für die er aber überraschend Barbara Sukowa engagierte. Aber auch als auf dem Höhepunkt ihrer Karriere die Fassbinder-Rollen ausblieben, folgte kein Ausstieg und auch keine Hollywood-Karriere, sondern sie begann mit den renommiertesten europäischen Regisseuren zu arbeiten. Ihre Filmographie in der ersten Hälfte der achtziger Jahre liest sich wie ein Querschnitt durch das europäische Autorenkino: Schlöndorff (DIE FÄLSCHUNG, 1981), Scola (FLUCHT NACH VARENNES, 1981), Godard (PASSION, 1982), Saura (ANTONIETA, 1982), von Trotta (HELLER WAHN, 1982), Ferreri (DIE GESCHICHTE DER PIERA, 1982, und DIE ZUKUNFT HEISST FRAU, 1984) und Wajda (EINE LIEBE IN DEUTSCHLAND, 1983). In dieser Zeit wird sie – zumindest in den USA – noch als Star gehandelt. In der Bundesrepublik allerdings kamen die Filme meist aber weniger gut an.

Obwohl inhaltlich und von den Rollen her recht unterschiedlich, verstärkten sie Schygullas Starimage als starke, erotische und unabhängige Frau. Der Kritiker Richard Corliss resümiert aus amerikanischer Sicht in *Time*, die in dieser Ausgabe auf den Titelblatt Hanna Schygulla als »Europe's Most Exciting Actress« vorstellte: »Fiery and icy, solid and sexy, Schygulla embodies the new European woman« (1985, 40). Er ist gerade von der Komplexität und Intensität ihrer Frauenrollen beeindruckt, die er mit den eher zurückgenommenen, mittelmäßigen Frauenfiguren im US-Kino der Zeit vergleicht, während Schygulla gerade die leidenschaftlichen und eigensinnigen Frauen verkörpert, etwa in DIE FÄLSCHUNG (1981, Schlöndorff), DIE GESCHICHTE DER PIERA (1983, Ferreri) und EINE LIEBE IN DEUTSCHLAND (1983, Wajda). In jedem dieser Film schlägt sie laut Corliss ein neues Kapitel »in the emotional autobiography of the European woman« auf .

In den Filmen der achtziger Jahre ist sie tatsächlich weit vom marionettenhaften Spiel der früheren Fassbinder-Filme entfernt, auch wenn manche Ausdrucksformen und Manierismen gelegentlich daran erinnern. Sie spielt wesentlich naturalistischer und, obwohl immer noch mit einer gewissen Reduktion, auch weitaus emotionaler, weshalb ein Kritiker vom »Understatement der Extreme« sprach (Alexander 1986). Auch die Rollen waren zum Teil extremer, vor allem in den beiden Filmen von Ferreri.

DIE GESCHICHTE DER PIERA brachte bereits eine starke Rollenerweiterung und erregte große Aufmerksamkeit, vor allem wegen der umfangreichen Nacktszenen und der expliziten Behandlung der Sexualität ihrer Figur, die bis hin zum Inzest nichts ausläßt. Die Handlung dreht sich um die Beziehung einer Tochter (Piera, dargestellt von Bettina Grühn und Isabelle Huppert) zu ihrer Mutter Eugenia (Schygulla), die jede Konvention mißachtet, ihre sexuellen Lüste frei von jeder moralischen Einschränkung auslebt, in psychiatrischer Behandlung (mit Elektroschock) ist, tagelang verschwindet und sich wenig um die Tochter oder den nachgiebig-resignierten Ehemann (Marcello Mastroianni) kümmert. Die intendierte Aussage des Films deckt sich wohl mit der »privaten Lebensphilosophie« des Regisseurs: »Ich hoffe, daß die Menschen verrückt sind und nicht vernünftig. Vernunft bedeutet den Tod des Menschen.« (Ascot Film 1983, 7). So gesehen sind Mutter und Tochter die positiven Heldinnen des Films, und die Rolle gab die Möglichkeit, Gefühle voll auszuspielen. Vor allem in Frankreich war der Film ein Erfolg, und für ihre Darstellung bekam Schygulla eine »Goldene Palme« in Cannes als beste Schauspielerin, wobei ein deutscher Kritiker bissig bemerkte: »Hätte man einen Preis für die nackteste Rolle vergeben, so hätte sie den mit Sicherheit auch gewonnen« (Tesche 1985, 274f.). In Deutschland war die Reaktion weitgehend negativ: »Sie lächelt ihre Rolle zu Tode« war zu lesen, und ein Kritiker wünschte sich »eine längere Pause für Hanna Schygulla« (zit. in Pittner 1985, 45).

Der zweite Film mit Ferreri, DIE ZUKUNFT HEISST FRAU (1984), erzählt die Geschichte eines kinderlosen Paares (Anna – Hanna Schygulla – und Gordon – Niels P. Arestrup), das eine schwangere junge Frau (Malvina, gespielt von Ornella Muti) bei sich aufnimmt. Daraus entwickelt sich eine enge, komplizierte und manchmal krisenhafte Dreierbeziehung, bis während eines Pop-Konzerts eine Panik ausbricht und der Mann dabei umkommt. Malvina bringt ihr Kind zur Welt, geht dann aber ihre Wege und läßt es bei Anna, die optimistisch in die Zukunft schaut. Ferreri, Regisseur des ›Skandalfilms‹ DAS GROSSE FRESSEN (1973), lotet die Psyche seiner Figuren aus, indem er sie in provozierende Beziehungen zueinander stellt. Hier tritt Schygulla als eine moderne, abgeklärte Frau auf, die im Lauf der Geschichte immer eigenständiger wird.

Die Reaktionen auf Schygulla in der Öffentlichkeit ist in dieser Phase von einer auffallenden Diskrepanz beherrscht: Während sie im europäischen Ausland und den USA als Star gefeiert wird, bekommt sie in Deutschland schlechte Kritiken und kaum noch Rollen. So liest man Schlagzeilen wie »Die Schygulla ist die neue Dietrich! Italien jubelt über den jüngsten Film des deutschen Welt-Stars« (*Abendpost*, 4. 9. 84) und »New York: Riesenjubel über Hanna Schygulla« (*Abendpost*, 9. 10. 84) neben anderen wie »Zwischen Erfolg und Kritik: Gespräch mit Hanna Schygulla. Auf Wiedersehen, deutscher Film?« (Lubowski 1983). Im Ausland war nicht nur die Resonanz positiver, von dort kamen auch die attraktiven Rollenangebote, während die jüngeren deutschen Filmemacher ihr wenig zu bieten hatten. Auch aus privaten Gründen zog sie in dieser Zeit nach Paris, wo ihr Lebensgefährte, der Drehbuchautor Jean-Claude Carrière wohnte. Trotz ihres Bekanntheitsgrades schaffte sie es, ihr Privatleben weitgehend aus der Öffentlichkeit herauszuhalten.

Ihr letzter großer Erfolg war der Film EINE LIEBE IN DEUTSCHLAND (1983) unter der Regie von Andrzej Wajda nach einer Vorlage von Rolf Hochhuth. Auch hier geht es um Leidenschaft, aber um eine sehr spezielle, um die selbstmörderische, verbotene Liebe zwischen einer deutschen Gemüsehändlerin und einem polnischen Kriegsgefangenen im Zweiten Weltkrieg. Die Beziehung läßt sich in einer Kleinstadt und in der ideologisch vergifteten Zeit nicht verheimlichen. Die beiden werden denunziert und die Nazi-Justiz nimmt ihren Gang, trotz eines Versuchs, den Polen gegen seinen Willen ›einzudeutschen‹; er wird erhängt und sie kommt in ein Konzentrationslager. Schygulla spielt die Gemüsehändlerin Pauline Kropp als eine Frau, die sich, obwohl sie um die Gefahr weiß, ganz von ihren Gefühlen leiten läßt.

EINE LIEBE IN DEUTSCHLAND ist sicherlich nicht ohne Schwächen, und die Reaktionen auf den Film und Schygullas Leistung fielen sehr unterschiedlich aus. In Deutschland hatte der Film keinen Erfolg an den Kinokassen und die Kritiker bemängelten ihre Darstellung: »Die Schygulla spielt ihre Rolle ohne den geringsten Ausdruck von Gefühlen.« (zit. in Pittner 1985, 45). Der Film wurde verrissen und Schygullas Spiel als »zu maniriert« abgelehnt. In Frankreich und Großbritannien dagegen lief der Film sehr erfolgreich und in den USA konnte er sich sogar unter den 50 erfolgreichsten Filmen des Jahres plazieren (Johnston 1984, E4). Wichtige amerikanische Kritiker äußerten sich entsprechend begeistert:

> Hanna Schygulla erreicht Größe in ›Eine Liebe in Deutschland‹. Mit dieser glänzenden Darstellung ist Miß Schygulla schließlich zu einer der großen europäischen Filmschauspielerinnen unserer Zeit geworden, nur noch mit Jeanne Moreau vergleichbar. (Vincent Canby, *New York Times* vom 7. 10. 84, zit. nach Penkert 1985, 10).

Im Gegensatz zu den deutschen, betont *Time*-Kritiker Richard Corliss gerade die Intensität der Gefühle, die Schygulla hier vermittelt:

> Schygulla's performance is no less brazen, yet it dazzles with its emotional acuity. Her gestures are pitched one stop up, perfectly in tune with the character's perilous rapture. Sexual heat sizzles through her body like lightning, and the awareness that people (in the film or in the audience) think she is making a fool of herself emboldens her all the more. It is a performance whose insolence and precision demand to be compared with those of the prima donnas of the silent screen. For her as for them, no gesture was too grand if it could translate the music of a soul in torment or deliverance. (1985, 43).

Die Frage ist nicht, wer recht hat, sondern, warum es zu so unterschiedlicher Rezeption kam. Ein Grund mag im Thema liegen: Diese Form der Auseinandersetzung mit dem Alltag des Nationalsozialismus – Rassenideologie, Denunziation, Autoritätsgläubigkeit und sinnloser Gehorsam – sowie mit der Verdrängung von Schuld und Verantwortung bis heute war nicht unbedingt geeignet, in Deutschland populär zu werden. Ein weiterer Grund lag vielleicht auch darin, daß die deutsche Kritik schon länger – vor allem seit HELLER WAHN (1982, v. Trotta) – Schygulla massiv ablehnte. Sie selber schätzte das so ein:

›Ich habe das Gefühl, daß gerade die deutsche Kritik der Meinung ist, jetzt haben wir die Schygulla lange genug gesehen und gut gefunden, jetzt müssen wir ihr mal ein paar Schläge verteilen. Das setzt sich fort bis zum Wajda-Film, den ich auch nicht durchweg gelungen finde, aber nicht so mies, wie er gemacht wird.‹ (Lubowski 1983).

Es ist ein Gemeinplatz, daß die Deutschen und die deutsche Presse nicht besonders pfleglich mit ihren Stars umgehen und erst recht nicht mit denen, die im Ausland Erfolg haben. Das mag kulturelle Gründe haben, liegt aber zum Teil auch an anderen publizistischen Traditionen und Strukturen. Während in den USA Presse und Filmindustrie die Promotion von Stars gemeinsam und zum beiderseitigen Nutzen betreiben, versteht sich die Presse hier überwiegend in ihrer kritischen Funktion, die auf die Zerstörung von Starimages zielen kann. Die Ablehnung durch Kritiker und das Publikum in Deutschland führte dazu, daß Schygulla sich zunehmend international orientierte.

Ein gesundes Mißtrauen gegenüber den Mechanismen des amerikanischen Mainstream-Kinos und ihr künstlerischer Anspruch verhinderten jedoch die große Hollywood-Karriere. Sie spielte zwar in einigen amerikanischen Filmen und Fernsehserien wie PETER THE GREAT und DELTA FORCE, aber ihr Schwerpunkt blieb der europäische Kunstfilm. Nach EINE LIEBE IN DEUTSCHLAND (1983) erreichte sie aber nie mehr einen großen Erfolg. Die Zeit des Neuen Deutschen Films war vorbei und auch in anderen europäischen Ländern machte die Filmindustrie strukturelle Veränderungen durch, die eine immer stärkere Orientierung auf populäre Unterhaltung mit sich brachten. Hanna Schygulla kam zugleich in ein Alter, in dem die attraktiven und interessanten Rollen für Frauen seltener werden. Sie ist bis heute Schauspielerin geblieben, auf der Bühne und im Film, und dazu kam die zweite Karriere als Chanson-Sängerin. Mit Ehrungen (Goldene Kamera, Bundesverdienstkreuz) ausgezeichnet, ist sie weiterhin als Person und Schauspielerin bekannt, aber ein Filmstar ist der ehemalige ›Anti-Star‹ nicht mehr. Dafür war sie in ihrer Starqualität – durch ihre Rollen, ihr Image und ihren eigenen Anspruch – zu sehr mit dem Emanzipationsbestreben der sechziger bis Anfang der achtziger Jahre und dem künstlerisch-ambitionierten »Autorenfilm« verbunden. Im apolitischen, ›postfeministischen‹ neuen Unterhaltungsfilm der neunziger Jahre wäre sie nicht mehr zeitgemäß. Sicherlich ist Hanna Schygulla nicht in einer Katja Riemann-Rolle oder als ›Superweib‹ denkbar, auch wenn sie manche Aspekte von diesen Rollen – Selbstbewußtsein plus Erotik – vorweggenommen hat. Andere Aspekte ihres Images – das Prinzip Sehnsucht, die Utopie der Emanzipation – sind nicht mehr die bevorzugten Momente der Frauenbilder im deutschen Kino der Gegenwart.

Einen Aspekt des Stars – die Rätselhaftigkeit, das Prinzip, nie ganz im Starimage aufzugehen – hat Hanna Schygulla immer praktiziert. Das war zentral für ihre Präsenz in den Fassbinder-Filmen und, obwohl weniger vordergründig, auch für ihre Darstellung der späteren Frauenfiguren. Ein Star ist nicht nur eine bekannte Persönlichkeit, er spielt auch immer sich selbst und seine Rollen. Bei Schygulla, wenn sie als Star wirkte, war dieser Bruch zwischen Rolle, Person und Performance deutlich spürbar. Dieses Prinzip ist Schygulla bewußt und bestimmt auch ihre Auftritte als Sängerin. Ein Kritiker notierte: Hanna Schygulla

> bleibt bei aller Selbstentblößung eine Geheimnisträgerin. Freimütig gesteht sie: ›Man gibt immer nur einen kleinen Teil von sich preis. Sonst ließe sich ja nichts mehr auf mich projizieren, ich würde durchsichtig. Nur im Dunkeln läßt sich ja etwas projizieren. Der Mensch hinter der Rolle muß zum Teil unsichtbar bleiben.‹ (Kemper 1997, 56).

Zitierte Literatur

Alexander, Richard (1986) »Stete Herausforderungen. Hanna Schygullas Understatement der Extreme«, *Die Welt*, 20.11.86.

Ascot Film (1983) *Die Geschichte der Piera* [Presseheft]. Berlin.

Bathrick, David (1994) »Inscribing History, Prohibiting and Producing Desire: Fassbinder's *Lili Marleen*«, *New German Critique* 63 (Fall 1994), S. 35–53.

Burger, Jörg (1997) »Helden der Popkultur: Hanna Schygulla«, *Zeit-Magazin*, 18.4.97, S. 5.

Corliss, Richard (1985) »The Passion of Hanna«, *Time*, 9 (4.3.85), S. 40–45.

EB (1980) »Balance zwischen Anonymität und Beachtung«, *Neue Presse am Sonntag*, 4.5.80.

Elsaesser, Thomas (1989) *New German Cinema: A History*. New Brunswick, N.J.: Rutgers University Press.

– (1995) »Germany«. In: *Encyclopedia of European Cinema*. Hrsg. von Ginette Vincendeau. New York: Facts on File, S. 172–175.

– (1996) *Fassbinder's Germany: History Identity Subject*. Amsterdam: Amsterdam University Press.

Elten, Jörg Andreas (1973) »Ich lasse mich nicht verheizen«, *Stern*, 13/1973.

Engelmeier, Peter W. (1971) »Hanna Schygulla will Lehrerin werden. Die Kunstpreistägerin traut ihrer Kunst nicht so recht«, *Berliner Morgenpost*, 19.5.71.

Esser, Klaus (1974) »Laßt mir meine Ruhe«, *Hörzu*, 28/1974.

Faber, Karin von (1986) »Der lange Weg zur Heiterkeit«, *Hörzu*, 35/86, (22.8.86), S. 16–18.

Fassbinder, Rainer Werner (1992) »Hanna Schygulla. Kein Star, nur ein schwacher Mensch wie wir alle«. In: *Filme befreien den Kopf*. Hrsg. von Michael Töteberg. Frankfurt: Fischer, S. 97–114.

Fründt, Bodo (1980) »Hanna hat's in sich«, *Stern*, 7.2.80, S. 33–36 u. 160.

Henrichs, Benjamin (1973) »Müder Wunderknabe«, *Zeit-Magazin*, 8.6.73, S. 12–17.

Heyn, Frederick (1974) »Der große Bericht: ›Ich glaube nicht, daß ich sexy bin‹«, *Hamburger Abendblatt*, 14./15.9.74.

Hoghe, Raimund (1993) »Hanna Schygulla«, *Zeit-Magazin*, 17.12.93, S. 49–55.

Johnston, Sheila (Hrsg.) (1984). »Hanna Schygulla«. In: *Cinegraph*. Hrsg. von Hans-Michael Bock. München: Edition Text + Kritik.

Kaes, Anton (1987) *Deutschlandbilder. Die Wiederkehr der Geschichte als Film*. München: Edition Text + Kritik.

Kemper, Peter (1997) »Ein abgebrühter Engel: Hanna Schygulla und ihre Lieder«, *Frankfurter Allgemeine Magazin*, Heft 918 (2.10.97), S. 50–56.

Koch, Gertrud (1983) »Die Frau vor der Kamera. Zur Rolle der Schauspielerin im Autorenfilm«, *Frauen und Film*, 35, (October), S. 92–96.

Kochanowski, Bodo (1974) »Ihr Fernsehspiel hat einen tödlichen Ausgang: Mein Vater erträgt die Schande nicht – und erschießt mich«, *Berliner Zeitung*, 8.10.1974.

Köhler, Mathilde/Wiese, Eberhard von (1977) »Ein Star wählte die Unsicherheit«, *Morgenpost*, 29.5.77.

Komosa, Paul (1974) »Aus der Rolle gefallen. Fassbinders Supergirl macht mal Pause«, *Der Abend*, 11.9.74.

Lorenz, Juliane (1995) »Wie Bruder und Schwester. Gespräch mit Hanna Schygulla«. In: *Das ganz normale Chaos. Gespräche über Rainer Werner Fassbinder.* Hrsg. von Juliane Lorenz. Berlin: Henschel Verlag, S. 32–43.

Lubowski, Bernd (1983) »Auf Wiedersehen, deutscher Film? Zwischen Erfolg und Kritik: Gespräch mit Hanna Schygulla«, *Hamburger Abendblatt*, 4.11.83.

M.K. (1970) »Kulturpreis für die müde Maid aus München«, *Hamburger Abendblatt*, 21.6.70.

Moltke, Johannes von (1994) »Camping in the Art Closet: The Politics of Camp and Nation in German Film«, *New German Critique*, 63 (Fall 1994), S. 77–106.

Nagel, Wolfgang (1979) »Wo war die Schygulla«, *Zeit-Magazin*, 23.3.79.

Penkert, Sibylle (1985) »Hanna Schygulla im Portrait. ›Von der Schwere und der Leichtigkeit, ein deutscher Filmstar zu sein‹«, *Filmfaust*, 44, S. 6–10.

Pittner, Hanno (1985) »Die neue Film-Diva«, *Quick*, 9, S. 43–45.

Presber, Gabriele (1988) *Die Kunst ist weiblich.* München: Droemer/Knaur.

Roth, Wilhelm (1992) »Kommentierte Filmographie«. In: *Rainer Werner Fassbinder.* Hrsg. von Peter W. Jansen und Wolfram Schütte. Frankfurt am Main: Fischer, S. 119–269.

Rumler, Fritz (1972) »Das Käthchen von Kattowitz«, *Der Spiegel*, 51/1972, S. 136.

Schumacher, Ernst (1994) »Ich wollte ja bewußt kein Star sein. Hanna Schygulla im Gespräch mit Ernst Schumacher«, *Berliner Zeitung*, 2./3.7.94.

Schygulla, Hanna (1981) »Ein autobiographischer Text«. In: *Hanna Schygulla. Bilder aus Filmen von Rainer Werner Fassbinder.* München: Schirmer/Mosel, S. 9–38.

Tesche, Siegfried (1985) »Hanna Schygulla«. In: ders.: *Die neuen Stars des deutschen Films.* München: Heyne, S. 268–278.

Urbschat, Detlef (1981) »Jetzt wartet Hollywood auf die ›Lili Marleen‹«, *Fernsehwoche*, 28.3.81.

Voss, Helmut (1980) »Die vielen Gesichter der Hanna Schygulla«, *Berliner Zeitung*, 24.1.80.

Wißmann, Thomas (1997) *Hanna Schygulla: Rolle und Schauspiel* (Internes Arbeitspapier, HBK Braunschweig).

Wortmann, Gitta (1981) »Hanna Schygulla: ›Ich bin gern Star – und privat unbekannt‹«, *Bild am Sonntag*, 4.1.81.

8. Star Power: Filmstars im historischen Wandel

Nach dem Untergang des Studiosystems Anfang der fünfziger Jahre und mit dem Aufkommen neuer, z. T. innovativer und vom europäischen ›Kunstfilm‹ beeinflußter Filmformen und einer neuen Generation von Schauspielern in den sechziger Jahren schienen der klassische Hollywoodfilm und mit ihm die Ära der ›großen Filmstars‹ mit ihrem Glamour, den astronomischen Gagen und ihrer Anziehungskraft fürs Publikum am Ende zu sein. Die allgemeine wirtschaftliche Krise der Filmbranche traf zusammen mit einer durch das Fernsehen veränderten Medienlandschaft und mit den Anfängen einer neuen, teils auf künstlerische Intentionen, teils auf einen neuen, jugendlichen Zeitgeist ausgerichteten Filmkultur, die – wie Curd Jürgens damals resümierte – »den Star als Star unnötig macht« (Anon. 1962, 54).

Aus heutiger Perspektive erscheint der Nachruf auf den großen Star schon fast absurd. Denn noch nie waren Stars für die Hollywood-Produktionen so wichtig und so mächtig wie heute. Eine vergleichbare Tendenz, wenn auch in ihrem Ausmaß deutlich bescheidener, läßt sich auch für die deutsche und europäische Filmwirtschaft feststellen. So konnte sich mit dem wachsenden Publikumsinteresse an den neuen deutschen Unterhaltungsfilmen in den beiden letzten Jahrzehnten auch eine neue Generation von Stars etablieren. Sicherlich gibt es nicht nur strukturelle und etwa in der Höhe der Gagen deutliche Unterschiede zwischen der amerikanischen und deutschen Entwicklung, doch generell sind die Kinoerfolge der neunziger Jahre in einem bisher nicht gekannten Ausmaß durch die wiedererstandenen Film- (und Medien-)stars geprägt.

Um zu erklären, wie Stars heute funktionieren, ihre Images gestaltet werden und sie sich von früheren Stars unterscheiden, ist es notwendig, die Entstehung und Entwicklung des Starsystems in Wechselwirkung zur Film- und Medienindustrie, zu den Veränderungen in der Publikumsstruktur und zu den kulturellen und historisch-gesellschaftlichen Kontextbedingungen zu betrachten. Erst auf dieser Basis ist es möglich, die Imagekonstruktion der neuen Filmstars sowie deren institutioneller Basis einzuordnen.

8.1 Die Entwicklung des Starsystems

Der klassische Hollywoodstar

Richard DeCordova (1991) datiert die Entstehung genuiner Filmstars – in Abgrenzung zu den »picture personalities« – für den Hollywoodfilm auf etwa 1914 und nimmt als Unterscheidungskriterium die Einbeziehung oder auch die gezielte Konstruktion der außerfilmischen, privaten Images in die öffentliche Präsentation der Stars. Die Kontinuität zwischen außer- und innerfilmischen Images wurde zu einem wesentlichen Merkmal des klassischen Hollywoodstars, der als Markenname fungierte und den Filmerfolg garantieren sollte.

Schon mit der ersten Herausbildung des Starsystems stellte sich also die Koppelung von Privatleben und Filmrollen als grundlegend für den Aufbau von Stars heraus. Mit der weiteren Entwicklung des Studiosystems erreichte die Durchsetzung dieses Prinzips seinen Höhepunkt im klassischen Hollywoodkino der dreißiger und vierziger Jahre. Stars avancierten zu einem der wichtigsten Marktfaktoren, ihre Images wurden planmäßig entwickelt und bis in kleinste Einzelheiten vom Studio bestimmt, auf die Publikumsinteressen ausgerichtet und durch aufwendige Publizitätskampagnen gepflegt. Für die klassischen Filmstars in dieser Periode gilt David Kehrs Beschreibung:

> The star build-up was a long, complicated and expensive process. It generally started with the selection of a ›type‹ – homespun or sophisticated, glamorous or sincere – that would be elaborated through a steady accumulation of bit roles. At every step along the line, the screen image would be reinforced by a carefully controlled presentation of the star's ›private‹ life: features placed in the fan magazines, items inserted in the newspaper columns, the right gossip leaked at the right moment. By the time the performer was ready to graduate to leading roles, the distinction between on-screen and off-screen no longer existed. (Kehr 1979, 8).

Von den dreißiger Jahren an hatten die Studios fast die vollständige Kontrolle über die Karrieren ihrer Stars. Exklusiv an ein Studio durch siebenjährige Verträge gebunden, mußten sie die Rollen übernehmen, die ihnen vorgegeben wurden (nur die größten Stars durften Drehbücher ablehnen), sich nach Gutdünken des Studios für Werbung und Öffentlichkeitsarbeit einsetzen lassen, die Kontrolle über die Gestaltung des Privatimages – bis hin zum eigenen Namen – der PR-Abteilung überlassen und in Interviews und öffentlichen Auftritten sich an deren Vorgaben halten. In dieser Form diente das Starsystem den Filmfirmen als Mechanismus der Risikominimierung zur Anpassung an einen schwer kalkulierbaren Markt. Die Kontinuität des Starimages von Film zu Film sowie zwischen den Filmrollen und dem öffentlichen Image war hierbei eine zentrale Komponente der Strategie. Durch informelle Marktforschung unter Auswertung von Fanbriefen, von Fragebögen bei Previews, von Kassenergebnissen und den Berichten der Kinobesitzer wurde die Zuschauerreaktion auf die jeweiligen Filmrollen kontinuierlich beobachtet. Erwies sich eine Rolle als besonders erfolgreich, wurde das Image des betreffenden Schauspielers bzw. der Schauspielerin entsprechend festgelegt, sowohl für zukünftige Rollen als auch in der Publicity:

> Having discovered the correct role, the next step was to create a fit between a star's personal life and his or her screen persona. [...] Fusing actor and character was the function of a studio's publicity department. To begin the process, the department manufactured an authorized biography of the star's personal life based largely on the successful narrative roles of the star's pictures. This material was disseminated to fan magazines, newspapers, and gossip columns. The department then assigned a publicist to the star to handle interviews and to supervise the star's makeup and clothing for public appearances. Finally, the department arranged a sitting for the star with a glamour portrait photographer to create an official studio image. (Balio 1993, 165).

Auch die zeitliche Kontinuität im Image resultierte aus dem Bestreben, ein erfolgreiches ›Produkt‹ möglichst effektiv auszunutzen. Vertraglich gebundene Stars fanden sich oft auf ein bestimmtes Stereotyp festgelegt. Ein Kassenerfolg führte zur Produktion einer Serie von ähnlichen Filmen, den sogenannten Starvehikeln, die dem bestehenden Image eines Stars ›maßgeschneidert‹ waren. Das Schema wurde leicht variiert, damit es sich nicht zu schnell abnutzte, und den Publikumswünschen laufend angepaßt, blieb aber fast immer innerhalb eines festgelegten Rahmens – zumindest solange der Erfolg an der Kinokasse dieses rechtfertigte.

Der ›Untergang‹ des Star- und Studiosystems

Als Ende der vierziger und Anfang der fünfziger Jahre in den USA die Antitrust-Prozesse (»Paramount Decrees«) die vertikale Konzentration der großen Filmfirmen beendeten und die dynamisch wachsende Fernsehkonkurrenz, verbunden mit deutlichen Veränderungen im Freizeitverhalten, zu einem starken Besucherrück-gang führte, setzte eine krisenhafte Umstrukturierung der Filmindustrie ein, die auch für das Starsystem gravierende Folgen hatte. Wesentlich weniger Filme wurden gedreht, die zum Teil auf neue Marktsegmente (Jugendfilme etc.) gerichtet waren. Die Studios verzichteten auf die langfristige Bindung der Stars und die kostenintensive Pflege ihrer Images. Unabhängige Produzenten, die einzelne Filmprojekte konzipierten und betreuten, gewannen im gleichen Maße an Einfluß, als die Studios sich aus der zentralen Produktionsplanung zurückzogen. Dadurch erweiterten sich die Möglichkeiten für Schauspielerinnen und Schauspieler, in verschiedenartigen Filmen aufzutreten und mit wechselnden Produktionsteams zu arbeiten. Der neuen Konkurrenz in Form des Fernsehens versuchte man u. a. durch forcierten Einsatz der filmischen Illusionstechnik (Farbe, Breitwandformat, 3–D etc.) und mit entsprechenden Großproduktionen, den sogenannten Blockbustern, zu begegnen und ab etwa 1955 zögernd auch mit Serienproduktionen für das Fernsehen.

Für einige große Stars bedeutete diese Entwicklung zunehmende Flexibilität und Freiheit. Sie konnten ihre Rollen selbst wählen, sich von Stereotypen befreien und als Charakterdarsteller, teilweise auch als Regisseur und Produzent engagieren. Weniger populäre Darsteller hatten zunehmende Schwierigkeiten, Arbeit zu finden, und wanderten häufig ins neue Medium Fernsehen ab.

In der zweiten Hälfte der sechziger Jahre hatte die Filmindustrie eine noch schwerere Krise zu überstehen, die aber eher demographische und kulturelle Ursachen hatte. Die Kinobesuche nahmen dramatisch ab, und das verbliebene, deutlich verjüngte Publikum war mit Großproduktionen alter Art wie DR. DOOLITTLE (1967) oder HELLO DOLLY (1969), die sich als erhebliche Fehlkalkulationen erwiesen, nicht mehr in die Kinos zu locken. So mußte die amerikanische Filmindustrie beispielsweise zwischen 1969 und 1971 Verluste von etwa 600 Millionen Dollar hinnehmen, mit der Konsequenz, daß mehrere Studios von branchenfremden Multis übernommen wurden (Schatz 1993, 14f.).

Dagegen hatte eine neue Generation von Filmemachern mit vergleichsweise billigen ›Außenseiterfilmen‹ wie THE GRADUATE (1967, Nichols), BUTCH CASSIDY (1969, Hill), EASY RIDER (1969, Hopper) und M*A*S*H* (1970, Altman) relativ großen Erfolg. Die Anfang der siebziger Jahre nach AIRPORT (1969, Seaton) einsetzende Welle von Katastrophenfilmen konnte sich zwar über mehrere Jahre gut behaupten, aber letztlich nicht über den generell bedrohlichen Zustand der Filmindustrie hinwegtäuschen. Gänzlich neue Starkarrieren mit neuen, ›unverbrauchten‹ Gesichtern und Charakteristika entstanden, die nicht mehr auf der Imagekontinuität basierten. Junge Schauspieler wie Dustin Hoffman, Al Pacino, Peter Fonda, Faye Dunaway, Jane Fonda etc., die das Lebensgefühl, die oppositionellen Strömungen der Jugendkultur repräsentierten, waren die Stars dieser Jahre. Viele von Ihnen avancierten als sogenannte »instant stars« (Walker 1970, 368) ohne aufwendige Publicitykampagnen aufgrund nur eines einzigen Films zum Star. Manche zeichneten sich auch als ›Schauspieler-Stars‹ gerade durch die große Wandlungsfähigkeit und Darstellungsintensität aus, mit der sie die unterschiedlichsten Rollen glaubwürdig verkörperten. Das jüngere Publikum bevorzugte eine andere Art von Schauspielern (»life-style stars«), und häufig wurden diese aus anderen kulturellen Bereichen wie Fernsehen, Sport oder Musik übernommen (Walker 1970, 333–370). Das alte Starsystem schien sich endgültig überlebt zu haben.

8.2 Neue Stars im ›New Hollywood‹

Die amerikanische Filmwirtschaft

Spätestens der herausragende internationale Kassenerfolg von Spielbergs DER WEISSE HAI 1975 zeigte, daß der große Hollywoodfilm keineswegs tot war. Eine neue Phase der Hochkonjunktur für die amerikanische Filmindustrie (›New Hollywood‹) begann. Neue Unternehmensstrukturen und vor allem neue Marketingstrategien führten zur Wiederbelebung der Großproduktionen (nun als ›Blockbuster‹) und damit auch der großen Stars, die jetzt sogar stärker noch als in der Blüte des Studiosystems den nationalen und internationalen Markt dominierten.

Dafür waren eine Reihe von recht unterschiedlichen Faktoren entscheidend, die das Filmgeschäft drastisch veränderten: ein erneuter Generationswechsel unter den Kinogängern, neue Formen von Filmen, eine mit den wachsenden Besucherzahlen erhöhte Anzahl der Kinos, die Sättigung des Markts durch hohe Kopienzahlen, groß angelegte Werbekampagnen (inkl. Fernsehwerbung) und nicht zuletzt die neue Rolle der Agenten für die Starkarrieren. Daneben wurde gezielt der ›sekundäre‹ Markt – also die Video, TV- und Kabel-Auswertung, Merchandising und internationale Distribution – entwickelt, der insgesamt das Inlandskinogeschäft um ein Vielfaches überstieg.

Seit DER WEISSE HAI und die STAR WARS-Serie (1977, Lucas; 1980, Kershner; 1983, Marquand) die bis dahin größten Einspielergebnisse der Kinogeschichte erreichten und weitere, groß angelegte Filme von George Lucas, Steven Spielberg und anderen Regisseuren dieser neuen Generation ebenfalls sehr profitabel waren, gilt die Produktion von Blockbustern mit sehr hohen (und ständig gewachsenen) Budgets – trotz einiger offensichtlicher Fehlkalkulationen – als die zentrale Erfolgsstrategie. Diese werden notwendigerweise weiterhin von soliden A-Filmen flankiert, die in einigen Fällen wie etwa PRETTY WOMAN (1990, Marshall) zu beträchtlichen Erfolgen werden und Stars etablieren, sowie von relativ billigen Independents, die die erforderliche Risikobereitschaft für Innovationen einbringen.

Im Lauf der achtziger und neunziger Jahre boomte die Filmbranche mit beachtlichen Wachstumsraten, verbunden mit einem dynamischen Anstieg der Produktionskosten. Vor allem die immer aufwendigeren Special Effects und steigenden Stargagen waren dafür verantwortlich. Zudem wurden Marketing und Distribution durch intensive, sehr breite Werbung und hohe Kopienzahlen zu bedeutenden Kostenfaktoren, die aber unverzichtbar erscheinen in einer Situation, in der Erfolg oder Untergang eines Films oft am ersten Wochenende entschieden wird. Bei Kosten von durchschnittlich über 50 Millionen Dollar, meist mehr als 100 Millionen Dollar für Blockbuster und immerhin einigen Millionen für ›kleine‹ Independents ist das Filmgeschäft immer noch sehr risikoreich – auch wenn die sekundäre Auswertung manche Mißerfolge wie WATERWORLD (1995, Reynolds) auf lange Sicht wieder profitabel machen kann. So setzt man neben den ›Erfolgsgaranten‹ Stars und hohe Produktionswerte beispielsweise auf ›vorverkaufte‹ Filme, auf Remakes im weitesten Sinne, also auf Produktionen, die auf ältere Kinoerfolge, bereits populäre Bücher, Fernsehserien, Comics usw. aufbauen. Oder aber man konzentriert sich, um ein breites Publikum anzusprechen, auf die gezielte Produktion sogenannter High-Concept-Filme, eine Mixtur aus filmisch effizienten Zutaten und erprobten Marketingfaktoren wie einfache, markante Plots und Figuren, gestylte Bilder, hit-trächtige Musik und natürlich den entsprechenden Stars (vgl. Wyatt 1994). Darüber hinaus eignen sich diese Filme besonders für eine zusätzliche Vermarktung in anderen Medien wie Video und Kabelfernsehen sowie für das Merchandising. Auf solchen ›sekundären‹ Märkten wird inzwischen der eigentliche Profit gemacht, da die Produzenten nur bei wenigen Filmen einen wirklich nennenswerten Gewinn aus den Kassenergebnissen erzielen.

Für die Stars hat diese Situation erhebliche Folgen. Die Gagen sind ständig gestiegen und machen inzwischen oft rund 20 % der Kosten eines Films aus. 1990 betrug beispielsweise die Topgage für die bekanntesten männlichen Stars wie Jack Nicholson, Tom Cruise, Bruce Willis etc. etwa 10 Millionen Dollar. Jim Carey erreichte 1995 bereits als neue Rekordsumme 20 Millionen Dollar. Heute sind Gagen von etwa 25 Millionen Dollar für männliche Stars und etwa 12 bis 14 Millionen Dollar für weibliche Topstars keine Besonderheit mehr. Julia Roberts ist bei 17 Millionen Dollar angelangt und verspricht, bald als erster weiblicher Star die 20 Millionen Dollar Grenze zu überschreiten. Die Spirale hält noch an, obwohl die Studios ständig versuchen, neue und jüngere Stars zu finden, einerseits um das jüngere Publikum anzusprechen und andererseits, um den Gagenforderungen der etablierten Stars zu entkommen. Die frühere Funktion der Studios für Aufbau und Pflege der Images wurde von den Stars selbst, überwiegend aber von den Agenten übernommen. Die großen Agenturen, vor allem CAA, spielen mittlerweile eine zentrale Rolle in der Filmproduktion. Sie entwickeln komplette ›Packages‹, die neben der Starbesetzung auch Drehbuch, Regisseur, Drehplan, weitere Darsteller etc. umfassen, und verkaufen diese an die Produktionsfirmen. Spezielle Publicity-Agenturen konzentrieren sich auf die Gestaltung, den Aufbau und die Pflege der Starimages, etwa durch gezielte und koordinierte Veröffentlichung oder – genauso wichtig – durch die Zurückhaltung von Informationen, Bildern, Auftritten und Interviews.

In der Produktionsweise des ›New Hollywood‹ lassen sich verschiedene, teils gegenläufige Tendenzen feststellen, die insgesamt den Eindruck verstärken, daß trotz der prinzipiell größeren Entscheidungsfreiheit der Stars das alte Starsystem mit einigen Modifikationen weiterhin wirksam ist. Einige der sogenannten ›A-list stars‹ können als Folge der ›neuen Freiheit‹ und nicht zuletzt aufgrund ihrer gewachsenen Macht und Finanzkraft auch andere Funktionen übernehmen oder durch Verhandlungen und Verträge gezielt auf ihre Filme einwirken. So sind etwa Clint Eastwood, Danny DeVito, Jody Foster, Mel Gibson und Kevin Costner mit unterschiedlichem Erfolg auch als Regisseure tätig, häufig auch in Filmen, in denen sie selber nicht auftreten. Ihre Erfahrung vor der Kamera und ihr Engagement für ihre Filmprojekte können als Vorteile gesehen werden; maßgeblich für die Produktionsfirmen dürfte aber die erwiesene Zugkraft ihres Namens sein (vgl. Spines/Thompson 1997). Daneben nutzen viele Stars ihre hohen Gagen, um ins Produktionsgeschäft einzusteigen. Als Co-Produzenten, oder eben als publikumswirksame Stars, können sie erheblichen Einfluß auf die Gestaltung ihrer Filme ausüben (allerdings nicht immer zur Freude der Regisseure und der anderen Beteiligten, vgl. Kermode 1991).

Als stark gegenläufige Entwicklung stellt sich aber zunehmend das Blockbustersystem mit seinen Auswirkungen heraus. Die hohen Kosten und Risiken führen zur Produktion von Serien und Sequels, in denen Stars, die sich darauf einlassen, wie zur Zeit des Studiosystems auf ständig perpetuierte Rollen festgelegt werden, die das Image nachhaltig prägen (vgl. Weingarten 1998a, 5). Der angesichts der Produktionskosten ungeheure Erfolgsdruck führt zum »Recycling als Branchen-Ideologie«:

> Einmal erfolgreiche Schemata werden bis zum Beweis ihrer allmählichen Abnutzung durchvariiert. [...] Einmal erfolgreiche Stars werden solange in ähnlichen, immer gleichförmigeren Rollen ausgelaugt, bis die Fans genug von ihnen haben. Die Schauspieler büßen dabei jede Entwicklungsmöglichkeit ein, aber es stört sie kaum, weil sie innerhalb weniger Jahre zu Multimillionären aufsteigen können. (Everschor 1997, 36).

Darüber hinaus gewährleistet die wirtschaftliche Abhängigkeit vom Publikum, daß viele ›klassische‹ Elemente der Imagebildung und -pflege relativ kontinuierlich weiter funktionieren. Der Filmkritiker Neal Gabler bringt diese Entwicklung mit folgenden Worten auf den Punkt: »In a way, Hollywood is recreating the studio system [...]. The same oversized, everywhere you look icons are emerging. The difference is that this time, it's the stars and their managers who are controlling it.« (zit. in Hass 1997). Es gibt vielleicht eine größere Flexibilität im Image, aber die Marktmechanismen sorgen dafür, daß die meisten Stars schon in ihrem eigenen Interesse eine relativ große Rollenkonstanz beibehalten. Ein Mißerfolg an der Kasse führt meistens zur Rückkehr zum festgelegten Image, z. B. bei Bruce Willis, der sich nach dem Flop COLOR OF NIGHT (1994) mit DIE HARD WITH A VENGEANCE (1994) wieder am bewährten Erfolgsrezept orientierte. Ein Star wie Schwarzenegger, der einen entsprechend großen Namen und ausreichende finanzielle Mittel besitzt, kann es sich leisten, in mehreren Filmen mit seinem Image zu experimentieren, auch wenn sie unterschiedlich ankommen. So war TWINS (1988), der Action und Komödie kombinierte, ein großer Erfolg, während der Versuch einer reinen Komödie mit JUNIOR (1994) fehlschlug. LAST ACTION HERO (1993) bot seinen alten Fans nicht das, was sie wollten, während ein anderes, möglicherweise cineastisch interessiertes Publikum aufgrund seines Images dem Film fernblieb. Gerade solche Beispiele zeigen aber auch, wie weit die Erwartungen und Wünsche des Publikums, die sich oft an bestehenden Images orientieren, über die Wirkung der Stars entscheiden.

Action Stars

Kennzeichnend für die gegenwärtige Situation ist, daß die einzelnen Starimages und -typen inhaltlich sehr unterschiedlich sind. Ein stark diversifizierter Markt mit großen Filmen für ein breites Massenpublikum sowie spezialisierten Produkten für verschiedene Nischenpublika führt dazu, daß die einzelnen Starimages und -typen extrem divergieren. Heute ist es sogar noch weniger als zur Zeit der klassischen Stars möglich, für ein integriertes Publikum allgemeine Aussagen über die Inhalte der Images zu treffen. Dennoch gibt es einige auffällige Tendenzen. So waren beispielsweise in der Zeit der achtziger bis etwa Mitte der neunziger Jahre viele der erfolgreichsten männlichen Stars primär auf die Rolle des Actionhelden festgelegt, teilweise sogar auf einzelne Figuren oder bestimmte Typen, die in mehreren Filmen auftauchten: So etwa Schwarzenegger, Stallone, und – noch enger – Bruce Willis und Mel Gibson in ihren Serien-Filmen.

Die Action-Filme und -stars haben aus mehreren Gründen für das große Hollywoodkino prototypischen Charakter: Sie sind Event-Movies, die mit Stars und Special-Effects ein breites Publikum ansprechen und in dieser Weise vermarktet werden. Sie bieten gerade in den neuen großen Kinos mit Dolby-Surround-Technik, riesigen Leinwänden etc. ein intensives Kinoerlebnis, das die Topoi des Genres Verfolgung, Kampf, Explosionen etc. voll zur Wirkung kommen läßt. Sie sind um bestimmte Figuren, etwa den einsamen (männlichen) Helden herum aufgebaut, die sich als gezielt konzipierte Star-Vehikel anbieten. Entsprechend präsentieren sie diese als Figuren-Typus und als Körper-Bild, so daß die »Hard Bodies« und »Musculinity« als die eigentlichen Motive der Actionfilme der achtziger und neunziger Jahre anzusehen sind. Ein Großteil der Images von Stars wie Schwarzenegger, Stallone, Lundgren, Van Damme – aber auch Demi Moore, wie Weingarten (1997) verdeutlicht – fußt auf ihrer physischen Erscheinung und der Präsenz ihres durchtrainierten Körpers. Die Erscheinungsbilder der führenden männlichen und auch etlicher weiblicher Stars der Zeit (neben Moore u. a. Sigourney Weaver, Linda Hamilton und Jamie Lee Curtis) sind auffällig durch Stärke, körperliche Härte und gewaltträchtige Situationen in den Filmen geprägt, weshalb Kritiker sie als symptomatisch für Krisentendenzen in den kulturellen und geschlechterbezogenen Diskursen der Reagan-Ära beschreiben (vgl. Holmlund 1993; Tasker 1993; Jeffords 1994).

Während die Actionfilme und -stars über eine längere Zeit erfolgreich waren, zeichnen sich langsam einige neuere Entwicklungen ab. Die erste Generation der Hard-Body-Stars wird älter. Stallone kann seine Gagen bereits seit längerem nur noch mit dem internationalen Verkauf von Filmen und Videos legitimieren. Schwarzenegger war mit einigen Komödien etwas erfolgreicher in seinen Bemühungen, Image und Rollenspektrum zu erweitern. In den letzten Jahren hat er aber in wenigen – und wie BATMAN UND ROBIN (1997, Schumacher), nicht immer erfolgreichen – Filmen gespielt. Seine neue Produktion, END OF DAYS (1999, Hyams), eine Kombination aus Science-Fiction- und Teufelsgeschichte mit einem Budget von 100 Millionen (Dollar), ist als Comeback-Blockbuster konzipiert. Und auch beispielsweise Bruce Willis versuchte, mit der Rolle in der Kurt Vonnegut-Verfilmung BREAKFAST OF CHAMPIONS (1998, Rudolph) aus seiner dominanten Typisierung auszubrechen. Es bleibt aber abzuwarten, ob und welche der Action-Stars ihre Popularität und finanziellen Mittel erfolgreich für eine entsprechende Imageausweitung oder -verlagerung nutzen können, wie etwa Clint Eastwood als Schauspieler, Regisseur und Produzent.

Auch ist noch nicht ersichtlich, ob es eine vergleichbare Gruppe jüngerer Action-Stars geben wird. Es könnte ebenso zutreffen, daß das bis etwa 1995 erfolgreiche Modell mittlerweile an Zugkraft verloren hat. Allerdings funktioniert die Blockbusterstrategie weiterhin, wie an den aktuellen Kassenerfolgen ablesbar ist: Der Event-Film, STAR WARS EPISODE I (1999, Lucas), ist zwar kein Star-Film, bietet aber auf anderen Ebenen Attraktionen genug. Der große Erfolg des Action-Crime-Thrillers ENTRAPMENT (1999) zeigt zudem, daß Stars (hier: Sean Connery, Catherine Zeta-Jones), eine sehr aufwendige und breit gestreute Werbung und eine hohe Kopienzahl – der Film lief in fast 3000 Kinos gleichzeitig – immer noch das Publikum begeistern können. Nach vier Wochen Laufzeit in den USA konnte er bereits ein Bruttoergebnis von knapp 60 Millionen Dollar einspielen. THE MATRIX (1999), ein Action-Science-Fiction-Kungfu-Vehikel für Keanu Reaves und mit vielen computergenerierten Effekten, zeigt diese Tendenz noch deutlicher: in den ersten acht Wochen erzielte er allein in den USA mit insgesamt knapp 150 Millionen Dollar ein Spitzenergebnis. Es ist nicht untypisch für die jetzige Übergangszeit, daß ein alter, etablierter Star wie Sean Connery und einer der neuen Actionstars – hier Reaves – gleichzeitig sehr erfolgreiche Filme ermöglichen. Action, Effekte, Spannung und ein bißchen Liebe oder Erotik in der Nebenhandlung funktionieren nach wie vor. Wenn es Verschiebungen in der Imagebildung bei jüngeren Stars gibt, dann kleinere, tendenzielle Abänderungen, die aber innerhalb des Rahmens des konventionellen Kinos bleiben.

Neue Entwicklungen im Star-System

Der Wandel vom Studiosystem zur Post-Studio-Epoche war von einer zunehmenden Eigenständigkeit und Wandelbarkeit der Stars begleitet, die tendenziell ihr eigenes Image produzieren und ihre eigenen Rollen aussuchen konnten oder mußten. Diese Entwicklung wurde aber durch die Marktmechanismen des Blockbusterkinos gewissermaßen konterkariert, denn sie führten dazu, daß Stars freiwillig – also aus eigenem finanziellen Interesse – auf große Rollenkontinuität achteten, bis hin zur Serienproduktion: DIE HARD I, II, III; ALIEN I, II, III usw. Bei manchen neuen Hollywoodstars scheint die Ausdifferenzierung des Images aber weiterzugehen. Die jüngeren Schauspieler in Hollywood, auch die, die im Actiongenre arbeiten, lassen sich nur bedingt auf eine Rolle, ein Image, ein Genre festlegen. Auch sind ihre Images in sich oft weniger geschlossen, und auch die männlichen Stars tendieren dazu, brüchigere, weichere Images zu konstruieren. Dies hat vermutlich kulturelle und natürlich auch ökonomische Gründe. Das traditionelle Kernpublikum – die 14- bis 24jährigen männlichen Kinogänger – schrumpft seit einigen Jahren (u.a. weil sie sich stärker dem neuen Medium Computer und Internet zuwenden), so daß die Filmindustrie ihre Produkte zunehmend auf die erwarteten Wünsche des damit wichtiger gewordenen jungen weiblichen Publikums ausrichtet (vgl. Weingarten 1998a, 14). Es gibt stärkere Rollen für junge weibliche Stars und zunehmend Nebenhandlungen um weibliche Figuren, und junge männliche Stars wie Leonardo DiCaprio, Ben Affleck und Matt Damon integrieren Merkmale wie Sensibilität, Verwundbarkeit und Emotionalität in ihre Images. Diese Entwicklung bringt auch eine Neugewichtung der Genres gegen Ende der neunziger Jahre, die jedoch genauso den Regeln des ›High Concept-Films‹ folgen und oft auch als formelhafte Starvehikel funktionieren. An die Stelle der Actionfilme als Publikumserfolge treten zunehmend romantische Melodramen wie TITANIC (1998, Cameron) und insbesondere gefühlsbetonte Komödien wie SCHLAFLOS IN SEATTLE (1993, Ephron), E-MAIL FÜR DICH (1998, Ephron), NOTTING HILL (1998, Mitchell) und DIE BRAUT, DIE SICH NICHT TRAUT (1999, Marshall).

Starkarrieren: Zwei Beispiele

An zwei ausgewählten Beispielen sollen die sehr unterschiedlichen Strategien für Imageaufbau und Karriere sowie die gemeinsamen Merkmale von (amerikanischen) Stars der neunziger Jahre konkretisiert werden.

Nicolas Cage

Nicolas Cage hat schon länger ein relativ komplexes Image selbstbewußt und gezielt gepflegt – privat wie in seinen Filmen – und sich beispielsweise in der zweiten Hälfte der neunziger Jahre auch zum Action-Star gewandelt, ohne sich dabei aber nur auf derartige Rollen festlegen zu lassen. Anders als Schwarzenegger und andere, die ein recht eindimensionales Image als Ausgangspunkt hatten, das sie dann häufig mühsam und oft ohne Erfolg beim Publikum zu erweitern versuchten, kam Cage erst zu diesem Genre, nachdem er bereits ein Image als vielseitiger und wandlungsfähiger Schauspieler aufgebaut hatte. So kann er jetzt glaubwürdig in jedem Genre spielen. Dafür sind verschiedene Faktoren verantwortlich:

- In der Anfangsphase seiner Karriere trat er in verschiedenen, oft künstlerisch ambitionierten Independent-Produktionen auf, die ihm die Möglichkeit gaben, so zu spielen, wie er wollte. Er konnte seinen eigenen, oft exzentrischen oder auch grotesken Schauspielstil entwickeln und in sehr unterschiedlichen Rollen auftreten. Gerade die Arbeit mit Regisseuren wie Francis Ford Coppola und David Lynch förderten diese Entwicklung, und die Rolle als Sailor in WILD AT HEART (1990, Lynch) war zweifellos ein Meilenstein in seiner Laufbahn.
- In dieser Zeit pflegte er ganz bewußt auch das eigene Privatimage, insbesondere als wilder Exzentriker, wie er selbst beschreibt: »Als ich mit 17 Jahren mit dem Schauspielen anfing, wollte ich unbedingt wild und gefährlich wirken. Inzwischen bin ich zwar nicht zum sanften Teddy geworden, aber ich versuche, meine Wildheit jetzt eher in die Rollen zu stecken als in mein Privatleben. Früher habe ich fast keinen Unterschied zwischen den Filmen und meinem Leben gemacht, sondern eben verrückte Sachen.« (zit. in Rothe 1997). Berühmt wurde z. B. ein Wutanfall – bei den Dreharbeiten von THE COTTON CLUB (1984) demolierte er seinen Wohnwagen. Auch in seinen Filmrollen achtete er auf Effekte, etwa als er in dem Film VAMPIRE'S KISS (1988) eine lebende Kakerlake verspeiste, was er einerseits als passend zur Figur fand, andererseits als bewußt überlegten Publicity-Trick zugibt. Ähnlich exzessiv war bisweilen die Vorbereitung auf Rollen: »I admit I did things for effect that I wouldn't do now. [...] I know there are stories about me, some of which I generated. [...] In those days I was trying to create my own mythology.« (zit. in Sheff 1996). Sein extravaganter Lebensstil trägt auch zum Image bei: er sammelt teure Autos und besitzt verschiedene Häuser – ein Strandhaus in Malibu, eine nachgeahmte Burg auf den Hügeln über L. A., eine Wohnung in einem Latino-Viertel, das sonst kaum von Anglos betreten wird, und ein Haus in San Francisco. Auch die Liebesgeschichte mit seiner Frau Patricia Arquette paßt zur Mythologie um seine Person: Er habe ihr schon wenige Stunden nach der ersten Begegnung einen Heiratsantrag gemacht. Sie stellte ihm wie einem Ritter eine Liste von zehn eigentlich unmöglichen Aufgaben, die er aber zielstrebig abzuarbeiten begann. Ihr wurde das Ganze unheimlich und sie machte Schluß. Zehn Jahre später trafen sie wieder aufeinander und haben schnell geheiratet.
- Die planmäßige Auswahl sehr unterschiedlicher Rollen und Genres betonen seine Wandlungsfähigkeit und sein schauspielerisches Können, das mit einem Oscar für die Rolle des Trinkers in LEAVING LAS VEGAS (1995, Mike Figgis) honoriert wurde. Abwechselnd spielte er in Jugendgeschichten, romantischen Komödien, Actionfilmen und Dramen, wie die folgende Auswahl zeigt: RUMBLE FISH (1983, Francis Ford Coppola), BIRDY (1984, Alan Parker), PEGGY SUE GOT MARRIED (1986, Coppola), MOONSTRUCK (1987, Norman Jewison), VAMPIRE'S KISS (1989, Robert Bierman), WILD AT HEART (1990, David Lynch), HONEYMOON IN VEGAS (1992, Andrew Bergman), LEAVING LAS VEGAS (1995, Mike Figgis), THE ROCK (1996, Michael Bay), CONAIR (1997, Simon West), FACE/OFF (1997, John

Woo, mit Travolta), CITY OF ANGELS (1998, Brad Silberling, mit Meg Ryan) und BRINGING OUT THE DEAD (1999, Martin Scorsese). Eine gewisse Kontinuität ist aber in der ›dunklen‹ Seite seiner Figuren zu finden, die oft Außenseiter sind oder am Rande der Gesellschaft leben.

- Sein schauspielerischer Stil ist sehr intensiv, aber eher das Gegenteil von *method acting*: statt sich mit seinen eigenen Gefühlen und Erfahrungen in die Figur hineinzuversetzen, nimmt Cage häufig ein bestimmtes Charakteristikum (eine seltsame Stimme der Hauptfigur in PEGGY SUE GOT MARRIED, die Elvis-Imitation bei Sailor in WILD AT HEART) als Ausgangspunkt und entwickelt die gesamte Figur daraus weiter (vgl. MacFarquhar 1997). Dabei ist eine besondere Intensität deutlich spürbar, so daß Kritiker von »einem amokläuferischen Solo«, einem »freakigen Komödienmann«, und von »Kamikaze-Schauspielerei« sprechen (Jenny 1996). Dabei kann er aber durchaus nuancierte Figuren entwickeln, sogar im Action-Genre.

In seiner Imagebildung und Karriere verbindet Cage Kommerz – er ist durchaus in der Lage, als Publikumsmagnet in Romanzen wie in Actionfilmen zu dienen – mit einer ausgeprägten Eigenständigkeit und einem für Hollywood eher ungewöhnlichen Kunstanspruch. Er ist einer der wenigen Stars, der aufgrund seiner Imagestrategie und schauspielerischen Fähigkeiten ebenso in risikoreicheren Independent-Filmen wie in großen Blockbustern überzeugt.

Julia Roberts

Julia Roberts ist momentan *der* weibliche Topstar. Nach dem großen Erfolg von MY BEST FRIEND'S WEDDING (1997), NOTTING HILL (1999) und THE RUNAWAY BRIDE (1999) hat sie zur Zeit den höchsten Marktwert für einen weiblichen Hollywood-Star.

Bereits 1990 erzielte sie mit PRETTY WOMAN (Garry Marshall) einen aufsehenerregenden Erfolg – damals Platz eins und heute immer noch auf Rang 40 der höchsten Einspielergebnisse aller Zeiten in den USA. Obwohl als normaler ›A-Film‹ und nicht von vornherein als Blockbuster konzipiert, brachte der Film allein auf dem amerikanischen Markt 178 Millionen Dollar ein. Weder war er in der Herstellung sonderlich teuer, noch war Julia Roberts zu der Zeit ein herausgehobener Star. Durch diesen Film aber wurde sie zum Topstar und zugleich war damit ihr Image festgelegt. Daß in den fast zehn Jahren zwischen PRETTY WOMAN und ihrem jetzigen Karrierehoch (bezeichnenderweise zuletzt wieder in einem Film mit Richard Gere und dem Regisseur Garry Marshall) eine längere Zeit lag, die durch eher mäßige Erfolge, etliche Flops und einem ständig sinkenden Marktwert gekennzeichnet war, erlaubt einige Schlußfolgerungen über die Mechanismen, die ihre Popularität und Starkarriere beeinflußt haben.

Konnte Cage ein Starimage aufbauen, das eine relativ starke Variationsbreite umfaßt, ist Julia Roberts nicht viel anders als die klassischen Hollywoodstars auf ein ausgesprochen konstantes Image festgelegt. Das gilt sowohl für die zeitliche Kontinuität als auch für die Übereinstimmung zwischen inner- und außerfilmischem Image. So wird in Besprechungen ihres neuen Films DIE BRAUT, DIE SICH NICHT TRAUT (RUNAWAY BRIDE) – die Geschichte einer Frau, die immer wieder in letzter Minute ihre Hochzeiten platzen läßt – routinemäßig auf Roberts' geplante Hochzeit mit Kiefer Sutherland hingewiesen, die sie drei Tage vor dem Termin absagte. In einem ›Hintergrund‹-Artikel zu dem Film stellt die Zeitschrift *Cinema* ausführlich Parallelen zwischen Filmkarriere und dem Liebesleben des Stars her (Anon. 1999). Noch wichtiger ist aber wohl die Festlegung auf ein bestimmtes Rollenbild, das – zu Recht oder nicht, aber sicherlich von den Filmemachern nicht ungewollt – auch auf das Bild ihrer Persönlichkeit abfärbt. So funktioniert neben der biographischen Anspielung in RUNAWAY BRIDE auch die selbstreflexive Darstellung in NOTTING HILL, in dem sie einen Filmstar spielt, dessen Image – wie das von Roberts – durch Sex-Appeal und Natürlichkeit definiert wird. Das Image und seine Wirkung lassen sich prägnant beschreiben:

Ihr breites Lächeln, ihre ebenmäßigen Zähne, die vollen Lippen, die die Erinnerung an Sophia Loren evozieren, die haselnußbraunen Rehaugen, ihre offensichtliche Unbekümmertheit – Merkmal auch ihrer Filmauftritte –, vor allem aber die endlos langen Beine und das wilde, rote Haar [...].

Julia Roberts, der Star für die neunziger Jahre, ist ein Produkt der Filmindustrie und nur vor diesem Hintergrund erklärlich. Doch sie ist ein Produkt, das wir mit Verzückung genießen. [...] Denn ihr Lächeln, das so plötzlich zu einem breiten, sprühenden Lachen werden kann, ihr sprühender Sex-Appeal und ihre frische Natürlichkeit, die ohne Widerspruch die Figuren von Nutte und Prinzessin miteinander vereint und damit das Unmögliche wahr werden läßt – Julia Roberts überwindet Gegensätze nicht mit schauspielerischem Können oder Kalkül, sondern mit ihrer spürbaren Betroffenheit, Verletzlichkeit, entwaffnenden Naivität und Empfindsamkeit. [...] Julia Roberts ist eine Traumfrau, weil sie sexy, vulgär, anmachend, liebevoll, aufopfernd, beschützenswert, modern, ungezwungen, natürlich sein kann, und das im Grunde alles nur zum Gefallen des Mannes. (Zurhorst 1999, 8 und 12).

Filme, die sich an diese in PRETTY WOMAN etablierte Formel halten, funktionieren für ein breites Publikum, während Roberts' Versuche, in anspruchsvolleren Filmen wie Altmans PRÊT-À-PORTER (1994), Jordans MICHAEL COLLINS (1996) oder Frears' MARY REILLY (1996) als Charakterdarstellerin zu reüssieren, fehlschlugen. Aber auch der Mißerfolg von DYING YOUNG (1991) war für ihre Karriere sehr schädlich. Der Film war als Vehikel für sie gedacht und vom Regisseur explizit auf ihr Image zugeschnitten (vgl. Kermode 1991), wurde jedoch – möglicherweise aufgrund der dramatischen Story, der Schwächen in Dramaturgie und Inszenierung oder einfach wegen des ungünstigen Titels – vom Publikum nicht angenommen. Nach diesem Film – mit Einnahmen von nur 32 Millionen Dollar der größte Flop der Saison – war ihr Renommee bei der Industrie stark angeschlagen:

›They said Julia Roberts could open any film,‹ notes Martin Grove, industry analyst for the *Hollywood Reporter*, referring to a star's ability to lure sizable audiences on a movie's first weekend. ›They said she could open a phone book. *Dying Young* proved they were wrong.‹ (Corliss 1991).

Die Erfolgskurve ihrer Karriere (s. Grafik) bis heute zeigt ziemlich deutlich, daß das Publikum sie am ehesten in romantischen Komödien sehen will, sie aber auch noch in passenden Rollen in Thrillern wie THE PELICAN BRIEF (DIE AKTE, 1993, Pakula) und (mit Mel Gibson) CONSPIRACY THEORY (FLETCHERS VISIONEN, 1997) akzeptiert. Eine gewisse Reifung als Darstellerin wird ihr zugestanden – so zeigen die neueren Figuren gewisse Ambivalenzen –, aber am besten ›funktioniert‹ sie als ›Julia Roberts-Figur‹, also nach dem vor allem in PRETTY WOMAN geprägten Schema. Daß sie sich auf diese Weise als ›Zutat im Rezept‹ für einen Publikumserfolg verwenden läßt, erklärt ihren enormen Wert für die Filmproduzenten. Hierin ist sie exemplarisch für die Kosten-, Gewinn- und Gagenspirale der großen Hollywoodproduktionen und -stars in diesem Jahrzehnt.

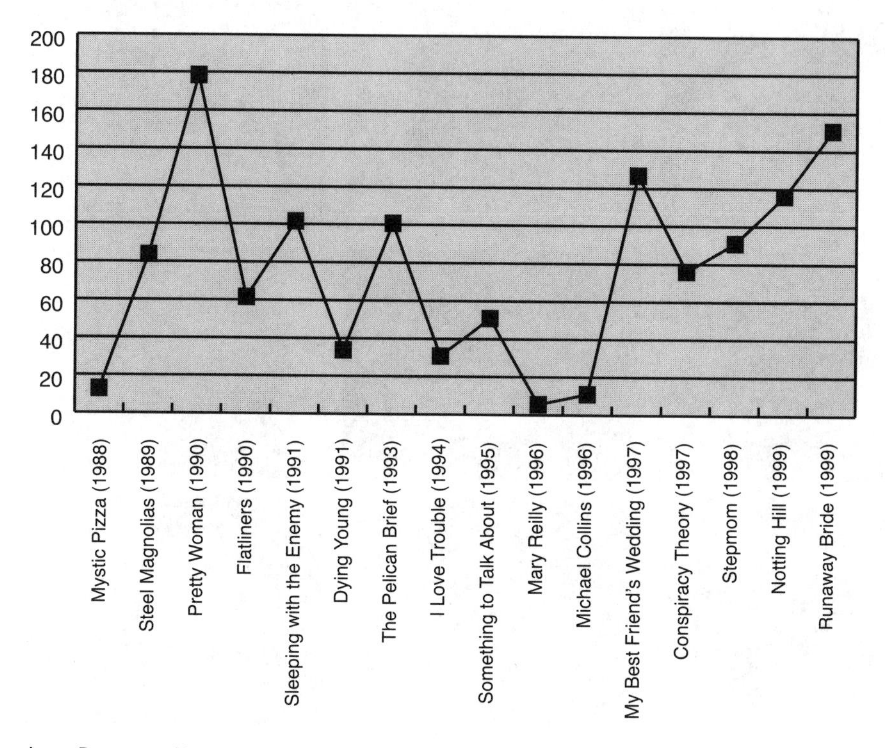

JULIA ROBERTS – Karriereprofil nach Kassenergebnissen (Bruttoeinspielergebnisse in den USA in Millionen Dollar)

Ausschlaggebend für diese Wirkung sind zweifellos ihre ›Ausstrahlung‹, ›Leinwandpräsenz‹, ihre ›Photogenie‹ – Faktoren, die sich zwar bewußt einsetzen, aber kaum gezielt planen oder erklären lassen. In den erfolgreichen Filmen ist sie häufig in Naheinstellungen zu sehen, die ihr Gesicht wirken lassen, und ihr Körper wird auch ausführlich, aber auf eine noch relativ dezente Art, zur Schau gestellt. Häufig wird auch gezielt Glamour evoziert, gerade dann, wenn sie scheinbar natürlich – also spontan oder unkontrolliert – agiert. Solche Zeichen der Authentizität (»markers of authenticity«) sind klassische Elemente der Starwirkung (vgl. Dyer, 1982, 19). In PRETTY WOMAN werden sie in der Transformation von der etwas derben, unbeholfenen, aber auf ihre Art auch direkten und authentischen Prostituierten zur schönen, eleganten Traumprinzessin herausgestellt. Diese Starwirkung ist ebenso spürbar, wenn sie starke Gefühle ausdrückt, seien es Freude oder Ärger (beispielsweise: ihr zappelnder Gang und ihre trotzigen Blicke in der Hotelhalle, die Badezimmerszene, kindliches Staunen über die Luxusläden am Rodeo Drive, das Neueinkleiden im Designerladen, Stampfen und die Arme-um-sich-Werfen nach der Erniedrigung in der Boutique, Zorn nach dem Streit mit Edward).

In solchen Momenten *sieht* man, was Julia Roberts zum Star macht: die Mischung aus Glamour, Natürlichkeit und Präsenz, die Star-Qualität definiert. Wenn die Starpräsenz funktioniert, gibt sie den Zuschauer/innen das Gefühl, eine ganz besondere, einmalige Person wahrzunehmen, die zugleich auf eine Art unergründlich bleibt. Die Persönlichkeit des Stars ist in den Bildern spürbar – dafür eignen sich natürlich besonders Großaufnahmen des Gesichts, die klassischerweise zum Hollywoodstil gehören, aber auch alle Einstellungen, in denen Mimik oder Körperpräsenz hervorgehoben sind und spontan zu sein scheinen. Gerade bei Julia Roberts fällt das Image (Sex-Appeal und Natürlichkeit) mit der photogenen Wirkung und der Authentizitätswirkung des Stars zusammen. Wenngleich sie in Interviews bestreitet, daß sie ihren Figuren ähnelt, wird dies vom Publikum und von der Presse eher ignoriert (so kommentiert eine Journalistin Julia Roberts' Aussage »Ich bin genauso wenig Maggie, wie ich Anna in ›Notting Hill‹ war« mit »Mag sein« [Kostede 1999, 42]), um die Gleichsetzung des Stars mit ihrer Erscheinung auf der Leinwand zu verstärken. Auch in dieser Hinsicht ähnelt Roberts den klassischen Filmstars. Die wirtschaftlichen Rahmenbedingungen haben sich geändert, aber viele der psychologischen Mechanismen und ästhetischen Formen funktionieren weiterhin, um die Popularität der Stars zu begründen.

8.3 Die deutsche Situation

Historische Entwicklung

Hollywood ist nicht nur die weltweit größte und mächtigste Unterhaltungsindustrie, sondern hat auch über große Phasen der Filmgeschichte die internationale Filmproduktion stark beeinflußt. Auch wenn es vor allem in einigen nicht-westlichen Ländern gänzlich andere regionale und nationale Traditionen gibt und beispielsweise der avancierte europäische Film sich oft in Opposition oder in einer Art Haßliebe zu Hollywood definiert hat, bildet der amerikanische Unterhaltungsfilm das gängigste Paradigma des populären Films. Am Beispiel der deutschen Filmgeschichte soll dieses exemplarisch aufgezeigt werden.

In den Glanzzeiten der Ufa dominierte in Deutschland ein dem amerikanischen durchaus ähnliches Starsystem. Sogar während der gesamten NS-Zeit, in der Filmstars offiziell als Teil der oberflächlichen, kommerzialisierten, amerikanisierten Massenunterhaltung, im Gegensatz zur deutschen ›Kunst‹ und ›Menschendarstellung‹, verpönt waren, war ein ausgeprägtes Starsystem Teil der Kinorealität. Die großen Filmfirmen wie Ufa, Terra und Tobis wurden auch nach ihrer Verstaatlichung nach marktwirtschaftlichen Prinzipien weitergeführt und waren daher auf ähnliche Vermarktungs- und Risikominderungsmechanismen angewiesen wie die Hollywood-Studios. Vergleichbare Strategien der Imagegestaltung und Publizität lassen sich beispielsweise bei Stars wie Zarah Leander feststellen, die systematisch auf eine bestimmte Rolle – gewissermaßen als deutsches Gegenstück zu Marlene Dietrich und Greta Garbo – aufgebaut wurde. Ausgeprägte Rollenkonstanz findet sich bei fast allen deutschen Stars der dreißiger und vierziger Jahre; man denke nur an die populärsten wie (neben Zarah Leander) Heinz Rühmann, Hans Albers, Heinrich George, Kristina Söderbaum, Lilian Harvey, Marika Rökk etc. Auch die Kongruenz zwischen Leinwand- und Privatimage der Stars war integraler Teil des NS-Kinos. Eine Palette von Publikumszeitschriften sowie Programmhefte, Werbung, Live- oder Wochenschauauftritte, Starfotos und Sammelbilder, Zeitungsberichte und Buchpublikationen über Filmstars trugen zur Verbreitung des erwünschten Starimages bei.

Kriegsende, Besatzung sowie politische und wirtschaftliche Umstrukturierung hatten tiefgreifende Folgen für die deutsche Filmindustrie, die als NS-Propagandainstrument belastet war und erst nach und nach wieder Produktionslizenzen erhielt. Die bisherigen Ufa-Stars aber hatten an ihrer Beliebtheit nichts eingebüßt und waren in den ersten Jahren des Wiederaufbaus ein zentraler Faktor für die entstehenden Filme. Als die deutsche Produktion wieder auf breiterer Ebene in Gang kam und in den fünfziger Jahren trotz der etablierten amerikanischen Konkurrenz die populärsten Filme lieferte, entstanden neue Stars. Neben einigen größeren Produktionsfirmen tummelten sich eine Unzahl von kleinen auf dem Markt, so daß man nicht von einem kontinuierlichen Aufbau von Starimages nach dem Muster des Studiosystems ausgehen kann. Allerdings bewirkte die starke Ausrichtung auf spezifische Genres – vor allem den Heimatfilm, aber auch Kriegsfilme, historische Filme, Operetten- und Musikfilme –, daß die Publikumslieblinge sich immer wieder in ähnlichen Rollen präsentierten. So war der deutsche Film der fünfziger Jahre von spezifisch deutschen Stars wie Romy Schneider, Heinz Rühmann, O. W. Fischer, Ruth Leuwerick, Rudolf Prack, Sonja Ziemann etc. geprägt. Mit dem ›Kinosterben‹ im Lauf der sechziger und siebziger Jahre machte auch die deutsche Kinobranche eine Krise durch, die dem alten Starsystem vorerst ein Ende bereitete. Im ›Neuen Deutschen Film‹ stilisierten sich allenfalls die Autoren-Regisseure als Stars. Schauspieler konnten in diesen Jahren nur bedingt gezielte Imagebildung betreiben oder gar Starstatus erreichen. Eine der großen Ausnahmen ist allerdings Hanna Schygulla, die sich zum Star bzw. zum »Antistar« entwickelte (s. Kapitel 7). Zwar gab es auch in diesen Jahren einige neuere Stars, aber ihre Karrieren, Images und wirtschaftlichen Bedingungen hatten andere Wurzeln. Einige – wie etwa Otto Waalkes und Götz George – kamen mit einem bereits etablierten Starimage vom Fernsehen oder anderen Medien, in einigen Fällen basierte ihr Image auf der Wandlungsfähigkeit oder schauspielerischen Intensität (z. B. Armin Müller-Stahl und Bruno Ganz), wieder andere erreichten diese Qualität nur durch eine internationale Karriere im Ausland.

Mit dem ›deutschen Filmwunder‹ der neunziger Jahre hat sich diese Situation wieder entscheidend verändert. Dafür sind im wesentlichen drei miteinander eng verbundene Entwicklungen ausschlaggebend: Erstens die dezidierte Umorientierung der jungen Generation von Filmemachern und Produzenten von künstlerischen oder gar politisch ambitionierten Filmen (für ein kleines Publikum) auf Unterhaltung für ein breites und wachsendes Kinopublikum; zweitens die wirtschaftliche Umstellung der Branche, insbesondere infolge der Änderungen in der Filmförderung, dem Aufkommen der neuen privaten Fernsehsender (als Teile von Medienkonzernen), der Expansion des Filmmarktes und der steigenden Beteiligung amerikanischer Distributionsfirmen und drittens die Veränderung der Publikumsstruktur und damit die Anforderungen an die Filme.

Infrastruktur des Erfolgs

In den Neunzigern stiegen nicht nur Zuschauerzahlen und Umsatz der Kinobranche, wichtiger noch für das deutsche Filmwunder war, daß ab 1996 der Anteil deutscher Filme auf den heimischen Markt enorm zunahm. Lag dieser lange bei etwa 10 %, so erreichte er im ersten Quartal 1996 bereits 18 %, um im ersten Quartal 1997 einen Rekordanteil von 37 % zu erzielen (Anon. 1997b), wobei der Jahresdurchschnitt 1997 immerhin noch bei etwa 18 % lag. Filme wie DER BEWEGTE MANN (1994, Wortmann), ROSSINI (1996, Dietl), KLEINES ARSCHLOCH (1997, Schaack/Vollmer), WERNER – DAS MUSS KESSELN (1996, Schaack/Beißel), MÄNNERPENSION (1995, Buck), DAS SUPERWEIB (1995, Wortmann) und STADTGESPRÄCH (1995, Kaufmann) lockten jeweils mehrere Millionen Zuschauer in die

Kinos. ROSSINI und KNOCKIN' ON HEAVEN'S DOOR erreichten jeweils über 3 Millionen deutsche Zuschauer/innen, mehr als irgendeine amerikanische Produktion (vgl. Ginten 1997) und mit 3,3 Millionen Zuschauer war KNOCKIN' in Deutschland sogar dreimal so erfolgreich wie Tarantinos PULP FICTION!

Waren es zunächst überwiegend (Beziehungs-)Kömodien, die diesen Boom auslösten, so läßt sich hierin für Ende 1997 bereits eine Trendwende feststellen: Im darauffolgenden Jahr belegten COMEDIAN HARMONISTS (Vilsmaier) und LOLA RENNT (Tykwer) die oberen Plätze in der Erfolgsskala, also Filme, die sich deutlich von den eingefahrenen Mustern der bisherigen Komödien absetzten. Nur der Zeichentrickfilm WERNER – VOLLES ROOÄÄÄ!!! (Hahn) konnte 1999 noch einen großen Erfolg verbuchen. Insgesamt aber war der Popularitätshöhepunkt der deutschen Filme überschritten. Der Marktanteil sank bereits 1998 wieder auf knapp unter 10%, und vor allem der WERNER-Film war dafür verantwortlich, daß in den ersten drei Quartalen 1999 der Wert von 14% noch einmal erreicht wurde (vgl. Rolf 1999, 10). Aktuell scheint nur die liebevoll-witzige, nostalgische Alltagskomödie SONNENALLEE (1999, Haußmann) über die Befindlichkeiten der DDR-Jugendlichen noch zu Zeiten der Mauer Chancen zu haben, ein herausragender Kassenerfolg zu werden. Die Tatsache, daß sich dieser Film bereits seit mehreren Monaten im Programm halten kann, belegt aber auch das nach wie vor vorhandene Interesse an Filmen mit einheimischen Themen. Trotz der insgesamt rückläufigen Erfolgszahlen ist das Publikumsinteresse an den deutschen Stars durchaus vorhanden. So waren 1996 laut einer Umfrage Götz George, Uwe Ochsenknecht und Heiner Lauterbach beim deutschen Publikum bekannter als der Hollywood-Topstar Tom Hanks, und Til Schweiger führte sogar vor dem Bond-Darsteller Pierce Brosnan (vgl. Elbern 1996). Laut einer neuen Beliebtheitsumfrage liegt Til Schweiger vor Tom Cruise, Katja Riemann (trotz fehlender Präsenz in den letzten Jahren) vor Michelle Pfeiffer und Moritz Bleibtreu vor Leonardo DiCaprio (vgl. Rolf 1999, 9).

Den Boom des deutschen Films konnte es natürlich nur geben, weil das deutsche Publikum diese Filme sehen wollte. Daß es sie sehen konnte, hat aber weitere Ursachen. Eine ist die Filmförderung: Bund und Länder investieren jährlich insgesamt über 200 Millionen Mark in die Förderung von Drehbüchern, Produktion und Verleih. Im Zuge der Umstrukturierung der Medienpolitik in Richtung auf Wirtschaftlichkeit wurde auch die Filmförderung von einer »kulturellen in eine wirtschaftliche Förderung des deutschen Films« umgestellt (vgl. Seeßlen/Jung 1997, 18). Wurden bis dahin bevorzugt Erstlingswerke unterstützt, wird seit Mitte der neunziger Jahre primär der Kassenerfolg subventioniert. Über 80% der Bundesförderung geht an Folgeproduktionen von Filmen, die über 100 000 Besucher in zwei Jahren erreichen, wobei die restriktiven Vergabebedingungen die Professionalisierung und kommerzielle Ausrichtung der Filme forcieren (vgl. Dunkel 1996, 34).

Ein zweiter, extrem wichtiger Faktor ist das Fernsehen. Mit insgesamt über 8000 Spielfilmterminen im Jahr haben die Sender einen enormen Bedarf an Filmen (vgl. Wachs 1997). Hier finden Kinofilme eine lukrative Zweitverwertung bzw. Erstverwertung, da es sich fast ausschließlich um Koproduktionen handelt, die bereits mit Blick auf die spätere Fernsehausstrahlung produziert werden. Zusätzlich investieren die Sender etwa 230 Millionen DM – also eine höhere Summe als die gesamte Filmförderung – in die Produktion von TV-Spielfilmen (Kupfer 1996). Allein 1997 wurden rund 150 TV-Movies hergestellt, jeweils mit einer Produktionsbudget zwischen 1,5 und 4 Millionen DM (vgl. Wachs 1997). Auch im deutschen Film trifft man auf die in Hollywood ständig beschworenen Synergie-Effekte der Medien: STADTGESPRÄCH etwa war eine Produktion des ZDF, die durch die deutsche Tochterfirma des Disney-Verleihers »Buena Vista« sehr erfolgreich in die Kinos gebracht wurde. Da der deutsche Markt relativ klein ist und die Gagen in keiner Weise mit den amerikanischen vergleichbar sind, arbeiten Schauspieler, Autoren und Regisseure (notwendigerweise) in beiden Medien. Auch etablierte deutsche Kinostars wie Götz George und Til Schweiger nutzen diese Möglichkeiten und sind gleichzeitig mit ihren Kinoerfolgen in TV-Movies zu sehen, die wie DAS MÄDCHEN ROSEMARIE (1995) und DER SANDMANN (1995) ebenfalls sehr erfolgreich sein können. Der seit der Einführung des Privatfernsehens rapide expandierende Markt für TV-Movies sowie der Aufschwung der deutschen Kinofilme bringen dem Produktionssektor ein außerordentliches Wachstum, führen aber – ähnlich wie in Hollywood – zu explodierenden Kosten, insbesondere aufgrund der Stargagen, die sich von maximal 15% inzwischen auf einen Anteil von bis zu 30% der Produktionsbudgets nahezu verdoppelt haben (vgl. Wachs 1997).

Seit der deutsche Markt auch für inländische Produktionen profitabel ist, haben sich Tochterfirmen amerikanischer und internationaler Verleiher wie Buena Vista, Warners und PolyGram zunehmend im deutschen Produktionssektor engagiert. Aber auch in diesen Fällen bleiben die Filme auf eine erheblich geringere Größenordnung beschränkt als die Hollywood-Blockbuster, denn Herstellungskosten von mehr als 10 Millionen DM lassen sich auf dem deutschen Markt kaum amortisieren (vgl. Schröder 1996). So betrugen 1996 die durchschnittlichen Produktionskosten in Deutschland zwei Millionen DM, in den USA dagegen etwa das Zehnfache (vgl. Barthelemy 1996). Auch die Vertriebsmethoden der amerikanischen Firmen wurden hier mittlerweile übernommen: Der Marketinganteil ist um 40% gestiegen und bewegt sich zwischen 600000 und 900000 Dollar für einen größeren Film. In die Werbung für KNOCKIN' ON HEAVEN'S DOOR soll Buena Vista sogar über 2 Millionen Dollar investiert haben (vgl. Moving Pictures International 1997). Ebenso ist die Zahl der Verleihkopien stark angestiegen: Der enorme Erfolg deutscher Filme 1997 wurde u.a. dadurch unterstützt, daß knapp 1700 Kopien gleichzeitig in den Kinos gezeigt wurden. Dabei wurden allein die vier Topfilme KNOCKIN' ON HEAVEN'S DOOR, JENSEITS DER STILLE, ROSSINI – ODER DIE MÖRDERISCHE FRAGE, WER MIT WEM SCHLIEF und SMILLAS GESPÜR FÜR SCHNEE mit insgesamt 1505 Kopien gestartet (vgl. Anon. 1997a).

Ähnlich wie in Hollywood, wenn auch in weitaus kleinerem Maßstab, wirkt sich der Markt auf Produktion und Vertrieb der deutschen Filme und eben auch auf die Bedeutung und die gezielte Popularisierung der Stars aus: »Die amerikanischen Verleiher haben a) sehr viel höhere Marketing-Budgets, b) einen aggressiven Marktdruck auf die Kinobesitzer und c) ein stärkeres Bewußtsein für Star-Präsenz in ihre PR-Strategien eingebracht, als es bei deutschen Verleihern bis dato üblich war.« (Weingarten 1998b, 5). Während die US-Verleihfirmen und beispielsweise auch Bernd Eichingers »Neue Constantin« durchaus den Wert der deutschen Stars erkannt haben, fehlten hier bislang die Mechanismen, um Starimages nach amerikanischem Vorbild zu entwickeln. Erst 1994 mit der Aufhebung des staatlichen Arbeitsvermittlungsmonopols konnten sich Agenturen wie »Players«-Mechthild Holter, »Above the Line« und Carola Studlar etablieren, die Schauspieler und Schauspielerinnen vermitteln und darüber hinaus Imageaufbau und -pflege betreiben. Die Ergänzung durch spezielle Publicity-Agenten für die effektive Organisation der Werbe-, Presse- und Öffentlichkeitsarbeit (wie in den USA) ist aber erst in Ansätzen erkennbar. Der Schauspieler Kai Wiesinger war der erste, der mit Hilfe eines PR-Beraters versuchte, einen Imagewechsel – vom weichen Komödienstar zum Charakterdarsteller – durchzuführen, ein Versuch, der allerdings aus mehreren Gründen fehlschlug. Bis heute ist das außerfilmische Image der neuen Stars eher unterentwickelt – teils wohl aus dem (verständlichen) Wunsch, ein wirkliches Privatleben zu führen und es vor der Öffentlichkeit abzuschirmen, teils einfach, weil diese Seite der Imagebildung in ihrer möglichen strategischen Funktion bisher in dem Maße nicht gesehen wird.

Ausgangspunkt für die Erfolge des neuen deutschen Kinos in der zweiten Hälfte der neunziger Jahre waren die Beziehungskomödien. Dafür hatte MÄNNER, Doris Dörries Überraschungshit von 1985, in mehrfacher Weise eine Vorreiterfunktion. Der Film etablierte die Grundkonstellation der Plots, gab die Zielgruppe vor und lieferte auch in Tempo, Witz und Anlage der Figuren die Muster, die später überwiegend nur noch variiert wurden. Der Film benutzt eine Dreiecksgeschichte, um kontrastierende Lebenshaltungen, Männerrollen und Lifestyles gegeneinander auszuspielen. Neben vielen gelungenen Einzelelementen und einer zum Teil umwerfenden Situationskomik bewirken allerdings die starke Stereotypisierung der Figuren und die generelle Überzeichnung, daß aus einer durchaus möglichen scharfen Satire letztlich doch nur eine recht unverbindliche Persiflage wird. Auch darin kann MÄNNER als Prototyp für die folgende Komödienwelle dienen. Im *Spiegel* wurden diese »Feel-good-Filme« wie folgt charakterisiert:

> Sie setzen darauf, rein private Geschichten auf die Leinwand zu bringen: Der neue deutsche Film liebt die Commedia Sexualis. Fast immer sind seine im Geschlechterkampf angeschlagenen Helden und Heldinnen um die 30, attraktiv, schlagfertig und, bei aller zur Schau getragenen Ausgeflipptheit, fest im westdeutschen Mittelstand verankert. [...] bei aller verzweifelt angestrebten Individualität lugt aus den neudeutschen Beziehungslachwerken das Charakterbild einer genau umrissenen Alters- und Gesellschaftsgruppe heraus: die Ziele, Ideen und Sorgen der 89er. (Anon. 1996, 223).

Die Komödien sind um Identitätskrisen und um die Sinnkrise einer neuen Wohlstandsgeneration zentriert, für die sie eine Trostfunktion erfüllen, stellte Karl Prümm (1996) fest. Georg Seeßlen (1996) meinte: »Die Beziehungskomödie ist der Ufa-Traum für das neue Kleinbürgertum. Ihr Thema ist die Justierung des Privatlebens nach dem hedonistischen Urknall und nach der feministischen Revolte.«

Der Erfolg der Filme wurde erreicht durch die konsequente kommerzielle Ausrichtung auf die vorhandenen bzw. vermuteten Bedürfnisse eines Massenpublikums, also auf Unterhaltung. Eben diese Orientierung, die unübersehbare Tendenz zur Trivialisierung, zum Klischeehaften und oft zum Klamauk wurde auch von zahlreichen Kritikern bemängelt, wie einige ausgewählte Statements zeigen: »Der deutsche Film ist erfolgreicher geworden und hat nichts zu sagen« (Martenstein 1996a); »Noch verströmt das deutsche ›Kinowunder‹ den warmen Muff des Kinos aus Adenauers Zeiten« (Schröder 1996); »purer ökonomischer Schein«, »grottenschlechte, mittelmäßige oder langweilige Filme« (Seeßlen/Jung 1997, 21); »Der deutsche Film boomt, zugleich verliert er endgültig an Relevanz« (Knipphals 1996); »etwas ungeheuer Durchschnittliches«, »in ungemein braven Bildern und einer überkonventionellen Dramaturgie« (Seeßlen 1996, 35).

Dennoch oder gerade wegen der witzig-unverbindlichen Verarbeitung von Problemen, die von den Zuschauern als die eigenen wahrgenommen werden konnten, wurden diese Filme populär. Denn die Filme boten dem Publikum – positiv gesehen – Orientierung und Lebenshilfe, indem sie Verhaltensmuster, Lebensentwürfe, alltägliche Konflikte und deren Lösung von scheinbar ›normalen‹ Mitmenschen präsentierten. Das in einer verharmlosten, spielerischen Form zu bieten, war seit jeher Funktion von Unterhaltung, vom Film und von Stars:

> Much of what makes them [star images] interesting is how they articulate aspects of living in contemporary society. [...] Work, sexuality, ethnicity and sexual identity themselves depend on more general ideas in society about what a person is, and stars are major definers of these ideas. Stars articulate what it is to be a human being in contemporary society; that is, they express the particular notion we hold of the person, of the ›individual‹. (Dyer 1986, 8)

Diese Funktion erfüllen sie, indem sie in ihren Images besonders verdichtete Bilder von »individualisierten sozialen Typen« verkörpern (Reeves 1988). Hier kommt also eine Kernbestimmung des Stars zum Tragen, die bereits für die klassischen Stars kennzeichnend war und die verschiedentlich als Ausstrahlung, Präsenz, Charisma oder Authentizität des Starimages bezeichnet wird. Diese Qualität resultiert daraus, daß die spezifischen Attribute des Images als Eigenschaften einer besonderen, diskreten oder individuellen und wirklichen Person erscheinen und zugleich auf ein typisiertes, aber klares, überspitztes, für die Rezipienten relevantes Bild vereinfacht werden.

Til Schweiger – »Der freche Frauenschwarm«

Einer der ersten und – obwohl er in den letzten Jahren nicht mehr so häufig im Film zu sehen war – wohl immer noch der bekannteste der neuen Stars ist Til Schweiger. Götz George ist zwar bei weitem populärer, gehört aber einer anderen Generation an, während Schweiger eher typisch für die junge Garde des deutschen Unterhaltungsfilms ist. 1963 geboren, studierte er einige Semester, bevor er die Schauspielschule in Köln besuchte. Neben kleineren Theaterengagements betätigte er sich als Synchronsprecher für Pornofilme, erhielt 1991 die Rolle des Jo Zenker in der LINDENSTRASSE und trat im selben Jahr in seinem ersten Kinofilm auf: MANTA, MANTA (Regie: Wolfgang Büld), einer populären Komödie des führenden deutschen Produzenten Bernd Eichinger. 1993 erhielt Schweiger den Max Ophüls-Preis als bester Nachwuchsdarsteller für seine Rolle in EBBIES BLUFF (Regie: Claude-Oliver Rudolph), und sein Durchbruch zum populären Star folgte ein Jahr später mit der Hauptrolle in Sönke Wortmanns Komödie DER BEWEGTE MANN. Mit Filmen wie MÄNNERPENSION (1996, Buck) und DAS SUPERWEIB (1996, Wortmann) festigte er seine Position als Komödienstar, trat aber auch im Actionfilm ADRENALIN (1996, Girard) sowie in zwei von Eichingers »German Classics«-Remakes auf. Seinen bis dahin größten Erfolg erreicht er mit KNOCKIN' ON HEAVEN' DOOR (1996), der bereits eine tendenzielle Erweiterung in Schweigers Image markiert, obwohl das Publikum den Film zum Teil als Komödie rezipierte. Zudem wagte er sich hiermit zum ersten Mal auch als Produzent an ein Filmprojekt – dazu ein großes und durchaus risikoreiches –, und mit DER EISBÄR (1998) trat er als Co-Produzent und neben Granz Henman als Co-Regisseur auf. 1996 übernahm er die Hauptrolle in der französisch-deutsch-polnischen Co-Produktion BASTARD (Dejczer). Damit hatte er sich ins internationale Filmgeschäft begeben und sich gleichzeitig von seinem Komödien-Image deutlich entfernt: Der Film handelt von einem englischen Hooligan, der an einem Resozialisierungsprogramm in einem rumänischen Waisenhaus arbeiten muß und sich dadurch persönlich wandelt. Trotz kleinerer Rollen in zwei Hollywoodproduktionen ab 1998 (REPLACEMENT KILLERS, und S. L. C. PUNK, beide 1998) und der Betreuung durch die angesehene amerikanische Agentur William Morris konnte er hier allerdings keine neue Karriere aufbauen. Mit seinem letzten Film, dem Thriller DER GROSSE BAGAROZY (1999, Eichinger), ist er wieder in einer größeren deutschen Produktion zu sehen.

Schweiger orientiert sich deutlich am ›Modell Hollywood‹, nicht nur in der Ausrichtung auf Unterhaltungsfilme und in seiner Arbeitsweise, wie er offen zugibt – »Ich bin schamlos kommerziell und strebe den großen Publikumserfolg an. Es muß ein richtiger Kinofilm sein und nicht einer, der aussieht wie ein Fernsehspiel.« (zit. nach cinezone.com, 1998) –, sondern auch in der Art, wie er sein Starimage aufbaut. Er arbeitet schon lange mit der erfolgreichen Agentin Mechtild Holter (Agentur »Players«) zusammen und ist einer der ersten deutschen Schauspieler, der zusätzlich eine Publicity-Agentin (Britta Steilmann) beschäftigt. Seit dem Durchbruch mit DER BEWEGTE MANN hat er behutsam, aber mit deutlicher Konsequenz sein Rollenbild schrittweise erweitert, und damit einen gewissen Grad an Imagekonstanz beibehalten, um seine Fangemeinde nicht zu verlieren. Auf eine ähnliche Weise wie viele Hollywoodstars hat er seinen Erfolg gezielt genutzt, um als Produzent und Regisseur eigene Projekte zu realisieren und die Kontrolle darüber zu behalten. Mit den Filmen KNOCKIN' ON HEAVEN'S DOOR und DER EISBÄR konnte er sich am deutlichsten von den Mustern der neudeutschen Komödie befreien, indem er sich an Hollywood-Genreformeln orientierte. Gerade der außergewöhnlich große Publikumserfolg und die öffentliche Anerkennung (Goldene Kamera) von KNOCKIN'... bestätigte diesen Weg. Trotz Kritik an der allzu offensichtlichen Nähe zu den Filmen Quentin Tarantinos wurde Schweigers Exkurs in die Produktion insgesamt positiv bewertet, vor allem als Teil des deutschen ›Kino-Booms‹ der neunziger Jahre.

Inner- und außerfilmisches Image hat Schweiger geschickt ausbalanciert, ohne sie gleichsetzen zu müssen. In den Filmen eher als sympathischer Macho und Sexsymbol aufgebaut (gerade seine körperliche Erscheinung wird oft herausgestellt), betont er in Interviews vor allem sein Familienleben und seine Arbeit. Ver-

bindendes Element ist seine sympathische, gradlinige, teils fast naiv-ehrliche Ausstrahlung. Zu seinem Image hier einige Aussagen aus der Filmbranche und der Presse:

Seine Agentin, Mechtild Holter: »Til ist jung, sehr sexy und Familienvater. Mit seinem Sauberimage erreicht er den höchsten Identifikationsgrad.« (zit. in Junge 1996).

»Ein Typ wie ein Boulevard James Dean«; »Er kann männlich wirken und ebenso seine ach so männlichen Stärken und Schwächen mit viel Charme belächeln.« (Blum 1997, 14; 54).

»Schw[eiger] ist auf sympathisch abonniert, ob er will oder nicht. Mit seinen Dackelfalten auf der Stirn und seinem entwaffnenden Lächeln verkörpert er genau die zur Zeit so beliebte Mischung zwischen Macho und Knuddeltyp.« (*Brigitte* 17/1995, zit. nach Munzinger).

»noch immer ist Schweiger ehrlich und gradlinig, noch immer wirkt er manchmal wie ein großes Kind, das durch einen Vergnügenspark tobt.« (Ziegler 1997a).

»Er ist viel zu nett, viel zu sehr der gute Junge von nebenan, um ein wirklicher Star zu sein.« (Knipphals 1997).

»Mit einsachtundsiebzig leicht am Gardemaß vorbeigeschrammt, hat er den fast perfekten *body*: breite Schultern, keilförmiger Oberkörper, knackiger Hintern, stramme Waden. Vor allem die Gesichtsproportionen erweisen sich als mehrheitsfähiges Patchwork. Nichts tanzt wirklich aus der Reihe. Am kantigen Horst-Buchholz-Kopf kleben kleinen, unauffällige Öhrchen. Nase, Mund und Augen halten sich dezent zurück, wiedererkennbare Konturen schaffen die hohen Wangenknochen à la James Dean und das entzückende Kirk-Douglas-Grübchen, das das Kinn zum Kinderpopo macht. Reicht das rein biologisch begründete Reiz-Reaktions-Schema aus, um 54 Prozent der deutschen Frauen, wie das Forsa-Institut jüngst herausfand, zu dem Wunsch zu bewegen, Til Schweiger einmal über die Bettkante zu zerren?«

»Als Schauspieler befriedigt er das Bedürfnis einer jungen Generation nach ein bißchen Berechenbarkeit, nach ein wenig Halt und wiedererkennbaren Signalen, nach geregelter Männlichkeit. Ein Safer-Sex-Symbol mit weich-rotzigem Seriencharakter.« (Gugel 1997).

»[...] der vermeintlich schöne Körper allein kann der Grund für soviel Aufregung nicht sein. Vielmehr überzeugt die Mischung aus Gigolo mit Machomanieren und verliebtem Jüngling mit Familiensinn [...].« (Blum/Blum 1997, 99).

Gerade sein Renommee als Sexsymbol – belegt durch Umfrageergebnisse (»Mister 54%«) – ist zum Topos der Beschreibung geworden. Ebenso wichtig und in den letzten Jahren noch forciert, ist seine Rolle als treuer Ehemann und liebender Vater von inzwischen drei Kindern, an deren Pflege und Erziehung er aktiv und ausführlich teilnehmen soll. Wie auch eine ähnliche Betonung der familiären Rolle u. a. bei Katja Riemann zeigt, sind Attraktivität und Wirkung der neuen deutschen Stars – im Film wie im außerfilmischen Image – offensichtlich eng mit der Entwicklung von Diskursen über Geschlechterrollen, Sexualität und Familie verbunden.

Nicht nur in Hinblick auf den Doppelcharakter als Sexsymbol und Familienmensch wird Schweigers Image um Polaritäten aufgebaut: Familienvater und Sexsymbol, Macho und Softie, gefühlsvoll und rauhbeinig etc. Als eher durchgängige Momente kommen Lässigkeit, Spontaneität, Natürlichkeit und eine entwaffnende Offenheit hinzu – etwa wenn er sich freimütig über seine Arbeit beim Synchronisieren von Pornos, über seine Flugangst und einen gescheiterten Bordellbesuch als Junge äußert oder auch in seiner häufig derben und zugleich jungenhaft-naiven Wortwahl bei Interviews. Dies wird interessanterweise durch seine offensichtliche Kompetenz als Schauspieler und Produzent und seine sehr bewußte Selbstreflexion über Rollenwahl und Image keineswegs neutralisiert. Weitere Momente des Schweiger-Images sind sein Umzug nach Hollywood (einschließlich der Ablehnung einer Rolle in Spielbergs SAVING PVT. RYAN, 1997) sowie seine Werbe-Auftritte beispielsweise für Hugo Boss und Renault, die visuell an sein Image als Sexsymbol und Softie/Macho anknüpfen. Zentral für Schweiger als Star sind aber nach wie vor seine Filmrollen.

Katja Riemann – »Die postfeministische Frau Deutschlands« (Weingarten 1998b)

Der prägende weibliche Star des deutschen Kinobooms ist eindeutig Katja Riemann, die in den meisten der erfolgreichen Komödien von ABGESCHMINKT! (1992) über DER BEWEGTE MANN bis hin zu STADTGESPRÄCH (1995) zu sehen war.

Zwar ist in diesem Zusammenhang auch Veronika Ferres mit ihrer ebenfalls auf Erfolgskomödien beruhenden Starkarriere zu nennen (SCHTONK, 1992; DAS SUPERWEIB, 1995; ROSSINI, 1996), aber »Katja Riemann hat den aktuellen deutschen Filmkomödien ihr Gesicht geliehen« (Schwarz 1997). Sie wurde eine Zeitlang so sehr mit der deutschen Beziehungskomödie gleichgesetzt, daß für einen Film »garantiert ohne Katja Riemann« geworben werden konnte (Ziegler 1997b). Um diesen Übersättigungserscheinungen zu entkommen, hat sie öffentlich verkündet, keine Komödien mehr zu drehen (vgl. Pauli 1995, 280) und mit NUR AUS LIEBE (1996, Satin), BANDITS (1996, von Garnier), DIE APOTHEKERIN (1997, Kaufmann) und einer Nebenrolle in COMEDIAN HARMONISTS (1998, Vilsmaier) eine Imageerweiterung versucht. In den letzten Jahren (seit 1997) war sie – mit Ausnahme von LONG HELLO AND SHORT GOODBYE (1999, Kaufmann) – nicht mehr in deutschen Kinofilmen, allenfalls in einigen TV-Produktionen zu sehen. Neuerdings spielte sie im französisch-italienisch-deutschen Fernsehfilm BALZAC (1999) mit und hat gerade die Dreharbeiten für den kanadischen Film DESIRE abgeschlossen. Dennoch besitzt sie in Deutschland durchaus noch Star-Power, wie eine aktuelle Umfrage bestätigt (vgl. Rolf 1999).

Durch die in ihren Grundzügen immer wieder ähnlichen Rollen hat Riemann ein feststehendes Image aufgebaut. Sie ist »die moderne, mittelständisch-urbane junge Frau, stark bis schroff, frech bis intelligent, erfolgreich und wortgewandt einerseits, bis zur Weinerlichkeit unsicher und selbstverliebt andererseits« (Weingarten 1998b, 23). Ihr Privatleben hat Riemann weitgehend abgeschirmt – bis auf ihre Rolle als Mutter einer Tochter, die sie in Interviews häufiger thematisiert. Allerdings gilt sie bei der Arbeit als schwierig und »zickig«, eine Charakterisierung, die sie selbst in den Medien fördert, etwa mit Aussagen wie »Ja, ich bin eine Diva. Ich bin gern schwierig, unfreundlich und kapriziös. Ist das nicht viel interessanter als das nette Mädchen von nebenan?« (Anon. 1997c). Zum Teil gelingt es ihr allerdings, diese forsche Selbsteinschätzung in Ehrgeiz und eine etwas eigensinnige Konzentration auf die Arbeit als Schauspielerin umzudeuten, wobei dieser außerfilmische Imageaspekt sich auffallend mit ihren Rollen deckt, die oft eine herbe, energisch-strenge und sogar tendenziell abweisende Seite der Filmfiguren beinhalten. So verkörpert sie sowohl die junge, unabhängige, beruflich erfolgreiche und modische Frau, erscheint aber – privat und in den Filmrollen – auch als steif, hochmütig, verkniffen und bieder. Das Image ist also trotz ihres Erfolges in seiner Wirkung durchaus ambivalent. Einerseits der Grund für ihre Popularität, provoziert es andererseits häufig eine aggressive Ablehnung (ähnlich übrigens wie bei Hera Lind, der Autorin vieler der neuen Beziehungskomödien). So gibt es Publikumsäußerungen, bis hin zu »Die ist die Inge Meysel des jungen deutschen Films, [...] entsetzlich deutsch und sauertöpfisch«, die zitiert werden, um zu belegen, daß sie »von fast ebenso vielen Menschen gehaßt wie geliebt« wird (Ziegler 1997b).

Als sie in ABGESCHMINKT! (1993), Katja von Garniers Abschlußfilm an der Münchener Filmhochschule, auftrat, hatte Riemann bereits einige Erfahrung als Theater- und Fernsehschauspielerin – u. a. SOMMER IN LESMONA (1988, Beauvais) und die TATORT-Folge KATJAS SCHWEIGEN (1989, Hans Noever) sowie eine Rolle im Film EIN MANN FÜR JEDE TONART (1992, Timm) – sammeln können. Erst der Überraschungserfolg von ABGESCHMINKT! machte sie zum Star. Dieser Film gilt als Prototyp der neuen deutschen Beziehungskomödie sowie der neuen postfeministischen Mentalität:

> Auf flachem Unterhaltungsniveau werden in vielen der Junggesellinnen-Farcen – auch hier gilt das Vorbild ›Abgeschminkt!‹ – die Nachwirkungen der Frauenbewegung verhandelt. Der feministische Urknall ist verhallt und hat nur Spurenelemente einer Emanzipation hinterlassen. Was will das Weib? Immer noch einen Mann, klar, allerdings nicht mehr den erstbesten. (Anon. 1996; vgl. Caprio 1997, 376–377).

In zwei parallelen Handlungssträngen werden die Erfahrungen der beiden Freundinnen Frenzy (Riemann) und Maischa (Nina Kronjäger) auf der Suche nach ihren Traummännern erzählt. Während beide – berufstätige Frauen um die dreißig – zunächst als bestimmende, aktive Personen geschildert werden, dreht sich ein Großteil der Handlung um Maischas krampfhafte Versuche, für einen Mann attraktiv zu wirken, sowie um Frenzys gegenteilige, eher spröde, asexuelle Art. Aber, während Maischa eine elaborierte weibliche »Maskerade« vorführt (vgl. Riviere 1986; Caprio 1997, 378, 381–386) – etliche Sequenzen befassen sich damit, wie sie durch Einkleiden, Schminken und Flirten sich als begehrenswertes Objekt für den Mann präsentiert – und den Auserwählten endlich verführt, nur um erfahren zu müssen, daß er sich im Bett als narzißtischer Sexualprotz entlarvt, ist es gerade Frenzy, die unbeabsichtigt und fast gegen ihren Willen so etwas wie Liebe findet. Zwar wird die Wirkung eines allzu glatten Happy-Ends dadurch relativiert, daß die Hauptfiguren sich direkt ans (weibliche) Publikum wenden und die Handlung ironisch kommentieren, aber insgesamt bleibt der Film kompromißlerisch zwischen den Gegensätzen stehen als halb harmlose Unterhaltung und halb satirische Kritik der Geschlechterrollen (vgl. Caprio 1997, 384–385; 1999, 219–237). Eine ähnliche Ambivalenz kennzeichnet auch ihre späteren Filme wie STADTGESPRÄCH und DER BEWEGTE MANN sowie die von Riemann darin dargestellten Frauenfiguren, die hinter der zur Schau gestellten selbstbewußten Eigenständigkeit immer den Wunsch verdeutlichen, sich in eine geregelte Beziehung zu einem Mann zu begeben.

DER BEWEGTE MANN

Größter Erfolg und zugleich Prototyp der neuen Komödienwelle war Sönke Wortmanns DER BEWEGTE MANN von 1994. Mit 6,5 Millionen Zuschauer/innen in Deutschland und einem erfolgreichen Export in 86 Länder erreichte der Film eine Ebene, die seit den zwanziger Jahren für deutsche Filme fast undenkbar schienen. Auch in der Karriereentwicklung von Katja Riemann und Til Schweiger nimmt der Film eine zentrale Stellung ein.

Die Geschichte: Der junge, gutaussehende und etwas naive Macho Axel (Schweiger) wird von seiner Freundin Doro (Riemann) beim Seitensprung erwischt und von ihr darauf hin vor die Tür gesetzt. Er findet Unterschlupf bei dem Homosexuellen Norbert (Joachim Kròl), der sich in ihn verliebt und ihn in die Schwulenszene einführt. Als sich herausstellt, daß Doro schwanger ist, kehrt Axel reumütig zu ihr zurück, um ein verantwortungsvoller Vater zu werden, kann es aber nicht lassen, mit einer ehemaligen Freundin ein erneutes sexuelles Abenteuer einzugehen. Dabei wird er von Doro überraschst, und die Aufregung löst ihre Wehen aus. Am Schluß sieht man, wie sie ihn aus dem Krankenzimmer hinauswirft, er von Norbert belehrt wird und seinen neugeborenen Sohn anschaut. Das Ende – obwohl eigentlich offen – wirkt tendenziell wie ein Happy End.

Die Geschichte ist zwar nicht sonderlich spektakulär, bietet aber inhaltlich und in der filmischen Umsetzung zweifellos eine Fülle von Attraktionen für das Publikum. Aus den verschiedenen Beziehungen der gegensätzlichen und oft stark typisierten Figuren zueinander ergeben sich zahlreiche Möglichkeiten für ausgespielte Situationskomik. Daneben wird auf überspitzte Weise ein amüsanter Querschnitt verschiedener zeitgenössischer Lebensstile, insbesondere der Singles um die Dreißig, vorgestellt. Das Schwulen-Milieu sowie generell die explizite Thematisierung der Sexualität eröffnet die Gelegenheit für viele, bisweilen recht oberflächliche Gags, streift aber auch durchaus ernsthafte Themen. Für den Erfolg des Films waren die Auswahl und die spezifische Charakterisierung der Figuren entscheidend, insbesondere die komisch-peinlichen Situationen, in denen sie gezeigt werden, aber auch einige – trotz aller Typisierung und Überzeichnung – Nuancen ihres Verhaltens und ihrer Gefühle, die etwas Tiefe unter der Oberfläche erahnen lassen. Nicht weniger wichtig war die schauspielerische Darstellung durch Schweiger, Riemann und Kròl.

Der Film stellt dem Single-Lifestyle die Wünsche nach einer festen Beziehung und Familie gegenüber, wobei die Entwicklung des Protagonisten eindeutig in Richtung Familie zielt, auch wenn er auf diesem Weg ständig Rückschläge provoziert. Die Probleme scheinen grundsätzlich lösbar zu sein, und auch die möglichen Alternativen – Axels kurzlebiges Abenteuer oder auch die Schwulenszene – scheinen für ihn keine wirkliche Bedeutung zu haben. So werden die Geschlechterrollen und die (Homo-)Sexualität auf eine liberal-progressive und zugleich verharmlosende, die Konflikte entschärfende, Weise ›normalisiert‹ und zugleich dem Gelächter preisgegeben. Der scheinbar respektlos offene Umgang mit ansonsten in der Öffentlichkeit eher zurückhaltend behandelten oder auch tabuisierten realen Problemen sowie die aufscheinenden potentiell kritischen Impulse erweisen sich letztlich als rein formale Attraktionsmomente, die in ihrer Unverbindlichkeit der dominanten Unterhaltungsfunktion untergeordnet sind:

›Der bewegte Mann‹ verhalf der deutschen Komödie vor anderthalb Jahren zweifellos zum Sieg. Und zugleich lieferte er das Schema, das jetzt, vielfach variiert, immer wiederkehrt: Man nehme Abziehbilder von deutschen Alltagsfiguren, konfrontiere sie mit einem überzogen dargestellten Begleitpersonal (etwa der Schwulenszene), verrate alle Sexualprobleme an die Situationskomik und jage das Ganze durch hanebüchen konstruierte Episoden. Interessante Figuren, lebensnahe Geschichten? Fehlanzeige. Wer braucht sie auch schon, wenn die Kasse stimmt? (Knipphals 1996).

Der Boom der schwulen Helden im Mainstream-Kino für ein vornehmlich heterosexuelles Publikum hat wenig mit Emanzipation zu tun. Eher haben die Schwulen die Rolle übernommen, die in Hollywoodfilmen eine Zeitlang die Schwarzen gespielt haben – sie sind die Clowns, die lockeren, unkonventionellen Typen. Sie führen ein Lebensgefühl vor, das auch vielen Heterosexuellen ihrer Generation erstrebenswert vorkommt: unverbindliche, frei flottierende Sexualität, fröhliche Bindungslosigkeit, gut verdienende Einpersonenhaushalte, das Leben ein Fest, das bis ins hohe Alter in Kneipen und auf Partys verbracht wird.« [...] Die Fröhlichkeit der deutschen Filme kann nicht darüber hinwegtäuschen, daß nicht nur der Schmerz, sondern auch das Glück aus ihnen verschwunden ist. (Martenstein 1996b).

So sehr solche Einschätzungen aus kritischer Perspektive begründet sind, so wenig entsprachen sie offensichtlich dem Urteil des Publikums. Eine Erklärung dafür mag darin liegen, daß das Publikum genau diese Harmonisierung suchte und sich ideologisch in seiner eigenen Lebenshaltung bestätigt fühlte. Die Nähe zur Alltagskultur des Zielpublikums ist trotz aller Überspitzung deutlich. Ein weiterer Grund ist sicherlich darin zu sehen, daß der Film eine in Figurenkonstellation und filmischer Präsentation überzeugende Situationskomik mit dem sicheren Gespür für charakteristische Details in der Handlungsentwicklung sowie einem für deutsche Komödien ungewöhnlichen Erzähltempo verbindet.

Auffallend häufig werden die neuen Unterhaltungsfilme mit den deutschen Filmen der fünfziger Jahre - als Höhepunkte der Biederkeit und der Flucht ins Private - verglichen. Ebenso sieht man Parallelen zwischen den neuen Stars und denen der fünfziger Jahre, überwiegend zwar negativ, aber in einigen Fällen auch durchaus positiv gemeint. So wird Til Schweiger mit Horst Buchholz oder James Dean verglichen und Katja Riemann stellt selbst mit Romy Schneider, die sie bewundert und »liebt«, eine Verbindung her. Bei allen Unterschieden sind sich die Filme und ihre Stars beider Phasen sicherlich darin ähnlich, daß der Rückzug in die privaten Themen wie Liebe, Familie und Glück dominant ist und die Widersprüche der Realität allenfalls als harmonisierte Versatzstücke erscheinen.

Als die Muster der Beziehungskomödien sich abnutzten, wurde nach Möglichkeiten der Diversifikation gesucht, nach neuen Genres oder Variationen der Komödienform (vgl. Weingarten 1998b, 3). Bei Schweiger geschah dies - wie erwähnt - vor allem mit dem Roadmovie KNOCKIN' ON HEAVEN'S DOOR, bei Riemann mit dem Musikfilm/Roadmovie BANDITS und der Kriminal-Komödie DIE APOTHEKERIN. Historische Filme wie Vilsmaiers COMEDIAN HARMONISTS und Färberbocks AIMÉE UND JAGUAR (1997) oder das Alltagsdrama JENSEITS DER STILLE (1996) von Caroline Link stellen andere deutliche Bemühungen in diese Richtung dar. Dazu kamen verschiedene Versuche, einen ›dritten Weg‹ zwischen dem Kommerz- und dem Autorenfilm zu finden, mit sehr unterschiedlichen Intentionen und Resultaten, wie man beispielsweise in den Arbeiten von Jan Schütte (AUF WIEDERSEHEN, AMERIKA, 1993), Tom Tykwer (WINTERSCHLÄFER, 1997; LOLA RENNT, 1998), Dani Levy (MESCHUGGE, 1998) oder Romuald Karmakar (DER TOTMACHER, 1995) sehen kann. Der spektakuläre deutsche und sogar auch internationale Erfolg von LOLA RENNT, der vor allem auf dem Tempo der Musik und des Films insgesamt, der zeitgemäß modischen und zugleich sehr professionellen Montage und der Wirkung des Jungstars Franka Potente basiert, war beeindruckend, läßt sich aber nicht ohne weiteres reproduzieren. Da dominante Tendenzen, die an die Erfolge der neunziger Jahre anknüpfen könnten, gegenwärtig kaum zu erkennen sind, bleibt es offen, wohin und in welcher Weise der deutsche Film sich nach dem Abflauen des Komödienbooms entwickeln wird. Ebenso läßt sich auch kaum vorhersagen, welche der neuen deutschen Stars sich auf lange Sicht durchsetzen werden.

8.4 Ausblick

In den neunziger Jahren ist ein breites Spektrum von Stars entstanden, das verschiedene Typen umfaßt. Bei den Frauen gehören neben Katja Riemann vor allem Corinna Harfouch, Maria Schrader, Christiane Paul, Veronika Ferres, Franka

Potente und vielleicht Heike Makatsch zu den wichtigsten ›neuen Gesichtern‹ der Neunziger. Bei den Männern sind es u.a. Til Schweiger, Joachim Kròl, Jürgen Vogel, Kai Wiesinger und Moritz Bleibtreu. Allein diese kleine Auswahl zeigt, daß in Deutschland allmählich ein breitgefächertes System der Stars entstanden ist, denn in ihren Rollen und Images haben die genannten wenig gemeinsam. Steht beispielsweise Schweiger für den Typus des sympathischen, mehrheitsfähigen Kinohelden, so ist etwa Jürgen Vogel in seinen Filmen als Außenseiter, liebenswerter Verlierer, Kleinkrimineller und Sonderling zu sehen und auch privat gibt er sich als Individualist ohne Starallüren. Bei den Frauen ist die Variationsbreite fast noch größer: von der schönen, aber häufiger herb und unterkühlt wirkenden Charakterdarstellerin Corinna Harfouch – die sich bereits in der DDR den Ruf einer exzellenten Schauspielerin erworben hat und bis heute auch Theater spielt – bis hin zur zunächst belächelten, aber seit MÄNNERPENSION (1995) zunehmend ernstgenommenen ›Girlie‹ Heike Makatsch. Diese Art Diversifizierung ist für ein funktionierendes Starsystem notwendig, einerseits in Hinblick auf die unterschiedlichen Rollen und andererseits in Hinblick auf die unterschiedlichen Vorlieben der verschiedenen Publikumsgruppen.

Vergleicht man die deutschen Stars mit den Hollywood-Größen, werden allerdings einige systembedingte Unterschiede deutlich. Kaum ein deutscher Star arbeitet ausschließlich im Film. Das liegt zum Teil an den geringeren Gagen und an der Gefahr der Überpräsenz, sollte der Star in zu vielen Filmen zu schnell hintereinander auftreten, wie sich bei Katja Riemann zeigte. Ein weiterer Grund ist, daß die deutschen Stars sehr häufig ausgebildete Theaterschauspieler/innen sind, die auch weiterhin auf der Bühne arbeiten. Sie sehen und präsentieren sich überwiegend eher als Charakterdarsteller/innen und weniger als Stars, schirmen ihr Privatleben vor der Öffentlichkeit ab, und erst recht wenige betreiben eine planmäßige Imagebildung, die auch die außerfilmische Seite umfaßt. Hier sind andere kulturelle Traditionen wirksam, und vielleicht ist eine gewisse Zurückhaltung auch angebracht, denn das deutsche Publikum scheint weniger bereit zu sein, eine allzu offensichtliche Publicity-Hype amerikanischer Art zu akzeptieren und – so wird behauptet – gönnt seinen Stars generell nicht allzuviel Erfolg. In den letzten Jahren scheinen die Versuche, im Fernsehen Celebrities (etwa Verona Feldbusch) strategisch aufzubauen, erfolgreicher zu sein, und diese Tendenz kann sich auf Filmstars ausbreiten.

Was sagen die neuen Erfolgsfilme und Stars aus? Zunächst scheinen sie wenig aussagekräftig zu sein. Vielleicht, wie der *Tagesspiegel* bemerkte, haben »die deutschen Filme [und Stars] nichts zu sagen, weil zur Zeit niemand etwas zu sagen hat« (zit. nach Anon. 1996). Aber eigentlich erfüllen sie dieselbe Funktion wie immer: Lebensentwürfe vorzuführen, Anleitung in Stilfragen zu geben, Probleme abzuhandeln. Das tun die neuen nicht viel anders als die klassischen Stars. Daß sie als Freiberufler nun ihre Images selbst gestalten und managen müssen, macht sich auf der Ebene ihrer Bedeutung und Funktion wenig bemerkbar. Die Marktmechanismen übermitteln den Druck vom Publikum, und der sorgt nach wie vor dafür, daß Stars relativ konstante Images aufbauen und nach wie vor individualisierte kulturelle Stereotypen verkörpern. Sicherlich sind die Entscheidungsspielräume heute prinzipiell größer, und keiner muß wie damals Bette Davis erbitterte

Kämpfe mit einem Studio durchführen, um etwas mehr Kontrolle über die Karriere zu erlangen. In eigenem Interesse wird aber meist immer wieder auf das einmal erfolgreiche Image rekurriert. Götz George kann sich es leisten, ein zweites Image (für kleinere Publika) als Charakterdarsteller in komischen oder ernsten Rollen und sogar als Spezialist für Massenmörder aufzubauen, bleibt aber gleichzeitig als Schimanski für das große Publikum präsent. Julia Roberts hat nach einer längeren Flaute ihre herausgehobene Position unter den Spitzenstars wiedererlangt, indem sie unübersehbar an ihre Erfolgsrollen – vor allem an das »Pretty Woman«-Image – anknüpfte. Cage, der seine Rollen konsequent diversifizierte, hat dennoch ein gut identifizierbares Image über gewisse Charaktermerkmale aufgebaut – Exzentrik, Intensität, Empfindsamkeit und Stärke zugleich –, die er in seinen Filmen wie im Privatimage pflegt.

In den einzelnen Imagemerkmalen der Stars zeigt sich eine große Variationsbreite, aber das Starsystem war schon immer darauf angelegt, dem Publikum ein möglichst umfassendes Spektrum von Starimages zu bieten. Heute bringen die Zielgruppenorientierung und die hohe Produktdifferenzierung eine weitere Auffächerung, aber das Prinzip ist identisch. Nicht nur in der historischen Entwicklung, auch bezogen auf die aktuelle Situation zeigt der Vergleich zwischen Hollywood und dem neuen deutschen Unterhaltungsfilm, daß einerseits der internationale Markt zum Aufbau ähnlicher Strukturen führt – Stars als Attraktion, Imagekonstanz, intensives Marketing –, aber dennoch tendenzielle nationale Besonderheiten bleiben, die es ermöglichen, daß deutsche Stars und deutsche Filme – trotz ihrer niedrigeren Budgets, Produktionswerte und geringeren Verbreitung – beim einheimischen Publikum durchaus Erfolge verbuchen können. Die Filmwirtschaft operiert tendenziell international und sogar global, die Filmkultur aber zeigt immer noch nationale und kulturelle Eigenarten auf – trotz der deutlichen Tendenz zur Kommerzialisierung und Popularisierung in den neunziger Jahren.

Zitierte Literatur

Anon. (1962) »›Der Star wird abserviert‹. Spiegel-Gespräch mit dem Filmdarsteller Curd Jürgens«, *Der Spiegel*, 16, 33, 15. 8. 1962, S. 54–59.

Anon. (1996) »Das Lachen macht's«, *Der Spiegel*, 16. 9. 96, S. 214ff.

Anon. (1997a) »Best Weekend for German films in 40 years«, *GEM*, 5/97.

Anon. (1997b) »Deutscher Film erfolgreich wie lange nicht«, *Die Welt*, 7. 4. 97.

Anon. (1997c) »Nein, nett sein will die Katja nicht«, *Bunte*, (3. 7. 97).

Anon. (1999) »Julias Romeos«, *Cinema*, Oktober, 1999, S. 44f.

Balio, Tino (1993) *Grand Design: Hollywood as a Modern Business Enterprise 1930–1939*. New York: Charles Scribner's Sons.

Barthelemy, Andrea (1996) »Komödien sind besonders erfolgreich«, *Hamburger Abendblatt*, 24. 7. 96.

Blum, Heiko R./Blum, Katharina (1997) *Gesichter des neuen deutschen Films*. Berlin: Parthas.

Blum, Katharina (1997) *Til Schweiger*. München: Heyne.

Caprio, Temby (1997) »Women's Cinema in the Nineties: *Abgeschminkt!* and Happy Ends?«, *Seminar*, 33, 4 (November 1997), S. 374–387.

– (1999) *Women's Film Culture in the Federal Republic of Germany: Female Spectators, Politics, and Pleasure from the Fifties to the Nineties.* Diss. University of Chicago.
cinezone.com (1998) »Til Schweiger: 2 Millionen Mark zurückbezahlt«. http://cinezone.com/zone/1/1998/03/130398_til_schweiger.html, 3. 6. 99.
Corliss, Richard (1991) »Do Stars Deliver?«, *Time*, 26. 8. 91.
DeCordova, Richard (1991) »The Emergence of the Star System in America«. In: *Stardom. Industry of Desire.* Hrsg. von Christine Gledhill. London/New York: Routledge, S. 17–29.
Dunkel, Monika (1996) »Heiß auf Erfolg. Weniger Bürokratie und mehr Marktwirtschaft sollen dem deutschen Film zu neuem Ansehen verhelfen«, *WirtschaftsWoche*, 8 (15. 2. 96), S. 31–34.
Dyer, Richard (1982) »A Star is Born and the Construction of Authenticity«. In: *Star Signs. Papers from a Weekend Workshop.* Hrsg. von Christine Gledhill. London: BFI Education, S. 13–22.
– (1986) *Heavenly Bodies. Film Stars and Society.* Houndsmills/London: MacMillan.
Elbern, Christoph (1996) »Til Schweiger schlägt James Bond«, *TV-Movie*, 7 (30. 3. 96), S. 25f.
Everschor, Franz (1997) »Zwang zum schnellen Erfolg«, *film-dienst*, 1/97, S. 34–37.
Ginten, Ernst August (1997) »Film-Standort D boomt. 67 Millionen Kino-Besucher im ersten Halbjahr – Deutsche Produktionen besonders gefragt«, *Die Welt*, 21. 8. 97.
Gugel, Katharina (1997) »Mittelmäßiger Supermann«, *Kölner Stadtanzeiger*, 15./16. 3. 97.
Hass, Nancy (1997) »Now You See Them ... and See Them Again«, *New York Times*, 16. 11. 97.
Holmlund, Chris (1993) »Masculinity as Multiple Masquerade: The ›mature‹ Stallone and the Stallone Clone«. In: *Screening the Male: exploring masculinities in Hollywood cinema.* Hrsg. von Steven Cohan und Ina Rae Hark. London/New York: Routledge, S. 213–229.
Jeffords, Susan (1994) *Hard Bodies: Hollywood Masculinity in the Reagan Era.* New Brunswick, NJ: Rutgers UP.
Jenny, Urs (1996) »Ein Ort für Verlierer«, *Der Spiegel*, 19/96, (6. 5. 96).
Junge, Gitte (1996) »Sterne zu Talern«, *Die Woche*, 5. 1. 96.
Kehr, David (1979) »A Star is Made«, *Film Comment*, 15, 1 (Januar-February 1979), S. 7–12.
Kermode, Mark (1991) »Character building stuff«, *The Independent*, 16. 8. 1991.
Knipphals, Dirk (1996) »Bewegte Beziehung. Mit hiesigen Komödien ist zur Zeit viel Geld zu verdienen. Nur Spaß machen sie nicht«, *Das Sonntagsblatt*, 10. 5. 96.
– (1997) »Kumpel zum Knuddeln. Die neuen Filmstars: schillernd, schnoddrig und familiengerecht«, *Das Sonntagsblatt*, 11. 7. 97.
Kostede, Karola (1999) »Julia rennt ... von Romeo zu Romeo«, *Cinema*, Oktober 1999, S. 40–43.
Kupfer, Nina (1996) »Boom bei TV-Movies. 200 Millionen für deutsche Dramen«, *Cine Chart*, 1/96, S. 6–9.
MacFarquhar, Larissa (1997) »Stranger in Paradise«, *Premiere*, 1. 6. 97.
Martenstein, Harald (1996a) »Es bleibt heiter bis wolkig«, *Der Tagesspiegel*, 31. 5. 96.
– (1996b) »Falsche Kerle«, *Der Tagesspiegel*, 10. 10. 96.
Moving Pictures International (1997) *Moving Pictures Guide to Germany.* May 1997.
Munzinger Internationales Biographisches Archiv, 20/97.
Pauli, Harald (1995) »Vorturnerin des deutschen Films«, *Focus*, 44/95 (30. 10. 95), S. 278–280.
Prümm, Karl (1996) »Die Rhetorik der Krise«, *Der Tagesspiegel*, 12. 6. 96.
Reeves, Jimmie L. (1988) »Television Stardom: A Ritual of Social Typification and Individualization«. In: *Media, Myths, and Narratives. Television and the Press.* Hrsg. von James W. Carey. Newbury Park u. a.: Sage, S. 146–160.
Riviere, Joan (1986) »Womanliness as a Masquerade«. In: *Formations of Fantasy.* Hrsg. von Victor Burgin, James Donald und Cora Kaplan. London/New York: Methuen, S. 35–44.
Rolf, Andreas (1999) »Stark wie Hollywood«, *TV-Spielfilm*, 4.–17. 12. 99, S. 8–11.
Rothe, Marcus (1997) »Meine Wildheit stecke ich in Rollen«, *Hamburger Abendblatt*, 12. 6. 97.
Schatz, Thomas (1993) »The New Hollywood«. In: *Film Theory Goes to the Movies.* Hrsg. von Jim Collins, Hilary Radner und Ava Preacher Collins. New York/London: Routledge, S. 8–36.

Schröder, Nicolaus (1996) »Echte Kerle, faule Wunder. Endlich: Die Menschen strömen zusammen, um deutsche Filme zu sehen. Eine Erfolgs-Story?«, *Das Sonntagsblatt*, 1.11.96.

Schwarz, Christopher (1997) »Riemann & von Garnier«, *FAZ magazin*, 27.6.97.

Seeßlen, Georg (1996) »Lachende Erben. Die deutsche Beziehungskomödie und ihr Publikum«, *Wochenpost*, 23, 30.5.96, S. 34f.

– /Jung, Fernand (1997) »Das Kino der Autoren ist tot. Glauben wir an ein neues? Eine Polemik zum deutschen Film«, *epd Film*, 14. Jg., 9/97 (Sept. 1997), S. 18–21.

Sheff, David (1996) »Playboy Interview: Nicholas Cage«, *Playboy*, 1.9.96.

Spines, Christine/Thompson, Anne (1997) »Auteurs de force«, *Premiere*, October 1997, S. 55–60.

Tasker, Yvonne (1993) *Spectacular Bodies: Gender, genre, and the action cinema*. London/New York: Routledge.

Wachs, Friedrich-Carl (1997) »Werner statt Warner Bros. Deutsche Filmproduktionen erobern Fernsehen und Kino«, *Frankfurter Allgemeine Zeitung*, 26.8.97.

Walker, Alexander (1970) *Stardom: The Hollywood Phenomenon*. London: Michael Joseph.

Weingarten, Susanne (1997) »›Body of Evidence‹. Der Körper von Demi Moore«, *Montage/AV*, 6/2/1997, S. 113–131.

– (1998a) *Stars in den USA seit den achtziger Jahren*. Internes Arbeitspapier HBK Braunschweig.

– (1998b) *Wir sind wieder wer: Junge deutsche Filmstars der Gegenwart*. Internes Arbeitspapier HBK Braunschweig.

Wyatt, Justin (1994) *High Concept: Movies and Marketing in Hollywood*. Austin: University of Texas Press.

Ziegler, Helmut (1997a) »Der überarbeitete Mann«, *Die Woche*, 21.9.97.

– (1997b) »Auf dem Weg zur Diva«, *Die Woche*, 3.10.97.

Zurhorst, Meinolf (1999) *Julia Roberts »Pretty Woman«*. München: Heyne.

9. Resümee

Wie eingangs (Kap. 1) ausführlicher dargestellt, entzieht sich das Starphänomen einer Erfassung durch inhaltliche oder einfache typologische Kategorien. Zu groß ist die Vielfalt und Komplexität der Starimages, die seit Entstehung dieses Phänomens aus ihrer Funktion als zentralem Faktor der Produktdifferenzierung resultierten. Um ein möglichst breites Publikum anzusprechen, benötigt die Filmindustrie eine große Palette von unterschiedlichen Starpersönlichkeiten, nicht nur unterschiedliche Typen, sondern häufig auch graduelle Abstufungen zwischen ihnen. Zudem sind Starimages historisch instabil und wandelbar. Wie etwa das Beispiel Brigitte Bardot zeigt, kann ein Image leicht schon innerhalb eines Jahrzehnts seine Wirkung verlieren. Auch aus ihrer kulturellen Funktion als Repräsentation verschiedener Identitätsformen, Werte, Verhaltensweisen und sozialer Rollen ergibt sich die Differenzierung und Veränderbarkeit der Stars. Sie müssen sehr unterschiedliche Strömungen in der Gesellschaft, der Mode und der Kultur verkörpern können. Der Versuch, sich einer übergreifenden Definition des Phänomens zu nähern, kann daher nur über die abstrakten Kriterien Erfolg, Image und Wirkung erfolgen und diese für einzelne Starfälle in ihrer jeweiligen Funktion im wirtschaftlichen, medialen rezeptionsbezogenen und sozio-kulturellen Zusammenhang analysieren.

Galt dies schon für das klassische Starsystem, so ist für die hier untersuchte historische Phase (seit 1945) sogar eine beträchtliche Zunahme der Ausdifferenzierung festzustellen. Heinz Rühmann war noch weitgehend ein Star für die ganze Familie, und Romy Schneider konnte auch diese Funktion erfüllen, aber nur solange sie sich eng auf das Sissi-Image festlegen ließ. Mit Brigitte Bardot und James Dean trifft man auf eine neue Art des Stars: das Jugendidol. Dies konnte es nur geben, weil in dieser Zeit eine neue Jugendkultur zum ersten Mal in dieser Form entstand und weil die Filmindustrie dringend neue Marktsegmente brauchte. Ihre Images und insbesondere die sehr kontroversen Reaktionen darauf zeigen auch, wie Stars in diesen Jahren die gesellschaftliche Polarisierung um Fragen des generationsspezifischen und subkulturellen Lebenstils widerspiegeln.

Differenzierung kennzeichnet ebenso die Entfaltung zunehmend unterschiedlicher Formen des Films und die daraus entstehenden Starausprägungen in den sechziger und siebziger Jahren, die durch zentrale Umwälzungen für die Film- und

Kinobranche gekennzeichnet waren (Fernsehkonkurrenz, Besucher- und Produktionsrückgang, Veränderung bzw. Verjüngung der Publikumsstruktur). Hollywood war auch in dieser Krisenzeit für die Entwicklungen weltweit prägend. Einige der etablierten großen Stars konnten zwar ihre Karrieren fortsetzen, daneben entwickelten sich aber vor allem neue Formen des Starphänomens: »instant Stars« und »Lifestyle-stars«. Die Grundlage dafür waren die veränderten Bedingungen der Industrie – insbesondere, daß die Studios keinen planmäßigen Aufbau von Stars mehr betrieben – sowie die zunehmende Ausdifferenzierung der Kultur. Auch in Hollywood wurden die Stars zu Freiberuflern, die damit einerseits erweiterte Möglichkeiten in der Rollenwahl und Imagegestaltung gewannen, andererseits aber noch härter der Konkurrenz und der Willkür der Filmwirtschaft ausgesetzt waren. Für die europäische Entwicklung waren andere Voraussetzungen prägend. Die relative Entscheidungsfreiheit der Stars gab es hier bereits wesentlich früher. So mußte auch Brigitte Bardot als Star vor allem der fünfziger Jahre, die es zu einer internationalen Karriere und sogar großem Erfolg in Amerika brachte, ihr Image und ihre Publicity von Beginn an selbst gestalten. Zudem gab es traditionell neben der Massenware ein gehobenes Unterhaltungskino – beispielsweise die französischen Filme von Romy Schneider –, und gegen Ende der fünfziger Jahre konnte sich eine innovative und kritische Art des Filmens etablieren, die vor allem mit der französischen *nouvelle vague* und dem ›Neuen Deutschen Film‹ assoziiert wird. Während die Qualitätsfilme durchaus gute Möglichkeiten für Aufbau und Entwicklung eines kontinuierlichen Starimages boten, war das bei den neuen Filmrichtungen weniger gegeben. Die *nouvelle vague* hat zwar auch einige Stars hervorgebracht, aber ihre Wirkung war häufig auf einen einzelnen Film beschränkt, wie das Beispiel Jean Seberg in AUSSER ATEM (1959, Godard) zeigt. Sie gaben sich vor allem in der Frühphase als Antistars wie Belmondo oder definierten sich als Charakterdarsteller/innen wie Jeanne Moreau. Im ›Neuen Deutschen Film‹ war der Aufbau von Schauspieler/innen als Stars noch weniger möglich, da hier die Autoren-Regisseure häufig selbst diese Rolle beanspruchten. Die Karriere von Hanna Schygulla, eine der wenigen Ausnahmen, ist zugleich charakteristisch für Produktionsweise, Rezeptionskontext und kennzeichnet das spezifische Publikum dieser Filme.

Wenn die späteren achtziger und die neunziger Jahre durch die Reetablierung eines unter bestimmten Voraussetzungen veränderten Starsystems charakterisiert sind, dann hat das ebenfalls sowohl wirtschaftliche als auch kulturelle und soziale Gründe. In den USA konnten die großen Stars unverkennbar wieder eine entscheidende Funktion für die Filmindustrie übernehmen. Angesichts ständig wachsender Produktions- und Vertriebskosten und zugleich eines riesigen Profitpotentials auf den einheimischen und internationalen Kinomärkten sowie der immer wichtiger gewordenen ›sekundären‹ Vermarktung sind Stars erneut – wie zu Zeiten des klassischen Starsystems – eines der zentralen Mechanismen der Marktanpassung: sie dienen wieder als Markennamen, Erfolgsgaranten und Werbemittel. Allerdings macht sich die fortschreitende demographische und kulturelle Ausdifferenzierung des Publikums bemerkbar. Das alte Starsystem bot zwar auch ein Spektrum von Stars, um den individuellen und zum Teil auch geschlechtsspezifischen Präferenzen möglichst vieler Kinobesucher entgegenzukommen, konnte aber weitgehend von einem homogenen Markt ausgehen. Die Industrie begegnete der in den fünfziger Jahren einsetzenden Krise vor allem mit einer Orientierung auf die jugendlichen Zuschauer. Diese Strategie ist aber spätestens seit Ende der achtziger Jahre überholt. Um die hohen Produktionskosten wieder einzuspielen, müssen die Blockbuster Attraktionen – Stars, *special effects* und gezielt aufbereitete Geschichten – bieten, die ein breites, internationales Publikum ansprechen. Daneben aber entwickelt sich durch die Ausdifferenzierung spezieller Publika zunehmend auch ein lohnender Markt für kleinere Filme, die früher kaum rentabel gewesen wären, und für unterschiedliche Zielgruppen-Stars. So ist es möglich, daß auch große Stars sich bisweilen als Charakterdarsteller für ein kleineres, anspruchsvolleres Publikum profilieren und dabei ihre Images erheblich ausweiten können. Zudem machen die starken Jahrgänge der in der Nachkriegszeit geborenen (›Baby boomers‹) ein potentielles Marktsegment von ca. 25 Prozent aus. Denn nach beruflicher Karriere und Kindererziehung haben diese Bevölkerungsgruppen – statistisch gesehen – inzwischen wieder mehr Freizeit. Wie der große Erfolg von AMERICAN BEAUTY (1999) mit Kevin Spacey gezeigt hat, lohnt es sich offensichtlich, Filme und Stars zu entwickeln, die speziell auf die Erfahrungen und Probleme dieser Generation zielen.

In Deutschland sind Ausgangssituation und vor allem die Größenordnung des Filmgeschäfts zwar anders, sie haben aber zu vergleichbaren Entwicklungen geführt. Die Wende zur kommerziellen Unterhaltung brachte auch hier neue Stars hervor, die ähnliche Methoden der Imagegestaltung und Publicity anwenden, auch wenn diese Profilierungsstrategien durch die relative wirtschaftliche Schwäche der deutschen Filmbranche beschränkt sind. Nur die USA mit ihren riesigen Absatzmöglichkeiten im eigenen Land und zusätzlich im gesamten englischen Sprachraum sowie die traditionell auf universale, weitgehend kulturunabhängige Unterhaltung abzielenden Produktionsweisen können regelmäßig Weltstars kreieren. Diese Möglichkeiten sind für die der europäischen Kinoindustrien mit ihren vergleichsweise kleinen einheimischen Märkten kaum gegeben, zumal sich auch der amerikanische Markt immer mehr gegen Filmimporte abschottet. Außerdem verhindern die Sprachbarrieren untereinander, aber mehr noch die kulturellen Eigenheiten der einzelnen europäischen Länder, die Entstehung exportfähiger Stars. In den fünfziger Jahren konnte Bardot nur dadurch weltweit erfolgreich sein, weil sie eine erotische Freizügigkeit bot, die der amerikanische Film selbst noch nicht wagte. Frühere europäische Stars der zwanziger und dreißiger Jahre wie Pola Negri, Greta Garbo und Marlene Dietrich waren in Hollywood wegen ihrer spezifischen Ausstrahlung geschätzt, erwarben aber erst dort die eigentliche Starqualität. Heute liegen die Barrieren weitaus höher. Arnold Schwarzenegger erreichte zwar den Status als Hollywoodstar, wird aber trotz seines starken Akzents dort primär als amerikanischer Star wahrgenommen. Auch Gérard Depardieu konnte in den USA erfolgreiche Filme realisieren, blieb aber von der Publikumswirkung her immer ein europäischer Star. Die Möglichkeit für die neuen deutschen Stars, internationale Erfolge zu verbuchen, scheint gering zu sein. Ihre Attraktivität hierzulande basiert zu stark auf ihrer Nähe zum deutschen Publikum mit seinen spezifischen kulturellen Ausprägungen. Und diese Charakteristik mindert ihre Chancen im Ausland. Allenfalls in multinationalen Koproduktionen, im europäischen Kunstfilm oder gehobenen Unterhaltungsfilmen – wie in den Fällen von Romy Schneider und Hanna Schygulla – bietet sich die Gelegenheit, international, aber begrenzt als Star zu wirken. Die geringere absolute Größenordnung der deutschen Filmindustrie, die finanzielle Notwendigkeit für die meisten Stars, medienübergreifend in Film und Fernsehen zu arbeiten, die kulturellen Voraussetzungen, die eine relativ florierende Theaterlandschaft ermöglichen und die schauspielerische Arbeit auf der Bühne auch für bekannte Filmstars attraktiv machen, sind wesentliche Unterschiede zu den amerikanischen Arbeitsbedingungen. Daraus erklären sich u. a. die Vielseitigkeit der Rollen und der häufige Medienwechsel auch eines so populären Stars wie Götz George.

Trotz der wachsenden Differenzierung erweist sich die Kategorie des Images und tendenziell auch der Imagekonstanz für jede Analyse des Starphänomens immer noch als zentral. Nach wie vor gilt, daß der Star erst in der Rezeption entsteht. Er selbst liefert durch seine schauspielerische Leistung und meistens auch durch sein öffentlich bekanntes Privatleben – unterstützt durch die Publicity des Studios bzw. des Agenten – die Grundlage für die Starwirkung. Aber erst, wenn das Publikum diese als für sich bedeutsam und attraktiv anerkennt, also mit dem Image interagiert, wird der Star erfolgreich. Hier liegt ein Grund dafür, daß bis heute kein Rezept gefunden wurde, wie man zum Star wird. Vielmehr waren und sind Filmstars selbst ein Versuch, über ihre konstruierten Images die Wünsche des Publikums zu kanalisieren, und die wesentlichen Mechanismen des Starsystems funktionieren nach wie vor. Stars haben heute zwar vielfach größere Variationsmöglichkeiten in ihren Rollen, aber auch die populärsten von ihnen sind dennoch auf allenfalls minimale Varianten des etablierten und in seinen Grundzügen konstanten Images angewiesen, wie u. a. das Beispiel von Julia Roberts oder Nicholas Cage zeigt. Definierendes Merkmal eines Stars bleibt, daß er eine – wie auch immer gestaltete und mit unterschiedlichen Eigenschaften ausgestattete – identifizierbare und überdurchschnittlich intensive, besonders ausgeprägte *Persönlichkeit* repräsentiert. Denn das Filmgeschäft setzt nach wie vor auf Markennamen und erkennbare Gesichter, sowie das Publikum zwischen Idolisierung und Identifikation nach hervorgehobenen Verkörperungen seiner eigenen Wünsche, Identität und Lebensrealität sucht. Daraus resultiert die zwar historisch sich verändernde, aber bis heute gültige Dialektik des Stars zwischen Göttlichkeit und Gewöhnlichkeit, Nähe und Distanz, Glamour und Durchschnittlichkeit. Die Stars repräsentieren immer noch eine Idealversion des Normalen; sie verkörpern auf besonders prägnante Weise die Sorgen, Probleme, Konflikte und Fragen, mit denen das Publikum auf prosaischere Weise im Alltag zu tun hat. Zugleich bieten sie übernatürlich große, akzentuierte, idealisierte Modelle von Verhaltensweisen, Wunscherfüllungsphantasien und persönlicher Identität.

Daher sind Starimages eng mit dem kulturellen Kontext ihres Publikums und den jeweils prägenden Zeitströmungen verbunden. In ihnen realisieren sich spezifische kulturelle Diskurse, seien es die über Sexualität und Geschlecht wie bei Bardot, über Individualismus, moralische und politische Werte und nationale Identität wie bei John Wayne, generationsspezifische Erfahrungen wie bei Dean und den weiteren Jugendstars bis heute oder Definitionen von Schönheit, Mode und Attraktivität bei allen Glamourstars. Erst das Zusammenspiel von Image und historisch-kulturellem Kontext erklärt die Wirkungstiefe, aber auch die häufig vorkommende zeitliche Begrenzung eines Stars. Er bleibt nur solange ein Star, wie er fürs Publikum relevant ist. Seine Funktion als Verkörperung der Identität oder als Idealbild kann er nur erfüllen, wenn er fürs Publikum psychologisch wirksam ist *und* sich mit der Gesellschaft weiterentwickelt. Hierin verdeutlichen sich zugleich die Grenzen der Imagekonstanz. Rühmann konnte nur deshalb über eine lange Zeit populär bleiben, weil er primäre - archetypische - Elemente verkörperte - den ›kleinen Mann‹, ›Menschlichkeit‹ und den Konflikt zwischen Anpassung und Selbstbehauptung –, die langfristig und in verschiedenen historischen Situationen in Deutschland wesentlich waren. Die meisten Stars müssen ihre Images diesen Veränderungen anpassen oder werden historisch ›überholt‹, falls sie sich in eine andere Richtung entwickeln als der gesellschaftliche Kontext oder ihre Fangruppe. Bei allen genannten Problemen auf dem Weg zu einer Theorie des Stars bleibt die Kategorie des Images *der* zentrale Ausgangspunkt für die Untersuchung von Funktion und kontextueller Situierung von Stars. Denn hierin kumulieren die vielfältigen Bezüge und Bestimmungen des Phänomens, in der Wechselwirkung zur Entwicklung der Filmindustrie, der Kultur und generell ihrer Abhängigkeit von der Rezeption durch das Publikum. Zugleich läßt sich hieran rekonstruieren, wie ihre intertextuellen Images aus den Filmen entstehen und auch als rezeptionsleitende Signale im jeweiligen Film eingesetzt werden.

10. Anhang

Auswahlfilmographien

Abkürzungen:
BE: Belgien, CH: Schweiz, DD: Deutsche Demokratische Republik, DE: Deutschland, Bundesrepublik, DK: Dänemark, DR: Deutsches Reich (bis 1945), ES: Spanien, FR: Frankreich, GB: Großbritannien, GR: Griechenland, HU: Ungarn, IE: Irland, IL: Israel. IT: Italien, MX: Mexiko, NL: Niederlande, NO: Norwegen, Ö: Österreich, PL: Polen, RU: Rußland, SE: Schweden, TR: Türkei, US: Vereinigte Staaten von Amerika; YU: Jugoslawien

Heinz Rühmann

1926 Das deutsche Mutterherz (Das Hohelied der deutschen Mutterliebe), Geza von Bolvary-Zahn DR
1927 Das Mädchen mit den fünf Nullen (Das grosse Los / Der Haupttreffer), Kurt Bernhardt DR
1930 Die Drei von der Tankstelle, Wilhelm Thiele DR
Einbrecher, Hanns Schwarz DR
1931 Der Mann, der seinen Mörder sucht, Robert Siodmak DR
Bomben auf Monte Carlo, Hanns Schwarz DR
Meine Frau, die Hochstaplerin, Kurt Gerron DR
Der brave Sünder, Fritz Kortner DR
Der Stolz der dritten Kompanie, Fred Sauer DR
Man braucht kein Geld, Carl Boese DR
1932 Es wird schon wieder besser, Kurt Gerron DR
Strich durch die Rechnung, Alfred Zeisler DR
1933 Drei blaue Jungs – ein blondes Mädel, Carl Boese DR
Es gibt nur eine Liebe, Johannes Meyer DR
Heimkehr ins Glück, Carl Boese DR
Lachende Erben, Max Ophüls DR
Ich und die Kaiserin, Friedrich Hollaender DR
So ein Flegel, Robert A. Stemmle DR
1934 Die Finanzen des Grossherzogs, Gustaf Gründgens DR
Heinz im Mond, Robert A. Stemmle DR
Frasquita, Carl Lamac Ö
Pipin, der Kurze, Carl Heinz Wolff DR
Ein Walzer für Dich, Georg Zoch DR
1935 Der Himmel auf Erden, E.W. Emo Ö

	Wer wagt – gewinnt! (Bezauberndes Fräulein), Walter Janssen DR
	Der Aussenseiter, Hans Deppe DR
	Eva, Johannes Riemann Ö
	Ungeküsst soll man nicht schlafen gehen (Liebe, Küsse, Hindernisse), E. W. Emo Ö
	Allotria, Willy Forst DR
	Wenn wir alle Engel wären, Carl Froelich DR
1936	Lumpacivagabundus, Geza von Bolvary Ö
	Der Mann, von dem man spricht, E.W. Emo Ö
1937	Der Mann, der Sherlock Holmes war, Karl Hartl DR
	Der Mustergatte, Wolfgang Liebeneiner DR
	Die Umwege des schönen Karl, Carl Froelich DR
1938	Dreizehn Stühle, E.W. Emo DR
	Fünf Millionen suchen einen Erben, Carl Boese DR
	Nanu, Sie kennen Korff noch nicht?, Fritz Holl DR
	Der Florentiner Hut, Wolfgang Liebeneiner DR
1939	Paradies der Junggesellen, Kurt Hoffmann DR
	Hurra, ich bin Papa!, Kurt Hoffmann DR
1940	Der Gasmann, Carl Froelich DR
	Kleider machen Leute, Helmut Käutner DR
	Wunschkonzert, Eduard von Borsody DR
1940/41	Hauptsache glücklich, Theo Lingen DR
1941	Quax, der Bruchpilot, Kurt Hoffmann DR
1943	Ich vertraue dir meine Frau an (Ein toller Junggeselle), Kurt Hoffmann DR
	Die Feuerzangenbowle, Helmut Weiß DR
1945	Quax in Afrika (Quax in Fahrt), Helmut Weiß DR
	Sag' die Wahrheit, Helmut Weiß DR
1948	Der Herr vom anderen Stern, Heinz Hilpert D-West
1949	Das Geheimnis der roten Katze, Helmut Weiß DE
	Ich mach dich glücklich, Alexander von Szlatinay DE
1952	Das kann jedem passieren, Paul Verhoeve DE
	Schäm' dich Brigitte (Wir werden das Kind schon schaukeln), E.W. Emo DE
1953	Keine Angst vor grossen Tieren, Ulrich Erfurth DE
	Briefträger Müller, John Reinhardt DE
1954	Auf der Reeperbahn nachts um halb eins, Wolfgang Liebeneiner DE
	Zwischenlandung in Paris (Escale à Orly), Jean Dréville DE
1955	Charleys Tante, Hans Quest DE
	Wenn der Vater mit dem Sohne, Hans Quest DE
1956	Der Hauptmann von Köpenick, Helmut Käutner DE
	Schneider Wibbel (Das Sonntagskind), Kurt Meisel DE
1957	Vater sein dagegen sehr, Kurt Meisel DE
1958	Der eiserne Gustav, Georg Hurdalek DE
	Es geschah am hellichten Tag, Ladislao Vajda CH
	Manden, der ikke ku'signe nej (Der Mann, der nicht nein sagen konnte), Kurt Früh CH/DK
	Der Pauker, Axel von Ambesser DE
1959	Menschen im Hotel, Gottfried Reinhardt FR/DE
	Ein Mann geht durch die Wand, Ladislao Vajda DE
	Der Jugendrichter, Paul Verhoeven DE
1960	Mein Schulfreund (Der Schulfreund), Robert Siodmak DE,
	Der brave Soldat Schwejk, Axel von Ambesser DE
	Das schwarze Schaf, Helmut Ashley DE
1961	Der Lügner, Ladislao Vajda DE
	Max, der Taschendieb, Imo Moszkowicz DE

1962 Er kann's nicht lassen, Axel von Ambesser DE
1963 Meine Tochter und ich, Thomas Engel DE
Das Haus in Montevideo, Helmut Käutner DE
Vorsicht, Mr. Dodd! (Ihn kann nichts erschüttern), Günter Gräwert DE
1964 Dr. med. Hiob Prätorius, Kurt Hoffmann DE
Ship of Fools (Das Narrenschiff), Stanley Kramer US
1965 Das Liebeskarussell, Axel von Ambesser DE
Hokuspokus oder wie lasse ich meinen Mann verschwinden, Kurt Hoffmann DE
La bourse et la vie (Geld oder Leben), Jean-Pierre Mocky FR/DE
1966 Maigret und sein grösster Fall, Alfred Weidenmann IT/FR/Ö
Grieche sucht Griechin, Rolf Thiele DE
1968 Die Abenteuer des Kardinals Braun, Lucio Fulci FR/DE/IT
Die Ente klingelt um halb acht, Rolf Thiele IT/DE
1971 Der Kapitän, Kurt Hoffmann DE
1973 Oh Jonathan – oh Jonathan!, Franz Peter Wirth DE
Das chinesische Wunder, Wolfgang Liebeneiner DE
1976 Gefundenes Fressen, Michael Verhoeven DE
1993 In weiter Ferne, so nah! Wim Wenders DE

Brigitte Bardot

1952 Le trou normand, Jean Boyer FR
Manina, La fille sans voile (Sommernächte mit Manina / Liebesnächte mit Manina), Willy Rozier FR
Les dents longues (Von Sensationen gehetzt), Daniel Gélin FR
1953 Act of Love/Quelque part dans le monde (Akt der Liebe / Das Mädchen von der Seine), Anatole Litvak FR/US
Le portrait de son père, André Berthomieu FR
Si Versailles m'était conté (Versailles – Könige und Frauen), Sacha Guitry FR
1954 Traditá (Verrat), Mario Bonnard IT
Helen of Troy (Schöne Helena / Der Untergang von Troja), Robert Wise US
Le fils de Caroline Chérie (Dunkelroter Venusstern), Jean Devaivre FR
Futures vedettes (Reif auf jungen Blüten), Marc Allégret FR
1955 Doctor at Sea (Doktor Ahoi), Ralph Thomas GB
Les grandes manœuvres (Das grosse Manöver), René Clair FR/IT
La lumière d'en face (Gier nach Liebe), Georges Lacombe FR
Cette sacrée gamine/Mademoiselle Pigalle (Pariser Luft / Montmartre), Michel Boisrond FR
1956 Mio Figlio nerone / Les week-ends de néron (Neros tolle Nächte), Stefano Vanzina (Steno) FR/IT
En effeuillant la marguerite (Das Gänseblümchen wird entblättert), Marc Allégret FR
... Et dieu créa la femme (und immer lockt das Weib), Roger Vadim DE/IT
La mariée est trop belle (Die Braut war viel zu schön), Pierre Gaspard-Huit, FR
1957 Une parisienne (Die Pariserin), Michel Bosirond FR/IT
Les bijoutiers du clair de lune (In ihren Augen ist immer Nacht), Roger Vadim FR
En cas de malheur (Mit den Waffen einer Frau), Claude Autant-Lara IT/FR
1958 La femme et le pantin (Ein Weib wie der Satan), Julien Duvivier FR/IT
1959 Babette s'en va-t-en guerre (Babette zieht in den Krieg), Christian-Jacque FR
Voulez-vous danser avec moi? (Wollen sie mit mir tanzen?), Michel Boisrond FR/IT
Le testament d'Orphée (Das Testament des Orpheus), Jean Cocteau FR
1960 L'affaire d'une nuit (Affäre einer Nacht), Henri Verneuil FR
La vérité (Die Wahrheit), Henri-Georges Clouzot FR/IT

1961	La bride sur le cou (In Freiheit dressiert), Roger Vadim FR/IT
	Les amours célèbres / Amori celebri (Galante Liebesgeschichten), Michel Boisrond FR/IT
	Vie privée / La vie privée (Privatleben), Louis Malle FR/IT
1962	Le repos du guerrier / Il reposo del guerriero (Das Ruhekissen), Roger Vadim FR/IT
1963	Le mépris / Il disprezzo (Die Verachtung), Jean-Luc Godard FR/IT
	Paparazzi / I Paparazzi, Jacques Rozier FR
	Une ravisante idiote / Una adorabile idiota (Die Verführerin), Edouard Molinaro FR/IT
	Tentazioni Proibite, Oswaldo Civirani IT
1964	Marie Soleil, Antoine Bourseiller FR
	Dear Brigitte (Geliebte Brigitte), Henry Koster US
1965	Viva Maria (Viva Maria!), Louis Malle FR/IT
	Masculin - feminin (Masculin - feminin oder: Die Kinder von Marx und Coca-Cola), Jean-Luc Godard FR/SE
1966	A cœur joie / Two weeks in September (Zwei Wochen im September / Drei Tage einer neuen Liebe), Serge Bourguignon FR/GB
1967	Histoires extraordinaires / Trois histoires extraordinaires d'Edgar Poe / Tre passi dal delirio, Louis Malle FR/IT
1968	Shalako, Edward Dmytryk GB
1969	Les femmes (Oh, diese Frauen), Jean Aurel FR/IT
	L'ours et la poupée (Der Bär und die Puppe), Michel Deville FR
1970	Les novices / Le novizie (Die Novizinnen), Guy Casaril FR/IT
	Boulevard du Rhum (Rum-Boulevard / Die Rum-Strasse), Robert Enrico FR/IT
1971	Les pétroleuses / Le Pistolere / The Legend of Frenchie King (Petroleum-Miezen / Die Brandstifterinnen), Guy Casaril (begonnen), Christian-Jacque (beendet) FR/IT/ES/GB
1973	Don Juan 1973 ou et si Don Juan était une femme / Una donna come me (Don Juan 73 / Wenn Don Juan eine Frau wäre), Roger Vadim FR/IT
	L'Histoire tres bonne et tres joyeuse de Colinot Trousse-Chemise, Nina Companeez FR/IT 1973

Romy Schneider

1953	Wenn der weisse Flieder wieder blüht, Hans Deppe DE
	Feuerwerk, Kurt Hoffmann DE
1954	Mädchenjahre einer Königin, Ernst Marischka Ö
1955	Die Deutschmeister, Ernst Marischka Ö
	Der letzte Mann, Harald Braun DE
	Sissi, Ernst Marischka Ö
1956	Sissi, die junge Kaiserin, Ernst Marischka Ö
	Kitty und die grosse Welt, Alfred Weidemann DE
	Robinson soll nicht sterben, Josef von Baky DE
1957	Monpti, Helmut Käutner DE
	Scampolo, Alfred Weidemann DE
	Sissi - Schicksalsjahre einer Kaiserin, Ernst Marischka Ö
1958	Mädchen in Uniform, Geza Radvanyi DE
	Christine, Pierre Gaspard-Huit FR/IT
	Die Halbzarte, Rolf Thiele Ö
1959	Ein Engel auf Erden (Mademoiselle Ange), Geza von Radvanyi DE/FR
	Die schöne Lügnerin (La belle et l'empereur), Axel von Ambesser DE/FR
	Katia / Katja - die ungekrönte Kaiserin, Robert Siodmak FR
	Plein soleil (Nur die Sonne war Zeuge), René Clément FR/IT

1960	Die Sendung der Lysistrata (TV), Fritz Kortner DE
1961	Boccaccio 70 (Boccace 70), 2. Episode: Il lavoro, Luchino Visconti, Suso Cecchi d' Amico FR/IT
	Le combat dans l'ile (Der Kampf auf der Insel), Alain Cavalier, FR
1962	Le procès/ Il processo/ Der Prozess, Orson Welles FR/IT/DE
	The Victors (Die Sieger), Carl Foreman US
1963	The Cardinal (Der Kardinal), Otto Preminger US
1963/64	Good Neighbour Sam (Leih mir deinen Mann), David Swift US
1964/65	What's New Pussycat? (Was gibt's Neues, Pussy?), Clive Donner GB
1965	10:30 P. M. Summer (Halb elf in einer Sommernacht), Jules Dassin US
1966	La voleuse / Schornstein Nr. 4, Jean Chapot FR/DE
	Triple Cross / La fantastique histoire vraie d'Eddie Chapman (Spion zwischen zwei Fronten), Terence Young GB/FR
1968	Otley, Dick Clement GB
	La piscine / La piscina (Der Swimmingpool), Jacques Deray, FR/IT
1969	My Lover, My Son (Inzest), John Newland GB
	Les choses de la vie / L'amante (Die Dinge des Lebens), Claude Sautet FR/IT
1970	Qui? / Il cadavere dagli artigli d'acciaio (Die Geliebte des Anderen), Léonard Keige FR, IT
	Bloomfield, Richard Harris GB/IL
	La Califfa, Alberto Bevilacqua FR/IT
	Max et les ferrailleurs / Il commissario Pelissier (Das Mädchen und der Kommissar), Claude Sautet, FR/IT
1971	L'assassinat de Trotzky/ L'assassinio di Trotzky (Das Mädchen und der Mörder – Die Ermordung Trotzkis), Joseph Losey FR/IT/GB
1972	Ludwig / Le crepuscule des dieux / Ludwig II., Luchino Visconti IT/FR/DE
	César et Rosalie (Cesar und Rosalie), Claude Sautet FR/IT/DE
1973	Le train / Noi due senza domani (Le Train – Nur ein Hauch von Glück), Pierre Granier-Deferre FR/IT 1973
	Sommerliebelei / Un amour de pluie, Jean-Claude Brialy DE,FR/IT
	Le mouton enragé / Il montone infuriato (Das wilde Schaf), Michel Deville FR/IT
1974	Le trio infernal (Trio infernal), Francis Girod FR/DE/IT
	L'important c'est d'aimer (Nachtblende), Andrzej Zulawski FR/IT/DE
	Les innocents aux mains sales / Gli innocenti dalle mani sporche (Die Unschuldigen mit den schmutzigen Händen), Claude Chabrol FR/IT/DE
1975	Le vieux fusil (Abschied in der Nacht; Das alte Gewehr), Robert Enrico DE/FR
1976	Une femme à sa fenêtre (Die Frau am Fenster), Pierre Granier-Deferre FR/IT/DE
	Mado, Claude Sautet FR/IT/DE
1976/77	Gruppenbild mit Dame, Aleksander Petrovic DE/FR
1978	Une histoire simple / Eine einfache Geschichte, Claude Sautet DE/FR
1979	Bloodline / Blutspur, Terence Young US/DE
	Clair de femme / Die Liebe einer Frau, Constantin Costa-Gavras FR/IT/DE
	La mort en direct (Der gekaufte Tod, Death Watch), Bertrand Tavernier FR/DE
1980	La banquiere (Die Bankiersfrau), Francis Girod FR
1981	Garde à vue (Das Verhör), Claude Miller FR
1982	Fantasma d'amore (Die zwei Gesichter einer Frau), Dino Risi IT
	La passante du Sans-Souci / Die Spaziergängerin von Sans-Souci, Jacques Rouffio FR/DE

James Dean

1951	Sailors Beware, Hal Walker US
1951	Fixed Bayonets, Samuel Fuller US
1952	Has Anybody Seen my Gal? Douglas Sirk, US

1955 East of Eden (Jenseits von Eden), Elia Kazan, US
1955 Rebel Without a Cause (...denn sie wissen nicht, was sie tun), Nicholas Ray, US
1956 Giant (Giganten), George Stevens US

Götz George

Spielfilme

1953 Wenn der weisse Flieder wieder blüht, Hans Deppe DE
Ihre grosse Prüfung, Rudolf Jugert DE
1956 Alter Kahn und junge Liebe [auch: Sonne über den Seen], Hans Heinrich DD
1959 Jacqueline, Wolfgang Liebeneiner DE
1960 Kirmes, Wolfgang Staudte DE
Die Fastnachtsbeichte, William Dieterle DE
1961 Unser Haus in Kamerun, Alfred Vohrer DE
1962 Das Mädchen und der Staatsanwalt, Jürgen Goslar DE
Der Schatz im Silbersee, Harald Reinl DE/YU/FR
1963 Liebe will gelernt sein, Kurt Hoffmann DE
Mensch und Bestie, Erwin Zbonek DE/YU (Uraufführung 2. 3. 1963 , Berliner Filmfestspiele / 1980 Neufassung Die Flucht)
1964 Herrenpartie, Wolfgang Staudte DE/YU
Unter Geiern, Alfred Vohrer DE/YU/FR
1965 Ferien mit Piroschka, Franz Josef Gottlieb Ö/DE
1966 Winnetou und das Halbblut Apanatschi, Harald Philipp DE/YU
1968 Ich spreng' euch alle in die Luft - Inspektor Blomfields Fall Nr. 1 [Mad Joe, Der Superbulle], Rolf Zehetgruber DE
Der Todeskuss des Dr. Fu Man Chu, Jess Franco DE/USA/GB/ES
1969 Himmelfahrtskommando El Alamein, Armando Crispino DE/IT
1977 Aus einem deutschen Leben, Theodor Kotulla DE
1984 Abwärts, Carl Schenkel DE
1985 Zahn um Zahn, Hajo Gies DE (= 16. Schimanski-Tatort, WDR 27. 12. 1987)
1987 Zabou, Hajo Gies DE (= 23. Schimanski-Tatort, WDR 15. 4. 1990)
1988 Die Katze, Dominik Graf DE
1989 Der Bruch, Frank Beyer DE/DD
Blauäugig, Reinhard Hauff DE
1992 Schtonk!, Helmut Dietl DE
1993 Ich und Christine, Peter Stripp DE
1995 Der Totmacher, Romuald Karmakar DE
1997 Rossini - oder die mörderische Frage wer mit wem schlief, Helmut Dietl DE
1998 Das Trio, Hermine Huntgeburth DE
Solo für Klarinette, Nico Hoffmann DE
1999 Nichts als die Wahrheit, Roland Suso Richter DE

Fernsehproduktionen

1957 Kolportage, Hans Lietzau SWF
1961 Alle meine Söhne, Franz Peter Wirth NDR
1967 Peter Schlemihls wundersame Geschichte, Peter Beauvais ZDF
1968 Match, Wolfgang Becker ZDF
1969 Spion unter der Haube , 2 Teile, Günter Gräwert
1971 Diamantendetektiv Dick Donald, 13teilige Serie, Jürgen Goslar, Erich Neureuther
1972 Der Illegale, 3 Teile, Günter Gräwert ZDF
1976 Café Hungaria, 13teilige Serie, Karoly Makk, Hagen Müller-Stahl, Korbinian Köberle, Attila Nemeth ORF/Westdeutsches Werbefernsehen/MRT-Budapest

1977	VERMUTUNGEN ÜBER FRANZ BIBERKOPF (Dokumentarbericht), Rainer K.G. Ott SFB
1981	DER REGENMACHER, Ludwig Cremer ZDF
	ÜBERFALL IN GLASGOW, Wolfgang Hantke ZDF
1981–91	(Schimanski)-TATORT, 29 Folgen (Duisburg-Ruhrort 1981 bis DER FALL SCHIMANSKI), Hajo Gies, Ilse Hofmann, Peter Adam, Dominik Graf, Klaus Emmerich, Pete Ariel, Theodor Kotulla, Karin Hercher, Werner Masten, Hans Noever, Helmuth Krätzig, Peter Carpentier, WDR
1989–93	SCHULZ & SCHULZ, 5 Teile, Ilse Hofmann, Nico Hofmann ZDF
1992–94	MORLOCK, 4 Teile, Peter F. Bringmann, Dominik Graf, Klaus Emmerich, Yves Boisset WDR/SDR/RAI
1995	DAS SCHWEIN, 3 Teile, Ilse Hofmann SAT1
	DER KÖNIG VON DULSBERG, Petra Haffner NDR 1995
	DER SANDMANN, Nico Hoffmann RTL2
	DER MANN AUF DER BETTKANTE, Christoph Eichhorn RTL 1995
1996	TOTE STERBEN NIEMALS AUS, Jürgen Goslar ZDF
	DAS TOR DES FEUERS, Kaspar Heidelbach SAT1
1997	SCHIMANSKI, (1. Staffel: DIE SCHWADRON, BLUTSBRÜDER, HART AM LIMIT), Joseph Rusnak, Hajo Gies ARD
1998	SCHIMANSKI, (2. Staffel: MUTTERTAG, RATTENNEST, GESCHWISTER), Mark Schlichter, Hajo Gies ARD
	DIE BUBI SCHOLZ STORY, 2 Teile, Roland Suso Richter ARD

Hanna Schygulla

1968	DER BRÄUTIGAM, DIE KOMÖDIANTIN UND DER ZUHÄLTER, J. M. Straub FR
	JAGDSZENEN AUS NIEDERBAYERN, Peter Fleischmann DE
1969	(LIEBE IST) KÄLTER ALS DER TOD, Rainer Werner Fassbinder DE
	KATZELMACHER, Rainer Werner Fassbinder DE
	GÖTTER DER PEST, Rainer Werner Fassbinder DE
	BAAL (TV), V. Schlöndorf DE
	DIE REVOLTE (TV), Reinhard Hauff DE
	WARUM LÄUFT HERR R. AMOK?, Rainer Werner Fassbinder DE
	KUCKUCKSEI IM GANGSTERNEST, Franz Josef Spieker DE
1970	RIO DAS MORTES, Rainer Werner Fassbinder DE
	DAS KAFFEEHAUS (Theater-TV), Rainer Werner Fassbinder DE
	WHITY, Rainer Werner Fassbinder DE
	DIE NIKLASHAUSER FAHRT (TV), Rainer Werner Fassbinder DE
	WARNUNG VOR EINER HEILIGEN NUTTE, Rainer Werner Fassbinder DE
	PIONIERE IN INGOLSTADT (TV), Rainer Werner Fassbinder DE
	MATHIAS KNEISSL (TV), Reinhard Hauff DE
	JAKOB VON GUNTEN (TV), Peter Lilienthal DE
1971	HÄNDLER DER VIER JAHRESZEITEN, Rainer Werner Fassbinder DE
1972	DIE BITTEREN TRÄNEN DER PETRA VON KANT, Rainer Werner Fassbinder DE
	WILDWECHSEL, Rainer Werner Fassbinder DE
	DAS HAUS AM MEER (TV), Reinhard Hauff DE
	ACHT STUNDEN SIND KEIN TAG (TV-Serie) Rainer Werner Fassbinder DE
	BREMER FREIHEIT (Theater-TV), Rainer Werner Fassbinder DE
1974	FONTANE EFFI BRIEST (1972–1974) Rainer Werner Fassbinder DE
	UNSER WERK (TV), Hans Rolf Strobel DE
	DER KATZENSTEG (TV), Peter Meincke DE
1975	FALSCHE BEWEGUNG, Wim Wenders DE
	ANSICHTEN EINES CLOWNS, Voytech Jasny DE
	INTERMEZZO FÜR FÜNF HÄNDE (TV), Ludwig Cremer DE
	DER STUMME (TV), Gaudenz Meili DE

1977	Die Dämonen (4-teiligeTV-Serie), Claus Peter Witt DE
	Rückkehr (Episodenfilm): Die Rückkehr des Alten Herrn, Voytech Jasny DE
1978	Die Ehe der Maria Braun, Rainer Werner Fassbinder DE
	Aussagen nach einer Verhaftung (TV), George Moorse DE
	Die grosse Flatter (3–teilige TV-Serie), Marianne Lüdcke DE
1979	Die dritte Generation, Rainer Werner Fassbinder DE
1980	Berlin Alexanderplatz (13-teilige [+ 1 Epilog] TV-Serie), Rainer Werner Fassbinder DE
	Lili Marleen, Rainer Werner Fassbinder DE
1981	Die Fälschung, Volker Schlöndorf DE
	Nuit de Varennes (Flucht nach Varennes), Ettore Scola FR
1982	Passion, Jean-Luc Godard FR/CH
	Antonieta, Carlos Saura FR/MX/ES
	Heller Wahn, Margaretha Von Trotta DE
	Storia di Piera (Die Geschichte der Piera), Marco Ferreri IE/FR/DE
1983	Eine Liebe in Deutschland, Andrzej Wajda DE/FR
1984	Il futuro è donna / Die Zukunft heisst Frau, Marco Ferreri IT/FR/DE
1985	Peter the Great (5-teilige TV-Serie) Marvin J. Chomsky US
	Delta Force, Menaham Golem US/IL
1986	Forever, Lulu (Für immer: Lulu), Amos Kollek US
	Barnum (TV), Lee Philips US
1987	Miss Arizona, Pal Sándor HU/IT
1988	Amores difficiles, Jaime H. Hermosillo ES
	El Verano de la Señora Forbes (Sommer mit Fräulein Forbes), Jaime Hermosillo MX/ES
1990	Abraham's Gold, Jörg Graser DE
	Aventure de Catherine C., Pierre Beuchot FR
	Golem, Amos Gitai FR/IT/DE/NL
1991	Dead Again (Schatten der Vergangenheit), Kenneth Branagh US
	Ich verleihe mich zum träumen, Ruy Guerra ES
1992	Warszawa Annee 5703 (Der Daunenträger), Janusz Kijowski DE/FR/PL
	Golem - L'esprit de l'exile (Golem - Der Geist des Exils), Amos Gitai FR
	Madame Bäurin, Franz X. Bogner DE
1993	Golem, le jardin pétrifié (Golem - The Petrified Garden), Amos Gitai FR/DE/RU/IL
1993	Mavi Sürgün (Das blaue Exil), Erden Kiral DE/TR/GR
1994	Aux petit bonheur (Life's little treasures), Michel Deville FR
1994	Hey Stranger, Peter Woditsch DE/BE
	Cent et une nuits (Hundert und eine Nacht), Agnès Varda FR/GB
1996	Lea, Ivan Fila DE
1998	Pakten / Waiting for Sunset, Leidulv Risan NO
	Niña de tus ojos (Mädchen deiner Träume), Fernando Trueba ES

Basisliteratur zum Filmstar

Sammelbände

Butler, Jeremy G. (Hrsg.): *Star Texts: Image and Performance in Film and Television.* Detroit: Wayne State University Press, 1991.

Faulstich, Werner/Korte, Helmut (Hrsg.): *Der Star. Geschichte – Rezeption – Bedeutung.* München: Fink, 1997.

Gledhill, Christine (Hrsg.): *Stardom. Industry of Desire.* London/New York: Routledge, 1991.

Allgemeine und themenübergreifende Darstellungen

Allen, Robert C./Gomery, Douglas: *Film History. Theory and Practice*. New York u. a.: McGraw-Hill, 1985. (Kapitel über Stars am Bsp. von Joan Crawford).

Belton, John: *American Cinema / American Culture*. New York: McGraw-Hill, 1994. (Kapitel 5: Übersicht über das Starsystem und seine historische Entwicklung).

–: »College Course File: Star Images, Star Performances«, *Journal of Film and Video*, XLII, 4, Winter 1990, S. 49–66. (Didaktisch aufgearbeitete Übersicht über das Thema).

Dyer, Richard: *Stars*. London: BFI, 1979. (Grundlegende theoretische Übersicht über die verschiedenen Aspekte des Filmstars).

–: *Heavenly Bodies. Film Stars and Society*. Houndsmills/London: MacMillan, 1986. (Stars in kulturellen Diskursen; theoretische Einleitung und Studien zu Monroe, Robeson und Garland).

–: »The Star Phenomenon«. *International Encyclopedia of Communications*, Vol. 4. Hrsg. von Erik Barnouw et al. New York/Oxford: Oxford University Press, 1989, S. 176–180. (Übersichtsartikel).

Ellis, John: »Stars as a cinematic phenomenon«. In: ders., *Visible Fictions: Cinema/Television/Video*. London u. a.: Routledge & Kegan Paul, 1982. (Schwerpunkt: die Funktion des Stars für den Film).

Faulstich, Werner: »Stars: Idole, Werbeträger, Helden. Sozialer Wandel durch Medien«. In: *Funkkolleg Medien und Kommunikation. Konstruktionen von Wirklichkeit*. Studienbrief 7, Lehreinheit 16. Weinheim/Basel: Beltz, 1990/91, S. 39–88. (Übersicht).

–/ Strobel, Ricarda: »Das Phänomen ›Star‹ – ein bibliographischer Überblick zum Stand der Forschung«. In: *Seller, Stars und Serien. Medien im Produktverbund*. Hrsg. von Christian W. Thomsen und Werner Faulstich. Heidelberg: Carl Winter Universitätsverlag, 1989, S. 7-19.

Fowles, Jib: *Starstruck. Celebrity Performers and the American Public*. Washington, D. C./London: Smithsonian Institution Press, 1992. (Eine differenzierte soziologisch orientierte Untersuchung über amerikanische Stars, die Bedingungen für ihren Erfolg und ihre Funktion fürs Publikum).

Gledhill, Christine (Hrsg.): *Star Signs. Papers from a Weekend Workshop*. London: BFI Education, 1982. (Tagungsbeiträge: theoretische Ansätze zum Filmstar).

Heinzlmeier, Adolf/Schulz, Berndt/Witte, Karsten: *Die Unsterblichen des Kinos*, 3 Bde. Frankfurt am Main: Fischer, 1980–82. (Porträts von Stars, Übersichtsartikel).

Karpf, Ernst/Kiesel, Doron/Visarius, Karsten (Hrsg.): *»Bei mir bist Du schön«. Die Macht der Schönheit und ihre Konstruktion im Film*. Marburg: Schüren, 1994. (Die Schönheit der Stars, insbes. in Zusammenhang mit Männer- und Frauenbildern).

King, Barry: »Articulating Stardom«, *Screen*, 26, 5, September–October 1985, S. 27–50. (hier und in den folgenden Artikeln ortet King das Starphänomen in den wirtschaftlichen Bedingungen der kapitalistischen Filmproduktion).

–: »Stardom as an Occupation«. In: *The Hollywood Film Industry*. Hrsg. von Paul Kerr. London/New York: Routledge & Kegan Paul, 1986, S. 154–184.

–: »The Star and the Commodity: Notes Towards a Performance Theory of Stardom«, *Cultural Studies*, 1, 2, May 1987, S. 145–161.

Korte, Helmut/Strake-Behrendt, Gabriele: *Der Filmstar. Forschungsstand, kommentierte Bibliographie, Starliste*. Braunschweig: Hochschule für Bildende Künste, 1990.

–/ –: »Viele Bäume, aber kein Wald. Der Filmstar als Gegenstand medienwissenschaftlicher Forschung«, *TheaterZeitSchrift*, Heft 31/32, 1992, S. 168–176. (Stand der Forschung).

Mayne, Judith: *Cinema and Spectatorship*. London/New York: Routledge, 1993. (Kapitel 6: »Star Gazing«).

McDonald, Paul: »Star Studies«. In: *Approaches to popular film*. Hrsg. von Joanne Hollows und Mark Jancovich. Manchester/New York: Manchester University Press, 1995, S. 80–97. (Übersicht).

Mikos, Lothar: »Idole und Stars«, *Medium*, 21, 3, Okt.-Dez. 1991, S. 72–74. (Übersicht über verschiedene Aspekte des Stars sowie des Verhältnisses zwischen Star und Publikum).

Montage/AV, 6/2/1997 und 7/1/1998. (Themenschwerpunkte zu Stars).

Mordden, Ethan: *Movie Star. A Look at the Women Who Made Hollywood*. New York: St. Martin's Press, 1983. (Historische Betrachtung der weiblichen Hollywoodstars).

Morin, Edgar: *Les stars*. o.O.: Galilée, 1984. (Überlegungen zum Starphänomen im historischen Wandel).

Patalas, Enno: *Sozialgeschichte der Stars*. Hamburg: Marion von Schröder Verlag, 1963. (Startypologie, Stars als Spiegel der Gesellschaft).

Walker, Alexander: *Stardom: The Hollywood Phenomenon*. London: Michael Joseph, 1970. (Gesamtdarstellung, zeigt historische Entwicklungen auf).

Geschichte / Das Starsystem

Allen, Robert C./Gomery, Douglas: *Film History. Theory and Practice*. New York u.a.: McGraw-Hill, 1985. (Kapitel über Stars am Bsp. Joan Crawford).

Balio, Tino: *Grand Design: Hollywood as a Modern Business Enterprise 1930–1939*. New York: Charles Scribner's Sons, 1993. (Kap. 6: »Selling Stars«).

DeCordova, Richard: *Picture Personalities: The Emergence of the Star System in America*. Urbana, Ill.: University of Illinois Press, 1990. (Grundlegende Studie zur Entstehung des Hollywoodstars).

Hoberman, J./Rosenbaum, Jonathan: »The Idolmakers«, *American Film* 8, Nr. 3, December 1982, S. 48–55. (Stars als Idole, Merchandising für Fans).

Kehr, David: »A Star is Made«, *Film Comment* 15, Nr. 1, Jan.-Feb. 1979, S. 7–12. (Artikel über die institutionellen Bedingungen für Stars im New Hollywood).

Kindem, Gorham: »Hollywood's Movie Star System: A Historical Overview«. In: ders. (Hrsg.) *The American Movie Industry. The Business of Motion Pictures*. Carbondale/Edwardsville: Southern Illinois University Press, 1982, S. 79–93. (Historische Darstellung des Starsystems im Kontext der Entwicklung der Filmindustrie).

Klaprat, Cathy: »The Star as Market Strategy: Bette Davis in Another Light«. In: *The American Film Industry*, ed. Tino Balio. Madison: University of Wisconsin Press, 1985, S. 351–376. (Anschauliche Studie zu den institutionellen Bedingungen des klasssischen Starsystems).

Maltby, Richard: *Hollywood Cinema*. Oxford: Blackwell, 1995. S. 88–101. (Einführende Übersicht über das Starsystem).

Root, Cathy: »Star System«. In: *International Encyclopedia of Communications*, Vol. 4. Hrsg. von Erik Barnouw et al. New York/Oxford: Oxford University Press, 1989, S. 180–183. (Übersichtsartikel).

Schatz, Thomas: *Boom and Bust: American Cinema in the 1940s*. Berkeley/Los Angeles/London: University of California Press, 1997. (Kapitel 4, 7, 11).

Soziologie, Sozialgeschichte, Rezeption, Fans

Levy, Emanuel: »The Democratic Elite: America's Movie Stars«, *Qualitative Sociology*, 12, 1, Spring 1969, S. 29–54. (Soziologische Untersuchung der amerikanischen Stars nach Geschlecht, Herkunft, Schichtzugehörigkeit und Bildung bzw. Ausbildung).

–: »Social attributes of American movie stars«, *Media, Culture and Society*, 12, 2, April 1990, S. 247–267. (Soziologische Untersuchung der Stars nach Aussehen, Jugend/Alter, schauspielerische Begabung und Image, mit dem Ergebnis, daß ein gesellschaftlich relevantes Image der weitaus wichtigste Erfolgsfaktor ist).

Lewis, Lisa A. (Hrsg.): *The Adoring Audience. Fan Culture and Popular Media*. London/New York: Routledge, 1992. (Sammelband über Fans und Fankultur aus der Perspektive der Cultural Studies).

Mellen, Joan: *Big Bad Wolves. Masculinity in the American Film.* New York: Pantheon, 1977. (Männerbilder im Hollywoodfilm).

Stacey, Jackie: *Star Gazing: Hollywood cinema and female spectatorship.* London/New York: Routledge, 1994. (Wichtige Studie über die Rezeption der Stars durch das weibliche Publikum).

Thumim, Janet: *Celluloid Sisters: Women and Popular Cinema.* Basingstoke/London: MacMillan, 1992. (Das weibliche Publikum und seine Reaktion auf populäre Filme, Figuren und Stars).

Tudor, Andrew: *Image and Influence. Studies in the Sociology of Film.* London: George Allen & Unwin, 1974. (Theoretische Diskussion über verschiedene Formen der Rezeption und Identifikation).

Welsch, Janice R.: *Film Archetypes: Sisters, Mistresses, Mothers and Daughters.* New York: Arno Press, 1978. (Typologie weiblicher Stars als »Archetypen«).

Wulff, Hans J.: »Deanophilie: Bemerkungen zu einem Idol im Wandel der Zeiten«. *Kinoschriften*, 2, 1990, S. 7–31. (Exemplarische Studie zur historischen Rezeption eines Stars).

Stars und Schauspieler

Affron, Charles: *Star Acting: Gish, Garbo, Davis.* New York: E. P. Dutton, 1977.

Bingham, Dennis: Acting Male: Masculinities in the Films of James Stewart, Jack Nicholson, and Clint Eastwood. New Brunswick, NJ: Rutgers University Press, 1994.

Cinema Journal, 20, 1, Fall 1980. (Sonderheft über Schauspiel).

Heller, Heinz-B./Prümm, Karl/Peulings, Birgit (Hrsg.): *Der Körper im Bild: Schauspielen – Darstellen – Erscheinen.* Marburg: Schüren, 1999.

Lowry, Stephen: »Text, Image, Performance – Star Acting and the Cinematic Construction of Meaning«. In: *Text und Ton im Film.* Hrsg. von Paul Goetsch und Dietrich Scheunemann. Tübingen: Narr, 1997, S. 285–295. (Untersuchung der Interaktion zwischen Film, Schauspielstil und Starimage am Beispiel Cary Grant in VERDACHT).

Mukarovsky, Jan: »Versuch einer Strukturanalyse des Schauspielerischen (Chaplin in City Lights)«, *Montage/AV* 2/1/1993, S. 87–93.

Naremore, James: *Acting in the Cinema.* Berkeley/Los Angeles/London: University of California Press, 1988. (Grundlegende Studie zum Schauspiel im Film; Übersicht und exemplarische Untersuchungen).

O'Brien, Mary Ellen: *Film Acting. The Techniques and History of Acting for the Camera.* New York: Arco Publishing, 1983. (Übersicht über Schauspieltechnik und verschiedene Sorten von Schauspielern im Film).

Wexman, Virginia Wright: *Creating the Couple. Love, Marriage, and Hollywood Performance.* Princeton, N. J.: Princeton University Press, 1993. (Schauspiel in Zusammenhang mit Modellen von romantischer Liebe und Geschlechterrollen in Hollywoodfilmen; historische Veränderungen).

Wide Angle, 6,4,1985. (Schwerpunkt: Schauspiel und Stars).

Zucker, Carole: *Making Visible the Invisible: an anthology of original essays on film acting.* Metuchen, N.J./London: Scarecrow, 1990. (Sammelband zum Schauspiel).

Fernsehstars

Langer, John: »Television's ›personality system‹«, *Media, Culture and Society*, 3, 4, 1981, S. 351–365.

Lusted, David: »The Glut of the Personality«. In: *Television Mythologies: Stars, Shows and Signs.* Hrsg. von Len Masterman. London: Comedia, 1984.

Reeves, Jimmie L.: »Television Stardom: A Ritual of Social Typification and Individualization«. In: *Media, Myths, and Narratives. Television and the Press.* Hrsg. von James W. Carey. Newbury Park u. a.: Sage, 1988, S. 146–160.

Strobel, Ricarda/Faulstich, Werner: *Die deutschen Fernsehstars*. 4 Bde. Göttingen: Vandenhoeck & Ruprecht, 1998.

Exemplarische Einzelstudien

Brauerhoch, Annette: »Männliche Stars der 80er Jahre – Objekte weiblicher Schaulust«. In: *TheaterZeitSchrift* 30, 1981, S. 19–26.

Cohan, Steven: »Masquerading As the American Male in the Fifties: *Picnic*, William Holden and the Spectacle of Masculinity in Hollywood Film«. In: *Male Trouble*, Hrsg. von Constance Penley und Sharon Willis. Minneapolis/London: University of Minnesota Press, 1993.

Dyer, Richard: Resistance through Charisma: Rita Hayworth and Gilda. In: *Women in film noir.* Hrsg. von E. Ann Kaplan. London: BFI, 1978, S. 91–99.

–: »A Star is Born and the Construction of Authenticity«. In: *Star Signs. Papers from a Weekend Workshop.* Hrsg. von Christine Gledhill. London: BFI Education, 1982, S. 13–22.

Garncarz, Joseph: »Die Schauspielerin wird Star. Ingrid Bergman – eine öffentliche Kunstfigur. In: *Die Schauspielerin. Zur Kulturgeschichte der weiblichen Bühnenkunst.* Hrsg. von Renate Möhrmann. Frankfurt am Main: Insel, 1989, S. 321–344.

Hastie, Amelie: »Louise Brooks, Star Witness«. *Cinema Journal* 36, 3, Spring 1997, S. 3–24.

Holmlund, Chris: »Masculinity as Multiple Masquerade: The ›mature‹ Stallone and the Stallone Clone«. In: *Screening the Male: exploring masculinities in Hollywood cinema.* Hrsg. von Steven Cohan und Ina Rae Hark. London/New York: Routledge, 1993, S. 213–229.

Koebner, Thomas (Hrsg.): *Idole des deutschen Films.* München: Edition Text + Kritik, 1997.

Levy, Emanuel: *John Wayne: Prophet of the American Way of Life.* Metuchen, N. J./London: Scarecrow, 1988.

Maland, Charles J.: *Chaplin and American Culture. The Evolution of a Star Image.* Princeton: Princeton University Press, 1989.

McLean, Adrienne L.: »The Cinderella Princess and the Instrument of Evil: Surveying the Limits of Female Transgression in Two Postwar Hollywood Scandals«. In: *Cinema Journal*, 34, 3, Spring 1995, S. 36–56.

Studlar, Gaylyn: *This Mad Masquerade: Stardom and Masculinity in the Jazz Age.* New York: Columbia University Press, 1996.

Thiele, Jens: »Bilder der Versöhnung hinter den Bildern des Aufbegehrens. Eine Skizze zum Film der 50er Jahre und zu einigen Filmrollen Ruth Leuweriks«. *Ruth Leuwerik – Schwarm und Ideal eines Jahrzehnts.* Hrsg. von Herbert Schwering. Münster: Filmwerkstatt Münster, 1994, S. 6–15.

Vincendeau, Ginette: »Community, Nostalgia and the Spectacle of Masculinity«, *Screen*, 26, 6, Nov.-Dec.1985, S. 18–38. (Über Jean Gabin).

–: »The old and the new: Brigitte Bardot in 1950s France«, *Paragraph*, 15, 1992, S. 73–96.

–: »Gérard Depardieu: The axiom of contemporary French cinema«, *Screen*, 34, 4, Winter 1993, S. 343–361.

Watney, Simon: »Katharine Hepburn and the Cinema of Chastisement«. *Screen*, 26, 5, Sept.-Oct. 1985, S. 52–62.

Filmtitelregister

Personenregister

Bildquellenverzeichnis

Bundesarchiv – Filmarchiv, Berlin 40, 58, 113, 128
Deutsches Filminstitut-DIF, Frankfurt 152, 154, 232, 237
Filmbild Fundus Robert Fischer 244, 266, 268
Stiftung Deutsche Kinemathek, Berlin 30, 64, 108, 146, 178, 218

Weitere Abbildungen stammen aus dem Archiv der Autoren.